Coleção Integralis

FILOSOFIA
POR UMA INTELIGÊNCIA DA COMPLEXIDADE

Celito Meier

Volume único

Ensino Médio – Filosofia

Celito Meier

Bacharel em Filosofia pelo Centro de Estudos Superiores da Companhia de Jesus, atual FAJE (Faculdade Jesuítica).
Graduado em Teologia pelo Centro de Estudos Superiores da Companhia de Jesus, atual FAJE (Faculdade Jesuítica).
Licenciado em Filosofia pela Universidade do Vale do Rio dos Sinos (Unisinos).
Especialista em Educação, em Metodologia do Ensino Básico pelo Centro de Estudos e Pesquisas Educacionais de Minas Gerais (CEPEMG).
Mestre em Teologia pelo Centro de Estudos Superiores da Companhia de Jesus, atual FAJE (Faculdade Jesuítica).
Doutorando em Ciências Sociais pela Pontifícia Universidade Católica de Minas Gerais (PUC-MG).
Professor de Filosofia no Ensino Médio e Superior.

1ª edição
São Paulo, 2017

IBEP

Coleção Integralis
Filosofia – Volume único
© IBEP, 2017

Diretor superintendente
Jorge Yunes

Diretora editorial
Célia de Assis

Gerente editorial
Maria Rocha Rodrigues

Assessora editorial de conteúdos e metodologias
Márcia Cristina Hipólide

Coordenadora editorial
Simone Silva

Editor
Cesar Costa

Editora assistente
Thais Ayumi Ogassawara

Revisão
Beatriz Chaves, Cristiane Mansor, Denise Santos, Luiz Gustavo Bazana, Mariana Góis, Renata Tavares, Salvine Maciel, Thais Coutinho

Secretaria editorial e Produção gráfica
Fredson Sampaio

Assistente de secretaria editorial
Mayara Silva

Assistentes de produção gráfica
Elaine Nunes, Marcelo Ribeiro

Coordenadora de arte
Karina Monteiro

Assistentes de arte
Aline Benitez, Gustavo Prado Ramos, Marilia Vilela

Iconografia
Bruna Ishihara, Cristiano Vieira, Victoria Lopes, Wilson de Castilho

Cartografia
Mario Yoshida

Processos editoriais e tecnologia
Elza Mizue Hata Fujihara

Projeto gráfico e capa
Departamento de Arte – IBEP

Imagem da capa
Preto e violeta (1923), de Wassily Kandinsky. Óleo sobre tela, 77,8 cm × 100,4 cm (detalhe) Walter Bechtler Collection, Suíça

Diagramação
Departamento de Arte – IBEP

FILOSOFIA
POR UMA INTELIGÊNCIA DA COMPLEXIDADE
Celito Meier

CIP-BRASIL. CATALOGAÇÃO NA PUBLICAÇÃO SINDICATO NACIONAL DOS EDITORES DE LIVROS, RJ

M559f

Meier, Celito
  Filosofia: por uma inteligência da complexidade : ensino médio, volume único / Celito Meier. - 1. ed. - São Paulo : IBEP, 2017.
  il.   (Integralis ; volume único)

  ISBN 9788534246262 (professor) 9788534246255 (estudante)

  1. Filosofia - Estudo e ensino (Ensino médio). I. Título. II. Série.

16-32365	CDD: 100
	CDU: 1

15/04/2016   18/04/2016

1ª edição – São Paulo – 2017
Todos os direitos reservados

IBEP   **ABDR**

Av. Dr. Antônio João Abdalla, 260 – Bloco 400, Área D, Sala W1
Bairro Empresarial Colina – Cajamar – SP – 07750-020 – Brasil
Tel.: (11) 2799-7799   www.ibep-nacional.com.br   editoras@ibep-nacional.com.br

1ª Impressão e acabamento: Gráfica Cipola - Dez/2017

APRESENTAÇÃO

Este livro de filosofia foi pensado e construído para ser instrumento a serviço da formação de uma nova inteligência capaz de articular diferentes saberes na busca por uma compreensão mais radical do pensamento e dos fenômenos que se referem à caminhada do ser humano.

A filosofia é aqui entendida como atitude e como saber. Como atitude, a filosofia é a busca permanente pela verdade. Por essa razão, o diálogo ocupa lugar central na construção do conhecimento. A filosofia não deve ser vista como um saber acumulado que estudaremos, mas como uma atitude investigativa a ser construída e como uma postura diferenciada diante da vida.

Em decorrência disso, o ato de filosofar parte da experiência da problematização como valor metodológico; ou seja, é preciso aprender a estabelecer juízos críticos e sair da passividade de quem acolhe saberes de modo comum. Por isso, a reflexão filosófica passa pelo despertar da consciência para um olhar que aprende a ver o mundo de um modo diferente, compromissado com a ressignificação da própria existência, capaz de construir sentido, na interação com os outros, em atitude de diálogo investigativo.

Enquanto saber, sua singularidade é seu caráter conceitual, resultado da busca por essências. Por essa razão, a filosofia é um pensamento preocupado em descobrir fundamentos e pressupostos, perseguindo, com rigor, um conhecimento sem contradições.

Sabemos, contudo, que a atitude e o saber filosófico não são espontâneos nem imediatos. Por isso, é imprescindível visitarmos o passado e conhecer as muitas construções teóricas já realizadas, na história da filosofia, sobre as grandes questões da vida. Para isso, o olhar histórico se torna recurso legítimo e obrigatório, condição prévia para construir, com fundamentos rigorosos, um saber filosófico comprometido com a problematização da vida social.

Assim, buscamos alcançar a reflexão filosófica com progressiva autonomia intelectual e ética, preparando-nos para a inserção na vida adulta, no mundo do trabalho e das relações sociais mais amplas.

Bons estudos!

CONHEÇA SEU LIVRO

ESTUDO DOS TEMAS

Seu livro está organizado em unidades que se dividem em eixos temáticos. Cada eixo temático é composto por temas. Os temas são apresentados no texto base, complementado por reflexões de diferentes pensadores e filósofos, por imagens acompanhadas de pequenos comentários que contextualizam, articulam e estimulam a reflexão. Além disso, seções, sugestões de leitura e de filmes contribuem para a reflexão e o debate dos temas, além de aprofundar o estudo.

PROBLEMATIZANDO

Por meio da análise, interpretação e discussão das ideias articuladas nos temas, imagens e textos filosóficos apresentados, você irá desenvolver a atitude interrogativa e o espírito crítico, características essenciais do pensamento filosófico.

PRODUÇÃO DE TEXTO

Por meio de propostas de redação de textos de natureza dissertativa e argumentativa, priorizamos a construção conceitual, a explicitação de relações e de justificativas, buscando articulações capazes de proporcionar uma visão mais complexa do tema em questão. Nesta seção desenvolve-se o momento fundamental para sistematizar e sintetizar a aprendizagem construída.

OUTROS OLHARES

Você entrará em contato com pensamentos e articulações de outras procedências, de múltiplas formas, desenvolvendo o cultivo de habilidades e competências relacionadas à leitura filosófica de reflexões de outros gêneros e de outras áreas do saber.

ATIVIDADES

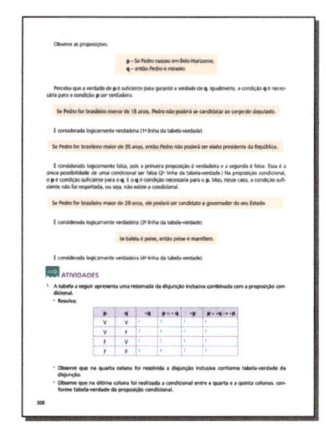

Nesta seção, você encontrará atividades que o ajudarão a compreender, interpretar, articular e sistematizar as temáticas relacionadas à lógica.

PENSANDO CONCEITUALMENTE

Considerando que a filosofia é um pensamento conceitual, esta seção traz uma reflexão sobre um conceito estruturante da filosofia relacionado aos temas abordados em cada eixo temático.

PARA CONTINUAR O ESTUDO E A APRENDIZAGEM

Somos seres em permanente formação. Por essa razão, para alimentar o espírito investigativo, esta seção irá sugerir caminhos para o aprofundamento do estudo.

SUGESTÃO DE FILMES

Sugerimos alguns filmes e documentários que julgamos serem excelentes instrumentos para a educação do nosso olhar e para a aprendizagem do pensamento filosófico. Todo filme que julgamos merecedor de nossa abordagem filosófica traz uma concepção de conhecimento, de ser humano, de ética, de política ou de estética.

SUGESTÃO DE LEITURAS

No caminho para o aprofundamento de seus estudos e aprendizagens, você poderá se orientar pelas indicações bibliográficas que oferecemos, relacionadas a algumas temáticas.

SUMÁRIO

UNIDADE 1 – A formação da consciência filosófica: da inquietude

EIXO TEMÁTICO 1 – Condição humana 14

1. **Natureza e cultura** 15
   - Determinismo natural 15
   - Condicionamento cultural 16
     - Os limites da liberdade 16
   - A cultura: processo e produto das linguagens 18
- Outros olhares 18
- Problematizando 19
- Produção de texto 20
- Sugestão de filmes 20
- Pensando conceitualmente a natureza 21
- Pensando conceitualmente o determinismo 21

2. **O trabalho humano: fonte de cultura** 22
   - Concepções de trabalho 22
- Problematizando 25
- Produção de texto 26
- Pensando conceitualmente a cultura 26
- Sugestão de filme 26
- Pensando conceitualmente o trabalho 27

3. **Corpo e mente** 27
   - Concepções dualista, monista e a solução dual 28
     - Concepção dualista 28
- Problematizando 28
   - Concepção monista 28
   - Solução dual 29
- Problematizando 30
- Produção de texto 30
- Outros olhares 30

EIXO TEMÁTICO 2 – Experiência e racionalidade 32

1. **A consciência mítica** 33
   - A identidade do mito 33
   - As funções do mito 34
- Problematizando 37
- Problematizando 38
   - O mito contemporâneo 38
- Problematizando 40

- A caminhada da consciência mítica para a consciência filosófica 40
- Problematizando 41
- Produção de texto 41
- Pensando conceitualmente a consciência 43

2. **O nascimento da consciência filosófica** ... 43
   - A natureza, a necessidade e a [in]utilidade da filosofia 43
     - A busca pela verdade e pela sabedoria 44
     - Alimentando o espírito democrático 45
     - Postura crítica, radical, complexa e dinâmica 45
     - A inutilidade que realiza a filosofia 46
- Problematizando 47
- Produção de texto 47
- Sugestão de filme 48
   - Singularidade da filosofia como saber e atitude 48
     - Habilidade de ver a realidade 48
     - Sentimento e atitude de indignação 48
     - Desejo de conhecer radicalmente e processo de conscientização 49
     - Habilidade de julgar com base em rigorosos critérios racionais 49
     - Permanente diálogo de busca 49
     - Habilidade de contextualizar, relacionar, integrar 50
   - Filosofia: crítica das ideologias e do senso comum 50
     - A ideologia sob a ótica de A. Gramsci 51
     - Diferenciando ideologia e utopia 52
     - Diante da cultura do consumo 53
- Problematizando 54
- Outros olhares 55
- Produção de texto 56
- Sugestão de filmes 57

UNIDADE 2 – Filosofia grega: origem, fundamentos e sistematização

EIXO TEMÁTICO 1 – Experiência e racionalidade ... 60

1. Contexto: as novas condições históricas 61
2. Os primeiros filósofos: naturalismo pré-socrático ... 62
   - A *physis* e a causalidade: o elemento primordial 63
   - O *logos* e o Cosmo 64
   - As diversas escolas pré-socráticas 64

A Escola Jônica 64
    Tales e o princípio água 64
    Anaximandro e o princípio indeterminado e ilimitado .. 65
    Anaxímenes e o princípio ar 65
Problematizando 65
Pensando conceitualmente Cosmo e *logos* 66
    Heráclito de Éfeso e o movimento dos contrários 66
    A luta e a harmonia dos contrários 67
    O devir 67
    O fogo, princípio explicativo 67
    A Escola Eleática: Parmênides e a imutabilidade do ser ... 68
    Identidade entre ser, pensar e dizer 68
Problematizando 69
Outros olhares 69
Pensando conceitualmente a essência 70
Produção de texto 70

3. Os sofistas e a oratória 71
Problematizando 73

4. Humanismo e relativismo 73
Problematizando 74
Produção de texto 74

5. A busca dialética da verdade 75
    Aporia e consciência da busca 76
Problematizando 77
Produção de texto 78

6. O conhecimento sensível e inteligível 78
    Leitura epistemológica da alegoria da caverna: o visível e o inteligível .. 80
    Da dialética à intuição da verdade 81
Problematizando 81
Produção de texto 82

7. A filosofia e o espanto admirativo 82
Problematizando 83
Produção de texto 83

8. Conhecimento, virtude e liberdade 83
    Conhecimento e prática do bem 84
    Conhecimento e conversão ética 84
Problematizando 85

9. A metafísica e os campos do saber 85
    As quatro causas: da potência ao ato 87
Problematizando 88
Produção de texto 88
Pensando conceitualmente a dialética 89

10. A lógica aristotélica 89
    Conhecendo conceitos e princípios da lógica 90
    Sentenças e proposições 90
    Princípios da identidade, da não contradição e do terceiro excluído .. 90
    A estrutura e as formas de uma proposição declarativa .. 91
    Teoria do silogismo 94
    Estrutura e tipos de argumento 94
        Dedução 94
        Indução 95
        Analogia 96
        Regras fundamentais da inferência 96
    Noções de validade, verdade e correção 96
    Antecedente e decorrente (consequente) 98
    As falácias no processo argumentativo 98
        Falácias formais 99
        Falácias não formais 99
Atividades 101
Pensando conceitualmente dedução, indução, verdade e validade 103
Sugestão de leituras 103

EIXO TEMÁTICO 2 – Condição humana 104

1. A tripartição da alma 105
    A antropologia socrático-platônica 105
    Alegoria do cocheiro: o governo da alma racional 106
Problematizando 108

2. A inquietude humana da busca: o amor, o amável, o belo 108
Problematizando 109

3. O desejo da felicidade, fim absoluto 110
Problematizando 112
Outros olhares 112
Produção de texto 113

4. A dimensão política humana: a cidade e o cidadão 113
Problematizando 114

EIXO TEMÁTICO 3 – Ética e política 116

1. O nascimento da democracia ateniense 117
    Clístenes (565 a.C.-492 a.C.) 117
    A era de Péricles 118
Problematizando 119

2. O governante filósofo e a cidade justa 119
Problematizando 122

3. Da democracia, da demagogia e da tirania..........122
Problematizando 123
4. Formas de governo...123
Outros olhares 124
Produção de texto 124
Pensando conceitualmente a virtude 125
Sugestão de leituras... 125

EIXO TEMÁTICO 4 – Arte e estética.................. 126
1. A tragédia grega 127
2. A filosofia grega e a poesia 128
Problematizando 130
3. O belo 130
Produção de texto 131
4. Arte e técnica: a dimensão poiética....................131
Problematizando 132
5. Experiência, arte e ciência 133
6. *Mímesis* e *kátharsis*..134
Problematizando 135
Produção de texto 135

UNIDADE 3 – Helenismo e filosofia medieval: da razão e da fé

EIXO TEMÁTICO 1 – As escolas helenísticas..... 138
1. A passagem da era clássica para a era helenística..139
Contexto histórico 139
2. Epicurismo: felicidade e prazer da vida oculta e moderada...140
A filosofia e a vida prazerosa 140
Verdadeiros e falsos prazeres 141
Problematizando 142
Produção de texto 143
3. Estoicismo: ética, destino e liberdade..................143
Problematizando 145
Entre a vida breve e a vida profunda 145
Problematizando 145
4. O ceticismo: conhecimento, suspensão de juízo e serenidade 146
Método: suspensão do juízo...................................147
Problematizando 147
Produção de texto 147
Pensando conceitualmente a felicidade 148
Problematizando 148
Sugestão de leituras... 148

EIXO TEMÁTICO 2 – Condição humana 149
1. O nascimento da filosofia medieval 150
Contexto histórico 151
2. A antropologia patrística e medieval...................152
Agostinho, o pensador inquieto.............................153
Problematizando 154
As antropologias cristãs de Agostinho e Tomás de Aquino.154
O ser humano como criatura na visão judaico-cristã .155
A questão do mal 156
Problematizando 157
A razão, o livre-arbítrio, a vontade e a graça............158
Liberdade e vontade, razão e conhecimento 158
Problematizando 159
Na essência, o amor 159
As inclinações do amor 159
Problematizando 160
Problematizando 161
Produção de texto 162
Pensando conceitualmente a liberdade.................. 162

EIXO TEMÁTICO 3 – Experiência e racionalidade. 163
1. A filosofia medieval..164
2. Subjetividade e interioridade 165
Problematizando 166
3. Fé e razão..166
Crer para entender e entender para crer 167
Fé e razão: superioridade, complementaridade e não contradição 168
Tomás de Aquino e as vias que levam a razão humana a Deus 170
Problematizando 171
4. A controvérsia sobre os universais 172
As diferentes abordagens 172
O realismo 172
O nominalismo 173
O conceitualismo 173
Problematizando 173
5. Nos caminhos da dúvida e da dialética................174
A razão dialética em Abelardo................................174
Problematizando 175
Produção de texto 175

EIXO TEMÁTICO 4 – Ética e política 176
1. Os dois poderes: a Igreja e o Estado 177
Pode-se falar em Estado?...177
O fundamento da autoridade 177
A monarquia e o bem comum 178
Problematizando 179

2. A felicidade como bem supremo 179
    O sentido da história e a responsabilidade humana .. 179
3. Teoria do direito em Tomás de Aquino................ 180
    Lei divina eterna, lei natural, lei humana e lei divina positiva 180
Problematizando 181
Problematizando 182
Produção de texto 182
4. Ética da intenção... 182
Problematizando 183

EIXO TEMÁTICO 5 – Arte e estética 184

1. Visão teocêntrica da arte.................................... 185
2. A teoria do belo em Agostinho 186
3. Condições para a beleza em Tomás de Aquino..... 188
Problematizando 189
Sugestão de leituras 189

UNIDADE 4 – A filosofia e o espírito moderno

EIXO TEMÁTICO 1 – Condição humana 192

1. A mentalidade renascentista 193
    A virtude: conquista de si mesmo 194
Problematizando 194
2. A autonomia e a dignidade humana 195
Problematizando 195
3. A dimensão social do ser humano 196
Problematizando 197
4. A diversidade cultural 197
Problematizando 198
Produção de texto 199
5. O Iluminismo e o antropocentrismo moderno 199
Problematizando 200
    Crítica ao Iluminismo 200
Outros olhares 201
Produção de texto 201

EIXO TEMÁTICO 2 – Experiência e racionalidade 202

1. Noção de experiência em Leonardo da Vinci 203
Problematizando 204
2. Do modelo aristotélico-ptolomaico ao copernicano 204
Problematizando 206
3. Galileu e Kepler: o nascimento da ciência moderna 206
Problematizando 209
Produção de texto 209
4. O método científico e a nova ciência em Francis Bacon 210
    A interpretação da natureza 211
    As falsas noções ou ídolos 212
        Ídolos da tribo 212
        Ídolos da caverna 212
        Ídolos da feira ou do mercado 212
        Ídolos do teatro 212
    As tábuas da investigação 213
Problematizando 213
Produção de texto 213
5. O racionalismo de René Descartes 214
    Regras para o conhecimento seguro 214
    A dúvida metódica 215
Problematizando 217
    As ideias inatas, as ideias adventícias e as ideias factícias 217
Produção de texto 218
6. O empirismo de David Hume 218
    Os sentidos: fonte do conhecimento 218
    Da origem das ideias 219
    Do nexo causal 219
    Da força do hábito 220
Problematizando 221
Produção de texto 221
7. Nem racionalismo, nem empirismo: o racionalismo crítico em Kant 222
    A filosofia kantiana: o racionalismo crítico 222
    Juízos analíticos e juízos sintéticos 223
    Uma nova "revolução copernicana" 223
Problematizando 224
    Formas da sensibilidade e do entendimento 224
        Formas *a priori* da sensibilidade 224
        Formas *a priori* do entendimento 224
    O fenômeno e o *noumenon* 225
Produção de texto 225

EIXO TEMÁTICO 3 – Ética e política 226

1. Autonomia da política em Maquiavel 227
    O realismo e a verdade efetiva 227
    A virtude política 228
    A relação entre *virtù* e fortuna 229
    A liberdade republicana 230
Problematizando 231
Produção de texto 231
2. A utopia política em Thomas Morus 232
Problematizando 233

3. A soberania política em Jean Bodin 233
Problematizando 233
Produção de texto 233
4. O direito natural e o direito positivo 234
Produção de texto 234
5. A hipótese do estado natural 235
    O estado natural em Hobbes 235
Problematizando 237
    Direito de natureza e lei de natureza 238
Produção de texto 238
Problematizando 239
    O estado natural em Locke 239
Problematizando 240
    O estado natural em Rousseau 240
Problematizando 241
6. Do estado natural ao corpo político 241
    O pacto social em Hobbes 241
    Regras fundamentais para a vida em sociedade 241
    O Estado absolutista 243
Problematizando 244
    O pacto social em Locke: constitucionalismo liberal .. 245
    Da divisão dos poderes 246
Problematizando 246
    O contrato social em Rousseau: o ideal da democracia 246
Problematizando 249
Produção de texto 249
7. As três espécies de governo em Montesquieu 249
Problematizando 250
Produção de texto 251
8. A filosofia moral em Kant 251
    Natureza e liberdade 251
    A boa vontade, a máxima e a virtude 252
    A vida racional e a ética do dever 253
    O sujeito autônomo 254
    Agir de acordo com o dever e agir por dever 254
    Imperativos hipotéticos e categóricos 255
    Reino dos fins 256
Problematizando 256
Produção de texto 256

EIXO TEMÁTICO 4 – Arte e estética 257

1. O Renascimento artístico 258
    Princípios da estética renascentista 260
Problematizando 261
2. Arte e consciência moderna 262
    O romantismo e o realismo 262

3. O padrão do gosto em David Hume 264
Problematizando 265
4. A estética kantiana 265
    A atitude estética contemplativa 266
    O juízo estético 266
    A universalidade do juízo estético 268
Problematizando 269
5. Educação estética e moralidade em Schiller 269
Problematizando 271
Produção de texto 271
6. A superação da arte em Hegel 271
    As realizações do espírito: arte, religião e filosofia 271
    O momento da arte como momento da exterioridade sensível 272
    A necessidade do fim da arte 273
Problematizando 276
Sugestão de leituras 277

UNIDADE 5 – Filosofia contemporânea: da crise e da possibilidade

EIXO TEMÁTICO 1 – Condição humana 280

1. Olhares contemporâneos 281
2. Schopenhauer e o princípio da vontade 282
    A negação da vontade: arte, compaixão e ascese 284
Problematizando 284
Produção de texto 284
3. Kierkegaard: a existência humana 285
Problematizando 286
4. Nietzsche: ser humano como paixão e vontade de potência 286
    O resgate dos valores da tragédia grega 286
    Vida autêntica: o ser humano como fim 287
    O indivíduo soberano e a crítica à moral tradicional 288
Problematizando 288
    As três metamorfoses do espírito 289
Produção de texto 290
5. O existencialismo e a afirmação da liberdade 290
    Heidegger: vida autêntica e vida inautêntica 290
Problematizando 291
Outros olhares 291
    Sartre: a consciência e a náusea 292
        A consciência, a liberdade e a indeterminação humana 292
Problematizando 294
Produção de texto 294
6. O ser humano sob o olhar da neurociência 295

Problematizando 296
Sugestão de filmes 296
Sugestão de leituras 296

EIXO TEMÁTICO 2 – Experiência e racionalidade 297

1. O positivismo e o progresso do espírito humano .. 298
   A Revolução Industrial e o otimismo moderno 298
   O progresso do espírito humano 299
Problematizando 302
Produção de texto 302
2. A filosofia da linguagem e o positivismo lógico ... 302
   O positivismo lógico do Círculo de Viena 303
3. A lógica simbólica 303
   Proposição × paradoxo 304
   Proposições simples e compostas 304
   Negação (símbolo ~ ou ¬) 305
   Conjunção (símbolo ∧) 306
   Disjunção (símbolo ∨) 306
   Condicional 307
Atividades 308
   Equivalência (bicondicional) 309
   Regras da proposição composta 310
Atividades 311
   Tautologia 312
   Contradição 313
   Contingência 313
Atividades 313
4. A filosofia da ciência de Karl Popper 314
   O problema da indução 315
Problematizando 315
Produção de texto 316
Sugestão de filmes 316
5. A crise da razão: a Escola de Frankfurt 316
   Diferentes momentos do pensamento crítico da
   Escola de Frankfurt 317
Problematizando 319
Produção de texto 319
6. Bioética: princípios e fundamentos 319
   Princípios da bioética 320
     O princípio da beneficência e o da não maleficência .. 320
     O princípio do respeito à autonomia 320
     O princípio de justiça 321
Problematizando 322
Sugestão de leituras 322
Sugestão de filmes 322

EIXO TEMÁTICO 3 – Ética e política 323

1. O materialismo histórico e dialético de Karl Marx
e Friedrich Engels 324
   A crítica da ideologia 325
   O materialismo histórico e dialético 326
   Capitalismo: trabalho e alienação 327
Problematizando 329
Produção de texto 329
Pensando conceitualmente a ideologia e a alienação 329
2. O sentido da política em Hannah Arendt 330
   A banalidade do mal 330
Problematizando 332
Produção de texto 332
   A ação política 333
     Da revolução 333
Outros olhares 335
Problematizando 335
Produção de texto 336
Sugestão de leituras 336
3. Ética do discurso: da ação estratégica à ação
comunicativa 336
Problematizando 338
Sugestão de leituras 338
4. Liberalismo e comunitarismo 338
Problematizando 339
Produção de texto 340
Sugestão de filmes 340

EIXO TEMÁTICO 4 – Arte e estética 341

1. Arte como intuição e criação subjetiva 342
Problematizando 344
2. Arte e cultura 344
Produção de texto 345
3. A arte de viver em Nietzsche 346
Problematizando 347
4. Arte, fantasia e sublimação em Freud 348
Outros olhares 351
Problematizando 351
5. Indústria cultural e cultura de massa 352
Problematizando 353
Produção de texto 353
Sugestão de filmes 353

Para não concluir 354

   O sobrevoo do pensamento criando conceitos 354
Referências bibliográficas 358

A FORMAÇÃO DA CONSCIÊNCIA FILOSÓFICA: DA INQUIETUDE

Unidade 1

Eixo Temático 1

CONDIÇÃO HUMANA

Você vai aprender sobre:

- A relação entre humanização e cultura.
- A questão da liberdade e o determinismo natural.
- A consciência do determinismo e a dignidade humana.
- A liberdade situada.
- As diferentes concepções de trabalho.
- O fenômeno da alienação.
- As diferentes concepções sobre a relação entre corpo e mente.

Temas:

1. Natureza e cultura
2. O trabalho humano: fonte de cultura
3. Corpo e mente

1. NATUREZA E CULTURA

O barco segue a direção do vento (determinismo) ou o velejador usa a força do vento para navegar na direção escolhida, inclusive contra o vento (liberdade e cultura)?

Quando nascemos, já somos humanos? Ou nos tornamos humanos ao longo da vida? Cada um de nós, ao nascer, é acolhido dentro de uma tradição cultural, na qual é educado, e dentro da qual conhecerá os primeiros juízos morais. Para muitos filósofos e cientistas sociais, a humanização do ser humano acontece somente na cultura, por mediação das linguagens humanas, da educação, do mito, da religião, do trabalho, da arte, da ciência, da tecnologia etc. Segundo essa visão, sem essas mediações culturais não haveria possibilidade de superarmos a nossa primeira natureza animal. Assim, existe no ser humano uma potencialidade que, sendo cultivada, cria humanidade, cria cultura. Que potencialidade é essa? Qual é essa singularidade humana?

Determinismo natural

No mundo animal, o determinismo rege a vida. Não há possibilidade de liberdade, uma vez que o instinto natural conduz a vida dos animais. A vida animal é determinada por seu instinto. Dessa forma, o ser humano, por participar da natureza animal, encontra-se também preso a determinismos: tem um corpo sujeito às leis da física e da química; é um ser vivo que pode ser compreendido pela biologia; é um ser que tem necessidades, determinismos constitutivos de sua natureza. Não há como negar os determinismos, ignorá-los, viver sem eles.

No senso comum, costumamos ouvir as expressões "gostaria de ser livre feito um pássaro" ou "feliz é a borboleta que voa para onde quer". Contudo, o voo do pássaro não acontece devido a uma necessidade imposta por sua natureza? Isso parece ser programação genética. E, sendo determinismo, pode-se falar em liberdade? Assim, parece que o voo livre de uma borboleta ou de um pássaro é uma ilusão, uma vez que esses animais têm suas ações determinadas por seu instinto de sobrevivência. Não há liberdade quando o instinto governa. A liberdade acontece na medida em que reina a consciência, atributo exclusivo dos seres humanos.

Condicionamento cultural

Sendo assim, será que podemos afirmar a absoluta liberdade humana? Estará o ser humano acima do reino animal? Parece que incorremos em engano semelhante ao considerarmos que o ser humano seja capaz de liberdade absoluta, pois sempre estará também submetido tanto a determinismos naturais como aos condicionamentos físicos e culturais, uma vez que ser humano é ser animal situado em um contexto social e cultural.

Entretanto, o ser humano nunca será apenas determinismo, o que seria a ausência da liberdade. Ele é também consciência dos determinismos. Isso significa que, ao tomar consciência da necessidade de certas ações, ele tem o poder ou a capacidade de distanciamento crítico desse impulso físico. Ele deixa de ser um animal submetido passivamente aos comandos do determinismo e passa a ser um animal capaz de realizar uma ação consciente, capaz de trabalhar e gerenciar o comando que vem de sua primeira natureza animal.

Vamos nos servir do exemplo de um velejador que, em alto-mar, é capaz de navegar contra o vento servindo-se da própria força do vento. A embarcação não necessariamente tem de ir para onde o vento a empurra. Assim, na medida em que conhecemos as leis da natureza podemos melhor delas nos servir, para imprimir a direção que pretendemos dar à nossa vida. Assim como o velejador aprendeu a conhecer o mar, o vento, a vela, o casco e usa esse conhecimento para saber como aplicar a inteligência e dirigir o barco para a direção escolhida, o ser humano pode aprender a governar o próprio corpo. Da mesma forma que um aviador é capaz de voar alto, longe e velozmente, com base no conhecimento das leis da aerodinâmica, o ser humano, conhecendo melhor a dinâmica de suas paixões e desejos, pode projetar-se melhor na vida, com consciência e liberdade e, por isso, com responsabilidade.

Assim, diferentemente dos demais seres, a dignidade humana consiste na liberdade de poder fazer-se e destinar-se. Dessa forma, embora a dignidade humana seja inerente ao ser humano, é também conquista, pois deve ser cultivada; não é algo dado e acabado. Com isso, afirmamos a dimensão perfectível da condição humana; ou seja, o ser humano encontra-se em formação, caminhando na direção de um horizonte maior, buscando perfeição.

Os limites da liberdade

Mas como podemos caminhar em direção a um horizonte se não nos colocamos margens e limites, feito um rio que flui em direção ao mar? Como é possível chegar a um lugar almejado, sem o limite do foco? A nossa história nos revela que somos capazes de, livremente, vincular-nos a um limite para realizarmos a nossa liberdade. Criamos leis para nos proteger e possibilitar a vida em sociedade. Dessa forma, a obediência à lei que nos impomos é liberdade, é obediência à nossa vontade guiada pela razão. Por isso, não há liberdade sem a garantia da lei; ou seja, à margem da lei não há liberdade, há paixão cega, há domínio, imposição de uns sobre outros. Na liberdade, encontraremos a obediência, mas nunca a servidão. E é tão somente pela força da lei, na busca do bem comum, que se é capaz de obedecer a comandos dos seres humanos.

Quando falamos que a liberdade se coloca no horizonte da cultura, é muito frequente a reação de estranhamento. Habitualmente, as pessoas não costumam associar liberdade e cultura. Pensa-se na cultura somente como um limite para a liberdade.

O voo do pássaro é expressão de uma lei natural. Trata-se de uma necessidade. Há uma programação genética no mundo animal que nos faz afirmar o determinismo, a ausência de liberdade, a ausência da capacidade de consciência e distanciamento reflexivo.

Na condição de seres materiais e espirituais, de natureza corpórea e psíquica, somos necessidade e liberdade, dado e tarefa, situação e horizonte. Nunca nos encontramos prontos e concluídos, sentimo-nos sempre ainda muito longe do que poderíamos ou gostaríamos de ser. E será na cultura que teremos a possibilidade de nos fazermos, de forma imprevisível. Se a matéria é necessidade, uma vez que o corpo está submetido às leis da natureza, a consciência (mente) é liberdade. E o existir humano é precisamente a liberdade inserindo-se na necessidade e moldando-a em conformidade com sua projeção.

A partir de nossa consciência, considerando a situação na qual estamos inseridos, vamos nos modelando ao longo da vida. Dessa forma, liberdade não significa ausência de necessidades e determinismos, mas muito mais a consciência dos determinismos e condicionamentos e a capacidade de assumi-los na vida.

A condição humana sempre se realiza dentro de um meio sociocultural, que marca profundamente a ação humana. Dessa forma, a cultura condiciona nossa forma de pensamento e de ação, ao mesmo tempo em que somente podemos ser e agir na condição de seres situados em um contexto cultural. Por isso, a cultura, ao mesmo tempo em que nos limita, é também a nossa possibilidade de projeção e realização. Portanto, toda liberdade é situada; ou seja, não há liberdade absoluta. O ser humano sempre se encontra situado em um corpo, em uma cultura, com formas singulares de pensamento.

Nostalgia (1928), de René Magritte. Óleo sobre tela, 102 cm × 81 cm.

Sendo menos adaptado à natureza e o mais frágil dos animais, o ser humano encontra, em sua mente, o poder de transcender e criar novos mundos, adaptando a natureza a si, criando cultura. Com as asas da imaginação, o ser humano vai se distanciando do mundo natural.

Mesmo relativamente limitado em sua liberdade de ir e vir, o ser humano permanece livre. Essa liberdade se realiza em contexto de normas e de leis, que existem para garantir a integridade pessoal. Assim, usar a faixa de pedestres, parar no sinal vermelho, aguardar o sinal verde são limites que possibilitam a vida, pois a protegem.

A cultura: processo e produto das linguagens

> Todo comportamento humano se origina no uso de símbolos. Foi o símbolo que transformou nossos ancestrais antropoides em homens e fê-los humanos. Todas as civilizações se espalharam e perpetuaram somente pelo uso de símbolos.
>
> WHITE, Leslie. The symbol: the origin and basis of humans behavior. In: CARDOSO, Fernando Henrique; IANNI, Otávio. *Homem e sociedade*. 5. ed. São Paulo: Cia Editora Nacional, 1970. p. 180.

Quando você ouve a palavra cultura, em que pensa? Essa palavra vem sendo usada com diferentes significações. Muitas vezes ouvimos expressões: "pessoa de cultura", "cultura do café", "cultura brasileira", "cultura de primeiro mundo". Por isso, convém delimitarmos o sentido no qual falamos.

Partindo da etimologia, essa palavra deriva do verbo latino *colere*, que significa "cultivar", "criar", "cuidar". Assim, chamamos de cultura tudo o que foi cultivado e criado pelo fazer humano, tanto material como espiritualmente; ou seja, tanto no mundo das coisas, como no universo das ideias e pensamentos. Dessa maneira, a característica humana fundamental é ser cultural, criativo, ser transformador, construtor de sentido.

Nas ciências humanas e sociais costumava-se atribuir a dimensão cultural somente aos seres humanos, por apresentarem uma inteligência abstrata, um poder criativo, uma capacidade simbólica. Contudo, nas últimas décadas, especialmente a partir de 1990, surgem significativas iniciativas no campo da antropologia, relacionadas a um redimensionamento das concepções de natureza e cultura, influenciadas pela produção dos pesquisadores que se dedicaram ao estudo do comportamento de grandes símios, especialmente os chimpanzés. Esses pesquisadores afirmaram a existência de culturas em diferentes grupos de chimpanzés, por apresentarem complexidade em seus comportamentos, cognição e inteligência.

OUTROS OLHARES

1. Vejamos o fragmento a seguir, sob a perspectiva da antropologia biológica.

> No momento em que grupos de chimpanzés passaram a ser identificados como grupos sociais, foi possível analisar as interações que estabelecem entre si pelas chaves da aliança e do conflito, observando a importância do *status* e das vantagens adquiridas por cada chimpanzé no interior de seu grupo, bem como os ganhos advindos de suas capacidades de dissimular diante dos mais fortes, o potencial para reagir diante do inesperado e a transmissão de conhecimento adquirido aos mais jovens, mediados pelo que os pesquisadores têm chamado de "tradição". [...]
>
> A reunião e a abordagem comparativa do material recolhido referente ao comportamento de diferentes grupos de chimpanzés levou um conjunto de alguns dos maiores estudiosos do assunto a afirmarem a existência de "culturas de chimpanzés", devido à identificação dos fenômenos relacionados à aquisição, à variabilidade e à transmissão de comportamentos duráveis e generalizáveis em populações distintas.
>
> RAPCHAN, Eliane Sebeika. Sobre o comportamento de chimpanzés: o que antropólogos e primatólogos podem ensinar sobre o assunto? *Horizontes antropológicos*, Porto Alegre, v. 16, n. 33, 2010.

- Com base no texto, quais são os elementos que permitem a formulação do conceito "culturas de chimpanzés"?

PROBLEMATIZANDO

1. No senso comum, liberdade não combina com limite. Se há limite, então, normalmente se diz não haver liberdade. Você se lembra da metáfora que usamos no texto sob o título "Os limites da liberdade"? Um rio sem margem não chega a lugar nenhum. A margem, ao limitar o rio, propicia a força e o foco necessários para fluir em direção ao mar.

   - Observe a pintura abaixo e compartilhe com os colegas a sua reflexão sobre liberdade e limite, posicionando-se sobre as questões a seguir:

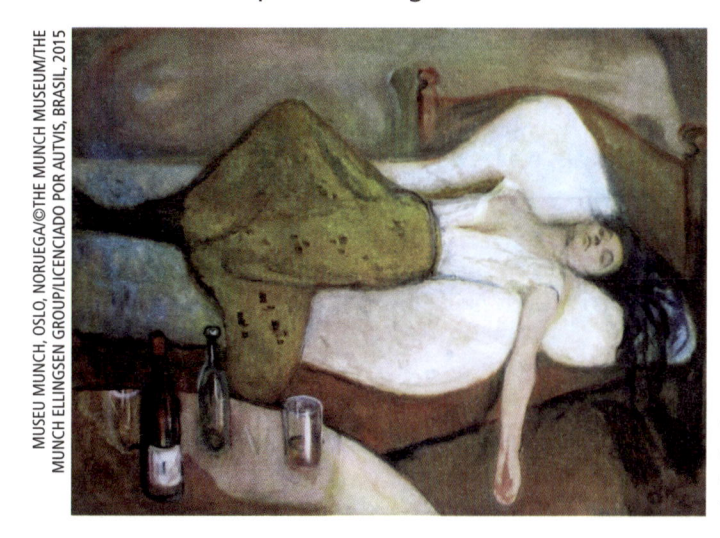

   O dia seguinte (1894), de Edvard Munch. Óleo sobre tela, 115 cm × 152 cm.

   a. A situação representada nessa imagem pode ser interpretada como fruto da liberdade?
   b. O impulso é uma forma de comando?
   c. Será isso humanidade? Será isso liberdade?

2. Leia a seguir um texto de Jean-Jacques Rousseau, filósofo suíço que viveu no século XVIII.

> Em cada animal vejo somente uma máquina engenhosa a que a natureza conferiu sentidos para recompor-se por si mesma e para defender-se, até certo ponto, de tudo quanto tende a destruí-la ou estragá-la. Percebo as mesmas coisas na máquina humana, com a diferença de tudo fazer sozinha a natureza nas operações do animal, enquanto o homem executa as suas como agente livre. Um escolhe ou rejeita por instinto, e o outro, por um ato de liberdade, razão porque o animal não pode desviar-se da regra que lhe é prescrita, mesmo quando lhe fora vantajoso fazê-lo, e o homem, em seu prejuízo, frequentemente se afasta dela. Assim, um pombo morreria de fome perto de um prato cheio das melhores carnes e um gato sobre um monte de frutas ou sementes, embora tanto um quanto outro pudessem alimentar-se muito bem com o alimento que desdenham, se fosse atilado para tentá-lo (se ousasse experimentá-lo); assim, os homens dissolutos se entregam a excessos que lhes causam febre e morte, porque o espírito deprava os sentidos e a vontade ainda fala quando a natureza se cala.
>
> Todo animal tem ideias, posto que tem sentidos; chega mesmo a combinar suas ideias até certo ponto e o homem, a esse respeito, só é diferente da besta pela intensidade [...]. Não é, pois, tanto o entendimento quanto a qualidade de agente livre possuída pelo homem que constitui, entre os animais, a distinção específica daquele. A natureza manda em todos os animais, e a besta obedece. O homem sofre a mesma influência, mas considera-se livre para concordar ou resistir, e é sobretudo na consciência dessa liberdade que se mostra a espiritualidade de sua alma. [...]
>
> Mas, ainda quando as dificuldades que cercam todas essas questões deixassem por um instante de causar discussão sobre diferença entre o homem e o animal, haveria uma outra qualidade

muito específica que os distinguiria e a respeito da qual não pode haver contestação: é a faculdade de aperfeiçoar-se, faculdade que, com o auxílio das circunstâncias, desenvolve sucessivamente todas as outras e se encontra, entre nós, tanto na espécie quanto no indivíduo; o animal, pelo contrário, ao fim de alguns meses, é o que será por toda a vida, e sua espécie, no fim de milhares de anos, o que era no primeiro ano desses milhares. Por que só o homem é suscetível de tornar-se imbecil?

ROUSSEAU, Jean-Jacques. *Discurso sobre a origem e os fundamentos da desigualdade entre os homens.* Trad. Lourdes Santos Machado. São Paulo: Nova Cultural, 1991. p. 242-243.

- Explique as seguintes afirmações retiradas do texto de Rousseau:

a. "Os homens dissolutos se entregam a excessos que lhes causam febre e morte, porque o espírito deprava os sentidos e a vontade ainda fala quando a natureza se cala."

b. "A natureza manda em todos os animais, e a besta obedece. O homem sofre a mesma influência, mas considera-se livre para concordar ou resistir, e é sobretudo na consciência dessa liberdade que se mostra a espiritualidade de sua alma."

c. "O animal, ao fim de alguns meses, é o que será por toda a vida, e sua espécie, no fim de milhares de anos, o que era no primeiro ano desses milhares. Por que só o homem é suscetível de tornar-se imbecil?"

PRODUÇÃO DE TEXTO

1. Leia o texto a seguir.

> O que é então a liberdade? Nascer é ao mesmo tempo nascer no mundo e nascer do mundo. O mundo está já constituído, mas também não está nunca completamente constituído. Sob o primeiro aspecto, somos solicitados, sob o segundo somos abertos a uma infinidade de possíveis. Mas esta análise ainda é abstrata, pois existimos sob os dois aspectos ao mesmo tempo. Portanto, nunca há determinismo e nunca há escolha absoluta, nunca sou coisa e nunca sou consciência nua [...].
>
> MERLEAU-PONTY, Maurice. *Fenomenologia da percepção.* São Paulo: Martins Fontes. 1999. p. 608.

- Com base nesse texto, justifique a afirmação: Não existe liberdade absoluta!

SUGESTÃO DE FILMES

Temática: Natureza e cultura
Filme: *O enigma de Kaspar Hauser* (Alemanha, 1975). Direção: Werner Herzog. O filme retrata a história de um garoto que é criado em um porão, longe de qualquer contato humano, até completar 18 anos. Ele é levado para a cidade, onde é objeto de curiosidade e desprezo da população.

Temática: Diversidade e conflito cultural
Filme: *Amistad.* (Estados Unidos, 1997). Direção: Steven Spielberg. Costa de Cuba, 1839. Dezenas de escravizados se libertam das correntes e assumem o comando do navio negreiro *La Amistad*. Seu sonho é retornar para a África. Contudo, por não saberem nada de navegação se encontram obrigados a confiar em dois tripulantes sobreviventes, que os enganam. Desenvolve-se um longo drama entre acusações e tentativas abolicionistas, em meio a interesses políticos, até o momento em que o ex-presidente John Quincy Adams (Anthony Hopkins), um abolicionista que ainda não havia se assumido publicamente como tal, resolve sair de sua aposentadoria voluntária para defender os africanos.

Temática: Diversidade e conflito cultural
Filme: *Duelo de Titãs* (Estados Unidos, 2000). Direção: Boaz Yakin. No filme, Herman Boone (Denzel Washington) é um técnico de futebol americano contratado para comandar "os Titãs", um time universitário que se encontra dividido pelo racismo. Enfrentando grandes preconceitos por parte dos outros técnicos e de jogadores do próprio time, o técnico vai trabalhando com disciplina e adquire progressivamente o respeito e a admiração, figurando como exemplo para o time e a cidade na qual atua.

PENSANDO CONCEITUALMENTE A NATUREZA

A nossa primeira ideia de natureza corresponde parcialmente à concepção grega de *phýsis*, de onde vem a palavra físico, mundo físico, natural. No senso comum, ao se falar em natureza é normal pensar ou fazer referência ao mundo natural, aos animais, às questões ecológicas, da vegetação, da água, do ar. Nesse sentido, ela é algo exterior a nós, o lugar sobre o qual nós construímos a nossa cidade ou o lugar para onde queremos ir e descansar. Com efeito, natural não é o mesmo que normal. Algo pode normalmente ser visto entre nós, mas não ser natural, como é o caso da pobreza e da miséria.

Inicialmente, a natureza pode ser compreendida como a realidade comum ao reino animal, reino de determinismo, de programação genética. Assim, na natureza não há liberdade nem consciência, atributos essenciais do universo humano. Por isso, ao falarmos de um pássaro ou de uma borboleta, não podemos falar em liberdade de voo, apenas de programação, de uma necessidade biológica, instintiva.

Esse mundo animal também afeta o ser humano, que traz as marcas do determinismo natural, das leis às quais seu corpo está submetido. Graças à consciência, o ser humano adquire um poder de distanciamento crítico em relação aos determinismos, podendo inclusive agir contra as determinações de sua natureza. Esse poder de transcendência, contudo, é sempre limitado. Não se trata de uma ruptura ou de uma independência.

Na consciência filosófica, a natureza não é pensada somente em sua dimensão de exterioridade; ela adquire nova dimensão, de interioridade. Ela passa a expressar os elementos constitutivos do ser, as dimensões que determinam a identidade do ser, que o fazem ser o que é. Trata-se das características essenciais com as quais o ser nasce. Esse aspecto da interioridade pode ser pensado tanto em relação ao indivíduo quanto em relação à espécie.

Nesses termos, há pensadores que defendem a existência de uma natureza humana, pois a compreendem como a identidade essencial do ser humano, que abrange a consciência e a liberdade. Outros pensadores não concebem uma natureza humana, mas uma condição humana, pois concebem a natureza como algo determinado, como programação genética. É possível conjugar essas duas visões?

PENSANDO CONCEITUALMENTE O DETERMINISMO

Etimologicamente, é palavra derivada do latim *determinare*, fixar ou marcar os limites, delimitar. Refere-se a algo necessário. O determinismo natural é físico e biológico, incluindo seres inanimados e animados. É o reino da absoluta necessidade, das consequências necessárias a partir de condições antecedentes. Nessa visão, todos os acontecimentos do Universo estão submetidos a um sistema de causas e efeitos.

Há pensadores que aplicam o determinismo às ações humanas. Nesse caso, trata-se da corrente filosófica em conformidade com a qual as ações humanas não são livres, mas determinadas por circunstâncias anteriores, que excluem outras possibilidades. Os defensores do determinismo afirmam a distinção entre determinismo e previsibilidade. Embora não saibamos prever a decisão que será tomada, pois não temos ciência do futuro, a nossa opção seguirá a necessidade, imposta pelas circunstâncias. Por isso, a liberdade é uma ilusão.

Para os defensores do determinismo, as nossas escolhas estão de fato predeterminadas, obedecendo ao princípio da causalidade universal, ou seja, tudo tem uma causa, inclusive as ações humanas. E entre essas causas algumas são impulsos físico-químicos, outras são causas psicológicas, decorrentes de experiências prazerosas ou dolorosas vividas no passado.

Embora algumas causas de nossas ações possam ser desconhecidas, isso não é justificativa para defender a existência da liberdade, pensam os deterministas.

2. O TRABALHO HUMANO: FONTE DE CULTURA

É correto, filosoficamente, chamar de trabalho a ação instintiva e repetitiva dos animais?

Diante das abelhas, das formigas, dos "joões-de-barro", dos primatas, o que distingue o ser humano e sua atividade? Se considerarmos os animais que convivem com os humanos, os animais domésticos, especialmente os cães, encontraremos claros sinais de aprendizagem, resultado de condicionamentos. Encontraremos linguagens, expressões visíveis para diferentes situações ou sentimentos que os afetam.

Os elementos que caracterizam basicamente a ação animal são o instinto, a repetição mecânica, a transmissão hereditária, a ausência de evolução histórica e de transformação consciente, uma vez que as ações acontecem por inclinação natural, ignorando a finalidade da própria ação, pois as dimensões da consciência e da linguagem simbólica e articulada são atributos exclusivamente humanos.

Concepções de trabalho

A história nos mostra diversas e diversificadas formas de organizar o trabalho.

Segundo historiadores e antropólogos, nas primeiras formas de organização social, atividades como caçar, guerrear e garantir a proteção eram reservadas aos homens, enquanto os trabalhos domésticos e os cuidados com os filhos eram reservados às mulheres.

Durante a Antiguidade, o trabalho foi considerado em várias culturas como uma atividade menor, comparável à atividade animal. Por se considerar o ser humano como um animal racional, valorizava-se especialmente o ócio, a reflexão teórica e a participação política, discutindo os destinos da cidade.

Durante a Idade Média, predomina a ideia do trabalho como sendo inferior ao ócio, à vida contemplativa. Assim, para a filosofia e a teologia cristãs, o trabalho não tinha por finalidade o enriquecimento, apenas a conservação da vida na condição na qual se nasce. O ideal de vida estava representado na vida ascética, de renúncia, de absoluta confiança na providência divina. Esse ideal de vida era praticado pelos monges, que se dedicavam à contemplação. Dessa forma, evitava-se o pecado da avareza, da busca pela riqueza.

As ideias de Lutero (1483-1546) e de Calvino (1509-1564) trazem nova concepção de trabalho, que passa a ser instrumento por meio do qual o ser humano realiza sua vocação de continuar a obra da criação iniciada por Deus. Nesse sentido, o trabalho é uma bênção divina, e nele não há lugar para degradação ou castigo. Calvino assim expressa:

> Se seguirmos fielmente nosso chamamento divino, receberemos o consolo de saber que não há trabalho insignificante ou nojento que não seja verdadeiramente respeitado e importante ante os olhos de Deus.
>
> CALVINO, João. *A verdadeira vida cristã*. Trad. Daniel Costa. São Paulo: Novo Século, 2000. p. 77.

As virtudes éticas fundamentais defendidas por Calvino são trabalho, poupança e frugalidade (simplicidade de vida e de costumes, sobriedade, temperança). Através do trabalho, a potencialidade humana se realiza continuando a obra da criação. É inconcebível não trabalhar. Fugir do trabalho é desumanizante. Em relação à poupança, um aspecto importante a observar é que não está destinada a objetivos de consumo, mas ela tem uma dimensão social, destinada à ajuda aos irmãos na fé, que se encontram em necessidade.

Nessa esteira, o sociólogo Max Weber (1864-1920), em um de seus trabalhos mais expressivos, *A ética protestante e o espírito do capitalismo*, associa a formação do capitalismo ao *ethos* do protestantismo. Nessa reflexão, Weber mostra que os valores da educação protestante foram determinantes no desenvolvimento do capitalismo. Entre esses valores, destacam-se a disciplina religiosa, que valorizava o amor e a dedicação ao trabalho; a abnegação e a austeridade de vida, que conduzia à poupança de um significativo percentual de tudo o que era conquistado, com o consequente acúmulo e ganho de capital; o que, por sua vez, conduz ao investimento e ao aumento da produção.

Para o filósofo F. Hegel (1770-1831), o trabalho é concebido como autoconstrução do ser humano. Por meio do trabalho o ser humano produz o próprio ser, libertando-se de sua primeira natureza, distanciando-se do mundo natural, ao criar cultura. Assim, o trabalho humano é, essencialmente, uma atividade espiritual, na qual o próprio espírito humano vai evoluindo através dos muitos obstáculos do mundo exterior. Realiza-se, aqui, a concepção do trabalho como mediação para a humanização do ser humano.

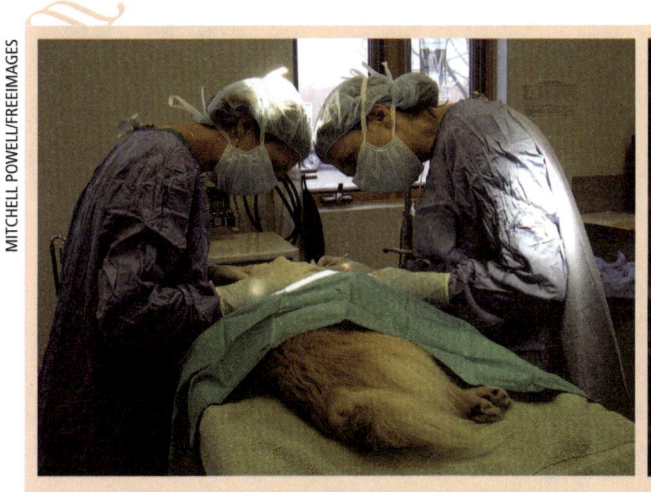

Em todo trabalho humano, o projeto mental antecede a ação e o produto.

Devido a essa capacidade humana de produzir a própria existência, o trabalho humano não se torna somente um produzir e fazer coisas, mas se transforma em atividade de permanente construção e reconstrução de si, de configuração de si na configuração do mundo. Nesse sentido, o trabalho é a maior fonte de humanização do ser humano, pois atualiza suas potencialidades, realiza e concretiza ideais humanos possíveis.

É nessa dimensão que devem ser vistas as diferentes profissões, escolhas profissionais, como mediação, como expressão da potencialidade do indivíduo, que se realiza na prestação de serviço à sociedade.

Contudo, Karl Marx (1818-1883) sinaliza para a dimensão negativa do trabalho na sociedade capitalista, que tem no lucro e na mais-valia a sua força motriz. Na história da humanidade e em nosso cotidiano, o trabalho nem sempre cumpriu e cumpre essa função humanizadora e libertadora. São conhecidas as múltiplas formas de escravização, nas quais a necessidade humana do trabalho fica reduzida à dura sobrevivência, submetida à ação exploradora de indivíduos e grupos econômicos que transformam o ser humano em mero objeto a serviço do lucro e do capital.

Assim, com o trabalho, podemos caminhar para a liberdade e autonomia da própria construção de si, ou para a alienação de si, fenômeno no qual o ser humano se torna estranho a si mesmo, não se pertencendo, vendendo sua força de trabalho em troca da sobrevivência. O fenômeno da alienação foi muito bem analisado por Karl Marx, ao desenvolver uma profunda crítica ao sistema capitalista.

Esse fenômeno da alienação pode ser percebido tanto no trabalhador como no fruto do seu trabalho. Considerando que o fruto do trabalho não pertence ao trabalhador, ocorre então o fenômeno da alienação do produto do trabalho. E na medida em que o próprio trabalhador não participa com a consciência e a liberdade, nem consegue atribuir sentido e significado à ação realizada, falamos em alienação do próprio trabalhador, que atua de forma mecanizada.

A alienação é o processo de objetificação, coisificação ou reificação. Expressões essas que se referem ao grande valor que a coisa assume e à aniquilação, à destruição ou ao pouco valor atribuído ao trabalhador, tratado como coisa.

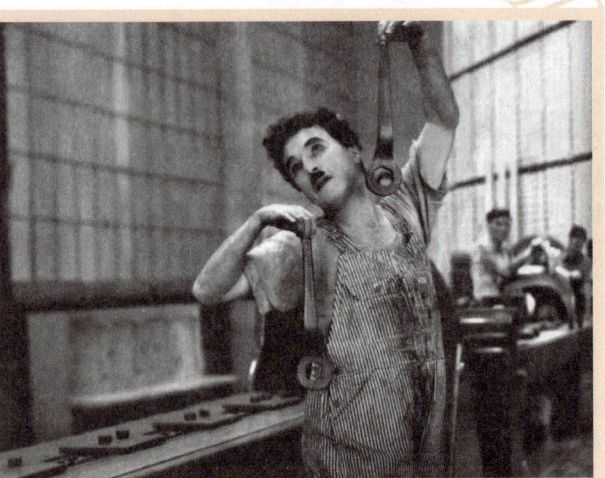

Cenas do filme *Tempos modernos* (1936), de Charles Chaplin. Esse filme realiza uma das melhores críticas ao fordismo e ao taylorismo. Ele expressa a dimensão da mecanização do trabalho, da produção em série e da alienação do trabalhador, que não apresenta a consciência do processo do trabalho. Ele simplesmente realiza comandos, convertendo-se em apenas mais uma peça da engrenagem.

Atualmente, é muito comum ouvirmos a expressão *happy hour*, para sinalizar o horário imediatamente posterior à jornada do trabalho diário. Essa expressão é carregada de sentido, pois denuncia o sem sentido do dia de trabalho; a hora feliz inicia quando o trabalho termina.

O processo de desalienação passa obrigatoriamente pela mudança de consciência, que é tanto uma resultante de novas relações quanto construtora de novas relações.

PROBLEMATIZANDO

1. Acompanhe, agora, o poema de Vinicius de Moraes, "Operário em construção", e procure perceber como acontece o processo de desalienação do operário, que deixa de ser operário construído pela ideologia, alienado aos interesses alheios e passa a ser operário em construção de si mesmo, comunicando consciência e libertação.

Operário em construção

Era ele que erguia casas,
onde antes só havia chão.
Como um pássaro sem asas
Ele subia com as casas
Que lhe brotavam da mão.
[...]
Mas ele desconhecia
Esse fato extraordinário:
Que o operário faz a coisa
E a coisa faz o operário.
De forma que, certo dia
À mesa, ao cortar o pão
O operário foi tomado
De uma súbita emoção
Ao constatar assombrado
Que tudo naquela mesa
– Garrafa, prato, facão –
Era ele quem os fazia
Ele, um humilde operário,
Um operário em construção.
Olhou em torno: gamela
Banco, enxerga, caldeirão
Vidro, parede, janela
Casa, cidade, nação!
Tudo, tudo o que existia
Era ele que os fazia
Ele, um humilde operário
Um operário que sabia
Exercer a profissão.

Ah, homens de pensamento
Não sabereis nunca o quanto
Aquele humilde operário
Soube naquele momento!
Naquela casa vazia
Que ele mesmo levantara
Um mundo novo nascia
De que sequer suspeitava.
O operário emocionado
Olhou sua própria mão
Sua rude mão de operário
De operário em construção
E olhando bem para ela
Teve um segundo a impressão
De que não havia no mundo
Coisa que fosse mais bela.

Foi dentro da compreensão
Desse instante solitário
Que, tal sua construção
Cresceu também o operário.
Cresceu em alto e profundo
Em largo e no coração.
E como tudo que cresce
Ele não cresceu em vão
Pois além do que sabia
– Exercer a profissão –
O operário adquiriu
Uma nova dimensão:
A dimensão da poesia.
E um fato novo se viu
Que a todos admirava:
O que o operário dizia
Outro operário escutava.

E foi assim que o operário
Do edifício em construção
Que sempre dizia SIM
Começou a dizer NÃO.
[...]
Uma esperança sincera
Cresceu no seu coração.
E dentro da tarde mansa
Agigantou-se a Razão
De um homem pobre e esquecido.
Razão porém que fizera
Em operário construído
O operário em construção.

MORAES, Vinicius de. *Antologia poética*. 21. ed. Rio de Janeiro: José Olympio, 1982. p. 205-210.

2. Considerando o poema "Operário em construção" e as reflexões realizadas sobre a natureza do trabalho humano, converse com seus colegas sobre a realidade do trabalho em sua cidade. Nessa conversa, considere as seguintes questões:

- Existem formas de trabalho em sua cidade que não precisariam ser feitas pelas pessoas? Em caso afirmativo, quais? Por qual justificativa? Que decorrências isso poderia trazer?
- Em que sentido o trabalho deve ser diferenciado de mero emprego de força física para subsistência?

PRODUÇÃO DE TEXTO

1. Explique a seguinte afirmação:

   Ao transformar o objeto e o mundo, por meio do trabalho, o homem transforma também a si mesmo; ao configurar o mundo, configura-se a si.

2. Posicione-se a favor ou contra a seguinte afirmação:

   O trabalho não pertence à natureza humana, é uma imposição cultural.

PENSANDO CONCEITUALMENTE A CULTURA

Etimologicamente, a palavra cultura deriva do verbo latino *colere*, que significa "cultivar", "criar", "cuidar". Por isso, chamamos de cultura tudo o que foi cultivado e criado pelo fazer humano, tanto no mundo das coisas, como no campo das ideias e pensamentos.

Assim, a característica humana fundamental é ser cultural, criativo, ser transformador, construtor e reconstrutor de sentido, de história. Por isso, filosoficamente, a cultura é um produto humano que concebe e antecipa mentalmente, como projeto, a ação transformadora do trabalho, da arte, da educação, das muitas linguagens humanas. Por essas razões, costumamos dizer que nos outros seres do reino animal, marcados pela ausência da inteligência abstrata e da liberdade, não encontramos cultura, pois não encontramos processo de acumulação histórica e transmissão entre gerações que acolham a herança construída e continuem a construção.

É preciso superar a visão habitual que reduz a cultura à instrução escolar. Há muita cultura e sabedoria construídas e conquistadas, no cotidiano da vida, por pessoas que nunca tiveram acesso às letras formais, ao Ensino Fundamental. Em decorrência disso, falamos em diversidade cultural: cultura do campo, cultura urbana, cultura indígena, cultura afro, cultura europeia etc.

Sociologicamente, cultura significa o conjunto complexo de conhecimentos e saberes, técnicas e normas, tradições e valores de determinada sociedade ou grupo. Dessa forma, a cultura se transmite, se aprende, se reaprende e se reproduz, de geração em geração.

O tema do trabalho nos insere na dinâmica da realização humana e na transformação da natureza em cultura. Trata-se de um conceito fundante da condição humana.

Vamos pensar conceitualmente o tema do trabalho e sinalizar para algumas aplicações, para os campos nos quais a reflexão poderá se concentrar.

PARA CONTINUAR O ESTUDO E A APRENDIZAGEM

SUGESTÃO DE FILME

Temática: O trabalho humano: alienação ou libertação?
Filme: *Tempos modernos* (Estados Unidos, 1936). Direção: Charles Chaplin. A vida urbana nos Estados Unidos, nos anos 1930, imediatamente após a crise de 1929, é retratada por Charles Chaplin, nesse filme mudo. O contexto de depressão econômica levou grande parte da população à fome e à miséria. O personagem clássico de Chaplin, Carlitos, é a figura central do filme, que é uma profunda crítica à era industrial e às suas decorrências degeneradoras da vida urbana.

PENSANDO CONCEITUALMENTE O **TRABALHO**

Filosoficamente, por meio do trabalho o ser humano constrói o mundo e configura a si mesmo. Portanto, através do trabalho o mundo e o ser humano se ligam, a matéria natural adquire valor, a necessidade humana é atendida, os dons e as aptidões florescem, habilidades nascem e são cultivadas.

Nossa primeira aproximação ao tema fornece uma diferenciação do trabalho humano em relação à ação instintiva e repetitiva dos demais animais. Se no reino animal podemos falar em adaptação ao meio, em programação genética, no universo da cultura, ao contrário, o ser humano, por meio do trabalho, transforma a natureza em cultura, adapta a natureza a seus projetos e interesses.

Assim, mediante o projeto mental do trabalho, que visa a uma finalidade previamente pensada, o ser humano cria um distanciamento do mundo natural. Graças ao trabalho, a potencialidade humana pode tornar-se atualidade. Assim, a inteligência abstrata é o que distingue os homens da inteligência concreta de muitos outros animais e é responsável pela dimensão criativa do trabalho humano, fruto da imaginação.

3. CORPO E MENTE

O tema corpo e psiquismo está profundamente vinculado à reflexão sobre natureza e cultura.

Contemporaneamente, o clássico tema "corpo e alma" reaparece com todo vigor em uma nova área da filosofia: a filosofia da mente, em diálogo com a neurobiologia e a psicologia cognitiva. Na tradição filosófica, essa temática sempre esteve inscrita na busca pelas essências. E sua abordagem sempre se deu nesse horizonte. As perguntas e os posicionamentos fundamentais eram:

Existe alguma relação entre a alma e o corpo, entre psiquismo e corpo. Deve a mente comandar o físico? Quando falamos em consciência, de que estamos falando? Que relação existe entre mente e cérebro? É o cérebro que produz a mente?

Uma das respostas tradicionais tem sido o dualismo. Nessa concepção, a consciência é distinta da matéria e é considerada como sendo a instância da identidade pessoal, o "eu", a alma. A segunda posição diante dessa temática constitui a concepção monista, na qual a consciência é apenas uma dimensão do físico, localizada no cérebro. E há uma terceira concepção, a concepção dual, que busca integrar essas duas dimensões, diferentes e relacionadas, que constituem o ser humano.

Será que mente e cérebro são uma coisa só? Há distinção entre físico e psíquico? O ser humano é uma unidade física ou uma dualidade físico-mental, material-espiritual?

Concepções dualista, monista e a solução dual

Concepção dualista

Para o dualismo, corpo e alma são substâncias bem distintas, e é impossível a redução de um aspecto a outro. Em cada cérebro há uma consciência única, individual, inacessível a outras pessoas, inacessível a qualquer pesquisa. A presença da mente, alma ou psiquismo é sempre presença de uma transcendência, de um mistério que nos escapa. Diferentemente, o corpo é a dimensão física comum a todos. Dessa forma, o cérebro é passível de investigação e conhecimento por terceiros.

Assim, para a hipótese dualista, o ser humano é constituído de duas substâncias distintas: por um lado, a dimensão mental, expressa na consciência, nas emoções, desejos e crenças, não tem nem pode ter propriedades físicas; por outro lado, a dimensão meramente física não pode apresentar propriedades mentais, como o pensamento, a abstração, a imaginação etc. Assim, para o dualismo substancialista, são duas as naturezas que nos constituem, essências diferentes, sem relação entre elas, independentes.

No diálogo *Fédon*, Sócrates, condenado à morte, discute com seus discípulos acerca da imortalidade da alma e da sua prisão ao corpo. Nesse contexto, realiza-se a seguinte reflexão conduzida por Sócrates:

> E agora, dize-me: quando se trata de adquirir verdadeiramente a sabedoria, é ou não o corpo um entrave se na investigação lhe pedimos auxílio? Quero dizer com isso, mais ou menos, o seguinte: acaso alguma verdade é transmitida aos homens por intermédio da vista ou do ouvido, ou quem sabe se, pelo menos em relação a estas coisas não se passem como os poetas não se cansam de nos repetir incessantemente, e que nem vemos nem ouvimos com clareza? [...] Quando é, pois, que a alma atinge a verdade? Temos dum lado que, quando ela deseja investigar com a ajuda do corpo qualquer questão que seja, o corpo, é claro, a engana radicalmente.
>
> PLATÃO. *Fédon*. Trad. Jorge Paleikat e João Cruz Costa. São Paulo: Abril Cultural, 1972. [65b] (Os pensadores).

PROBLEMATIZANDO

1. Como você responde à pergunta inicial de Sócrates, presente no diálogo acima? Você concorda com o raciocínio socrático-platônico?

Concepção monista

Diferentemente da perspectiva dualista, a concepção monista, conforme a palavra já expressa, não percebe distinções significativas entre mente e cérebro.

Historicamente, o filósofo Spinoza, no século XVII, vem em defesa do monismo, contra o dualismo cartesiano, afirmando a unidade substancial existente entre as dimensões mental e física. Nessa mesma linha de pensamento, os fisicalistas, a partir do século XX, reduzem os processos mentais aos físicos, afirmando somente a existência de entidades físicas.

Dessa forma, para os fisicalistas existe uma conexão causal, empiricamente verificável, entre estados cerebrais e estados mentais. Nessa abordagem, tudo o que acontece em nossa mente é um reflexo do que acontece em nosso corpo; ou seja, a nossa consciência é fruto da configuração de nosso cérebro. Assim, nosso cérebro é composto de células nervosas, e qualquer alteração que nelas houver, seja ela química ou elétrica, afeta a mente, assim também com qualquer dor, em qualquer parte de nosso corpo. Entre as extremidades de nosso corpo, dos pés à cabeça, há comunicações nervosas. Por exemplo, consideremos o prazer que alguém sente ao saborear um pedaço de chocolate. O processo de saborear provoca uma alteração física em determinada região de seu cérebro, devido à neurotransmissão entre as papilas gustativas e o cérebro. Isso é cientificamente verificável, tanto positiva como negativamente; ou seja, no caso de haver lesões cerebrais nessa zona do cérebro, o prazer não mais se verifica.

Estamos no terreno da ciência e não da fé. O argumento cientificista afirma que tudo o que acontece em nossa consciência é objeto de estudo das ciências. O fato de ainda não sabermos mais ou não conhecermos a complexidade que existe entre o cérebro e suas relações com os estados mentais não é motivo para duvidarmos da ciência. Historicamente, o nosso saber está evoluindo. E existe a possibilidade de, no futuro, o mistério atual ser desfeito. Assim, sustenta-se o monismo ou o fisicalismo, para o qual a mente não é uma entidade separada e independente do corpo.

Dos pés à cabeça, somos uma coisa só?

Solução dual

Contra essa posição fisicalista ou monista, a solução dual argumenta a favor da insuficiência do tratamento científico dos processos físicos ligados à atividade psíquica, enfatizando a inadequação da abordagem científica referente aos processos mentais.

A concepção defendida por Thomas Nagel, conhecida como solução dual, considera os processos psíquicos como processos distintos dos físicos, que ocorrem no cérebro. Contudo, não aceita o pressuposto do dualismo substancial da concepção dualista, para a qual somos constituídos de uma alma, fonte de nossas experiências psíquicas, e de uma substância corporal, sede de nossos processos físicos.

Para essa concepção de aspecto dual, a fonte ou a sede de nossas experiências mentais é o cérebro. Contudo, assim sendo, a nossa consciência, o nosso universo psíquico, com todos os seus sentimentos e desejos, é processo que não se reduz ao mundo físico do cérebro. Assim, o nosso cérebro não é somente a soma dos processos físicos, mas apresenta também aspectos mentais.

Dessa forma, resulta que os fenômenos físicos, como já argumentava a concepção dualista, podem ser acessíveis a uma terceira pessoa; contudo, a consciência é sempre individual, e cientista algum, analisando a constituição cerebral, conseguirá jamais ter acesso à experiência subjetiva, ao prazer sentido, por exemplo, de quem está saboreando um sorvete ou comendo uma barra de chocolate.

PROBLEMATIZANDO

1. A afirmação de que existem doenças psicossomáticas é um bom argumento para sustentar a tese da solução dual?

2. Leia o texto a seguir.

> Mas o que sou eu, portanto? Uma coisa que pensa. O que é uma coisa que pensa? É uma coisa que duvida, que concebe, que afirma, que nega, que quer, que não quer, que imagina também e que sente. Certamente não é pouco se todas essas coisas pertencem à minha natureza. Mas por que não lhe pertenceriam? Não sou eu próprio esse mesmo que duvida de quase tudo, que, no entanto, entende e concebe certas coisas, que assegura e afirma que somente tais coisas são verdadeiras, que nega todas as demais, que quer e deseja conhecê-las mais, que não quer ser enganado, que imagina muitas coisas, mesmo mau grado seu, e que sente também muitas coisas como que por intermédio dos órgãos do corpo? [...]
>
> É certamente a ideia que tenho do espírito humano, enquanto é uma coisa pensante e não extensa, em lonjura, largura e profundidade, e que não participa de nada que pertence ao corpo, é incomparavelmente mais distinta do que a ideia de qualquer coisa corporal. [...]
>
> Pois, com efeito, quando considero meu espírito, isto é, eu mesmo, na medida em que sou apenas uma coisa que pensa, não posso aí distinguir partes algumas, mas me concebo como uma coisa única e inteira. E, conquanto, o espírito todo pareça estar unido ao corpo todo, todavia um pé, um braço ou qualquer outra parte estando separada do meu corpo, é certo que nem por isso haverá aí algo de subtraído a meu espírito.
>
> DESCARTES, René. *Meditações*. Trad. J. Guinsburg e Bento Prado Júnior. São Paulo: Nova Cultural, 1991. p. 173-174; 177, 197. (Os pensadores).

- Qual é a concepção filosófica defendida nesse texto?
- Qual das três posições estudadas você julga mais sustentável?
- No seu entendimento, mente e cérebro são uma coisa só, uma unidade, ou há distinção entre o físico e o psíquico, uma dualidade mente-espírito?

PRODUÇÃO DE TEXTO

1. Escolha uma das três concepções que abordam a relação corpo-mente e redija um texto explicando essa concepção.

OUTROS OLHARES

1. Leia alguns trechos do poema de Carlos Drummond de Andrade e busque relações com a temática corpo e alma.

As contradições do corpo

Meu corpo não é meu corpo,
É ilusão de outro ser.
Sabe a arte de esconder-me
E é de tal modo sagaz
que a mim de mim ele oculta.

Meu corpo, não meu agente,
meu envelope selado,
meu revólver de assustar,
tornou-se meu carcereiro,
me sabe mais que me sei.
[...]

Meu corpo ordena que eu saia
em busca do que não quero,
e me nega, ao se afirmar

como senhor do meu Eu
convertido em cão servil.
[...]

Se tento dele afastar-me
Por abstração ignorá-lo,
Volta a mim, com todo o peso
De sua carne poluída,
Seu tédio, seu desconforto.

Quero romper com meu corpo;
Quero enfrentá-lo, acusá-lo;
Por abolir minha essência,
Mas ele sequer me escuta
E vai pelo rumo oposto.
[...]

ANDRADE, Carlos Drummond de. As contradições do corpo. In: *Corpo*. Rio de Janeiro: Record, 1984. p. 7-8.

- Considerando a tensão dualismo-dualidade, como você interpreta este trecho do poema: "Meu corpo não é meu corpo, é ilusão de outro ser"?

2. Leia também os trechos da canção de Oswaldo Montenegro e converse com os colegas sobre as questões a seguir.

Metade

[...]
Porque metade de mim é o que eu grito
A outra metade é silêncio
[...]
Pois metade de mim é partida
A outra metade é saudade
[...]
Porque metade de mim é o que penso
A outra metade um vulcão
[...]

Pois metade de mim é a lembrança do que fui
A outra metade não sei
[...]
Pois metade de mim é abrigo
A outra metade é cansaço
[...]
Pois metade de mim é amor
E a outra metade também

MONTENEGRO, Oswaldo. Metade. *25 anos ao vivo*. CD.

- Essas expressões usadas por Oswaldo Montenegro podem ajudar a pensar a relação corpo e mente? Como?
- Trata-se de dualismo, de separação entre duas dimensões que não dialogam?
- Ou podemos pensar em dualidade, em articulação e complementaridade entre duas dimensões fundamentais do ser humano?

Eixo Temático 2

EXPERIÊNCIA E RACIONALIDADE

Você vai aprender sobre:

- As características da narrativa mítica.
- A função social de identidade comunitária do mito.
- As relações entre o mito, o rito e a memória.
- As articulações entre o mito e a filosofia.
- A necessidade da filosofia no campo da autorrealização humana.
- A relevância da reflexão filosófica para o amadurecimento da democracia.
- A relação do saber filosófico com a crítica ao senso comum e às ideologias.

Temas:

1. A consciência mítica
2. O nascimento da consciência filosófica

1. A CONSCIÊNCIA MÍTICA

A criação de Adão (1512), de Michelangelo. Afresco, 480,1 cm × 230,1 cm.

Os mitos estão presentes em todas as culturas? Quais são as grandes mensagens que os mitos comunicam? A filosofia estará mais perto do mito, da arte ou da ciência?

A estrutura do ser humano apresenta processos mentais nos quais a consciência mítica tem lugar permanente, radicada nas emoções e na dimensão intuitiva, muito relacionada à fragilidade humana e aos desejos de segurança e eternidade.

Embora sejamos naturalmente propensos ao filosofar, uma vez que a razão é potencialidade inerente a todo ser humano, a forma filosófica de ver o mundo não é a nossa primeira atitude diante da realidade. Por isso, para compreender a origem da filosofia, como acontece o processo de filosofar na existência de cada um de nós, e o processo histórico de nascimento da filosofia, é preciso compreender o que antecede, tanto na história como na cultura circundante. Pense, por exemplo, em uma criança. Ela tem em si a potencialidade para a filosofia, mas essa potencialidade jamais despertará se antes não houver um significativo tempo e cultivo de outro saber que, vindo antes, prepara o filosofar. Assim, será na formação da consciência mítica que se inicia o caminho que poderá levar à consciência filosófica.

Vamos, então, iniciar a nossa caminhada filosófica considerando o berço da filosofia.

A identidade do mito

> O mito é um sistema de comunicação, é uma mensagem. Eis por que não poderia ser um objeto, um conceito, ou uma ideia: ele é um modo de significação, uma forma [...] já que o mito é uma fala, tudo pode constituir um mito, desde que seja suscetível de ser julgado por um discurso. O mito não se define pelo objeto de sua mensagem, mas pela maneira como a profere: o mito tem limites formais, mas não substanciais.
>
> BARTHES, Roland. *Mitologias*. Trad. Rita Buongermino, Pedro de Souza. 10. ed. Rio de Janeiro: Bertrand Brasil, 1999. p. 131.

A primeira observação refere-se não ao conteúdo específico do mito, mas à sua forma. Assim, o que define o mito é o fato de ser um sistema de comunicação, uma fala, uma narrativa. A primeira forma de apreensão da realidade é uma espécie de intuição compreensiva. Diante da infinita grandeza e mistério dos fenômenos naturais (sol, chuva, trovão, raio etc.) e diante das situações limite, representadas pelos mistérios da doença e da morte, o ser humano encontra-se perplexo. E, em decorrência desse estado de espanto, mergulhado no mistério, ele recorre à narrativa mítica.

Assim, a linguagem mítica é um constituinte do ser humano que se situa em um plano diferente da razão argumentativa, conforme o texto a seguir.

> O mito é uma forma autônoma de pensamento e de vida. Nesse sentido, a validade e a função do mito não são secundárias e subordinadas em relação ao conhecimento racional, mas originárias e primárias, situando-se num plano diferente do plano do intelecto, porém dotado de igual dignidade. [...]
>
> Portanto, a verdade do mito não é uma verdade intelectual corrompida ou degenerada, mas uma verdade autêntica, embora com forma diferente da verdade intelectual, com forma fantástica ou poética: "Os caracteres poéticos nos quais consiste a essência das fábulas nasceram, por necessidade natural, da incapacidade de extrair as formas e as propriedades dos fatos"(Vico).
>
> ABBAGNANO, Nicola. *Dicionário de Filosofia*. Trad. de Alfredo Bosi e Ivone Castilho Benedetti. São Paulo: Martins Fontes, 2007. p. 785.

Na narrativa mítica, atribuímos a origem de todas as coisas à força dos deuses ou do Deus supremo. Dessa forma, a narrativa mítica apazigua o espírito inquieto. Sendo a primeira forma de consciência do ser humano, a consciência mítica começa a ordenar e organizar o mundo. Assim, a formação dos mitos obedece a uma necessidade inerente do ser humano e da cultura, considerando os limites da razão e dada a essencial incompletude de nossa condição humana, também afetada pela dinâmica das emoções, da afetividade e das crenças. Ou seja, nós não somos somente seres racionais. Nossa natureza é também impulsiva, emocional, necessitada de segurança. E será da nossa dimensão emotiva e intuitiva que nascerá a narrativa mítica.

No trecho a seguir, Nicola Abbagnano recorda o pensamento de Lévi-Strauss (1908-2009), um dos mais consagrados antropólogos a refletir sobre a questão dos mitos.

> Lévi-Strauss mostrou que o Mito não é uma narrativa histórica, mas a representação generalizada de fatos que recorrem com uniformidade na vida dos homens: nascimento e morte, luta contra a fome e as forças da natureza, derrota e vitória, relacionamento entre os sexos. Por isso, o Mito nunca reproduz a situação real, mas opõe-se a ela, no sentido de que a representação é embelezada, corrigida e aperfeiçoada, expressando assim as aspirações a que a situação real dá origem.
>
> ABBAGNANO, Nicola. *Dicionário de Filosofia*. Trad. Alfredo Bosi e Ivone Castilho Benedetti. São Paulo: Martins Fontes, 2007. p. 786.

As funções do mito

Vimos que o mito tem origem em uma intuição compreensiva da realidade, sendo uma forma espontânea de situar-nos no mundo, expressando nossa capacidade inicial de compreendê-lo. Por isso, as raízes do mito estão não na razão, mas na realidade vivida, pré-reflexiva, das emoções e da afetividade. Apoiados em imagens e fortalecidos pelo afeto, explicamos a realidade concreta, conferindo significado e ordem a um mundo aparentemente caótico e desorganizado.

Sendo narrativa pronunciada para ouvintes que a recebem como verdadeira, o mito traz a marca da fé e da confiança. Assim, a verdade do mito está relacionada à confiança na pessoa do narrador, à sua autoridade. Acredita-se que o poeta narrador seja um escolhido dos deuses, iluminado pelos deuses que lhe inspiraram sobre as origens dos acontecimentos passados e lhe passaram a responsabilidade de transmitir essa verdade para as gerações presentes e futuras. Sua palavra é sagrada porque vem de uma espécie de revelação divina. Dessa forma, o mito se apresenta incontestável, inquestionável, sendo marcado pela ausência da percepção de contradições.

Os mitos são transmitidos de geração em geração, "porque assim os ancestrais o prescreveram". Com isso, os mitos cumprem uma importante função social, ao reforçarem a coesão social, alimentando a identidade de grupo, a identidade comunitária. Enquanto o mito mantiver a força de identificação dos indivíduos e da comunidade, ele permanecerá muito vivo. Nessa pintura de Henri Matisse, vemos o ritual da dança, que atualiza a memória mítica.

A dança II (1910), de Henri Matisse. Óleo sobre tela, 260 cm × 391 cm.

Essas narrativas míticas fazem parte da tradição cultural de um povo. Por isso, não são produto de um autor específico, de um indivíduo isolado que, em determinado momento, sentou-se e as escreveu, mas nomes que remetem a uma coletividade. Homero é conhecido como o autor da *Ilíada* e da *Odisseia*, do século IX a.C. A Hesíodo é atribuída a *Teogonia*, do século VIII a.C.

Mircea Eliade (1907-1986), filósofo romeno, um dos maiores historiadores das religiões e estudiosos dos mitos, expressa a complexidade da linguagem mítica:

> O mito é uma realidade cultural extremamente complexa, que pode ser abordada e interpretada em perspectivas múltiplas e complementares [...]. O mito conta uma história sagrada; ele relata um acontecimento ocorrido no tempo primordial, o tempo fabuloso do princípio. Em outros termos, o mito narra como, graças às façanhas dos entes sobrenaturais, uma realidade passou a existir. [...]. Os mitos revelam, portanto, sua atividade criadora e desvendam a sacralidade (ou simplesmente a sobrenaturalidade) de suas obras. Em suma, os mitos descrevem as diversas e, algumas vezes dramáticas, irrupções do sagrado (ou do sobrenatural) no mundo. É essa irrupção do sagrado que realmente fundamenta o mundo e o converte no que é hoje.
>
> ELIADE, Mircea. *Mito e realidade*. 4. ed. Trad. Pola Civelli. São Paulo: Perspectiva, 1994. p. 11.

Os mitos antigos ou primordiais exercem a função de explicar o mundo e as relações humanas, além de transmitir um ideal de educação, essencial para a formação dos jovens. Por meio das narrativas míticas, as gerações mais velhas ensinavam às gerações mais novas como deveriam ser para se tornarem "excelentes". Os heróis e deuses transmitiam modelos exemplares de conduta para serem seguidos. Esse modelo estava presente na *areté* (virtude) de cada herói.

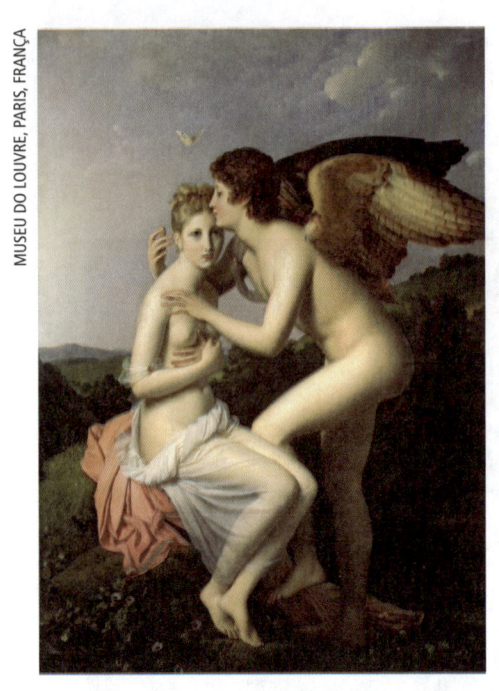

O texto a seguir aborda o mito de Prometeu. Há três grandes referências da narrativa desse mito. A primeira é Hesíodo, com

Cupido e Psiquê (1798), de François Gérard.
Óleo sobre tela, 186 cm × 132 cm.

Teogonia e *Os trabalhos e os dias*. A segunda versão encontra-se em Ésquilo, na tragédia *Prometeu acorrentado*. A terceira encontra-se em Platão, no diálogo *Protágoras*.

Apresentamos a seguir, uma versão simplificada dessa narrativa:

Quando chegou o momento de as raças mortais nascerem, os deuses as fabricaram através de uma mistura de terra e fogo. Antes de as trazerem da terra para a luz, encarregaram os deuses irmãos Prometeu e Epimeteu de repartirem os poderes entre os seres vivos, de modo a estabelecer uma ordenação boa e equilibrada no mundo. Epimeteu pediu a Prometeu para deixá-lo fazer a distribuição, permitindo que o irmão a verificasse ao final. Ao repartir os poderes, Epimeteu dotava uns de força e lentidão, e dava velocidade aos mais fracos; ele "armava" uns (com membros) e aos que não tinham "armas" ele dava outra capacidade de sobrevivência. Aos pequenos, deu asas para que pudessem fugir; a outros deu tamanho grande, o que já lhes garantia a sobrevivência; na sua repartição, foi, assim, compensando as diferentes capacidades, para evitar que uma ou outra raça fosse destruída; depois de garantir a todos os meios de evitar a destruição mútua, começou a preparar para lhes proteger contra os perigos das estações; deu a alguns pelos e peles grossas para o inverno e para servir de cama, na hora de dormir; mas também deu, a outros, peles finas e poucos pelos, para o calor; a uns ele deu cascos, a outros peles sem sangue; depois deu para cada um alimentos diferentes, a uns plantas, a outros raízes; a uns deu como comida a carne de outros animais, dando-lhes também uma reprodução mais difícil, para que fossem em menor número; às suas vítimas, garantiu reprodução abundante, assegurando a sobrevivência das espécies. Mas como não era exatamente sábio, Epimeteu gastou, sem perceber, todos os poderes com os animais que não falam; faltava ainda a raça humana, que não tinha recebido nada e ele ficou sem saber o que fazer! Enquanto ele estava nesse impasse, chegou Prometeu e viu que todos os seres vivos estavam harmoniosamente providos de tudo o que precisavam, mas que o ser humano estava nu, descalço, sem coberta e "sem armas". E o dia marcado para eles saírem da terra para a luz já estava chegando. Sem saber então o que fazer para preservar os humanos, Prometeu resolveu roubar o fogo do deus Hefesto e o saber técnico da deusa Atena, e dá-los de presente para os humanos. Desse modo, o ser humano passaria a ter o necessário para a vida. Por causa dessa proximidade com os deuses, o ser humano foi o primeiro a reconhecê-los e a dedicar-lhes altares e imagens; depois, graças à sua técnica, começou a emitir sons articulados e palavras, inventou as casas, as roupas e os calçados, as cobertas e os alimentos cultivados na terra. Assim equipados, os seres humanos viviam, primeiro, dispersos, pois não tinham cidades; ficavam expostos e, sendo mais fracos, eram mortos pelos animais selvagens; sua técnica, mesmo sendo uma grande ajuda para conseguir alimentos, era insuficiente na guerra contra os animais. De fato, eles ainda não possuíam a técnica da política, da qual faz parte a técnica da guerra. Eles tentavam se reunir para garantir sua sobrevivência, criando cidades, mas eram injustos demais uns contra os outros, se dispersavam e acabavam morrendo. Prometeu havia dado aos humanos o saber técnico, sem o saber político, que estava com Zeus. Só depois, Zeus, temendo que nossa espécie se extinguisse totalmente, mandou o deus Hermes levar para os humanos o Respeito (*aidós*) e a Justiça (*díke*), para estabelecer a ordem nas cidades e as relações de solidariedade e amizade que reúnem os homens. Hermes perguntou a Zeus como deveria distribuir o Respeito e a Justiça: do mesmo modo como distribuiu as outras técnicas, ou seja, poucos com cada uma, para servir muitos? Ou seria o caso de distribuir o Respeito e a Justiça igualmente para todos? Zeus ordenou que ele fizesse de modo com que todos participassem desses dois dons divinos, pois não seria possível ter cidades, se só alguns poucos os tivessem; ordenou também que fosse instaurada a seguinte lei: que fosse condenado à morte o homem que se mostrasse incapaz de receber e exercer o Respeito e a Justiça.

Prometeu acorrentado por Vulcano (1623), de Dirck Van Baburen. Óleo sobre tela, 202 cm × 184 cm.

Disponível em: <http://crv.educacao.mg.gov.br/sistema_crv/documentos/ra/em/Filosofia/2010-08/ra-em-fl-02.pdf>. Acesso em: 18 abr. 2016.

A narração da origem é, assim, uma genealogia, isto é, narrativa da geração dos seres, das coisas, das qualidades, por outros seres, que são seus pais ou antepassados. São cosmogonias e teogonias. *Gonos* é uma palavra grega que significa geração, nascimento, parto; e *cosmo* significa o mundo natural, regido por uma ordem. Por isso, cosmogonia é a narrativa sobre o nascimento e a organização do mundo, a partir de forças geradoras divinas. Teogonia é a narrativa da origem dos deuses, a partir de seus pais e antepassados.

Quando dizemos que os mitos fazem parte da estrutura humana, estamos afirmando a perenidade de sua presença entre nós. De tempos em tempos, recorremos a mitos, dada a nossa insegurança e desejo de segurança, e, acima de tudo, por causa do nosso desejo de conseguir uma visão de totalidade que nos tranquilize, ao conferir um sentido para todas as coisas.

PROBLEMATIZANDO

1. Na narrativa mítica *Prometeu acorrentado* encontramos várias expressões que devem ser interpretadas. Escolhemos duas afirmações para a sua interpretação. Converse com os colegas sobre elas:
   - Com o fogo, o ser humano passa a ter o necessário para a vida.
   - A melhor e maior proteção para os humanos foi a invenção da técnica da política, da associação, que implica o respeito e a justiça.

> **MITO, RITO E MEMÓRIA**
> A dimensão ritualista do ser humano ajuda a conferir sentido ao existir, em meio a um aparente caos. Assim, o rito atualiza e fortalece a crença, compartilhada pelos membros do grupo, alimentando a coesão social.

No cotidiano, a consciência mítica pode ser alimentada e cultivada no rito. Dessa maneira, o rito não será a simples comemoração de um evento acontecido no passado, mas passa a ser o tempo e o lugar em que o sagrado acontece novamente, reatualizando o acontecimento originário. Para a consciência mítica, é preciso que seja assim.

Através de códigos decifráveis, de símbolos que são mensagens, celebrados nos ritos, a memória é preservada pela comunidade. Dessa forma, a memória é expressão da vida, é resgate do passado, é releitura. E, por isso, está aberta a constantes transformações e atualizações.

Na esfera da consciência mítica e de sua atualização ritual, encontramos os ritos de purificação, os banhos de purificação, os retiros espirituais, o sacrifício de animais. Encontramos celebrações para atrair bênçãos.

Indígena Yawalapiti se pinta para ritual do Quarup. Mato Grosso, 2012.

Os Yawalapiti vivem na porção sul do Parque Indígena do Xingu, região conhecida como Alto Xingu, em que grupos falantes de diferentes línguas compartilham um mesmo repertório cosmológico. O Quarup, conhecido como ritual dos mortos, é um conjunto de cerimônias em homenagem à memória dos antepassados. As pinturas corporais se modificam de acordo com os diferentes momentos do ritual. O rito é um espaço de reatualização da memória mítica e ancestral.

PROBLEMATIZANDO

1. Os ritos de iniciação podem receber formas diferentes, desde a acolhida afetiva, cercada de desejosa celebração, quanto de trotes, para os quais os novatos se dirigem com medo, devido aos horrores e sofrimentos que podem causar.

- Converse com os colegas sobre essa relação entre mito, rito e memória, sobre os ritos de iniciação, sobre a necessidade de "marcar" o corpo ou a memória do recém-chegado ao grupo.
- Existem mitos parecidos em todas as culturas. Mudam as palavras, muda o contexto, mas a mensagem parece muito similar. Isso nos permite chegar a quais conclusões?

O mito contemporâneo

> Se o homem moderno se considera constituído pela História, o homem das sociedades arcaicas se proclama o resultado de um certo número de eventos míticos.
>
> ELIADE, Mircea. *Mito e realidade*. 4. ed. Trad. Pola Civelli. São Paulo: Perspectiva, 1994. p. 16.

Hoje em dia, com a consciência histórica e crítica, existem mitos? E, se houver, são da mesma natureza que os mitos antigos? A partir da descoberta e da valorização da historicidade do ser humano, ainda há espaço para falar em consciência mítica?

Por causa da estrutura mítica do ser humano, o mito é uma realidade também contemporânea, apesar de vivermos em uma era do "pós", pós-industrial, pós-moderna, pós-cristão. O ser humano não é só razão, é também, em boa parcela, irracional, emotivo e passional. Assim, o mito faz parte do jeito humano de ser, de conhecer, de buscar e, portanto, sempre o acompanhará. Por isso, embora alguns possam considerar o mito como ilusão, mentira ou infância da humanidade, não devemos considerar o mito como uma infantilização, ou um saber menor e deturpado, uma vez que o ser humano é um complexo de dimensões constitutivas que se relacionam mutuamente.

O contexto pós-moderno no qual vivemos é conhecido como cultura da imagem, do consumo, da provisoriedade. Os meios de comunicação são instrumento, a partir dos quais se criam e se alimentam desejos, que acabam sendo transformados em necessidades. A linguagem visual explora anseios primordiais que carregamos em nosso inconsciente.

A atuação dos meios de comunicação de massa, na fugacidade das imagens e na rapidez das mudanças sociais e culturais, exalta múltiplos e fugazes personagens e os povoa em nosso imaginário de forma também transitória. Isso faz com que as características do mito contemporâneo sejam bem distintas do mito primitivo.

Por sua importância e influência no mundo contemporâneo, alguns artistas, como o músico britânico Paul McCartney, são considerados mitos.

> No mito contemporâneo, não encontramos a abrangência e a totalidade características da mitologia primitiva que buscava visões de ordenamento de toda a realidade. Contrariamente ao mito antigo, no qual a adesão era coletiva e seu conteúdo era conhecido por todos de forma transparente, assistimos, agora, a uma adesão individual a um conteúdo latente, situado nos bastidores do pensamento e se faz presente em novelas, filmes, contos, sendo ele o motivo justificador de nossas ações para nós mesmos, diante dos outros.

Atualmente, os mitos se referem a campos particulares e fragmentados, sem a necessária articulação entre eles, como por exemplo, a sensualidade, a maternidade, o esporte, a ciência. Você certamente já ouviu falar ou mesmo persegue a "eterna juventude" ou a beleza de determinada modelo ou atriz ou, ainda, a velocidade ou o caráter de determinado esportista idealizado e eternizado na memória.

Poster do filme *O espetacular Homem-Aranha* (2012). A linguagem mítica das mensagens televisivas e cinematográficas explora nossos anseios primordiais inconscientes. Os heróis passam a encarnar o Bem e a Justiça, transformando-se em nossos protetores imaginários.

PROBLEMATIZANDO

1. Seguramente você já ouviu a expressão: "Ele é um mito", ou alguma expressão similar.
   - Qual é a ideia que está presente nessa noção de mito?
   - Compartilhe sua percepção com os colegas.

A caminhada da consciência mítica para a consciência filosófica

Você já se perguntou sobre a história do pensamento, sua origem? Será que tudo começou com os mitos? É uma das abordagens possíveis. Tradições culturais de um passado longínquo possibilitam-nos pensar que o ser humano é movido pela busca do sentido.

No final do século VIII, o poeta Hesíodo, em sua *Teogonia* descreve a criação do mundo e dos deuses, a partir de Caos, Gaia e Eros e narra como os humanos finalmente ficaram libertos das tramas dos deuses, quando esses se instalam no Olimpo. E, na narrativa *Os trabalhos e os dias*, Hesíodo descreve as cinco idades pelas quais o ser humano passou: desde a idade de ouro, na qual convive com os deuses, até a idade de ferro, na qual se encontra separado dos deuses, abandonado, condenada ao trabalho, à procriação etc.

Com essas narrativas, uma das ideias que passa a ser forte entre os gregos é a de que os homens estão livres dos deuses ou de que os deuses abandonaram os homens. Com isso, abre-se a perspectiva para a autonomia humana e, com ela, a necessidade de pensar na própria existência. Essa é também uma maneira de entender a origem do pensamento racional.

Outro elemento muito importante para considerar a origem de uma nova forma de pensamento vem do terreno da política. No século VIII a. C, a história grega registra um renascimento comercial responsável pelo enfraquecimento das aldeias, de linhagem tribal. Com isso, a sociedade vai se complexificando, deixando de ser o que até então era, aldeias de agricultores e artesãos, passando a organizar a vida em torno da praça pública, a *ágora*, espaço dos novos encontros, das relações econômicas.

Esse é o contexto do nascimento da *pólis*, de uma nova forma de organização social e política, na qual o centro de referência não é mais uma aristocracia, mas a democracia emergente. Com essa mudança, no centro das questões está a discussão política, o poder da palavra, que convence, que cria leis.

São João Evangelista e a visão de Jerusalém (1635), de Alonso Cano. Óleo sobre tela, 83 cm × 44 cm.

A consciência filosófica manifesta-se em cada existência na habilidade de ver, de admirar, de indignar-se e de buscar sentido e verdade.

> Essa revolução política foi fundamental para o desenvolvimento do pensamento humano. Na *pólis*, com os cidadãos em pé de igualdade, vence quem sabe convencer. É preciso valer-se exclusivamente do raciocínio e da correta exposição das ideias – em suma, do *logos*. Essa fórmula de raciocinar, de falar e até de polemizar não se limita à política [...]. Passa a ser o critério para pensar qualquer coisa.
>
> ABRÃO, Bernadette Siqueira (Org.). *História da filosofia*. São Paulo: Nova Cultural, 1999. p. 18. (Os pensadores).

De acordo com as hipóteses de pesquisadores e especialistas, entretanto, o século VI a.C. trouxe a presença de pensadores que marcaram a história, por serem representantes de uma nova forma de racionalidade, na qual o sentido das coisas, do mundo e da vida é buscado não em forças exteriores, mas na própria natureza. Nesse momento, afirmam os especialistas, o raciocínio passou a ocupar o lugar que antes era da narrativa mítica. Mudou a forma de referir-se às origens. Na narrativa mítica, o poeta atribuía aos deuses a responsabilidade pelo que existe. Esses pensadores que iniciaram a mudança do mito para o *logos*, ou seja, da narrativa para a razão, viviam nas colônias gregas da Jônia, em meados do século VI a.C.

Na narrativa mítica não encontramos uma consciência pessoal autônoma. O que verificamos é uma consciência submetida à massa comunitária, homogênea. Uma consciência receptiva do senso comum. É uma consciência situada, extrínseca, desprovida de problematização.

Esse momento primeiro e inicial responde a uma dimensão e a uma necessidade estrutural do ser humano, na medida em que lhe proporciona a segurança e a identificação comunitária. A partir dessa realidade, a narrativa mítica alimenta e cultiva a capacidade imaginativa do ser humano. E, alimentando a imaginação, o ser humano despertará para a filosofia, para a percepção das contradições presentes na narrativa mítica.

> O mito propõe todos os valores, puros e impuros. Não é da sua atribuição autorizar tudo o que sugere. [...] O mito propõe, mas cabe à consciência dispor.
>
> GUSDORF, George. *Mito e metafísica*. Trad. Hugo di Prímio Paz. São Paulo: Convívio, 1979. p. 308.

Estabelecendo um paralelo entre mito e filosofia, podemos afirmar, inicialmente, que o mito, enquanto intuição compreensiva da realidade, narra as coisas como eram num passado imemorial e longínquo. Em contrapartida, a filosofia se volta aos fundamentos racionais de as coisas serem como são. Em segundo lugar, o mito primitivo narra a origem através de genealogias e rivalidades ou alianças entre forças divinas e personalizadas, enquanto a filosofia explica a produção das realidades por elementos e causas naturais e impessoais. Em terceiro lugar, o mito traz a ausência da percepção das contradições, devido à fé-confiança depositada na figura do poeta narrador. Em contrapartida, a filosofia, deslocando o recurso da autoridade pessoal para o argumento racional, busca uma explicação coerente, racionalmente bem fundamentada, evitando contradições.

PROBLEMATIZANDO

1. Você consegue imaginar como seria a vida sem mitos? Qual a importância dos mitos na vida humana?
2. Considerando a vida humana, na existência de cada um de nós, a passagem da consciência mítica para a consciência filosófica é algo natural, ou é um processo que necessita de uma mediação? Nesse caso, qual ou quais seriam essas mediações?

PRODUÇÃO DE TEXTO

1. Leia atentamente os trechos que seguem.

Trecho 1

> Terra primeiro gerou igual a si mesma Céu constelado, a fim de cobri-la toda ao redor e de que fosse aos deuses venturosos sede segura para sempre. E gerou altas montanhas, belas moradas das deusas Ninfas que habitam as montanhas frondosas. E gerou também a infecunda planície impetuosa de ondas, o Mar, sem desejoso amor.
>
> HESÍODO. *Teogonia*: a origem dos deuses. Estudo e tradução de Jaa Torrano. 3. ed. São Paulo: Iluminuras, 1995. v. 126-132.

Trecho 2

Quando fornecemos calor a uma substância que se encontra no estado líquido, aumentamos a energia de agitação de suas partículas, isto é, elevamos sua temperatura. Entretanto, dependendo da substância e da pressão a que está sujeita, existe um limite de aumento da temperatura, além do qual a estrutura molecular do líquido sofre mudanças. A partir dessa temperatura-limite, a energia recebida pelo líquido é usada para a mudança na estrutura molecular e o líquido é transformado em vapor.

VILAS BOAS, Newton. *Tópicos de Física*. v. 2. 19. ed. São Paulo: Saraiva, 2012. p. 61.

- Identifique e caracterize o tipo de conhecimento presente em cada um desses trechos.

2. Leia o texto a seguir e explique a tese defendida pelo autor.

O mito se opõe ao *logos* como a fantasia à razão, como a palavra que narra à palavra que demonstra. *Logos* e mito são duas metades da linguagem, duas funções igualmente fundamentais da vida do espírito. O *logos*, sendo uma argumentação, pretende convencer. O *logos* é verdadeiro, no caso de ser justo e conforme à "lógica"; é falso quando dissimula alguma burla secreta (sofisma). Mas o mito tem por finalidade apenas a si mesmo. Acredita-se ou não nele, conforme a própria vontade mediante ato de fé, caso pareça "belo" ou verossímil, ou simplesmente porque se quer acreditar. O mito, assim, atrai em torno de si toda a parcela do irracional existente no pensamento humano; por sua própria natureza, é aparentado à arte, em todas as suas criações.

GRIMAL, Pierre. *A mitologia grega*. 3. ed. Trad. Carlos Coutinho. São Paulo: Brasiliense, 1982. p. 8-9.

3. Leia a seguinte afirmação: No mito contemporâneo não encontramos a abrangência e a totalidade características da mitologia primitiva.

- A partir dessa afirmação e de outras informações, redija um texto confrontando a natureza dos mitos primitivo e contemporâneo.

4. Nas histórias em quadrinhos encontramos heróis, super-homens e supermulheres que são expressão de nossas idealizações, fantasias e desejos. Faça uma pesquisa sobre um desses personagens, buscando situações relacionadas com nosso cotidiano, mensagens e valores. Prepare um relatório para apresentar aos colegas.

VOCÊ SABIA?

Etimologicamente, "mistério" significa "coisa secreta, fechada, inacessível à razão humana". Na Antiguidade grega, tratava-se de uma cerimônia, de um rito reservado aos iniciados. Exemplificando, temos os mistérios de Elêusis.

No cristianismo, "mistério" refere-se à divindade, à verdade divina. Por exemplo, o mistério da Santíssima Trindade, o mistério da encarnação de Deus na pessoa de Jesus de Nazaré, o mistério da Ressurreição. Assim mistério torna-se também um dogma, verdade aceita na fé, que ultrapassa os poderes de compreensão de nossa racionalidade.

Deméter e Metanira (c. 340 a.C.), do pintor Varrese. Cerâmica de figuras vermelhas.
Os mistérios de Elêusis eram rituais de iniciação no culto das deusas Perséfone e Deméter.

PENSANDO CONCEITUALMENTE A **CONSCIÊNCIA**

A consciência é sempre consciência de alguma coisa. Ou seja, nossa consciência é sempre direcionada para objetos ou realidades. Assim, não existe uma consciência vazia, do nada, ou consciência pura. É isso que pretendemos dizer quando afirmamos que a nossa consciência é sempre intencional; ela tende a algo. Esse é o sentido de intencionalidade. Portanto, não devemos confundir o sentido de intencionalidade, aqui aplicado à teoria do conhecimento, com a ideia de intenção, que existe no senso comum, quando pensa no objetivo de uma ação humana.

Com efeito, a nossa mente ou consciência percebe algo. Não é o corpo que percebe. O corpo tem as sensações. Através do corpo, com a ajuda do corpo, a nossa consciência percebe e decifra o real. Essas percepções são múltiplas, diferentes, subjetivas, pois cada olhar percebe a partir de uma situação real, na qual está encarnado, afetado pelas sensações físicas.

Uma primeira forma de consciência é a consciência mítica, uma espécie de animismo, na qual tudo tem vida e está interligado. Encontramos aqui uma forma de consciência na qual o indivíduo se reconhece como pertencente à mãe Terra, ao ecossistema.

Além dessa consciência de si, como parte do Universo, que reflete sobre si mesmo e se percebe sempre em situação, existe a consciência social e política. Somos seres culturais. Assim, nosso existir sempre acontece inserido em um meio, em uma cultura, em uma tradição. E essa consciência de saber-se situado dentro de uma cultura, ao mesmo tempo em que nos limita, abre-nos um horizonte de possibilidades de realização. Assim como as margens de um rio.

Nossa condição de seres políticos, marcados pela necessidade da convivência social, coloca-nos diante da presença do outro. A existência do outro se torna o critério fundamental para amadurecer a nossa consciência ética e moral. À luz da presença do outro nasce em nós a consciência de nossa própria identidade. Por isso, a presença do outro, como limite e condição de possibilidade de nossa realização em sociedade, é fonte da ética da responsabilidade, dos princípios que solicitam nossa atitude de cuidado e de promoção da vida.

Portanto, existem diferentes e variados níveis de consciência que solicitarão diferentes níveis de engajamento e comprometimento pessoal. Da consciência que se volta para determinada realidade, que tende para um objeto, nascerá determinada postura na vida.

2. O NASCIMENTO DA CONSCIÊNCIA FILOSÓFICA

Somos todos naturalmente filósofos ou há experiências que nos transformam em filósofos?
Se o que se busca é a verdade e a sabedoria de vida, estarão elas fora de nós?
O que é a verdade? Conformidade com a realidade? Descrição da essência do objeto? Interpretação? Atribuição subjetiva de sentido e significação?
O que distingue a consciência filosófica da consciência mítica?
Entre o mito e a filosofia o que acontece na imaginação humana?
Um machado é útil, uma tesoura é útil. E a filosofia? Será ela útil? Qual será seu diferencial?

A natureza, a necessidade e a (in)utilidade da filosofia

Quando alguém pergunta sobre a necessidade e a utilidade de estudar filosofia, está buscando pelo sentido e pelo fundamento de algo. Essa postura é filosófica, pois é atitude investigativa dos fundamentos. Filosofar, portanto, é problematizar, é buscar metódica e disciplinadamente os princípios, os pressupostos que fundamentam as diferentes posturas diante de questões centrais da vida, em todos os campos de saber.

Dessa forma, considerando a vitalidade das questões filosóficas nos diferentes âmbitos do cotidiano da vida humana, é um grande mal-entendido pensar que a filosofia seja de natureza abstrata, no sentido de se referir a reflexões teóricas sobre realidades distantes. Ao contrário, as grandes preocupações da filosofia estão relacionadas com o bem viver em sociedade. Assim, na condição de humanos que buscamos uma vida feliz e justa, encontraremos na filosofia os fundamentos e as reflexões que nos possibilitarão sermos os sujeitos de nossa história, construtores de nosso destino, tanto pessoal quanto social.

Trabalhamos aqui com dois sentidos básicos de filosofia. Inicialmente, em momento de negatividade, como atitude problematizadora, de crítica, de desmascaramento. Em seguida, em momento de positividade, como busca por fundamentos, em sua preocupação de integrar os diferentes olhares, partindo do pressuposto de que a sabedoria buscada transcende as visões particulares.

Em suma, vamos trabalhar com a ideia de que a filosofia é um campo do saber que tem uma especificidade, características próprias, objetivos e metodologias específicas. Contudo, trabalharemos também com a concepção de que a filosofia é uma determinada atitude, uma postura, uma forma de ver e ler o mundo e a própria vida.

> A nova inteligência que se busca é a habilidade e a competência de articular os elementos ou perceber as articulações existentes. Uma inteligência da complexidade, que percebe que tudo está interligado. Assim, o olhar filosófico se faz crítico das visões simplistas ou simplificadoras e superficiais, buscando a verdade que se encontra mergulhada nas relações.

A busca pela verdade e pela sabedoria

> O Amor [...] está no meio da sabedoria e da ignorância. Eis com efeito o que se dá. Nenhum deus filosofa ou deseja ser sábio – pois já é –, assim como se alguém mais é sábio, não filosofa. Nem também os ignorantes filosofam ou desejam ser sábios; pois é nisso mesmo que está o difícil da ignorância, no pensar, quem não é um homem distinto e gentil, nem inteligente, que lhe basta assim. Não deseja portanto quem não imagina ser deficiente naquilo que não pensa lhe ser preciso. Quais então [...] os que filosofam, se não são nem os sábios, nem os ignorantes? [...] São os que estão entre esses dois extremos, e um deles seria o Amor. Com efeito, uma das coisas mais belas é a sabedoria, e o Amor é amor pelo belo, de modo que é forçoso o Amor ser filósofo e, sendo filósofo, estar entre o sábio e o ignorante.
>
> PLATÃO. *O banquete*. Trad. José Cavalcante de Souza. 5. ed. São Paulo: Nova Cultural, 1991. p. 35-36. (Os pensadores).

Em sua obra *O banquete*, Platão (427-347 a.C.) identifica a filosofia como amor ao amado, no caso, o desejo por sabedoria, desejo por aquilo que não possui. Dessa forma, o que caracteriza o amor é a carência ou a falta, jamais a posse. Por essa razão, a filosofia jamais alcançará em sua plenitude o objeto de seu desejo, por não ser nenhum deus.

A partir disso, ao nos perguntarmos sobre a necessidade da filosofia, deveremos pensar na própria realização do ser humano, em sua condição de ser pensante. Ora, a vida feliz, almejada pela filosofia, não está a serviço de nada, ela é o bem último, que todos buscamos como finalidade maior. Portanto, a necessidade da filosofia não se coloca no campo da prática mercantil ou comercial, mas no terreno da autorrealização humana. Considerando a inquietação humana fundamental, que busca conhecer verdadeiramente, desde os fundamentos, a filosofia se coloca na busca pela verdade. Mas essa verdade almejada não se restringe a um ponto de vista, como podem ser o olhar físico, biológico, químico, linguístico, paleontológico, entre outros. Diferentemente, o olhar que caracteriza a postura filosófica busca articular as diferentes leituras e visões possíveis para um mesmo tema, para uma mesma realidade.

Sobre a necessidade da filosofia, Karl Jaspers assim se expressa:

> Todo aquele que se dedica à filosofia quer viver para a verdade. Vá para onde for, aconteça-lhe o que acontecer [...] está sempre interrogando. É possível certa confiança, mas não a certeza [...]. A filosofia se expõe a abismos diante dos quais não deve fechar os olhos, assim como não pode esperar que desapareçam por encanto.
>
> JASPERS, Karl. *Introdução ao pensamento filosófico*. São Paulo: Cultrix, 1993. p. 138-147.

Dessa forma, a questão da necessidade do filosofar vincula-se à realização da possibilidade de um conhecimento profundo, articulado, pois é preciso aprender a religar os diferentes pontos de vista. Chamamos a sua especial atenção, aqui, para uma nova concepção de educação e de conhecimento. Conhecer não é visto como separar, dividir, fragmentar; mas, ao contrário, só há conhecimento a partir de articulação, uma vez que a vida é teia, rede de relações inclusivas.

Alimentando o espírito democrático

> A filosofia não é a revelação feita ao ignorante por quem sabe tudo, mas o diálogo entre iguais que se fazem cúmplices em sua mútua submissão à força da razão e não à razão da força.
>
> SAVATER, Fernando. *As perguntas da vida*. Trad. de Mônica Stahel. São Paulo: Martins Fontes, 2001. p. 2.

Nesse fragmento, aparece com muita nitidez que a filosofia não admite posturas dogmáticas, pois não se trata de uma revelação, presente no âmbito da religião ou da crença. Ao contrário, a filosofia traz a marca da dialética, do diálogo entre diferentes pontos de vista. Dessa forma, percebemos a relevância da reflexão filosófica para o amadurecimento da vida democrática. Na medida em que diferentes pessoas, com diferentes projetos, se relacionam e passam a conviver em um mesmo espaço, haverá o conflito. Esse conflito se manifestará nas diferentes interpretações, nos diferentes desejos e interesses. Dessa forma, o conflito revela a existência de pessoas autênticas e livres. E a postura filosófica se faz fundamental porque ela nos ensina a dar as razões de nosso olhar e a reconhecer as razões do olhar do outro. A partir dessa habilidade, característica do verdadeiro diálogo, alimentaremos a sociabilidade e a democracia nas relações humanas, aprenderemos a cultivar os valores da vida em sociedade e a praticar a cidadania, que passa pela aceitação, defesa e promoção das diferenças.

Postura crítica, radical, complexa e dinâmica

A reflexão filosófica é sempre uma reflexão a partir do seu tempo, crítica e instituinte de um novo viver, na busca de uma sabedoria prática, iluminada pelo saber teórico. Por isso, a formação de uma consciência filosófica é compromissada com a ressignificação da própria existência, capaz de construir sentido, na interação com os outros sujeitos e parceiros, em diálogo investigativo.

Assim, considerando que a natureza da filosofia é ser amante da sabedoria, mediante uma busca continuada de novas e aprofundadas leituras do mundo, a atitude filosófica traz a marca da criticidade e da radicalidade, ou seja, da percepção e do discernimento rigoroso dos pressupostos que subjazem às nossas afirmações cotidianas, bem como às suas possíveis decorrências.

A inutilidade que realiza a filosofia

Quando dizemos que um martelo é muito útil ou que uma tesoura é muito útil, entendemos o sentido de utilidade. Algo útil é meio para outro fim. Se alguém perguntar pela utilidade de um vaso, poderemos dar várias respostas. Mas, se alguém perguntar pela utilidade do amor ou da felicidade, o que responderemos? Para que serve o amor? Será que é sensato perguntar ou responder à pergunta: "Você quer ser feliz para quê?". A felicidade parece ser o fim supremo da vida, a finalidade última de nosso viver. Por isso, ela é inútil, não útil para outra coisa que não seja ela mesma. Será o amor assim também? E a filosofia, será que também ela não pode ser pensada como inútil, nesse sentido?

O pensador (1904), de Auguste Rodin. Escultura.

Na consciência filosófica, o indivíduo mergulha em si mesmo. Devo ou não devo? Convém ou não convém fazer o que eu quero? Estou me deixando levar por um impulso, ou é uma ação refletida, consciente e livre? Será o melhor a fazer? Que decorrências poderão vir? Estarei em condições de assumir as decorrências possíveis de meus atos e de minhas atitudes?

A inutilidade da filosofia, como também da Física e da Matemática, está no fato de buscar o conhecimento em si mesmo, sem a necessidade de aplicar esse conhecimento em coisas práticas, como acontece com a engenharia e a arquitetura, por exemplo.

Ora, a filosofia é o amor à própria sabedoria, é vida reflexiva, que constitui a nossa identidade e a nossa diferença no reino animal. Assim, o objetivo é o próprio conhecimento, a própria atitude reflexiva, é cultivar o que somos, tornar-se o que já se é em potencialidade. Eis aqui a tarefa humana fundamental, pois sem a consciência a pessoa não se sabe, não se situa, não se projeta. É preciso que aprendamos a atualizar, ou seja, concretizar, materializar a potencialidade reflexiva inscrita em nosso ser, mediante o cultivo do filosofar. Importa aprender a filosofar.

VOCÊ SABIA?

PHILO + SOPHIA: Duas expressões gregas: *Philo*: amigo, amante, e *Sophia*: sabedoria. *Philosophia* é atitude e forma de saber relacionada à sabedoria. Filósofo é aquele que busca a sabedoria. Da mesma forma como o amado procura a amada, nunca a possuindo, a filosofia busca a verdade, lutando contra toda forma de dogmatismo. E é bom lembrar que a sabedoria não é o que entendemos por inteligência abstrata, mas competência e habilidade que abrangem tanto a compreensão profunda da realidade na qual se está inserido como a vivência coerente com esse saber esclarecido. Consequentemente, sabedoria tem direta relação com o saber viver. Assim, o *philosopho* é aquele que busca o bem viver, capaz de dar as razões de suas ações e decisões.

COMPLEXIDADE: É característica do saber filosófico, uma vez que reconhece as múltiplas dimensões integradoras da verdade. Cada ponto de vista colabora com a vista de um ponto. Será na articulação desses pontos que se realiza a vocação filosófica. Pense em uma teia de aranha: ela é um emaranhado de fios articulados, ao se mexer em um fio, mexe-se em todos. A inteligência da complexidade compreende a vida em suas relações constitutivas. Dessa forma, a atitude filosófica, superando o olhar da fragmentação, busca as relações.

RADICALIDADE: É característica do saber filosófico. Não devemos confundir radicalidade com radicalismo. Enquanto a expressão radicalismo indica atitude extremada, intolerante e fechada ao diálogo, a expressão radicalidade refere-se à atitude de quem vai às raízes, de quem não permanece em saber superficial. Dessa forma, a atitude filosófica é comparada às raízes de uma árvore que buscam mais profundidade. Na prática cotidiana, essa atitude implica não aceitar permanecer com respostas simples e superficiais, mas lançar-se na aventura humana por conhecimento significativo, de pergunta em pergunta, sempre problematizando e alargando o olhar. Com efeito, saber perguntar constitui característica essencial da atitude e do saber filosóficos.

PROBLEMATIZANDO

1. Com base nessas reflexões acerca da necessidade, utilidade e inutilidade da filosofia, converse com os colegas sobre a questão a seguir:
   - Qual é a importância de a filosofia estar presente no currículo escolar?

2. Entrevista e debate. Entreviste seus pais, seus parentes, adultos próximos a você sobre a concepção que eles têm de filosofia, sua importância, sua "utilidade" na vida, nas relações, no mercado de trabalho, para realização pessoal.

PRODUÇÃO DE TEXTO

1. O texto que segue é do filósofo Michel de Montaigne (1533-1592), escritor renascentista, humanista. Seu pensamento recupera as linhas gerais do ceticismo. Nesse texto, Montaigne nos fala sobre a atitude que devemos cultivar nas crianças, nos adolescentes e nos jovens. O que ele propõe tornar-se-á o espírito que deveremos cultivar nessa inicial aprendizagem sistemática do filosofar.

Ensaios

Tudo se submeterá ao exame da criança [e dos jovens] e nada se lhe enfiará na cabeça por simples autoridade e crédito. Que nenhum princípio, de Aristóteles, dos estoicos ou dos epicuristas, seja seu princípio. Apresentem-se-lhes todos em sua diversidade e que ele escolha se puder. E se não o puder fique na dúvida, pois só os loucos têm certeza absoluta de sua opinião.

> "Não menos que saber, duvidar me apraz", afirma Dante [...] A verdade e a razão são comuns a todos e não pertencem mais a quem as diz primeiro do que ao que as diz depois. Não é mais, segundo Platão, do que segundo eu mesmo, que tal coisa se enuncia, desde que a compreendamos. [...] O proveito de nosso estudo está em nos tornarmos melhores e mais avisados. É a inteligência que vê e ouve; é a inteligência que tudo aproveita, tudo dispõe, age, domina e reina. Tudo o mais é cego, surdo e sem alma. Certamente tornaremos a criança servil e tímida se não lhe dermos a oportunidade de fazer algo por si. [...] saber de cor não é saber: é conservar o que se entregou à memória para guardar. Do que sabemos efetivamente, dispomos sem olhar para o modelo, sem voltar os olhos para o livro. Triste ciência a ciência puramente livresca. Que sirva de ornamento, mas não de fundamento, como pensa Platão, o qual afirma que a firmeza, a boa-fé, a sinceridade são a verdadeira filosofia.
>
> MONTAIGNE, Michel de. *Ensaios*. Trad. Sérgio Milliet. São Paulo: Nova Cultural, 1991. Livro I, Cap. XXVI. p. 75-83. (Os pensadores).

- Com base nesse trecho de Montaigne, redija um texto sobre a natureza da filosofia, justificando a afirmação:

"Só os loucos têm certeza absoluta de sua opinião."

SUGESTÃO DE FILME

Assista ao filme *Sociedade dos poetas mortos*, dirigido por Peter Weier, tendo como atores Robin Williams, Robert Sean Leonard, Ethan Hawke, Josh Charlesé. O filme é ótima expressão para essa busca por sentido, harmonia e beleza na vida. O desejo por uma vida extraordinária, fora do ordinário do senso comum, alimenta o espírito da autenticidade do viver.

Singularidade da filosofia como saber e atitude

A filosofia se apresenta como saber e atitude que se diferencia da consciência mítica por buscar os fundamentos e os princípios primeiros de modo racional e sistemático. Dessa forma, ela representa uma disposição interior de cultivar o processo de apreensão das significações, com a consciência de que esse processo é permanente. Para caracterizar a singularidade do saber e da atitude filosófica, apresentamos os seguintes elementos:

Habilidade de ver a realidade

Considerando a inquietude e a percepção das contradições presentes na narrativa mítica, a origem da atitude filosófica se localiza em uma habilidade específica de ver a realidade. No senso comum, percepção inicial do mundo, as pessoas olham sem ver, sem captar articulações, muito menos incoerências e contradições. Filosofar é ver diferente. É buscar a dinâmica de formação das realidades, seus elementos antecedentes e suas decorrências. Por isso, filosofar é lançar-se na busca de uma visão ampliada, superando a fragmentação, o reducionismo de quem se apega a um ponto de vista.

Sentimento e atitude de indignação

Em decorrência dessa capacidade de ver de forma mais complexa a realidade, a filosofia se alimenta, como condição fundamental, da capacidade de indignação diante de certas ações ou omissões humanas e diante de certas configurações históricas e culturais do viver humano. Essa dimensão é condição de onde deriva a capacidade de problematizar, compreender e construir.

Manifestação de profissionais da saúde, Rio de Janeiro, 2013.

A reflexão filosófica tem a vida como seu conteúdo, problematizando em vista de um melhor viver, nas dimensões locais e globais.

Desejo de conhecer radicalmente e processo de conscientização

Motivada pela indignação ética, nasce outra experiência fundamental: o processo de conscientização e de busca por um conhecimento mais profundo. É o desejo de conhecer por dentro a realidade, em decorrência das questões que a razão e a consciência despertas se colocam, uma vez que a experiência filosófica é marcada pela dúvida e interrogativa: por que está sendo assim? Não haveria outra forma melhor de viver?

Com essa atitude, a filosofia costuma ser motivo de incômodo. Não foram poucos os filósofos que pagaram com a vida, ou com o exílio e a prisão, a ousada postura de filosofar sobre o seu tempo à luz de um horizonte maior de sentido. Assim, a filosofia não é somente interpretação do mundo, mas projeto de transformação do mundo, a partir da formação de um novo sujeito histórico. Dessa forma, a filosofia é atividade humana indispensável, na busca de conferir sentido ao existir.

Habilidade de julgar com base em rigorosos critérios racionais

Para que a reflexão se revele filosófica, ela precisa ser marcada pela busca dos fundamentos; por isso, a filosofia é uma reflexão em busca dos conceitos. Nessa reflexão, a criticidade é marca distintiva da atitude filosófica, uma vez que a crítica é a arte de estabelecer critérios rigorosos de julgamento e avaliação. Não se trata de ser do contra. Não se trata de pessimismo, mas de superar uma consciência ingênua, no caminho de um saber racionalmente fundamentado.

Permanente diálogo de busca

Dessa forma, outra característica que identifica o pensar filosófico é a dinamicidade ou processualidade dessa busca. É processo sem fim. A pretensão de ter encontrado a verdade é a morte da filosofia; é dogmatismo totalitário, discurso único. A filosofia não é revelação, verdade anunciada, mas é diálogo, busca racional intersubjetiva.

Por isso, ousadia e humildade, autenticidade e diálogo, abertura e conflito são dimensões fundamentais de um saber filosófico, sempre em construção intersubjetiva, entre sujeitos que interpretam o mundo de formas diferentes, passíveis de serem integradas.

A reflexão filosófica é como a raiz de uma árvore que se lança em busca de sempre maior profundidade, uma vez que a verdade do ser está oculta na aparência.

49

Habilidade de contextualizar, relacionar, integrar

Em decorrência disso, temos como característica do pensamento filosófico a busca pela totalidade ou complexidade da realidade, isto é, consideram-se os problemas dentro de um conjunto de fatos e valores relacionados entre si. Não se trata de absolutizar um ponto de vista da realidade, entre os muitos que existem, mas de inter-relacioná-los, buscando o consenso possível, na apreciação das diferenças.

Portanto, a reflexão filosófica, contextualizando problemas e realidades, busca a verdade de forma sempre progressiva e articulada. Contudo, a verdade, por ser histórica, é filha do tempo, e será sempre caracterizada pelas superações. Tudo o que é histórico, por ser resultante da imprevisível ação humana, é subjetivo, parcial, falível e aberto a um futuro, à medida que novas leituras serão feitas do fato passado.

Côncavo e convexo (1955), de M. C. Escher. Litogravura, 33,5 cm × 27,5 cm.

Cada ponto de vista não passa da vista de um ponto. Por isso, a atitude filosófica busca sempre transcender, superar e articular os olhares, que são formas de leitura da realidade. Quanto maior for a capacidade de articulação das diferentes leituras e interpretações, melhor será a aproximação ao sentido que podemos conferir à realidade.

Filosofia: crítica das ideologias e do senso comum

Seguramente, você já ouviu ou pronunciou, várias vezes, expressões como: "Deus ajuda a quem cedo madruga"; "filho de peixe, peixinho é"; "todo político é corrupto". E você já se perguntou sobre o fundamento dessas ou outras expressões? Quando a nossa atitude traz a dúvida, a interrogação, a problematização, está nascendo a dimensão filosófica em nossa consciência.

A reflexão filosófica é filha do tempo. Assim, os conceitos são historicamente construídos. Alguns conceitos podem receber diferentes interpretações e sentidos. É o caso do conceito "ideologia", que recebeu diferentes leituras na história do pensamento moderno e contemporâneo

Originariamente, em conformidade com o criador do termo, o filósofo francês Antoine Destutt de Tracy (1754-1836), ideologia significava a ciência das ideias que sustentavam a vida social. Nesse sentido, o objetivo dessa ciência, chamada ideologia, seria o de estudar a origem e o desenvolvimento de nossas ideias.

Contudo, não demorou muito para que os intelectuais e revolucionários alemães Karl Marx (1818-1883) e Friedrich Engels (1820-1885) atribuíssem à ideologia um sentido pejorativo, o sentido negativo de ilusão, de consciência deformada ou invertida da realidade, produzida pela classe dominante. Nessa visão, a ideologia é instrumento da classe hegemônica para mascarar a realidade, para impedir nos dominados a consciência da dominação, da opressão. E o mais grave é que a ideologia consegue fazer com que o oprimido coloque a culpa em si mesmo e não perceba a relação dialética entre o empobrecido e o enriquecido. Dessa forma, a ideologia realiza uma inversão da vida real.

> A ideologia manipula e formata as nossas mentes, tornando-nos estranhos a nós mesmos, alienados ao pensar alheio.

Essa ideologia é veiculada das mais diversas maneiras: pelos meios de comunicação de massa, pela família, pela escola, pela igreja, pelo exército, pelas empresas etc. É preciso perceber que não há neutralidade. Sempre há interesses em jogo. É preciso discernir se o que está em jogo é o bem comum ou interesses particulares.

Nessa concepção de ideologia compartilhada por alguns autores, a filosofia adquire uma concepção específica. Ela se torna instância crítica das ideologias. Nesse contexto de universalização de uma única forma de pensar, de formatação das mentes para não enxergarem a realidade, a postura filosófica se mostra na pergunta: "Será?". Aqui, a filosofia deve exercer o seu papel de crítica das ideologias. É preciso diferenciar e não confundir uma realidade natural com uma realidade normal. É normal, portanto cultural, vermos entre nós pobreza e miséria, mas não são naturais a pobreza, a miséria, a exploração, uma vez que são criação humana. Fazer essas distinções se torna fundamental para mudar a nossa postura diante da vida.

Considerando o tema da ideologia em sua relação com a produção da alienação, a filosofia se realiza como saber desperto, crítico, atento às sutilezas, hábil no diagnóstico de distorções presentes nos discursos e das contradições presentes na sociedade.

A ideologia sob a ótica de A. Gramsci

Para o filósofo e cientista político italiano Antonio Gramsci (1891-1937), a ideologia desempenha importante papel mobilizador da ação humana, pois refere-se aos valores, princípios e ideais que identificam o grupo social. Nessa visão, a ideologia é sempre uma construção historicamente originada e situada, culturalmente fundada. Para Gramsci, há ideologias que são "arbitrárias", unilaterais e fanáticas e necessitam de ser submetidas ao rigor da crítica. Contudo, outras ideologias são fator de mobilização e de engajamento social e político, na luta por melhorias e por uma sociedade justa.

Martin Luther King Jr. (1929-1968) foi pastor protestante e ativista político comprometido com o movimento dos direitos civis dos negros estadunidenses, sua terra natal. Em 1964, recebeu o Prêmio Nobel da Paz, em nome de sua luta pela igualdade racial e pela não violência. Em 4 de abril de 1968, foi assassinado, em Memphis.

Com efeito, há ideologias historicamente necessárias, que organizam as comunidades populares, formam o terreno sobre o qual as pessoas se movimentam, adquirem consciência de sua posição, lutam e se comprometem por um mundo melhor, como, por exemplo, a ideologia de Mahatma Gandhi, que mobilizava para a luta pela paz, contra a violência. Assim, a ideologia se torna uma concepção de mundo, que se manifesta implicitamente na arte, no direito, na atividade econômica, em todas as manifestações de vida, individuais e coletivas, e tem por função conservar a unidade de pensamento do grupo ou comunidade, sua visão de mundo.

Essa concepção positiva da ideologia se aproxima do usual sentido atribuído à expressão "filosofia de vida". Dessa forma, cada um de nós é portador de ideologia, de princípios, de ideais e de valores, que impulsionam o caminhar, sendo horizonte motivacional.

Francisco Alves Mendes Filho, conhecido como Chico Mendes (1944–1988), foi um seringueiro e ambientalista em Xapuri, no estado do Acre. Sua luta política e ambiental a favor dos seringueiros da Bacia Amazônica, contra o desmatamento e em defesa da preservação ambiental, lhe trouxe, além do reconhecimento internacional, a ira de fazendeiros da região do Acre. Após várias ameaças de morte, foi assassinado em 22 de dezembro de 1988, aos 44 anos.

Diferenciando ideologia e utopia

Para o sociólogo húngaro Karl Mannheim (1893-1947), a ideologia pode ser vista sob dois ângulos. Em primeiro lugar, na esteira de Marx, como recurso legitimador e justificador do *status quo*, da ordem social. Em segundo lugar, a ideologia pode ser considerada, em sua força subversidade, contestadora, crítica e desejosa de nova ordem social; a essa dimensão ele deu o nome de utopia.

Nessa perspectiva de Mannheim:

> O conceito de "ideologia" reflete uma das descobertas emergentes do conflito político, que é a de que os grupos dominantes podem, em seu pensar, tornar-se tão intensamente ligados por interesses a uma situação que simplesmente não são mais capazes de ver certos fatos que iriam solapar seu senso de dominação. Está implícita na palavra "ideologia" a noção de que, em certas situações, o inconsciente coletivo de certos grupos obscurece a condição real da sociedade, tanto para si como para os demais, estabilizando-a portanto.
>
> O conceito de pensar utópico reflete a descoberta oposta à primeira, que é a de que certos grupos oprimidos estão intelectualmente interessados na destruição e na transformação de uma dada condição da sociedade que, mesmo involuntariamente, somente veem na situação os elementos que tendem a negá-la.
>
> MANNHEIM, Karl. *Ideologia e Utopia*. Trad. Sergio Magalhães Santeiro. Rio de Janeiro: Zahar, 1976. p. 66-67.

A distinção entre ideologia e utopia, tendo como referência o pensamento de Karl Mannheim, pode ser feita se considerarmos a forma como elas se relacionam com a ordem social existente. Enquanto a ideologia está vinculada à permanência, à perpetuação do *status quo*, a utopia caracteriza a dimensão revolucionária que constitui o espírito dos grupos oprimidos, que se mobilizam para revolucionar a ordem ou o estado atual da questão. Tanto a ideologia como a utopia são essencialmente coletivas, conferindo identidade ao grupo. Sem a dimensão comunitária, a utopia perde a sua força revolucionária. Normalmente, as minorias, quando não organizadas, acabam se adaptando ao sistema ou permanecendo inofensivas.

> Ideias que posteriormente se mostraram como tendo sido apenas representações distorcidas de uma ordem social passada ou potencial eram ideológicas, enquanto as que foram adequadamente realizadas na ordem social posterior eram utopias relativas.
>
> MANNHEIM, Karl. *Ideologia e Utopia*. Trad. Sergio Magalhães Santeiro. Rio de Janeiro: Zahar, 1976. p. 228.

Aqui encontramos o elemento distintivo entre ideologia e utopia. A utopia tem, portanto, dimensão realizável. Eis o critério da distinção conceitual entre ideologia e utopia. Para Mannheim, é a realização da utopia que indica a sua diferenciação em relação ao aspecto ideológico. Historicamente, uma utopia deixa de existir quando sua realização acontece. Mas, considerando o horizonte da dignidade humana, da luta por melhores condições de vida, a utopia é uma afirmação da potencialidade humana, das infinitas possibilidades que o ser humano traz inscrito em si, e clamam por atualização.

> O desaparecimento da utopia ocasiona um estado de coisas estático em que o próprio homem se transforma em coisa. Iríamos, então, nos defrontar com o maior paradoxo imaginável, ou seja, o do homem que, tendo alcançado o mais alto grau de domínio racional da existência, se vê deixado sem nenhum ideal, tornando-se um mero produto de impulsos. [...] o homem perderia, com o abandono das utopias, a vontade de plasmar a história e, com ela, a capacidade de compreendê-la.
>
> MANNHEIM, Karl. *Ideologia e Utopia*. Trad. Sergio Magalhães Santeiro. Rio de Janeiro: Zahar, 1976. p. 285.

Seguindo essa distinção entre ideologia e utopia, a filosofia tem importante papel à medida que denuncia ideologias e alimenta utopias, pois impulsiona o ser humano em busca de si mesmo, não aceitando permanecer onde chegou. Essa atitude é expressão característica da filosofia, como amante da sabedoria, que implica movimento de busca, nunca posse do ideal.

Em termos gerais, uma das maneiras de apresentar a filosofia é diferenciá-la tanto do mito como da ideologia. Nessa ótica, diferentemente da narrativa mítica, a filosofia é busca racional dos fundamentos e dos princípios. Diferentemente da ideologia, apresentada no sentido negativo, a filosofia não se restringe a uma visão particular.

Diante da cultura do consumo

Retomando a concepção marxista de ideologia como fonte de alienação, encontramos muitos temas que podem e devem ser considerados. Por exemplo, o tema da alienação no trabalho, na religião, no consumo, no lazer, na política, no esporte etc. Tomemos como exemplo o tema do consumo, realidade que está afetando a sobrevivência da própria vida no planeta.

No consumo alienado, a relação que se estabelece é entre o consumidor que compra rótulos e grifes, tornando-se "garoto(a) ou menino(a) de propaganda". O poema de Carlos Drummond de Andrade, "Eu, etiqueta", revela bem esse fenômeno. O que podemos perceber é a ausência do verdadeiro prazer da coisa adquirida. Opera-se uma transferência, e o consumo deixa de ser um meio para se tornar um fim em si mesmo. Chega a ser obsessão. E toda essa busca desenfreada e irresponsável pelo consumo está sendo alimentada pela neofilia, isto é, pelo apetite da novidade, da eterna novidade, pelo igualmente infinito desejo de distinção e inserção.

Eu, etiqueta

Em minha calça está grudado um nome
que não é meu de batismo ou de cartório,
um nome... estranho.
Meu blusão traz lembrete de bebida
que jamais pus na boca, nessa vida. [...]
Meu tênis é proclama colorido
de alguma coisa não provada
por este provador de longa idade. [...]
Desde a cabeça ao bico dos sapatos,
são mensagens, [...]
e fazem de mim homem-anúncio itinerante,
escravo da matéria anunciada.

Estou, estou na moda.
É doce andar na moda, ainda que a moda
seja negar minha identidade [...]
Com que inocência demito-me de ser
eu que antes era e me sabia
tão diverso de outros, tão mim mesmo,
ser pensante, sentinte e solidário [...]
Por me ostentar assim, tão orgulhoso
de ser não eu, mas artigo industrial,
peço que meu nome retifiquem.
Já não me convém o título de homem.
Meu nome novo é Coisa.
Eu sou a coisa, coisamente.

ANDRADE, Carlos Drummond de. Eu, etiqueta. In: *Corpo:* novos poemas. 4. ed. Rio de Janeiro: Record, 1984. p. 85-87.

PROBLEMATIZANDO

1. Estamos diante da desumanização ou da coisificação do ser humano e da humanização da coisa.
   - Compartilhe com os colegas sua reflexão sobre a realidade do consumismo e suas implicações na coisificação do ser humano.

Nessas reflexões, a filosofia exerce importante papel social e humano, uma vez que desperta as consciências, despindo ou desvelando o que estava velado. Olhando refletidamente para a etimologia do vocábulo grego que corresponde à verdade (*a-létheia, a-letheúein*), isto é, "não esquecer", vemos que a verdade significa relembrar aquilo que estava esquecido. Nisso reside a vocação do filósofo: no desvelamento e na rememoração do que está encoberto pelo costume, pelo convencional, pelo poder, pela ideologia.

Desejos artificialmente criados são transformados em necessidade. Será que a qualidade de vida depende do nível de consumo?

OUTROS OLHARES

1. Observe a imagem a seguir.

Catadores trabalham no Lixão da Estrutural, Brasília (DF), 2012.

Associe a imagem à reflexão realizada sobre a cultura do consumo e socialize a sua reflexão sobre:
- as decorrências do consumismo;
- o fenômeno da alienação;
- o fenômeno da exclusão;
- negação da dignidade e da alteridade.

2. Acompanhe um trecho da letra da canção "Ideologia", de Cazuza e Frejat.

Ideologia

Meu partido é um coração partido
E as ilusões estão todas perdidas
Os meus sonhos foram todos vendidos
Tão barato que eu nem acredito. Ah! eu nem acredito...
Que aquele garoto que ia mudar o mundo, mudar o mundo,
frequenta agora as festas do *Grand Monde*...
Meus heróis morreram de overdose, meus inimigos estão no poder
Ideologia! Eu quero uma pra viver. Ideologia! Eu quero uma pra viver...
O meu prazer agora é risco de vida. Meu *sex and drugs* não tem nenhum *rock 'n' roll*
Eu vou pagar a conta do analista, pra nunca mais ter que saber quem eu sou.

CAZUZA; FREJAT. Ideologia. *Pra sempre Cazuza*. Universal Music, 2008. DVD.

- Nessa letra, predomina uma visão positiva ou negativa da ideologia? Uma visão que se aproxima mais da visão de Gramsci, de Mannheim ou de Marx? Exponha sua visão de forma argumentativa.

3. Acompanhe, agora, a letra da canção "Admirável gado novo", de Zé Ramalho. Nela, há muitas expressões que fazem referência à alienação, conforme seu significado etimológico expressa: pertencer a outro, ser estranho a si, não ter autonomia.

Admirável gado novo

Vocês que fazem parte dessa massa, que passa nos projetos do futuro
É duro tanto ter que caminhar e dar muito mais do que receber...
E ter que demonstrar sua coragem, à margem do que possa parecer
E ver que toda essa engrenagem já sente a ferrugem lhe comer [...]

Êeeeeh! Oh! Oh! Vida de gado, povo marcado Êh! Povo feliz!...

Lá fora faz um tempo confortável, a vigilância cuida do normal. [...]
Demoram-se na beira da estrada e passam a contar o que sobrou [...]
O povo foge da ignorância, apesar de viver tão perto dela
E sonham com melhores tempos idos, contemplam essa vida numa cela [...]

RAMALHO, Zé. Admirável gado novo. *Zé Ramalho em foco*. Som Livre, 2006.

- Socialize sua percepção sobre o tema da alienação, com base em algum trecho da letra "Admirável gado novo".

PRODUÇÃO DE TEXTO

1. Leia o trecho a seguir. Nele, Karl Jaspers reflete sobre a natureza da atitude filosófica, sua busca pela verdade e sua consequente inquietude.

A filosofia no mundo

A filosofia se dirige ao indivíduo. Dá lugar à livre comunidade dos que, movidos pelo desejo de verdade, confiam uns nos outros. Quem se dedica a filosofar gostaria de ser admitido nessa comunidade. Ela está sempre neste mundo, mas não poderia fazer-se intuição, sob pena de sacrificar a liberdade de sua verdade. [...]

A opinião corrente é a de que a filosofia nada tem a dizer e carece de qualquer utilidade prática. [...]. Um instinto vital, ignorado de si mesmo, odeia a filosofia. Ela é perigosa. Se eu a compreendesse, teria de alterar minha vida. Adquiriria outro estado de espírito, veria as coisas a uma claridade insólita [não habitual, estranha], teria de rever meus juízos. Melhor é não pensar filosoficamente. [...]. O problema crucial é o seguinte: a filosofia aspira à verdade total, que o mundo não quer. A filosofia é, portanto, perturbadora da paz.

JASPER, Karl. *Introdução ao pensamento filosófico*. Trad. Leônidas Hegenberg e Octanny S. da Mota. São Paulo: Cultrix, 1993. p. 138-140.

- Com base na leitura desse trecho, redija um texto dissertativo justificando a seguinte afirmação: "A filosofia é perturbadora da paz".

2. Leia o trecho a seguir.

Dessa vez, Karl Jaspers reflete sobre a natureza e a dinâmica da verdade, objeto da busca filosófica.

> E a verdade o que será? A filosofia busca a verdade nas múltiplas significações do ser-verdadeiro segundo os modos do abrangente. Busca, mas não possui o significado e substância da verdade única. Para nós, a verdade não é estática e definitiva, mas movimento incessante, que penetra no infinito. No mundo, a verdade está em conflito perpétuo. A filosofia leva esse conflito ao extremo, porém o despe de violência. Em suas relações com tudo quanto existe, o filósofo vê a verdade revelar-se a seus olhos, graças ao intercâmbio com outros pensadores e ao processo que o torna transparente a si mesmo. [...].
>
> É preciso que a verdade múltipla seja verdade para convergir à unicidade. Jamais chegamos a possuir essa verdade integral. Eu a nego quando vou ao extremo da afirmação, quando erijo o que sei em absoluto. Eu a nego também quando tento sistematizá-la em um todo, porque a verdade total não existe para o homem e porque essa ilusão o paralisa.
>
> JASPER, Karl. *Introdução ao pensamento filosófico.* Trad. Leônidas Hegenberg e Octanny S. da Mota. São Paulo: Cultrix, 1993. p. 138-147.

- A partir da leitura desse trecho, redija um texto sobre a identidade do pensamento filosófico e sobre a natureza da verdade que ela busca.

3. Leia as seguintes afirmativas:

> A filosofia só se realiza renunciando a coincidir com aquilo que exprime.
>
> MERLEAU-PONTY, M. *Elogio da filosofia.* Trad. Antonio Braz Teixeira. Lisboa: Guimarães Editores, 1998. p. 75.

> A filosofia não é a revelação feita ao ignorante por quem sabe tudo, mas o diálogo entre iguais que se fazem cúmplices em sua mútua submissão à força da razão e não à razão da força.
>
> SAVATER, Fernando. *As perguntas da vida.* Trad. Mônica Stahel. São Paulo: Martins Fontes, 2001. p. 2.

- Com base na leitura dessas afirmações, redija um texto justificando a natureza dialética da filosofia.

PARA CONTINUAR O ESTUDO E A APRENDIZAGEM

SUGESTÃO DE FILMES

Temática: Manipulação ideológica
Filme: *Show de Truman* (Estados Unidos, 1998). Direção: Peter Weir. O personagem Truman, estrelado por Jim Carrey, não sabe que está vivendo uma realidade construída por um programa de televisão. O filme mostra a vida dele sendo filmada, por cinco mil câmeras, durante 24 horas por dia, e transmitida para todo o mundo, sem seu conhecimento. Dessa forma, suas emoções e reações são muito reais. A cidade na qual Truman vive foi construída e planejada para essa finalidade; seus habitantes compõem o grupo de atores e toda a equipe envolvida no programa.

Temática: Mídia e manipulação
Filme: *O quarto poder* (Estados Unidos, 1997). Direção: Costa-Gravas. Um segurança demitido, no desejo de reaver o emprego, ameaça a diretora do museu onde trabalhava com uma espingarda. Por acidente, a arma dispara e fere um ex-colega de trabalho. Crianças que visitavam o museu são retidas como reféns. Rapidamente, todo o país acompanha uma história absolutamente manipulada pela imprensa, movida pelo alto índice de audiência. Essa obsessão pelo sensacionalismo pode ser associada à fala final de um repórter: "Nós o matamos!".

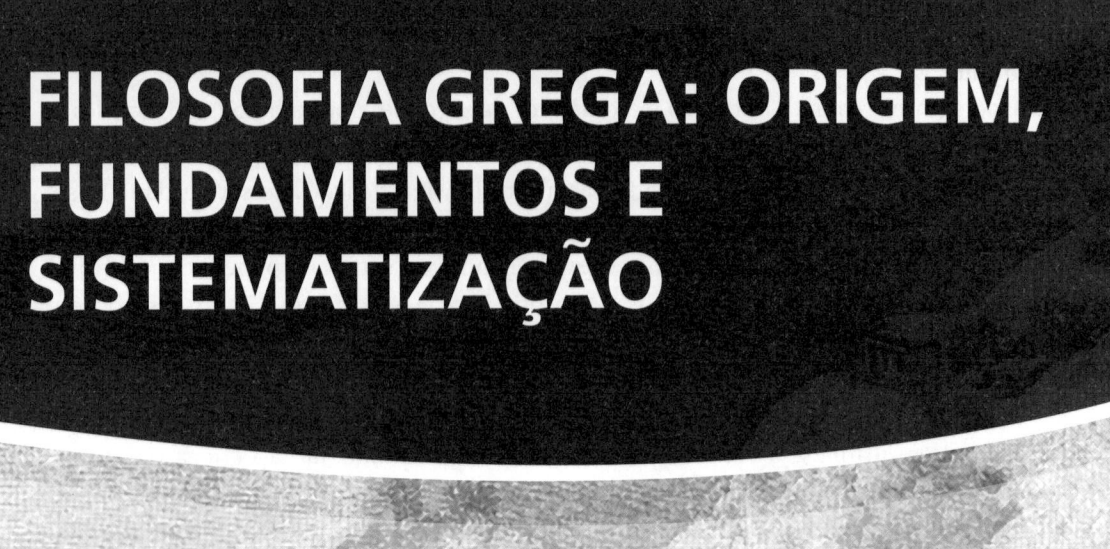

FILOSOFIA GREGA: ORIGEM, FUNDAMENTOS E SISTEMATIZAÇÃO

Unidade 2

Eixo Temático 1

EXPERIÊNCIA E RACIONALIDADE

Você vai aprender sobre:

- A origem histórica e existencial da filosofia.
- As escolas pré-socráticas.
- Os sofistas e o relativismo.
- A teoria do conhecimento no pensamento. socrático, platônico e aristotélico.
- Conceito de verdade.
- Conceitos de doxa e episteme.
- Método da maiêutica e da dialética.
- Teoria das quatro causas.
- Teoria do ato e da potência.
- Noções de lógica aristotélica.

Temas:

1. Contexto: as novas condições históricas
2. Os primeiros filósofos: naturalismo pré-socrático
3. Os sofistas e a oratória
4. Humanismo e relativismo
5. A busca dialética da verdade
6. O conhecimento sensível e inteligível
7. A filosofia e o espanto admirativo
8. Conhecimento, virtude e liberdade
9. A metafísica e os campos do saber
10. A lógica aristotélica

1. CONTEXTO: AS NOVAS CONDIÇÕES HISTÓRICAS

Acrópole de Atenas, Grécia, 2007. Construída por volta de 450 a.C., por iniciativa do estadista, orador e general Péricles, em homenagem à deusa Atena, protetora da cidade. Na acrópole, encontra-se o Partenon, templo dedicado a ela.

> A revolução política, que implicou a passagem do mundo agrário para a formação da *pólis*, na qual a habilidade da oratória era fundamental às transações econômicas, à construção de consensos políticos e à elaboração de leis, pode ser considerada um dos principais elementos que contribuíram para a formação do pensamento filosófico.

Entre os séculos XII e VII a.C., o mundo grego viveu o período Homérico, no qual a base econômica era a família, sendo ao mesmo tempo unidade de produção e de consumo. Os líderes de cada comunidade familiar possuíam o poder econômico e político. Eles formavam uma aristocracia, que decidia o que deveria ser feito em cada comunidade. Havia um relativo isolamento entre os diferentes povos gregos.

Por volta de 900 a.C., houve uma grande mudança nesse quadro: as relações comerciais no Mediterrâneo. Com esse intercâmbio cultural, as populações aumentaram muito e começaram a se formar as primeiras cidades-Estado ou *pólis*, por volta de 700 a.C.

Dois aspectos característicos dessas cidades foram os mais relevantes: a ágora (a praça central) e a acrópole (a cidade alta). Na ágora aconteciam os encontros dos cidadãos, que debatiam sobre os destinos da cidade. Era o espaço das feiras, do mercado, das edificações de caráter público.

Por iniciativa de Péricles, governante da cidade, a acrópole de Atenas foi construída por volta de 450 a.C., em uma colina rochosa no alto da capital da Grécia, em homenagem à deusa Atenas, protetora da cidade. Nessa cidade alta, na acrópole, a principal construção é o *Partenon*, templo dedicado à deusa Atenas. Hoje em dia, encontramos as ruínas da acrópole, pela ação do tempo e por ter sido alvo de muitos ataques em guerras que lá aconteceram.

O primeiro legislador da *pólis* grega foi Drácon, um estadista conhecido pela severidade de suas decisões. Em 621 a.C. ocorreu a redação do Código de Drácon, no qual a mesma pena era aplicada para praticamente todos os crimes: a pena de morte. A crueldade dessas leis estava no pressuposto de que a lei ofendida ou violada é um atentado aos deuses. Essa severidade, de onde se compreende a expressão "draconiano", impediu a livre interpretação das leis e das tradições pelos nobres, que historicamente as subordinavam aos seus interesses. Com o estabelecimento de normas que valiam igualmente para todos, iniciou-se o movimento de redução dos privilégios da aristocracia, histórica fonte de conflitos e instabilidades.

A crescente insatisfação dos cidadãos atenienses com a severidade e a inflexibilidade do Código de Drácon alimentou o desejo por uma nova legislação. Após trinta anos de leis draconianas, que acabaram por agravar os conflitos, mais do que os resolver, Sólon (640-560 a.C.) recebeu a incumbência de ser o mediador dos conflitos. Por não ser um representante das aristocracias, sua posição e seu reconhecimento social eram-lhe favoráveis.

Em 594 a.C. Sólon (640-560 a.C.) redigiu novo código, mais igualitário. Sua legislação foi fundamento da democracia ateniense. Sólon foi o responsável pela nova composição da *boulé*, como era chamado o conselho dos 400 homens. A partir daquele momento, os conselheiros não precisavam mais ser chefes ou aristocratas, como acontecia anteriormente, mas qualquer homem livre, acima de trinta anos, escolhido por sorteio.

Os pontos principais da legislação de Sólon podem assim ser enumerados: a proibição de empréstimo que tem a pessoa do devedor como garantia, ou o fim do direito da escravidão por motivo de dívida, salvaguardando a liberdade do indivíduo e da família; a instituição do direito a prestar queixa, válido para qualquer pessoa, no intuito de denunciar uma injustiça; o direito à apelação na corte do júri.

Dessa forma, em Sólon está a raiz do espírito das leis do mundo ocidental, instaurando a busca dos consensos na articulação das forças políticas antagônicas.

Sólon (1795), de Pierre Michel Alix. Aquarela.

2. OS PRIMEIROS FILÓSOFOS: NATURALISMO PRÉ-SOCRÁTICO

A planície de ar (1940), de René Magritte. Óleo sobre tela, 73 cm × 100 cm.

> De que elemento primordial (*arché*) é feito o Cosmo?
> Em seu princípio estará qual elemento? O *arché* será a água? O ar? O fogo? Os átomos?
> Será o *ápeiron*, o ilimitado? Será o indeterminado?
> Será o Cosmo feito de permanência, substância essencial?
> Ou, ao contrário, será eterno fluir, vir a ser permanente?
> O que queremos dizer quando dizemos "pré-socráticos"?

Os filósofos pré-socráticos são objeto de diferentes leituras. Alguns pesquisadores os consideram os primeiros pensadores que se afastaram da mitologia, embora ainda preservassem muitos de seus aspectos. Outros entendem que eles são os primeiros sábios do Ocidente. Outros, ainda, veem em suas obras uma teologia natural, uma vez que o "divino" estaria no centro de suas especulações.

De qualquer forma, nenhuma das interpretações capta inteiramente o que foi o fenômeno conhecido como pensamento pré-socrático. Os filósofos pré-socráticos constituíram uma tradição filosófica que depois se perdeu. Mas é possível resgatar alguns dos traços essenciais dessa tradição, que muito tem a nos dizer, a nós que nos encontramos em uma crescente sensibilidade ecológica, cósmica. Ao falarmos em filosofia pré-socrática, estamos nos referindo aos filósofos da natureza, conhecidos como físicos (*physis*, natureza). Esses primeiros filósofos foram denominados por Aristóteles (384-322 a.C.) de *physiólogos*, o que vem a significar estudiosos da natureza. Desta forma, o mundo natural (*physis*) passa a ser o objeto de estudo desses primeiros filósofos, que inauguram entre nós a ciência.

A maioria dos pré-socráticos vem da Ásia Menor. Por essa razão, muitos historiadores acreditam nas influências que esses pensadores teriam tido das religiões e das filosofias orientais. Apesar de ser uma possibilidade, a maioria dos pesquisadores atribui aos gregos a originalidade do pensamento filosófico. Enquanto as civilizações orientais permanecem muito ligadas à dimensão religiosa, com a temática da vida pós-morte e das vias de purificação da alma, a civilização grega consegue elaborar um pensamento que se afasta das explicações míticas e religiosas em direção às investigações científicas.

Todas as obras dos pré-socráticos foram perdidas. Restam alguns fragmentos que nos chegaram por diferentes caminhos, principalmente através das citações feitas por filósofos posteriores, principalmente Platão, Aristóteles, os Estoicos, Sexto Empírico, Cícero, os Neoplatônicos e, especialmente, Diógenes Laércio.

Esse período começa no século VI a.C. e termina nos fins do século V a.C. O pensamento pré-socrático surge e floresce fora da Grécia propriamente dita, nas prósperas colônias gregas da Ásia Menor, do Egeu (Jônia) e da Itália meridional, da Sicília, favorecido pelas liberdades democráticas e pelo bem-estar econômico.

A preocupação central dos filósofos deste período refere-se aos problemas cosmológicos, nos quais a tônica é estudar o mundo exterior nos elementos que o constituem, na sua origem e nas contínuas mudanças a que está sujeito.

A *physis* e a causalidade: o elemento primordial

Para os pensadores pré-socráticos, o foco da busca era entender a origem de todas as coisas, o *arché*, o princípio, que está na origem de uma realidade. Para esses filósofos, existe um nexo causal natural entre as coisas; eles buscam a relação entre causa e efeito. Por isso, Aristóteles os define como naturalistas ou filósofos da natureza.

Para os filósofos naturalistas, há um princípio primeiro (*arché*), a partir do qual tudo se origina. Esse princípio é um elemento natural, não personificado em força divina.

O *logos* e o Cosmo

Nossos primeiros filósofos fizeram, simultaneamente, duas grandes mudanças em relação ao passado. Em primeiro lugar, tentaram entender o mundo com o uso da razão, sem recorrer à revelação, à religião, ou ainda à autoridade e à tradição. E, em segundo, estimularam as pessoas à atitude de pensar, servindo-se da própria razão. Dessa forma, a filosofia nasce como saber aberto e em construção intersubjetiva. Não se trata de um corpo acabado e sistematizado de conhecimentos a serem transmitidos. Ao contrário, o diálogo e a discussão, o debate e a argumentação são características fundamentais desse novo saber.

Buscar o *logos* é buscar o princípio de inteligibilidade, a racionalidade que move o mundo. Aqui se pressupõe que haja uma ordem e uma harmonia no mundo. O Cosmo é o mundo natural regido por uma ordem, por princípios racionais inteligíveis, nos quais se percebe uma ordem hierárquica, em que alguns princípios estão na base. A falta de ordem e de organização da matéria é conhecida pela expressão caos.

Nesse contexto, é importante perceber um pressuposto de fundo. Para que o mundo possa ser conhecido pela razão é preciso que haja princípios racionalmente inteligíveis. Assim, pode-se fazer ciência, tentar explicar teoricamente o Cosmo. Daí resulta a expressão "cosmologia", reflexão, estudo e explicação dos processos naturais e do funcionamento do universo.

As diversas escolas pré-socráticas

Em conformidade com a abordagem realizada, e com o modo de resolver as questões que surgem, classificam-se os filósofos que floresceram nesse período em quatro escolas: Escola Jônica; Escola Itálica; Escola Eleática; Escola Atomística.

A Escola Jônica

A Escola Jônica recebe esse nome por ter florescido nas colônias jônicas da Ásia Menor. É a primeira escola do período naturalista, na qual os seus expoentes estão preocupados em encontrar o princípio do mundo natural variado, múltiplo e mutável. Para os jônicos, o princípio (*arché*) das coisas deve estar em uma matéria única, na qual deve estar a força ativa, de cuja ação derivariam precisamente a variedade, a multiplicidade, a sucessão dos fenômenos na matéria una.

Essa escola floresceu precisamente em Mileto, colônia grega do litoral da Ásia Menor, durante todo o século VI, até a destruição da cidade pelos persas no ano de 494 a.C. Entre os jônios, encontramos os antigos e os posteriores. Os antigos consideram o universo do ponto de vista estático, procurando determinar o elemento primordial, a matéria primitiva de que são compostos todos os seres. Os mais conhecidos são: Tales de Mileto, Anaximandro de Mileto, Anaxímenes de Mileto. Os jônios posteriores imprimem outra orientação aos estudos cosmológicos, encarando o universo no seu aspecto dinâmico, e procurando resolver o problema do movimento e da transformação dos corpos. Os mais conhecidos são Heráclito de Éfeso, Empédocles de Agrigento, Anaxágoras de Clazômenas.

Tales e o princípio água

De acordo com Aristóteles (*Metafísica*, I, 983 b 20), Tales de Mileto (624-548 a.C.) foi o fundador da filosofia dos "físicos", que tinha como centro de preocupação a investigação sobre os fundamentos naturais e não mais as especulações teológicas e sobrenaturais, típicas de uma mentalidade mítica.

Tales sustentava ser a água o princípio (*arché*) de todas as coisas. A água, ao se resfriar, torna-se densa e dá origem à terra; ao se aquecer transforma-se em vapor e ar, que retornam como chuva quando novamente esfriados. A partir da observação desses três estados em que vemos os corpos na natureza, ou seja, líquido, sólido e gasoso, Tales é levado a concluir que a água pode se transformar ilimitadamente.

Tales de Mileto em ilustração de 1875.

Desse ciclo de seu movimento (vapor, chuva, rio, mar, terra) nascem as diversas formas de vida, tanto vegetais como animais. Tales teve como discípulo Anaximandro.

Anaximandro e o princípio indeterminado e ilimitado

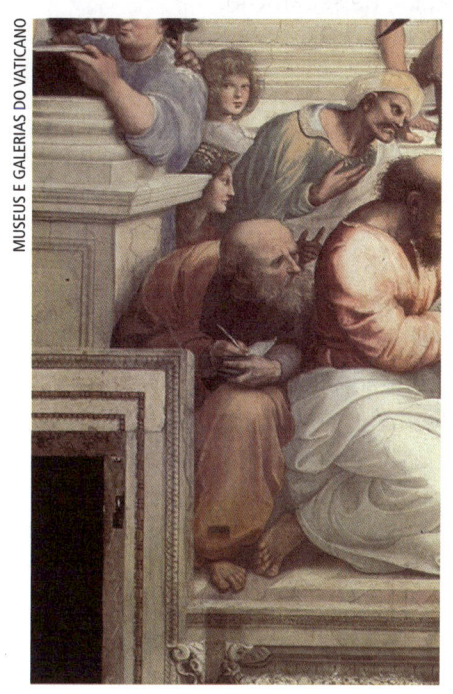

Anaximandro de Mileto, (611-547 a.C.), discípulo e sucessor de Tales, é considerado geógrafo, matemático, astrônomo e político. É atribuída a Anaximandro a autoria do tratado *Acerca da natureza*, no qual estabelece como princípio (*arché*) um elemento indefinido, conhecido como *ápeiron* (ilimitado), isto é, quantitativamente infinito e qualitativamente indeterminado, em movimento perpétuo.

O *ápeiron* é um princípio abstrato, dotado de vida e imortalidade, que não está diretamente associado a nenhum elemento palpável da natureza. Desse ilimitado, por um processo de separação ou "segregação" derivam os diferentes corpos. Superando a visão de Tales, Anaximandro caminha na direção da independência desse "princípio" em relação às coisas particulares. O eterno e ilimitado, o *ápeiron*, está em constante movimento, e disso resulta uma série de pares opostos – água e fogo, frio e calor etc. – que constituem o mundo. Em virtude desse princípio, do caos evolui a ordem do mundo.

Detalhe que representa o filósofo Anaximandro (ao centro) na obra *A Escola de Atenas* (1509), de Rafael Sanzio. Afresco, 500 cm × 770 cm.

Anaxímenes e o princípio ar

Da vida de Anaxímenes (588-524 a.C.) pouco se sabe, além de ser discípulo e amigo de Anaximandro. Diferentemente do princípio palpável de Tales (a água) e do princípio abstrato de Anaximandro (o indeterminado), estabelece como princípio, que tudo comanda, o ar, substância determinada. Tudo provém do ar, que é respiração e vida. O ar é o princípio (*arché*) na medida em que torna vivo o mundo, mantendo-lhe unido e sendo, assim, sua alma. Nossa alma, como todas as coisas, é ar. O fogo é o ar rarefeito; a água, a terra, a pedra são formas progressivamente mais condensadas do ar. Dessa forma, as diversas coisas que existem, mesmo que qualitativamente diferentes entre si, não passam de variações quantitativas (mais raro, mais denso) desse único elemento.

Anaxímenes.

PROBLEMATIZANDO

1. É correto afirmar que a ciência do mundo ocidental tem nos filósofos pré-socráticos as suas raízes?
   - Considerando a novidade e a importância desses primeiros filósofos, compartilhe com os colegas sua reflexão.

PENSANDO CONCEITUALMENTE *COSMO* E *LOGOS*

COSMO

Etimologicamente, a palavra grega Cosmo (*kosmos*) significa o mundo ordenado, o universo organizado, a sua estrutura universal, a totalidade das coisas que o compõem. Assim, a palavra cosmologia se refere à teoria científica que diz respeito ao universo e às suas leis que regem seu funcionamento e estabelecem a ordem e a harmonia.

A cosmologia nasce com os filósofos naturalistas, os pré-socráticos, para os quais a origem do universo está vinculada não a divindades, mas a um elemento natural, o que torna a própria natureza cognoscível através do pensamento.

Contrariamente a Cosmo, temos a noção de caos (*kaos*). De acordo com Hesíodo, poeta Grego do século VIII a.C., caos é a primeira divindade. O nome caos está relacionado à ideia de vazio, de desordem primordial, de separação.

LOGOS

Etimologicamente, a palavra grega *logos* significa razão, palavra, discurso, inteligência. Assim, em primeiro lugar, *logos* pode ser traduzido por discurso racional, pensamento racional sobre a realidade. Em segundo lugar, o *logos* é a razão de ser da realidade, o princípio de ordem dos fenômenos. Por isso, buscar o *logos* é buscar o princípio de inteligibilidade, é buscar, por meio da razão, a racionalidade que move o mundo. Nesse sentido, em conformidade com a tradição cristã, o *logos* é o próprio Deus, expresso textualmente no prólogo do Evangelho de João "no princípio era o *logos* (verbo), e o *logos* estava em Deus, e o *logos* era Deus".

Heráclito de Éfeso e o movimento dos contrários

[...] o contrário é convergente e dos divergentes nasce a mais bela harmonia, e tudo segundo a discórdia. (Fragmento 8).

O mesmo é em (nós?) vivo e morto, desperto e dormindo, novo e velho; pois estes, tombados além, são aqueles e aqueles de novo, tombados além, são estes. (Fragmento 88).

HERÁCLITO. In: *Os pré-socráticos*: vida e obra. Trad. José Cavalcante de Souza. São Paulo: Nova Cultural, 1996. (Os pensadores).

Heráclito (540-470 a.C.) nasceu em Éfeso, cidade da Jônia. Conhece-se sua obra somente através de curtos fragmentos.

Heráclito se apresenta como mensageiro de um *logos*, de um sentido que o ultrapassa e do qual é apenas intérprete: O *logos* é aquilo segundo o qual todas as coisas acontecem (fr. 1), governa o mundo (fr. 72) e abriga-se na alma (fr. 45). O *logos* transmite-nos o sentido, cabe a nós decifrá-lo na medida de nossas possibilidades e forças.

Cabeça rafaelesca arrebentada (1951), de Salvador Dalí. Óleo sobre tela, 43 cm × 33 cm.

Essa tela de Salvador Dalí permite-nos refletir a respeito da tese de Heráclito, pois nela percebemos que a vida é movimento permanente. Nada permanece igual, nem mesmo nosso pensamento. É a mudança constante que nos define.

A luta e a harmonia dos contrários

Para Heráclito, a natureza é a vida dos contrários; nela, as diferenças se harmonizam, sem se anular mutuamente. Essa harmonia mantém-se sob tensão, pois os contrários tendem a se separar, conforme dito no fragmento 8: "[...] o contrário é convergente e dos divergentes nasce a mais bela harmonia, e tudo segundo a discórdia". Por isso, a identidade passa pela diferença e a diferença se encontra na identidade. Assim, "a rota para cima e para baixo é uma e a mesma" (fr. 60) e "o mesmo é em (nós?) vivo e morto, desperto e dormindo, novo e velho; pois estes, tombados além, são aqueles e aqueles de novo, tombados além, são estes" (fr. 88).

O devir

Sua filosofia é perpassada pela ideia do devir eterno, pela transformação incessante de todas as coisas. A realidade natural se caracteriza pelo movimento. Tudo flui. Nada permanece o mesmo. O mundo é um perpétuo renascer e morrer, rejuvenescer e envelhecer. "O sol é novo a cada dia". A vida se transforma em morte e a morte em vida. "Aos que entram nos mesmos rios outras águas afluem" (fr. 12). "Nos mesmos rios entramos e não entramos, somos e não somos" (fr. 49 a).

Assim, o devir é metamorfose permanente das coisas que se corrompem e se transformam. No devir, encontramos a síntese da afirmação e da negação. "Não se pode entrar duas vezes no mesmo rio" (fr. 91). E nesse mesmo fragmento, Heráclito diz: "Nem [é possível] tocar substância mortal duas vezes na mesma condição; mas pela intensidade e rapidez da mudança dispersa e de novo reúne (ou melhor, nem mesmo de novo nem depois, mas ao mesmo tempo) compõe-se e desiste, aproxima-se e afasta-se".

É aqui, no campo do devir, que a luta dos contrários acontece e nos possibilita conhecer algo. A verdade encontra-se no devir. "Pois a (coisa) sábia é uma só, possuir o conhecimento que tudo dirige através de tudo" (fr. 41). Resta-nos a impossibilidade de conhecer o fundamento: "o modo humano não comporta sentenças, mas o divino comporta" (fr. 78).

Por que não é possível entrar duas vezes no mesmo rio?

O fogo, princípio explicativo

Enquanto Tales de Mileto fizera da água o princípio de todas as coisas e Anaximandro escolhera o ar, Heráclito opta por ver no fogo o elemento explicativo dos diferentes fenômenos.

"Transmudando repousa (o fogo etéreo no corpo humano)" (fr. 84). A plenitude almejada não é possível enquanto estática, por isso está no devir. Para Heráclito: "O fogo é fartura e indigência. A indigência é a organização do mundo segundo a sua lei, mas o abrasamento do mundo é a fartura". Soa-nos estranho pensar a organização como indigência ou privação. Mas, na verdade, o nascimento do amanhã vem da morte do hoje. Por isso, o fogo une e funde indigência e fartura. Tudo vem do fogo e regressa ao fogo.

Heráclito, seguramente, encontra-se na base ou na origem do pensamento dialético da filosofia, uma vez que, em sua concepção, o fundamento da realidade está na afirmação e na aceitação da luta dos contrários, na afirmação de que a contradição entre os seres é o motor do mundo.

Por que podemos pensar no fogo como elemento primordial, capaz de explicar a origem?

A Escola Eleática: Parmênides e a imutabilidade do ser

Temos poucos dados de Parmênides. Ele deve ter nascido por volta de 515, século VI a.C., parece ter se encontrado com o jovem Sócrates e ter sido discípulo de Xenófanes. Conhecia e discordava da teoria de Heráclito. Por afirmar o movimento permanente, Heráclito é tido como representante do mobilismo, concepção segundo a qual tudo está em mudança o tempo todo. Parmênides e os eleatas são adversários dos mobilistas, defendendo uma posição que podemos denominar como sendo monista, afirmando uma realidade única.

De sua obra, escrita em versos, ficaram-nos 155 versos. O poema de Parmênides é conhecido como *Da natureza*, que distingue a verdade (*alethéia*) da opinião (*dóxa*).

Busto de Parmênides.

> Parmênides, ao contrário de Heráclito, procura eliminar tudo o que seja variável e contraditório. Se uma coisa existe, ela é esta coisa e não pode ser outra, muito menos o seu contrário. [...] O ser é o ser, ou resumidamente, o ser é. Segue-se logicamente que não-ser não é, não pode existir.
>
> ABRÃO, Bernadette Siqueira (Org.). *História da filosofia*. São Paulo: Nova Cultural, 1999. p. 32. (Os pensadores).

Identidade entre ser, pensar e dizer

Parmênides traz uma concepção grega, na qual o pensar e o falar é dizer o ser; quem diz, diz o que é. Não se pode, ao dizer, referir-se ao que não é. Nesse sentido, dizer é produzir o ser. Torna-se impossível, dessa forma, afirmar ao mesmo tempo uma coisa e seu contrário. O ser é e não pode não ser. O ser é eterno, imóvel, indestrutível. Não tem origem, nada pode haver antes dele ou depois dele. Obrigatoriamente, o ser é uno e indivisível, pois se houvesse outro ser, o que ele seria? E se se dividisse, o que seriam as outras partes? Outros seres? Isso não é possível. O ser é uno. Além disso, o ser é também pleno, não admite o vazio, que é não ser.

Em decorrência, Parmênides se refere às aparências como fugazes, como ilusões. Portanto, quem se concentra nas aparências não se concentra no ser, não se faz fiel ao ser, apenas no movimento e, portanto, no não-ser.

Com Parmênides, o pensamento lógico se fortalece, na medida em que ele evidencia os problemas de se pensar a contradição e, com isso, problematiza a percepção das coisas como elas nos aparecem.

A diferença entre Heráclito e Parmênides nos mostra os caminhos que fizeram nascer a filosofia. Os pensadores que vieram depois não podiam mais retroceder. Como articular o devir e o uno, a mudança e a permanência? Como mostrar a ideia de que é tão verdadeiro o que permanece idêntico a si quanto a multiplicidade e o movimento?

No desenvolvimento do pensamento filosófico naturalista, a natureza (*physis*) passará a ser concebida não mais como unidade, mas como pluralidade.

É o mesmo ser ou não é o mesmo na mudança? O que muda é a aparência ou o ser? Ou o ser é a aparência? A aparência nada tem a ver com o ser?

Seguem alguns trechos do poema parmenidiano.

> Que o ser não é engendrado, e também é imperecível: com efeito, é um todo, imóvel, sem fim e sem começo. Nem outrora foi, nem será, porque é agora tudo de uma só vez, uno contínuo. Que origem buscarás para ele? Como e onde teria crescido? Do não ser, não te permito dizê-lo nem pensá-lo: não é possível dizer nem pensar o que não é. [...]
>
> E nem sequer do ser concederá a força da crença veraz que nasça algo diferente dele mesmo. [...]
>
> E como poderia existir o ser no futuro? E como poderia nascer? Se nasce, não é; e tampouco é, se é para nascer no futuro. E assim se apaga o nascer e desaparece o perecer. [...]
>
> Nem existe o não ser que lhe impeça alcançar a plenitude.
>
> Nem pode ser ora mais pleno, ora mais vazio porque é todo inteiro inviolável, igual a si mesmo em todas as partes.
>
> *Os pré-socráticos*: vida e obra. Trad. José Cavalcante de Souza. São Paulo: Nova Cultural, 1996. p. 148-149. (Os pensadores).

A partir desse poema, Parmênides nos diz que o ser é e o nada não é. O nada não pode sequer ser pensado. Portanto, ser e pensar são o mesmo. O nada, por não ser, é indizível.

Com Parmênides, introduzem-se na filosofia os dois princípios lógicos fundamentais de todo o pensar: o princípio da identidade ("o que é, é e o que não é, não é") e o princípio de não contradição ("o que é, não pode não ser, e o que não é, não pode ser").

PROBLEMATIZANDO

1. Você concorda com Parmênides quando ele atribui ao ser a imobilidade?

OUTROS OLHARES

1. Leia um trecho da letra da canção "Como uma onda", de Lulu Santos e Nelson Motta.

> **Como uma onda**
>
> Nada do que foi será
> De novo do jeito que já foi um dia
> Tudo passa, tudo sempre passará
> A vida vem em ondas como o mar
> Num indo e vindo infinito
> Tudo que se vê não é igual ao que a gente viu há um segundo
> Tudo muda o tempo todo no mundo...
>
> SANTOS, Lulu; MOTTA, Nelson. Como uma onda. *O ritmo do momento*. Rio de Janeiro: WEA, 1983. CD.

Considerando esse trecho, em paralelo com a doutrina segundo a qual "tudo flui", de Heráclito, como você se posiciona diante das afirmações a seguir?

- Não existe uma essência, algo que permanece em meio ao fluir.
- Algo permanece, mas os nossos sentidos só captam a aparência, que sempre muda.

PENSANDO CONCEITUALMENTE A ESSÊNCIA

Etimologicamente, a expressão latina *essentia* se refere à natureza de uma coisa, natureza de *esse* (ser). Esse termo latino foi criado para traduzir o termo grego (*ousia*), essência, substância, ser.

Dessa forma, a concepção predominante na filosofia refere a essência àquilo que define ou diz o "ser" da coisa, a sua verdade, sempre a mesma e da mesma maneira, necessariamente. Assim, por exemplo a fala de Platão no diálogo *Fédon*: "A própria essência, que em nossas perguntas e respostas definimos como o ser verdadeiro, é sempre a mesma e da mesma maneira [...] permanece necessariamente no mesmo estado e da mesma maneira".

Em decorrência, ao falarmos do ser humano, a pergunta sobre a essência seria a pergunta sobre o que identifica e diferencia esse ser de outros seres. Dessa forma, a essência fala do que é necessário para esse ser poder ser definido como humano. Se faltar essa dimensão, a natureza do ser fica comprometida. Assim, por exemplo, ser alto ou baixo, gordo ou magro, branco ou negro não é algo essencial, mas são tão somente aparências, por meio das quais a essência se manifesta. Entre os atributos essenciais que definem o ser humano estão a consciência e a liberdade.

Chamamos de acidente algo que não é necessário, algo que é contingente, que está, mas que poderia não estar. Assim, os acidentes são as modificações superficiais no ser. Exemplificando, a altura e peso são formas acidentais do ser humano. Isto é, sofrem alterações.

No pensamento existencialista contemporâneo haverá outra concepção de essência ou mesmo descrença em relação à existência de essência. Nesse pensamento, a existência humana precede a essência. Ou seja, o ser humano, ao longo de sua vida vai construindo a sua essência, entendida como caráter, personalidade.

Nessa visão, no fluxo constante das aparências, a identidade de um ser vai se construindo. Em toda vivência, realiza-se uma aprendizagem. Em toda experiência, acontece a construção do caráter. Nessa concepção, a essência do ser não é um traço de personalidade ou qualidade; mas, é a potencialidade mesma do ser, em construção. Por isso, acolhendo a metáfora bíblica do mito da criação do homem e da mulher, a essência que nos une e define é o barro, imagem usada para expressar tanto a nossa fragilidade, quanto a nossa abertura para infinitas possibilidades. Portanto, a essência, mais do que algo pronto e acabado, é a permanente possibilidade de superação, que existe em todo ser humano.

Nesse sentido, a existência humana traz a essência da indeterminação. Ou seja, não está dito o que seremos, pois é a nossa liberdade essencial que construirá a vida, no próprio caminhar. Por isso, existir é projetar-se, criar-se e destinar-se. Em decorrência disso, torna-se incompatível com essa visão a existência de um destino prévio, de uma trajetória já definida para o ser humano.

PRODUÇÃO DE TEXTO

1. Considerando a decisiva contribuição dos filósofos pré-socráticos para a filosofia, redija um texto explicitando a diferença entre essa primeira forma de filosofia em relação ao pensamento mítico.

2. Leia os fragmentos a seguir, escritos por Heráclito:

> O combate é de todas as coisas pai, de todas rei, e uns ele revelou deuses, outros, homens; de uns fez escravos, de outros livres. (fr. 53)
>
> [...] justiça (é) discórdia, e [...] todas (as coisas) vêm a ser segundo discórdia e necessidade. (fr. 80)
>
> HERÁCLITO. In: *Os pré-socráticos*: vida e obra. Trad. José Cavalcante de Souza. São Paulo: Nova Cultural, 1996. (Os pensadores).

- Com base nesses fragmentos e em outras informações, redija um texto justificando a afirmação: "O conflito é o pai de todas as coisas".

3. OS SOFISTAS E A ORATÓRIA

Conforme vimos, a filosofia pré-socrática do século VI a.C. estava centrada no problema cosmológico, da *physis* (mundo natural) e da busca do *arché*, isto é, do princípio explicativo do movimento e do vir a ser dos fenômenos naturais. O olhar humano era um olhar para fora de si, para os céus e para a imensidão do mundo. Era o período da chamada filosofia naturalista.

Durante o século V a.C., o problema antropológico vai tomando corpo, sobrepondo-se, progressivamente, ao cosmológico. Existem alguns antecedentes importantes que exerceram grande influência para essa passagem. A reflexão filosófica se desloca das colônias gregas da Ásia Menor para a Grécia continental, para Atenas, que acaba de sair vitoriosa da guerra contra os persas.

O novo contexto urbano e comercial, que caracterizava Atenas, estava fazendo a transição da aristocracia para a democracia. Por isso, os ideais aristocráticos, que defendiam uma concepção de virtude como traço vinculado ao sangue, à herança genética dos "melhores por nascimento" serão superados por uma visão democrática, e serão substituídos por uma ideia de virtude como aprendizagem da arte do discurso, da persuasão, por meio da educação. Na educação desse novo homem e cidadão, a grande virtude estará vinculada à excelência da oratória, entendida como a virtude de falar em público, com o conhecimento e o domínio das técnicas de persuasão, recorrendo a gestos, pausas, entonações, olhar voltado para o público. É a habilidade de realizar um discurso bem estruturado, defendendo um ponto de vista, sabendo influenciar o comportamento dos ouvintes.

Platão, em seu diálogo *Protágoras*, ocupa-se basicamente com o tema da virtude, investigando se ela é ensinável ou não. Vejamos um fragmento, no qual Protágoras se identifica como sofista, em diálogo com Sócrates.

Demóstenes (384–322 a.C.) foi um dos mais famosos oradores da política grega clássica. Ele aprendeu a retórica assimilando os discursos de oradores da Grécia antiga. Seus discursos foram importantes para persuadir os cidadãos atenienses na defesa da cidade contra as ameaças de invasão, por parte de Felipe II da Macedônia.

> **Protágoras** – Admito que sou sofista e que educo homens. Parece-me que esta é a melhor das soluções, admitir em vez de negar. Para além desta, tenho tomado outras precauções, embora, e afirmo-o diante dos deuses, nunca tenha sofrido nenhum mal por admitir que sou um sofista. [...] O meu ensino destina-se à boa gestão dos assuntos particulares [...] e dos assuntos da cidade.
>
> **Sócrates** – Será que percebi bem as tuas palavras? Parece-me que falas da arte de gerir a cidade e prometes transformar homens em bons cidadãos?
>
> **Protágoras** – É esse precisamente, Sócrates, o objetivo que me proponho cumprir. (Protágoras, 317b, 319)
>
> PLATÃO. *Protágoras*. Adaptado por Olga Pombo. Disponível em: <http://www.educ.fc.ul.pt/docentes/opombo/hfe/protagoras/texto/index.htm>. Acesso em: 19 abr. 2016.

A retórica dos sofistas foi fortemente criticada por Sócrates e Platão, por não apresentar compromisso com a verdade. Na retórica, torna-se fundamental saber concatenar as ideias, pois tem como objetivo a persuasão, o convencimento. Trata-se de buscar, em cada questão e momento, o que parece ser mais decisivo para persuadir. A retórica é mais abrangente do que a oratória, por não depender da presença de plateia ou público. Por exemplo, saber convencer por meio de um texto é uma virtude retórica. Vejamos o trecho a seguir do diálogo *Górgias*, o principal diálogo platônico sobre a retórica. Górgias era um dos mais famosos sofistas e mestre na retórica e na oratória.

> **Górgias** – [Por oratória] quero dizer a habilidade de convencer por meio do discurso um júri num tribunal, membros de um conselho, votantes de uma assembleia e qualquer outra reunião de cidadãos [...].
>
> **Sócrates** – Que forma de convencer sobre o certo e o errado é produzida pela oratória nos tribunais e em outros lugares, aquela que produz conhecimento ou aquela que produz apenas crenças sem conhecimento?
>
> **Górgias** – Aquela que produz crenças, obviamente.
>
> **Sócrates** – Parece então que o convencer que a oratória produz sobre o certo e o errado é do tipo que resulta da crença, não o que resulta do ensinar.
>
> **Górgias** – Sim.
>
> **Sócrates** – E o orador não ensina ao júri e outras comissões sobre o certo e o errado, apenas os persuade, dificilmente poderia ensinar a tantas pessoas em tão pouco tempo algo de tal importância.
>
> PLATÃO. Górgias. Trad. Danilo Marcondes. In: *Textos básicos de linguagem*. De Platão a Foucault. Rio de Janeiro: Jorge Zahar. 2009. p. 19.

A nova sociedade civil e urbana emergente, embora possuísse um ideal de homem e de cidadão diferente da sociedade aristocrática, não tinha um sistema de educação para atingir esse ideal. Por isso, logo percebeu a necessidade de uma educação capaz de satisfazer os ideais do homem da *pólis*.

> O ingresso da massa na atividade política, causa originária e característica da democracia, é um pressuposto histórico necessário para se colocarem conscientemente os problemas eternos que com tanta profundidade o pensamento grego se colocou naquela fase da sua evolução e legou à posteridade.
>
> JAEGER, W. *Paideia*. Trad. Artur Parreira. São Paulo: Martins Fontes, 2001. p. 337.

Em sociedade de perfil mais democrático, a última palavra não cabe mais ao critério hierárquico, cultuado através da tradição. Muitos são os que pretendem ingressar na vida política, alimentando o desejo de se tornarem, um dia, dirigentes do Estado. No estado democrático, marcado pelas assembleias públicas e pela liberdade da palavra, torna-se indispensável o poder da oratória. Dessa forma, a eloquência se converte no grande objetivo da educação política dos futuros líderes. O elemento comum que une os sofistas é o fato de serem mestres da *areté* política, concebida como persuasão.

Conforme muito bem expresso por Giovanni Reale:

> Os sofistas, com efeito, operaram verdadeira revolução espiritual (deslocando o eixo da reflexão filosófica da *physis* e do Cosmo para o homem e àquilo que concerne à vida do homem, como membro de uma sociedade) e, portanto, centrando seus interesses sobre a ética, a política, a retórica, a arte, a língua, a religião e a educação, ou seja, sobre aquilo que hoje chamamos a cultura do homem. Portanto, é exato afirmar que, com os Sofistas, inicia-se o período humanista da filosofia antiga.
>
> REALE, G.; ANTISERI, D. *História da filosofia*: filosofia pagã antiga. Trad. Ivo Storniolo. Vol 1. 2. ed. São Paulo: Paulus, 2004. p. 127-128.

? PROBLEMATIZANDO

1. Os sofistas, em sua busca por vitória, recorrendo à arte da retórica, serviam-se da erística, uma arte de argumentar que tem como objetivo exclusivamente desacreditar o oponente. Essa expressão "erística" é uma referência à Éris, deusa grega da discórdia. Esse procedimento sofístico pode ser avaliado como positivo? Ele pode ter alguma utilidade pedagógica ou educativa?

4. HUMANISMO E RELATIVISMO

> O ser humano é a medida de todas as coisas, da existência das coisas que são e da não existência das coisas que não são.
>
> PLATÃO. Teeteto, 152a. In: PLATÃO. *Diálogos*: Teeteto. Sofista. Protágoras. v. 1. Trad. Edson Bini. São Paulo: Edipro. p. 57. (Clássicos Edipro)

Com esse lema de Protágoras, que estabelece o homem como medida de todas as coisas, mergulhamos no cerne do pensamento dos sofistas.

A palavra "sofista" significa "especialista do saber"; sua raiz é *sophos* = sábio. Uma singularidade da atuação dos sofistas é seu foco em objetivos práticos, e não mais contemplativos ou teóricos. O seu objetivo é exercer influência no presente, no cotidiano da vida da cidade, especialmente na formação da habilidade persuasiva dos jovens, para sua participação política.

Para Protágoras (490-415 a.C.): "O homem é a medida de todas as coisas, daquelas que são por aquilo que são e daquelas que não são por aquilo que não são". Esse fragmento, de certa forma, sintetiza a nossa compreensão a respeito dos sofistas em duas ideias centrais sempre associadas: o humanismo e o relativismo.

A técnica argumentativa de Protágoras está presente em seu tratado *Antilogia*. Nele, como a palavra já o diz, desenvolve a antilogia, a técnica de mostrar os argumentos a favor e contra certas posições, sendo ambas defensáveis. Infelizmente, essa obra de Protágoras se perdeu.

Demócrito e Protágoras (1664), de Salvatore Rosa. Óleo sobre tela, 185 cm × 128 cm.

Na passagem do naturalismo para o humanismo, a preocupação se desloca da busca pelo elemento natural primordial para temas antropológicos, éticos e políticos.

Górgias de Leontino (487-380 a.C.) é outro grande sofista. Segundo Górgias, é impossível um conhecimento preciso e estável das coisas. E mesmo que fosse possível conhecer algo, nossa palavra seria impotente para comunicar sua verdade. E disso resultaria a incompreensão da própria realidade.

Na impossibilidade de termos acesso à natureza das coisas, tudo o que podemos é proferir discursos, que, no entanto, não podem ser verdadeiros, nem, se o fossem, reconhecidos como verdadeiros. O *logos* pode e consegue ser persuasivo, e nisso está a sua importância.

Para os sofistas, será por meio da educação e da formação de habilidades fundamentais, como a retórica e a persuasão, que se formará o verdadeiro cidadão, hábil na participação política. É preciso conseguir sobressair-se e refutar os argumentos alheios. No diálogo *Eutidemo*, o pensamento socrático-platônico faz uma profunda crítica à habilidade erística dos sofistas: a arte de lutar com palavras e de contrapor tudo o que se vai dizendo, seja falso ou verdadeiro.

Essa habilidade erística busca a vitória na argumentação, independentemente da verdade. Ela recorre a diferentes técnicas de manipulação da palavra, como as falácias, que consistem em um raciocínio errado com aparência de verdade, um argumento sem consistência, logicamente inválido em sua tentativa de provar algo. Além das falácias, a erística recorre a silêncios e ambiguidades verbais, usando-as como estratégias persuasivas.

De acordo com o pensamento socrático-platônico, o método da dialética será o caminho por excelência para verdade; ele difere radicalmente da erística sofística. A dialética busca captar verdadeiramente a essência do que permanece o mesmo, no jogo das contradições e das mudanças. Assim, a filosofia apresenta-se como amante da sabedoria, em um caminhar em direção ao conhecimento verdadeiro, afastando-se das ilusões.

PROBLEMATIZANDO

1. No livro VI de *A República*, Platão discorre sobre as características que distinguem a postura filosófica da postura sofística. Acompanhe alguns fragmentos.

> **Socrátes** – Assim, Glauco, com certa dificuldade e ao término de uma longa discussão, diferenciamos os filósofos daqueles que o não são. [...] Como estabelecemos que são filósofos aqueles que podem chegar ao conhecimento do imutável, ao passo que os que não podem, mas erram na multiplicidade dos objetos variáveis, não são filósofos, cumpre-nos ver a quem escolheríamos para governar a cidade. [...] Devemos escolher para magistrados aqueles que nos parecem capazes de zelar pelas leis e as instituições da cidade.[...] Todos esses doutores mercenários, que o povo denomina sofistas e considera seus rivais, não ensinam ideias distintas daquelas que o próprio povo professa nas suas assembleias, e é a isto que chamam sabedoria. [...] Que diferença existe entre este homem e aquele que reduz sabedoria ao conhecimento dos sentimentos e dos gostos de uma multidão composta de indivíduos de toda espécie?
>
> PLATÃO. *A República*. Livro VI. Trad. Enrico Corvisieri. São Paulo: Nova Cultural, 2000. p. 191 e 202.

- Com base nesse texto, quais são os elementos que distinguem o filósofo do sofista?
- Os sofistas são conhecidos como os pensadores que inauguraram o relativismo. Em sua opinião, o relativismo é expressão de sabedoria ou, contrariamente, pode ser lido como forma de individualismo e indiferença? Discuta sua posição com os colegas, justificando-a.

PRODUÇÃO DE TEXTO

1. Leia a afirmação a seguir:

> O ser humano é a medida de todas as coisas, da existência das coisas que são e da não existência das coisas que não são.
>
> PLATÃO. Teeteto, 152a. In: PLATÃO. *Diálogos*: Teeteto. Sofista. Protágoras. v. 1. Trad. Edson Bini. São Paulo: Edipro. p. 57. (Clássicos Edipro)

- Redija um texto explicando esse princípio fundamental, relacionando-o como a concepção sofística de "virtude".

5. A BUSCA DIALÉTICA DA VERDADE

A morte de Sócrates (1787), de Jacques–Louis David. Óleo sobre tela, 129,5 cm × 196,2 cm.

Sócrates buscava os conceitos essenciais por meio da dialética, da arte de confrontar diferentes pontos de vista.

> **Será que existe uma verdade passível de ser encontrada?**
> **Se uma verdade for acessível, será pela intuição da mente ou pela experiência dos sentidos?**

Recordando a trajetória de Sócrates, sua busca e sua inquietude estavam voltadas para a descoberta da verdade e para a construção do pensamento conceitual. Nessa busca, ele fazia menção à profissão de seus pais. A exemplo de sua mãe, parteira, e de seu pai, escultor, ele se dizia "parteiro do conhecimento" e que sua função era esculpir a pedra bruta do conhecer humano, para fazer vir à tona aquilo que as pessoas já conheciam, mas que ignoravam conhecer, do qual não tinham consciência. Por essa razão, seu método foi denominado de maiêutica (em grego, "parto"). E Sócrates fazia questão de salientar que, se sua mãe fazia parto de corpos, ele ajudava no processo de parir novas ideias, que, ao virem à luz, mereciam, ainda, todo o cuidado da lapidação.

A maiêutica começa pela parte considerada destrutiva, que envolve um método refutativo (chamado elêntico). O método refutativo visa, através de uma sucessão de perguntas, levar o interlocutor a reconhecer sua ignorância sobre o assunto em questão. Tal como aparece nos primeiros diálogos platônicos, Sócrates se mostrava amigo do interlocutor, revelava-se admirador de sua capacidade e de seus méritos e lhe pedia conselhos e ensinamentos. Nas discussões, iniciava com a confissão de nada saber, diante do oponente que se dizia conhecedor de determinado assunto. Por meio de perguntas e problematizações desconstruía as certezas que, até então, o interlocutor julgava saber. Nada mais restava ao interlocutor, senão confessar a própria ignorância.

Essa primeira fase da maiêutica estava a serviço da desconstrução de preconceitos, pois é preciso limpar o terreno para poder construir. Por meio desse método, Sócrates tinha por objetivo que seu interlocutor ampliasse seu espírito, ao desfazer-se de uma autossuficiência ilusória.

As pessoas que suportavam a ironia, primeira fase, não se aborrecendo e não indo embora, eram levadas, pelo diálogo com Sócrates, a responder coisas que jamais imaginavam saber: isto é, chegar a conceitos precisos, frutos de longo diálogo construtivo. Assim nasce a episteme, a ciência, o conhecimento verdadeiro, como o resultado do método.

Contudo, muitos diálogos não chegavam a alguma conclusão positiva, não chegavam ao conceito. Eram diálogos inconclusivos, que terminavam em aporias. Aporia é sinônimo de "caminho sem saída". Nos diálogos aporéticos, não se chega à resposta do problema proposto para discussão. Para cada problema apresentado no diálogo surgem muitos outros problemas relacionados. Muitas hipóteses são apresentadas e abandonadas devido a uma dificuldade que parece insuperável. Com isso, os diálogos traziam uma clara indicação de que a busca pela verdade deveria continuar.

Aporia e consciência da busca

A aporia socrática exerce um papel fundamental. Ela mostra aos interlocutores que eles não sabem o que julgavam saber, seja porque suas definições são os preconceitos da maioria, seja porque consideravam aspectos acidentais e não a essência do que se buscava. Por isso, o filósofo aparece como amigo, amante da sabedoria, e não o seu possuidor.

Diferentemente dos sofistas, o pensamento socrático-platônico separa opinião e verdade, aparência e realidade, percepção sensorial e pensamento racional. O objetivo era sair da multiplicidade das opiniões e chegar à unidade da ideia. Para sair do particular e chegar ao universal, o método dialético é o procedimento adotado por Sócrates e Platão. Não se pode agir racionalmente enquanto se permanecer preso às opiniões particulares. Somente quando se alcança um conceito capaz de dar conta de alguma multiplicidade se pode pensar as coisas de modo isento de contradições. Como se pode julgar, por exemplo, se uma ação é justa ou injusta se não se sabe o que é a justiça?

As questões que Sócrates privilegia são as referentes à moral, daí sua insistência em perguntar em que consiste a coragem, a covardia, a piedade, a justiça etc. Diante de diversas manifestações de coragem, quer saber em que consiste a coragem em si, o *logos*, o conceito. Dessa forma, o conceito é o fruto, o término, o desfecho de um processo que, dialeticamente, leva da multiplicidade à unidade.

Quanto às finalidades do método socrático, primordialmente, temos a educação ética do cidadão, o lapidar de sua alma. Ao entrar em diálogo com Sócrates, o interlocutor era levado a um "exame da alma" e a uma prestação de contas da própria vida que levava. E foi esse "prestar contas da própria vida" que lhe custou a própria vida, pois não é tarefa fácil aceitar ser corrigido, podado, lapidado. Isso incomoda. Para muitos, calar Sócrates através da morte significava libertar-se de ter que desnudar a própria alma. Mas esse processo político pedagógico já estava tão presente que não mais o conseguiriam deter, nem com o assassinato do próprio Sócrates, a tal ponto que Platão colocou na boca de Sócrates verdadeiras profecias:

> Se imaginais que, matando homens, evitareis que alguém vos repreenda a má vida, estais enganados; essa não é uma forma de libertação, nem é inteiramente eficaz, nem honrosa. Esta outra, sim, é a mais honrosa e mais fácil; em vez de tapar a boca dos outros, preparar-se para ser o melhor possível. Com este vaticínio, despeço-me de vós que me condenastes.
>
> PLATÃO. *Defesa de Sócrates*. Trad. Jaime Bruna. 4.ed. São Paulo: Nova Cultural, 1987. p. 26. (Os pensadores).

Pode-se observar, pelo método de Sócrates, que a filosofia tem uma função de parteira que, após longa gestação, auxilia no nascimento da ideia, a formação do conceito. Aqui não cabe dogmatismo, nem o princípio da autoridade. A verdade era objeto de permanente busca e não algo dado *a priori*.

No diálogo *Mênon*, Platão apresenta um diálogo de Sócrates com Mênon, no qual deixa explícita a sua metodologia.

> Vês a distância que ele já percorreu no percurso da reminiscência? A princípio, não sabendo o lado do quadrado de oito pés, que aliás ainda não sabe, julgava sabê-lo e respondia com segurança, como se soubesse, sem qualquer sentido da dificuldade. Agora tem consciência do seu embaraço e, embora não saiba, pelo menos não julga que sabe. [...]
> Veja como este jovem responde procurando comigo... e veja como consegue encontrar... enquanto não faço mais do que interrogar, sem nada ensinar-lhe.
>
> PLATÃO. *Mênon*. Trad. Maura Iglesias. Rio de Janeiro: Editora PUC-Rio / São Paulo: Edições Loyola, 2001.

Nesse fragmento, verificam-se os passos da metodologia adotada por Sócrates em seus dois tempos constitutivos: a parte da refutação e a parte da busca.

PROBLEMATIZANDO

1. Leia os textos a seguir.

Texto 1 (Apologia de Sócrates)

> [...] Já tive muitos acusadores antes de vós, há muitos e muitos anos, e sempre sem nada dizer de verdadeiro. [...] Tentaram persuadir-vos de acusações não menos falsas contra mim: que há um tal Sócrates, homem sábio, que especula acerca das coisas celestes, que investiga todos os segredos subterrâneos, que torna as razões mais débeis nas mais fortes. Estes, ó cidadãos de Atenas, que espalharam pelo mundo tais coisas a meu respeito, são os acusadores que mais temo, porque, ouvindo-os, as pessoas creem que quem se ocupa de tais especulações não reconhece nem mesmo aos deuses. [...] Os acusadores dizem as coisas habituais que são ditas contra todos os filósofos e que especulam sobre as coisas do céu e sob a terra e que ensinam a não reconhecer os deuses e mostram como melhores as piores razões. A verdade é que essas pessoas [os acusadores] se revelaram como gente que tem o ar de saber tudo, mas que a verdade, naturalmente, não a querem dizer.
>
> PLATÃO. *Apologia de Sócrates*. São Paulo: Nova Cultural, 1996. p. 62-72.

Texto 2 (Ditos e feitos memoráveis de Sócrates)

> O que igualmente me assombra é o haver-se embrechado em certos espíritos que Sócrates corrompia a juventude. [...] Pelo contrário, não desviou muitos homens dos vícios, fazendo-os amantes da virtude e infundindo-lhes a esperança de, mediante a fiscalização de si mesmos, virem a ser um dia virtuosos? [...] Como, pois, corromperia um homem desses a juventude? A menos que o incitamento à virtude seja meio de corrupção.
>
> XENOFONTE. *Ditos e feitos memoráveis de Sócrates*. Livro II. Trad. Líbero Rangel de Andrade. São Paulo: Nova Cultural, 1987. (Os pensadores).

- Considerando o texto 1, percebemos que há uma acusação que pesa contra Sócrates. Ele é acusado de haver cometido crime. Esse crime de fato existiu?
- No texto 2, o autor afirma que Sócrates era acusado de ter corrompido a juventude. Mas não se fala de que modo ele teria feito isso. Em outro trecho do texto 1, acusa-se Sócrates de ter introduzido novas divindades na cidade e de negar os deuses da cidade. Isso procede?
- Será que houve, em realidade, outros motivos, não alegados, da condenação de Sócrates à morte?

PRODUÇÃO DE TEXTO

1. A diferença do pensamento socrático em relação ao pensamento sofístico pode ser descrita tanto no seu objetivo quanto no seu método.
   - Considerando o tema do conhecimento, redija um texto diferenciando essas duas posturas.

6. O CONHECIMENTO SENSÍVEL E INTELIGÍVEL

Platão pertencia a uma das mais nobres famílias atenienses. Seu nome era Arístocles, mas, devido à sua constituição física, recebeu o apelido de Platão, termo grego que significa "de ombros largos". Foi discípulo de Sócrates, a quem considerava o mais sábio e o mais justo dos homens. Depois da morte de seu mestre, empreendeu inúmeras viagens, por várias regiões.

Ao retornar a Atenas, por volta de 387 a.C., Platão fundou sua própria escola filosófica, chamada Academia, por localizar-se no jardim do herói grego Academos. Na Academia ensinava matemática, ginástica e filosofia. Ele valorizava muito a matemática, por ela exercitar nossa capacidade de raciocinar sobre o que não é percebido pelos sentidos.

No livro VII de *A República*, Platão elabora a alegoria da caverna para ilustrar seu pensamento, explicando a evolução no processo de conhecimento e a diferença entre a verdadeira realidade e o âmbito das incompletas projeções que dela são feitas, as sombras.

Essa alegoria pode receber diferentes leituras. Nessa unidade, faremos uma leitura relacionada ao tema do conhecimento (leitura epistemológica) e, na próxima unidade, faremos uma leitura política. (Se você ainda não conhece a alegoria da caverna, segue o texto para leitura).

Escultura de Platão na Academia de Atenas, Grécia.

Alegoria da caverna

Sócrates – Agora imagina a maneira como segue o estado da nossa natureza relativamente à instrução e à ignorância. Imagina homens numa morada subterrânea, em forma de caverna, com uma entrada aberta à luz; esses homens estão aí desde a infância, de pernas e pescoço acorrentados, de modo que não podem mexer-se nem ver senão o que está diante deles, pois as correntes os impedem de voltar a cabeça; a luz chega-lhes de uma fogueira acesa numa colina que se ergue por detrás deles; entre o fogo e os prisioneiros passa uma estrada ascendente. Imagina que ao longo dessa estrada está construído um pequeno muro, semelhante às divisórias que os apresentadores de títeres armam diante de si e por cima das quais exibem as suas maravilhas.

Glauco – Estou vendo.

Sócrates – Imagina agora, ao longo desse pequeno muro, homens que transportam objetos de toda espécie, que o transpõem: estatuetas de homens e animais, de pedra, madeira e toda espécie de matéria; naturalmente, entre esses transportadores, uns falam e outros seguem em silêncio.

Glauco – Um quadro estranho e estranhos prisioneiros.

Sócrates – Assemelham-se a nós. E, para começar, achas que, numa tal condição, eles tenham alguma vez visto, de si mesmos e dos seus companheiros, mais do que as sombras projetadas pelo fogo na parede da caverna que lhes fica de fronte?

Glauco – Como, se são obrigados a ficar de cabeça imóvel durante toda a vida?

Sócrates – E com as coisas que desfilam? Não se passa o mesmo?

Glauco – Sem dúvida.

Sócrates – Portanto, se pudessem se comunicar uns com os outros, não achas que tomariam por objetos reais as sombras que veriam?

Glauco – É bem possível.

Sócrates – E se a parede do fundo da prisão provocasse eco, sempre que um dos transportadores falasse, não julgariam ouvir a sombra que passasse diante deles?

Glauco – Sim, por Zeus!

Sócrates – Dessa forma, tais homens não atribuirão realidade senão às sombras dos objetos fabricados.

Glauco – Assim terá de ser.

Sócrates – Considera agora o que lhes acontecerá, naturalmente, se forem libertados das suas cadeias e curados da sua ignorância. Que se liberte um desses prisioneiros, que seja ele obrigado a endireitar-se imediatamente, a voltar o pescoço, a caminhar, a erguer os olhos para a luz: ao fazer todos estes movimentos sofrerá, e o deslumbramento impedi-lo-á de distinguir os objetos de que antes via as sombras. Que achas que responderá se alguém lhe vier dizer que não viu até então senão fantasmas, mas que agora, mais perto da realidade e voltado para objetos mais reais, vê com mais justeza? Se, enfim, mostrando-lhe cada uma das coisas que passam, o obrigar, à força de perguntas, a dizer o que é? Não achas que ficará embaraçado e que as sombras que via outrora lhe parecerão mais verdadeiras do que os objetos que lhe mostram agora?

Glauco – Muito mais verdadeiras.

Sócrates – E se o forçarem a fixar a luz, os seus olhos não ficarão magoados? Não desviará ele a vista para voltar às coisas que pode fitar e não acreditará que estas são realmente mais distintas do que as que se lhe mostram?

Glauco – Com toda a certeza.

Sócrates – E se o arrancarem à força da sua caverna, o obrigarem a subir a encosta rude e escarpada e não o largarem antes de o terem arrastado até a luz do Sol, não sofrerá vivamente e não se queixará de tais violências? E, quando tiver chegado à luz, poderá, com os olhos ofuscados pelo seu brilho, distinguir uma só das coisas que ora denominamos verdadeiras?

Glauco – Não o conseguirá, pelo menos de início.

Sócrates – Terá, creio eu, necessidade de se habituar a ver os objetos da região superior. Começará por distinguir mais facilmente as sombras; em seguida, as imagens dos homens e dos outros objetos que se refletem nas águas; por último, os próprios objetos. Depois disso, poderá, enfrentando a claridade dos astros e da Lua, contemplar mais facilmente, durante a noite, os corpos celestes e o próprio céu do que, durante o dia, o Sol e a sua luz.

Glauco – Sem dúvida.

Sócrates – Por fim, suponho eu, será o Sol, e não as suas imagens refletidas nas águas ou em qualquer outra coisa, mas o próprio Sol, no seu verdadeiro lugar, que poderá ver e contemplar tal como é.

Glauco – Necessariamente.

Sócrates – Depois disso, poderá concluir, a respeito do Sol, que é ele que faz as estações e os anos, que governa tudo no mundo visível e que, de certa maneira, é a causa de tudo o que ele via com os seus companheiros, na caverna.

Glauco – É evidente que chegará a essa conclusão.

Sócrates – Ora, lembrando-se da sua primeira morada, da sabedoria que aí se professa e daqueles que aí foram seus companheiros de cativeiro, não achas que se alegrará com a mudança e lamentará os que lá ficaram?

Glauco – Sim, com certeza, Sócrates.

Sócrates – E se então distribuíssem honras e louvores, se tivessem recompensas para aquele que se apercebesse, com o olhar mais vivo, da passagem das sombras, que melhor se recordasse das que costumavam chegar em primeiro ou em último lugar, ou virem juntas, e que por isso era o mais hábil em adivinhar a sua aparição, e que provocasse a inveja daqueles que, entre os prisioneiros, são venerados e poderosos? Ou então, como o herói de Homero, não preferirá mil vezes ser um simples criado de charrua, a serviço de um pobre lavrador, e sofrer tudo no mundo, a voltar às antigas ilusões e viver como vivia?

Glauco – Sou da tua opinião. Preferirá sofrer tudo a ter de viver dessa maneira.

Sócrates – Imagina ainda que esse homem volta à caverna e vai sentar-se no seu antigo lugar: não ficará com os olhos cegos pelas trevas ao se afastar bruscamente da luz do Sol?

Glauco – Por certo que sim.

Sócrates – E se tiver de entrar de novo em competição com os prisioneiros que não se libertaram de suas correntes, para julgar essas sombras, estando ainda sua vista confusa e antes que os seus olhos se tenham recomposto, pois habituar-se à escuridão exigirá um tempo bastante longo, não fará que os outros se riam à sua custa e digam que, tendo ido lá acima, voltou com a vista estragada, pelo que não vale a pena tentar subir até lá? E se a alguém tentar libertar e conduzir para o alto, esse alguém não o mataria, se pudesse fazê-lo?

Glauco – Sem nenhuma dúvida.

PLATÃO. *A República*. Livro VII. Trad. Enrico Corvisieri. São Paulo: Nova Cultural. 2000. p. 225-228.

Leitura epistemológica da alegoria da caverna: o visível e o inteligível

A caverna de Platão (séc. XVI), anônimo. Óleo sobre madeira, 131 cm × 174 cm.

Antes de tudo, a alegoria da caverna, de acordo com a advertência no início do texto, diz respeito à educação ou à falta dela. Platão procura mostrar que devemos separar luz e sombra. É preciso buscar a luz, a verdade. E a palavra que os gregos usavam para designar o que chamamos de verdade era *aletheia* (*a* é um prefixo que indica oposição, negação; *lethe* significa o esquecimento, o velamento, assim, verdade para os gregos era o não esquecido, o lembrado, o não perdido, o não oculto, o real, o não dissimulado).

Nessa caminhada em direção ao conhecimento verdadeiro, Platão distingue graus ou níveis evolutivos de conhecimento. No âmbito sensível, encontramos a crença e a opinião (doxa); no âmbito intermediário, encontramos raciocínio, que é o caminho capaz de proporcionar a saída da caverna. E, no último nível, encontramos a intuição intelectiva, que capta a essência, chamada por Platão de ideia. As ideias são a verdadeira realidade e conhecê-las é ter conhecimento verdadeiro.

Vejamos o fragmento a seguir, no qual Sócrates, personagem central no diálogo *Fédon* de Platão, conduz uma reflexão sobre a essência das coisas, a ideia.

> Receei que minha alma viesse a ficar completamente cega se eu continuasse a olhar com os olhos para os objetos e tentasse compreendê-los através de cada um de meus sentidos. Refleti que devia buscar refúgio nas ideias e procurar nelas a verdade das coisas. [...]
>
> Assim, depois de haver tomado como base, em cada caso, a ideia, que é, a meu juízo, a mais sólida, tudo aquilo que lhe seja consoante eu o considero como sendo verdadeiro, quer se trate de uma causa ou de outra qualquer coisa, e aquilo que não lhe é consoante, eu o rejeito como erro.
>
> PLATÃO. *Diálogos.* Trad. Jorge Paleikat e João Cruz Costa. 4. ed. São Paulo: Nova Cultural, 1987. p. 106. (Os pensadores).

No âmbito do sensível está a particularidade da opinião do ser humano, prisioneiro do senso comum. Dessa forma, o interior da caverna é expressão da ignorância, sendo o reino dos sentidos, das aparências, das opiniões, da multiplicidade de formas fugazes. Em contrapartida, a esfera do inteligível é o âmbito do conhecimento, da intuição intelectiva, das ideias, das essências, da imutabilidade do ser.

Para Platão, a ideia é a realidade última das coisas, intuída pelo intelecto. Ela não se confunde com as aparências sensíveis. Tomemos como exemplo elementos do nosso cotidiano como as árvores. Há muitas e diferentes árvores e elas nascem, crescem, se modificam com as estações e morrem. Contudo, a verdadeira realidade última, a ideia, permanece.

Da dialética à intuição da verdade

A forma de pensar que possibilitará, portanto, a intuição da ideia é definida por Platão como dialética, que é uma transformação do método socrático da maiêutica. Para Platão, a dialética consiste em examinar teses contrárias sobre um mesmo tema, objetivando descobrir o que há de falso, para rejeitá-lo, e reter apenas o que é verdadeiro. Com a dialética busca-se, ao seu término, a intuição intelectual de uma essência, ou ideia. Assim, verificamos que o objeto da ciência não é o sensível; mas, o inteligível, o universal, o conceito, que será atingido através da intuição intelectiva, possível após longo processo de raciocínio e de pensamento dialético.

PROBLEMATIZANDO

1. Considerando nossas experiências pessoais, podemos afirmar que os sentidos nos fornecem informações com base na aparência. Essas informações são desconexas, particulares e mutantes ou fugazes.
   - Será que é correto afirmar que os sentidos nos enganam?
   - Não seria mais adequado afirmar que o intelecto se engana ao considerar como verdadeiras as informações dos sentidos?

2. A dialética é a arte da discussão mais elevada, que consiste em encontrar a essência das coisas. Para ser capaz de agir de modo dialético, o pensador precisa estar em um nível mais evoluído em relação ao senso comum. Justifique essa afirmação.

PRODUÇÃO DE TEXTO

1. Leia os trechos a seguir, extraídos de *A República*, de Platão.

> A educação não é o que alguns proclamam que é, porquanto pretendem introduzi-la na alma onde ela não está, como quem tentasse dar vista a olhos cegos. [...]
>
> A educação é, pois, a arte que se propõe este objetivo, a conversão da alma, e que procura os meios mais fáceis e mais eficazes de o conseguir. Não consiste em dar visão ao órgão da alma, visto que já a tem; mas, como ele está mal orientado e não olha para onde deveria, ela esforça-se por encaminhá-lo na boa direção. [...]
>
> Também chamas dialético àquele que compreende a razão da essência de cada coisa? E aquele que não o pode fazer? Não dirás que possui tanto menos entendimento de uma coisa quanto mais incapaz é de explicar a si mesmo e aos demais?
>
> PLATÃO. *A República*. Livro VI. Trad. Enrico Corvisieri. São Paulo: Nova Cultural, 2000. p. 225, 229, 248.

- Com base nesses trechos, redija um texto sobre o papel que a educação desempenha na ótica de Platão.

7. A FILOSOFIA E O ESPANTO ADMIRATIVO

A filosofia nasce da admiração e do espanto. Sem essa experiência e atitude inicial não se desenvolve a capacidade problematizadora de quem busca conhecer radicalmente.

Para Aristóteles, existe uma condição e uma atitude fundamental no homem que lhe possibilita chegar ao conhecimento, à teoria, à contemplação. Inicialmente, na abertura de sua obra *Metafísica*, escreve: "Todos os homens desejam, por natureza, saber" (ARISTÓTELES. *Metafísica*. Livro I. Trad. Edson Bini. São Paulo: Edipro, 2012. p. 42.). Conhecendo, realizamos nossa natureza de seres racionais. Por isso, o conhecimento é fim em si mesmo, uma vez que implica a máxima perfeição humana.

Para Aristóteles, os homens começam a filosofar a partir do espanto (*to thaumázein*). Não devemos entender espanto no sentido usual, mas no sentido de estranhamento e de encantamento, de questionamento e de investigação das coisas tidas como normais ou "óbvias" no senso comum. Trata-se de olhar para o mundo com uma nova atitude. É o espanto que está na raiz do conhecimento. Ao espantar-se, a pessoa reconhece a própria ignorância, ao mesmo tempo em que se coloca na dinâmica da busca. Assim, ao filosofar a pessoa afasta-se da ignorância. O espanto, que se traduz na capacidade admirativa, de ver de perto e ver com novos olhos, realiza a singularidade da alma humana, desejosa de conhecer.

PROBLEMATIZANDO

1. Por que a busca pelo conhecimento filosófico pressupõe, para Aristóteles, a experiência do espanto?
2. O que diferencia um filósofo de um ignorante?
3. Será que é possível encontrarmos pessoas que perderam a atitude do espanto, que não mais se admiram ou se surpreendem com algo? Justifique sua resposta.
4. Na alegoria da caverna, Platão distingue graus ou níveis de conhecimento. Na base sensível está a crença e a opinião (doxa); no nível intermediário, encontra-se o raciocínio. No nível mais elevado, encontramos a intuição intelectiva, que capta a essência, a ideia.
    - Faça uma aplicação dessa concepção ao seu roteiro pessoal de estudo, às suas dificuldades de compreensão e entendimento. Diante de uma dificuldade de compreensão de uma lei da física, por exemplo, normalmente essa trajetória é feita por quem busca a intuição da verdade. Estabeleça esse paralelo.

PRODUÇÃO DE TEXTO

1. A ignorância é um estado que pode e deve ser superado, mas jamais sem o reconhecimento da ignorância. Por isso, a filosofia é o saber construído que não perde jamais a consciência de que não chegará ao fim de suas buscas. Explique essa afirmação.

8. CONHECIMENTO, VIRTUDE E LIBERDADE

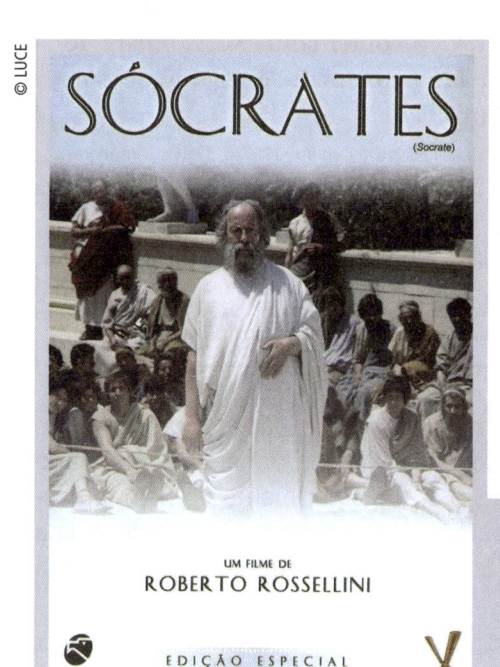

> Não faço outra coisa, em verdade, com este meu andar, senão persuadir a vós, jovens e velhos, que não deveis cuidar nem do corpo, nem das riquezas, nem de qualquer outra coisa antes e mais que da alma, para que ela se torne ótima e virtuosíssima, e que das riquezas não nasce virtude, mas da virtude nascem as riquezas e todas as outras coisas que são bens para os homens, tanto para os cidadãos individualmente como para o Estado.
>
> PLATÃO. *Apologia de Sócrates.* São Paulo: Nova Cultural, 1996. p. 81. (Os pensadores).

Sócrates (Espanha/Itália/França, 1971). Direção: Roberto Rossellini.

Este filme permite um ótimo contato e uma boa visão do pensamento socrático, de suas buscas, seus métodos e seus conflitos.

Sócrates via o seu magistério como uma missão e tarefa que seu deus interior (*daimon*) lhe ordenara executar para o bem da cidade. Assim, o ato de filosofar e buscar a verdade é um serviço à pólis.

Com efeito, o elemento decisivo aqui é a ciência ou o conhecimento, pois sem ele não será possível a virtude, a liberdade, a justiça e outros valores morais. Por isso, a tarefa é proporcionar aos homens o acesso ao conhecimento. Para Sócrates, é impossível conhecer o bem e não fazê-lo. Por isso, o reto pensar e o reto agir são coisas inseparáveis. Assim sendo, a virtude resulta da ciência, ou, de outra forma, a ciência conduz à virtude, pois razão e caráter são inseparáveis. Assim, o sábio é bom e justo, seu saber guia sua vida.

Ao que nós chamamos de virtude, em grego se chama *arete*, significando o que torna uma coisa boa e perfeita, transformando uma coisa no que ela deve ser. A virtude do homem outra coisa não pode ser senão aquilo que faz com que a alma (a essência humana, a consciência) seja tal como a sua natureza determina que seja, isto é, boa e perfeita.

Em decorrência, todos os valores tornam-se efetivamente valores se forem usados como o conhecimento o exige, ou seja, em função da alma e de sua *arete*. Assim, se a riqueza, o poder, a fama, a saúde, a beleza e semelhantes forem dirigidos pela ignorância, jamais serão valores, mas contribuirão para a ruína do homem.

Conhecimento e prática do bem

Para Sócrates, portanto, o conhecimento é condição necessária e suficiente para fazer o bem.

Dessa forma, a virtude (sabedoria prática, justiça, fortaleza, temperança) é conhecimento e o vício é ignorância. Por isso, a *arete* socrática é um valor espiritual, ou seja, relacionada à psique, à alma, à consciência.

Considerando a implicação prática e existencial do conhecimento, a excelência da alma humana (psique) consiste no autodomínio (*enkrateia*), ou seja, no domínio de si mesmo, de suas paixões e impulsos. Essencialmente, o autodomínio significa domínio de sua racionalidade sobre a sua própria animalidade. Em decorrência, o homem verdadeiramente livre é aquele que consegue dominar os seus instintos e desejos, e o homem que se torna vítima de seus instintos e desejos desordenados torna-se um escravo.

Vinculado ao conceito de autodomínio e liberdade está o conceito de autarquia, de ser suficiente a si mesmo, de ser livre de necessidades e capaz de autodomínio. Estamos aqui diante de uma nova concepção de herói. O herói, tradicionalmente, era o ser humano capaz de vencer todos os inimigos, os perigos, as adversidades e o cansaço externos. Já o novo herói é o que sabe vencer os inimigos interiores.

> Não descurava do corpo nem aprovava os que o fazem. Rejeitava o comer com excesso, para depois não fatigar-se outro tanto, recomendando um repasto regulado pelo apetite e seguido de exercício moderado. Este regime – dizia – conserva a saúde do espírito.
>
> XENOFONTE. *Ditos e feitos memoráveis de Sócrates*. Livro I. Trad. Líbero Rangel de Andrade. São Paulo: Nova Cultural, 1987. p. 37. (Os pensadores).

> Sócrates é o mais espantoso fenômeno pedagógico da história do Ocidente.
>
> JAEGER, W. *Paideia*: a formação do homem grego. Trad. Artur M. Parreira. São Paulo: Martins Fontes, 2001. p. 512.

Assim W. Jaeger define Sócrates. Com Sócrates, a educação recebe uma nova luz, não mais centrada nas habilidades práticas a adquirir. A verdadeira essência da educação socrática é proporcionar ao ser humano as condições para realizar o fim supremo e autêntico de sua vida, isto é, o conhecimento do bem, atualizado na prática da virtude. Esse objetivo não se alcança de uma vez para sempre, mas ao longo de toda a vida. Nascemos para a *paideia*, para a educação da interioridade. Esse é o valor maior, que nos permite a comunhão com a divindade.

Portanto, o ser humano bom será aquele autoconstruído a partir do seu próprio interior, capaz de agir em conformidade com as exigências de sua consciência, a alma.

Conhecimento e conversão ética

Como alguém poderá ser justo se não souber o que é a justiça? Considerando a profunda vinculação entre o saber teórico e a vida prática, uma vez atingido o conhecimento racional, o ser humano estará em condições de iniciar um processo de conversão ética e moral. A mudança no ser e no fazer tem origem no conhecimento, da compreensão das essências.

Para Aristóteles, a finalidade última da vida humana é encontrar a felicidade (*eudaimonia*), o que somente é possível por meio de uma vida racional e virtuosa. Para chegar à virtude, o indivíduo depende do discernimento, da deliberação, evitando os extremos do excesso e da falta. Assim Aristóteles compreende a virtude: "uma disposição de caráter relacionada com a escolha e consistente numa mediania". (*Ética a Nicômaco*). Cada indivíduo é sujeito de sua vida, é quem delibera sobre as melhores ações e meios de ação. É ele quem constrói o hábito, o costume, em busca da justa proporção entre os extremos.

Aristóteles distingue as virtudes intelectuais ou dianoéticas das virtudes éticas ou morais. As virtudes intelectuais ou dianoéticas compõem a parte mais elevada da alma, a alma racional. São as virtudes da razão, relacionadas à aprendizagem, necessitando de tempo e experiência. Aristóteles define cinco virtudes intelectuais, das quais dá especial ênfase a três: a virtude da ciência (*episteme*), compreendida como a capacidade demonstrativa; a virtude da inteligência (*noüs*), compreendida como a capacidade de conhecer os princípios da ciência; e a virtude da sabedoria filosófica (*sophia*), compreendida como a síntese ou a unidade entre ciência e inteligência. Assim, a sabedoria filosófica é a maior dentre todas as virtudes intelectuais, por ter a capacidade tanto de conhecer os princípios como de demonstrá-los. Essa virtude maior coincide com a metafísica, que é a filosofia primeira para Aristóteles, que tem por objeto as realidades mais elevadas.

O conhecimento é o farol que ilumina a vida do ser humano. A luz do saber possibilita o domínio das ondas da paixão. Na ausência da luz, predomina a ignorância. Da ignorância brota o vício. Em contrapartida, do conhecimento nasce a vida virtuosa.

PROBLEMATIZANDO

1. Leia as seguintes afirmações:
   - Ninguém faz o mal voluntariamente, com consciência de que seja um mal.
   - Saber implica em ser e em fazer conforme o conhecimento.
   - Você concorda com essa concepção? Discuta com os colegas seu ponto de vista.

9. A METAFÍSICA E OS CAMPOS DO SABER

O conhecimento verdadeiro é o conhecimento das causas. Este é o campo da metafísica. Outras formas de saber não conseguem chegar a esse conhecimento, como é o caso da arte, do conhecimento científico, da sabedoria prática e, mesmo, da sabedoria filosófica, que é razão demonstrativa.

A arlesiana: senhora Joseph-Michel Ginoux (1889), de Vincent van Gogh. Óleo sobre tela, 91,4 cm × 73,7 cm.

O verdadeiro conhecimento é de natureza metafísica, no qual o entendimento capta a verdade pelas causas primeiras e últimas.

Toda ciência investiga os princípios, as causas e a natureza dos seres que são seu objeto de estudo. Em conformidade com Aristóteles, as ciências se dividem em três grandes grupos: as ciências teoréticas, voltadas para a busca da verdade; as ciências práticas, cujo objetivo é proporcionar o aperfeiçoamento moral do ser humano; e as ciências produtivas ou poiéticas, nas quais o conhecimento está vinculado à produção de uma obra específica. Este último aspecto faz referências às artes, aos saberes práticos envolvidos na produção de artefatos.

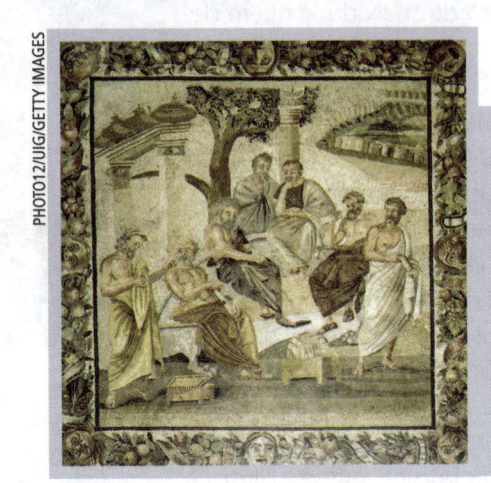

Academia de Platão (séc. I), mosaico de autoria desconhecida.

O mosaico reflete dois grupos das ciências, segundo Aristóteles. Na representação da Academia de Platão, local que reunia pensadores gregos, a obra indica a mais importante ciência teorética, a metafísica, que busca a substância e a essência do ser. Na montagem que levou a constituição do mosaico indica-se a ciência produtiva (ou poiética) conectada aos estudos da estética.

A metafísica ou filosofia primeira é a ciência teorética mais importante, pois fornece os princípios primeiros dos quais dependem os princípios das matemáticas e da física, que também são ciências teoréticas. O objeto de seu estudo não é um ser particular, mas o "ser enquanto ser", sua substância, sua essência.

As ciências práticas são aquelas que têm no homem o princípio agente, a causa da ação e cuja finalidade é o próprio homem. É o campo da práxis, das ações racionais e refletidas que buscam alcançar um fim, um bem. As ciências práticas são a ética e a política. A ética estuda a ação do homem enquanto indivíduo que deve ser preparado para viver na *pólis*. Nessa reflexão ética, o foco estará voltado para os princípios racionais que promovem a vida virtuosa do indivíduo. A política estuda a ação dos homens enquanto cidadãos, seres sociais, políticos, objetivando o bem comum. E, finalmente, as ciências produtivas se referem a uma particularidade da ação humana, à ação fabricadora, de saber produtivo, abrangendo os estudos de estética.

Entre todas as ciências, as mais altas e mais nobres são as teoréticas ou contemplativas, uma vez que correspondem tanto ao que há de mais singular em nós, ou seja, o desejo de conhecimento, que tem seu fim em si mesmo, como às causas de seus objetos, classificados como universais e necessários.

Vamos acompanhar a reflexão de Aristóteles neste fragmento:

> A disposição em virtude das quais a alma possui a verdade, quer afirmando, quer negando, são em número de cinco: a arte, o conhecimento científico, a sabedoria prática, a sabedoria filosófica e a razão intuitiva. [...]
> O conhecimento científico é um juízo sobre coisas universais e necessárias, e tanto as conclusões da demonstração como o conhecimento científico decorrem de princípios primeiros (pois ciência subentende apreensão de uma base racional). Assim sendo, o primeiro princípio de que decorre o que é cientificamente conhecido não pode ser objeto de ciência, nem de arte, nem de sabedoria prática; pois o que pode ser cientificamente conhecido é passível de demonstração, enquanto a arte e a sabedoria prática versam sobre coisas variáveis. Nem são esses primeiros princípios objetos de sabedoria filosófica, pois é característico do filósofo buscar a demonstração de certas coisas. [...] só resta uma alternativa que seja a razão intuitiva que apreende os primeiros princípios.
> ARISTÓTELES. *Ética a Nicômaco*. Livro VI. Trad. Leonel Vallandro e Gerd Bornheim. São Paulo: Nova Cultural, 1991. p. 102-106.

Para Aristóteles, os primeiros princípios não são objeto de demonstração filosófica. Eles são acessíveis pela sabedoria filosófica, a *sophia*, a virtude teorética mais elevada.

As quatro causas: da potência ao ato

Tudo o que existe, de acordo com Aristóteles, é decorrência do movimento de passagem de potência para ato, um movimento que abarca quatro causas. Inicialmente, existe a causa material, que se refere à matéria de algo. Assim, poderá ser madeira, gesso, mármore etc. Em seguida, existe a causa formal. Com ela, estamos nos referindo à forma que a matéria recebe. Por exemplo, a forma de estátua. Essa causa formal é resultante de outra causa, a eficiente. Por causa eficiente, Aristóteles entende a ação motora que trabalha a matéria e lhe dá determinada forma. No caso da matéria "mármore", que virou estátua, a causa eficiente foi o escultor. Por fim, a causa final, que se refere ao objetivo, à finalidade da ação. Considerando que o objetivo da produção da estátua seja a construção de um monumento para homenagear ou eternizar a memória de uma pessoa, a causa final teria relação com esse objetivo.

Essas quatro causas não possuem o mesmo valor, indo da causa inferior à superior. Sendo a cultura filosófica grega uma cultura que valoriza a busca da sabedoria, o cultivo da contemplação, como finalidade última da vida, a causa final tem valor superior à causa motora, eficiente. A causa eficiente, que é o fazer e o fabricar, é de valor menor, comparativamente com a atividade política e contemplativa.

Em toda ação humana há uma matéria envolvida, a ser desenvolvida em uma forma, para alguma finalidade.

Considerando que a metafísica considera e busca o ser como um todo, ela não fica restrita às partes, aos acidentes, ao mutável. Para falar de um ser é preciso distinguir essência (substância) de acidente, atributo que o ser poderia ou não possuir. O que faz um homem ser homem? Aristóteles dirá que a essência, a substância do homem é a racionalidade, ao passo que características como jovem, alto, baixo, gordo ou magro são acidentes, pois mudam de ser para ser, mas não mudam o ser em si.

Além da distinção entre substância e acidente, Aristóteles faz uso da distinção entre matéria e forma. Todo ser é composto de matéria e forma. A matéria, pura passividade, contém a forma em potência. Esse olhar permite captar e expressar a dinamicidade da vida. Por isso, no ser individual é preciso distinguir o que está atualmente e o que tende a ser (ou seja ato e potência): o grão é planta em potência e a planta, como ato, é a realização da potência. A mudança universal é passagem incessante da potência ao ato.

Uma semente, atualmente existente, tem dentro de si a potência para ser árvore; a árvore, uma vez existindo, atualmente, pode ser transformada em uma casa. Assim, o ser humano é uma permanente atualização de suas potências. Por isso, o homem é concebido como uma atividade permanente.

Para Aristóteles, existe somente um ente sem potência, que é o ato puro, definido como motor imóvel. No livro XII da obra *Metafísica*, Aristóteles aborda o tema do motor imóvel, que tudo move e por nada pode ser movido. Vejamos um trecho:

> Nossa investigação concerne à substância, já que os princípios e causas que buscamos são os das substâncias. [...] Evidencia-se, assim, por força da explicação dada acima que há uma substância que é eterna, imóvel e independente das coisas sensíveis, tendo sido também mostrado que essa substância não pode apresentar qualquer magnitude, mas que é sem partes e indivisível, pois produz movimento num tempo infinito, e nada finito possui uma potência infinita. [...] Evidencia-se, também, que essa substância é imperturbável e inalterável, uma vez que todos os demais tipos de movimento são posteriores ao movimento no espaço. [...]
>
> O primeiro princípio e ser primordial é imóvel tanto essencial quanto acidentalmente, mas produz a forma primária de movimento, a qual é singular e eterna. Ora, como aquilo que é movido é necessariamente movido por alguma coisa, e o primeiro motor tem que ser, em si, imóvel, e o movimento eterno tem que ser produzido por alguma coisa eterna, e num único movimento por ser única coisa; então, cada um desses movimentos no espaço tem também que ser produzido por uma substância que seja em si mesma imóvel e eterna.
>
> ARISTÓTELES. *Metafísica*. Livro XII. Trad. Edson Bini. São Paulo: Edipro, 2012. p. 297-310.

PROBLEMATIZANDO

1. Para Aristóteles, o primeiro motor é a causa do movimento. Ele só pode ser ato puro. Ele somente move, não pode ser movido. Na Idade Média, a teologia cristã se apropriou dessa visão aristotélica do motor imóvel para falar de Deus.

- Você consegue perceber a relação entre essas duas imagens? Compartilhe com os colegas sua interpretação.

PRODUÇÃO DE TEXTO

1. Leia o fragmento a seguir.

> É por força de seu maravilhamento que os seres humanos começam agora a filosofar e, originalmente, começaram a filosofar; maravilhando-se primeiramente ante perplexidades óbvias e, em seguida, por um progresso gradual. [...] Ora, aquele que se maravilha e está perplexo sente que é ignorante (de modo que, num certo sentido, o amante dos mitos é um amante da sabedoria [um filósofo], uma vez que os mitos são compostos de maravilhas); portanto, se foi para escapar à ignorância que se estudou filosofia, é evidente que se buscou a ciência por amor ao conhecimento, e não visando qualquer utilidade prática.
>
> ARISTÓTELES. *Metafísica*. Livro I. Trad. Edson Bini. São Paulo: Edipro, 2012. p. 44-46.

- A partir desse fragmento, explique em que sentido é aceitável a afirmação da inutilidade da filosofia.

PENSANDO CONCEITUALMENTE A DIALÉTICA

Muitos são os filósofos consagrados pela sua forma dialética de pensar. Destacamos: Heráclito, Zenão de Eleia, Sócrates, Platão, Hegel e Marx. Nessa formas de conceber a dialética, ela aparece como caminho entre as ideias, método de diálogo, atitude que consiste na arte de perguntar e responder, caminhando com o interlocutor, buscando a essência de cada coisa. Uma forma de pensar a dialética consiste na arte de contrapor à tese uma antítese. Assim, do conflito entre a tese e a antítese nasce a síntese, o elemento novo que traz as marcas dos momentos anteriores. Esta síntese é a nova tese que lutará contra outra antítese fazendo nascer nova síntese.

Essa atitude ou olhar dialético é marca da filosofia, pois revela compromisso com a busca da verdade, na condição de amante da sabedoria; é pesquisa feita em comum, entrelaçando percepções e proposições conflitivas. O mérito da dialética está em fazer aparecer as diferenças e possibilitar a síntese dos contrários.

Com isso, a dialética se apresenta como expressão do método da dúvida, do caminho percorrido pelo espírito em estado de alerta, de atenção aos detalhes, nos quais está a diferença, que faz a diferença.

Em suma, podemos considerar a dialética como a arte de dialogar e argumentar em busca da essência de algo. Podemos, igualmente, acompanhar a concepção contemporânea de dialética, pensando a realidade em seus opostos, em suas contradições, em suas tensões, de cujo confronto brota a sua permanente transformação.

10. A LÓGICA ARISTOTÉLICA

A traição das imagens (Isto não é um cachimbo) (1929), de René Magritte. Óleo sobre tela, 60,33 cm × 81,12 cm × 2,54 cm.

Isto, logicamente, não é um cachimbo.

MUSEU DE ARTE DE LOS ANGELES, ESTADOS UNIDOS

Pode haver argumento válido com premissas falsas?
Pode haver argumento inválido com premissas verdadeiras?
O que é um argumento correto?
Qual a diferença entre verdade e validade?
Como distinguir uma argumentação dedutiva de uma argumentação indutiva?
Uma sentença falsa pode ter valor de verdade?
Como identificar um pensamento falacioso?

Conhecendo conceitos e princípios da lógica

A lógica é instrumento fundamental para organizarmos nossas ideias de forma mais coerente e rigorosa, evitando conclusões inadequadas a partir de enunciados estabelecidos. A lógica mostra como deve proceder o pensamento quando raciocina, qual deve ser sua estrutura, quais devem ser seus elementos, como é possível apresentar demonstrações, que tipos e modos de demonstrações existem. A lógica busca investigar a validade dos argumentos e dar as regras do pensamento correto.

Essa habilidade fundamental de saber trabalhar com argumentos é de extrema importância em nosso cotidiano. É por meio dos argumentos que defendemos e justificamos as nossas afirmações e posicionamentos sobre qualquer assunto. E quando queremos refutar ou discordar de um posicionamento o que fazemos? Inicialmente, analisamos o argumento do outro e, em seguida, avaliamos se (e como) é possível argumentar em resposta.

Para resolver quebra-cabeças tridimensionais é essencial o uso do raciocínio lógico.

No âmbito da lógica, a condição mais importante para um ótimo aprendizado é o domínio das noções de verdade, validade e correção. Assim, há argumentos que são logicamente válidos, embora apresentem premissas falsas; outros argumentos podem ser logicamente inválidos, mas com sentenças verdadeiras. Contudo, um argumento correto implica validade do argumento e verdade das proposições.

Vamos, agora, nos concentrar nos aspectos centrais da lógica, para aprendermos a construir um pensamento mais rigoroso, logicamente bem estruturado, válido e correto.

Sentenças e proposições

Pode parecer estranho, mas uma sentença declarativa, mesmo sendo falsa, tem um valor lógico, pois há algo que está sendo declarado e, como tal, seu conteúdo poderá ser verdadeiro ou falso. Por exemplo, se alguém afirmar que "o estado de Sergipe é maior que o do Amazonas", estaremos diante de uma proposição. Toda proposição tem valor lógico, podendo ser verdadeira ou falsa. Outros exemplos de proposições: "Belo Horizonte é a capital de Minas Gerais"; "Paraíba é um estado brasileiro que pertence à região centro-oeste". Esta última proposição, embora seja falsa, tem valor lógico; ou seja, ela necessariamente é verdadeira ou falsa.

Contrariamente às sentenças declarativas, as sentenças interrogativas, exclamativas e imperativas não apresentam valor lógico, não são nem verdadeiras nem falsas. Considere, por exemplo, sentenças interrogativas: "Quem venceu a partida?"; "Qual o nome do autor desse livro?; "Que horas são?". Para essas sentenças não se pode atribuir um valor lógico, não serão verdadeiras ou falsas. O mesmo caso se aplica às sentenças exclamativas, por exemplo: "Sucesso!"; "Prometo estudar mais!". Igualmente, as sentenças imperativas não apresentam valor lógico, por exemplo: "Acorde mais cedo!"; "Faça seu dever!". Essas sentenças não podem ser consideradas verdadeiras ou falsas.

Princípios da identidade, da não contradição e do terceiro excluído

Aristóteles determinou os princípios lógicos fundamentais e procurou demonstrar que são também princípios do ser, da realidade. São os princípios de identidade, de não contradição e do terceiro excluído.

Considere as proposições **p** e **q**:

p: Freud é psicanalista.

q: 8 é número ímpar.

E como vamos representar graficamente isso? Vamos representar "valor lógico" por "VL".

Ao afirmarmos que a proposição "Freud é psicanalista" é verdadeira, faremos a representação disso assim: VL(p) = V. Com isso estamos dizendo que o valor lógico de p é verdadeiro. Considerando a proposição q, percebemos que ela é falsa; dessa forma, a representação ficará assim: VL(q) = F.

A estrutura e as formas de uma proposição declarativa

Para Aristóteles, uma sentença declarativa tinha a seguinte estrutura: S é P. Caso a ligação entre os termos não fosse suficientemente explícita, poderia se fazer uma substituição explicativa no predicado. Por exemplo: "O estudante acordou cedo". Para ser mais explícito, podemos transformar a sentença em: "O estudante é um ser que acordou cedo".

Quanto às formas lógicas, Aristóteles acreditava haver somente quatro (4) tipos de proposições declarativas:

- **Universal afirmativa (A): Todo X é Y**

    A proposição universal afirmativa pode ser escrita com diferentes expressões, por exemplo:

    > Todos os seres humanos são mortais.
    > O brasileiro é latino-americano.
    > Qualquer cearense é brasileiro.
    > Quem é alemão é europeu.

- **Universal negativa (E): Nenhum X é Y**

    A proposição universal negativa pode ser expressa de várias formas. Por exemplo:

    > Nenhum ser humano é alado.
    > Não há círculo que seja quadrado.
    > Todos os peixes são não mamíferos.
    > Só há humanos não quadrúpedes.

- **Particular afirmativa (I): Algum X é Y**

    A proposição particular afirmativa pode ser assim visualizada:

    > Muitos brasileiros são favoráveis à redução da maioria penal.
    > Há seres humanos cegos.
    > Existem pessoas que são brasileiras e budistas.
    > Pelo menos um brasileiro é canhoto.

- **Particular negativa (O): Algum X não é Y**

    > Alguns seres humanos não vivem em regiões frias.
    > Nem todos os brasileiros são católicos.
    > Há aves que não voam.
    > Pelo menos um brasileiro não é corrupto.

Quadrado de oposições

A partir da lógica aristotélica, na Idade Média desenvolveu-se o instrumento lógico que ficou conhecido como "quadrado das oposições". Nesse quadrado:

> **A** – refere-se a proposições universais afirmativas.
> **E** – refere-se a proposições universais negativas.
> **I** – refere-se a proposições particulares afirmativas.
> **O** – refere-se a proposições particulares negativas.

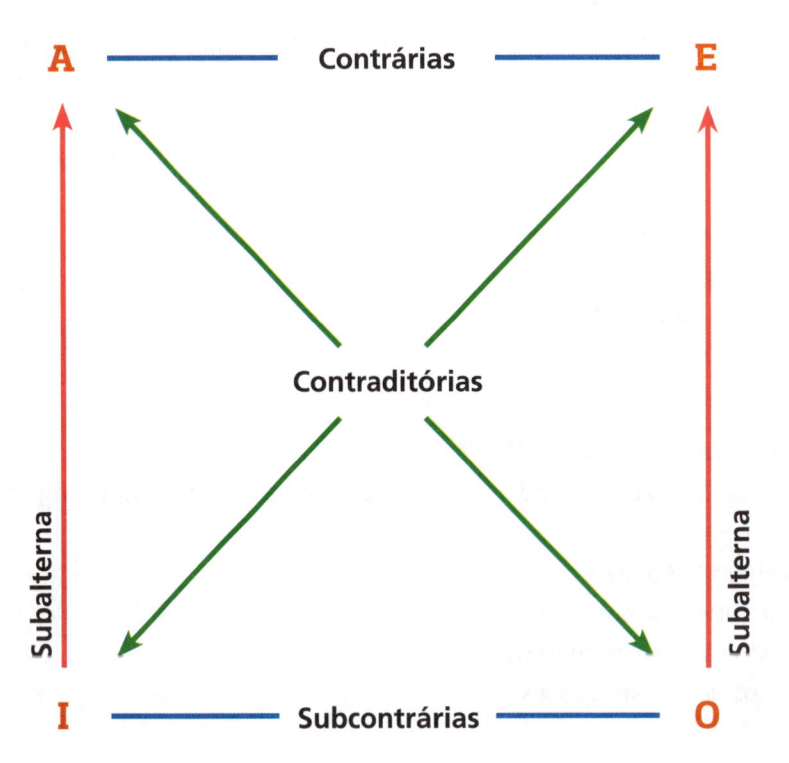

```
    A ———— Contrárias ———— E


           Contraditórias


    I ———— Subcontrárias ——— O
```
(Subalterna: A→I, E→O)

Considerando o quadrado das oposições, percebemos que:

a) A relação entre proposições universais afirmativas e universais negativas recebe o nome de "contrária", pois são proposições contrárias: jamais podem ser ambas verdadeiras, mas ambas podem ser falsas. Por exemplo:

> **A** – Todos os brasileiros são corruptos.
> **E** – Nenhum brasileiro é corrupto.

b) A relação entre proposições particulares vem denominada como "subcontrária"; e nessa relação: ambas as proposições podem ser verdadeiras, mas ambas não podem ser falsas. Por exemplo:

> **I** – Alguns estudantes foram bem na prova.
> **O** – Alguns estudantes não foram bem na prova.

c) A relação entre proposições universais afirmativas (**A**) e particulares negativas (**O**) são denominadas de contraditórias. Da mesma forma, é contraditória a relação entre proposições universais negativas (**E**) e particulares afirmativas (**I**).

Assim, se quisermos negar uma afirmativa universal, basta mencionar ao menos uma particular negativa. Com isso já se está negando a afirmativa universal. Por exemplo:

> Se quisermos contradizer ou negar a proposição universal afirmativa: "Todos os brasileiros falam português", bastará afirmar: "Ao menos um brasileiro não fala português". Outro exemplo: "Nenhum mamífero é invertebrado". Para negar essa afirmativa universal, diremos: "Algum mamífero é invertebrado".

d) A relação conhecida como subalterna acontece entre uma proposição universal afirmativa (**A**) e uma proposição particular igualmente afirmativa (**I**), ou entre proposição universal negativa (**E**) e particular negativa (**O**).

A palavra subalterno faz referência à subordinação, à obediência. Dessa forma, a proposição particular obedece à proposição universal, não lhe é contrária, subcontrária ou contraditória.

No exemplo a seguir, verifica-se o caso de proposição subalterna, na qual existe uma subordinação ou obediência:

> - **A** – Todos os estudantes passaram na prova. **I** – Alguns estudantes passaram na prova.
> - **E** – Nenhum estudante passou na prova. **O** – Alguns estudantes não passaram na prova.

Desta forma, o quadrado das oposições é um instrumento lógico que nos auxilia a negar corretamente as proposições. Se uma sentença é falsa, sua negação deverá ser uma proposição verdadeira, e não outra falsa.

Exemplo: "Todo europeu é disciplinado". Para negar essa afirmativa (**A**), não se deve recorrer a uma universal negativa (**E**): "Nenhum europeu é disciplinado". Neste caso, à falsidade da proposição (**A**), colocamos a falsidade da proposição (**E**). O correto, então, é afirmarmos (**O**): "Algum europeu não é disciplinado".

Além disso, o quadrado das oposições corrige uma ideia muito comum na conversação. Ao ouvir dizer que "alguns europeus são loiros", intuitivamente, mas sem lógica, costuma-se pensar, então, que alguns não sejam loiros. Dessa forma, se, por exemplo, afirmarmos que **I** – "Alguns estudantes passaram na prova", não teremos condições lógicas de afirmar que **O** – "alguns não passaram", pois todos poderão ter passado. Mas também não poderemos afirmar logicamente que **A** – "Todos os estudantes passaram na prova". Por isso **O** e **A** permanecem indeterminados.

O quadro de oposições nos auxilia, então, a inferir mais facilmente a verdade ou a falsidade de proposições. Assim:

> - Se **A** for verdadeira, **E** será falsa: **I** será verdadeira, **O** será falsa.
> - Se **E** for verdadeira, **A** será falsa: **I** será falsa, **O** será verdadeira.
> - Se **I** for verdadeira, **E** será falsa: **A** e **O** serão indeterminadas.
> - Se **O** for verdadeira, **A** será falsa: **E** e **I** serão indeterminadas.
> - Se **A** for falsa, **O** será verdadeira: **E** e **I** serão indeterminadas.
> - Se **E** for falsa, **I** será verdadeira: **A** e **O** serão indeterminadas.
> - Se **I** for falsa, **A** será falsa: **E** será verdadeira, **O** será verdadeira.
> - Se **O** for falsa, **A** será verdadeira: **E** será falsa, **I** será verdadeira.

Teoria do silogismo

Em nosso jeito cotidiano de falar, muitas vezes, a argumentação não se formaliza claramente. Quando expomos as nossas ideias, seja oralmente ou por escrito, às vezes começamos pela conclusão. Além do mais, com frequência, omitimos premissas, deixando-as subentendidas. Por isso, um dos trabalhos de quem se dedica à lógica é montar o raciocínio redescobrindo a sua estrutura e avaliando a verdade da conclusão. Por exemplo: quando dizemos "claro que baú tem acento" estamos enunciando a conclusão de um raciocínio subentendido. Raciocínio esse que pode ser montado assim:

Premissa 1. Toda palavra oxítona terminada em "i" ou "u" tônicos é acentuada quando precedida de vogal;

Premissa 2: Ora, na palavra baú o "u" tônico é precedido de vogal;

Conclusão: Logo, a expressão baú deve vir acentuada.

Considerando a lógica aristotélica, por silogismo entendemos o processo argumentativo formado por duas premissas e uma conclusão. A palavra "silogismo", provém do grego *súllogos*, que significa a ação de reunir, de recolher, de interconectar palavras, tendo em vista o ato de raciocinar.

Estrutura e tipos de argumento

Assim, a estrutura de um argumento traz um conjunto de sentenças declarativas no qual uma é apresentada como conclusão e as outras (as premissas) têm a função de justificar a verdade da conclusão. Entre as expressões que usualmente introduzem premissas temos as seguintes: porque, porquanto, desde que, posto que, tendo em vista que. E dentre as muitas expressões que antecedem a conclusão, temos: por conseguinte, infere-se que, logo, donde, consequentemente, portanto.

Tradicionalmente dividimos os argumentos em dois tipos: dedutivos e indutivos. Quanto à analogia, permanece como uma forma de indução. Vejamos:

Dedução

Assim, qualquer argumento dedutivo que tenha uma forma válida é válido, independentemente do conteúdo das sentenças.

Por exemplo, o argumento que apresentar esta forma: todo X é Y, todo Y é Z; logo, todo X é Z, é um argumento válido, quaisquer que sejam os significados atribuídos às letras X, Y e Z, Além disso, toda atribuição de significados que produza premissas verdadeiras vai, necessariamente, produzir também uma conclusão verdadeira.

Considerando a lógica aristotélica, há sempre três termos no silogismo: o maior, o menor e o médio. Em todo silogismo, as sentenças precisam ter conexão. Assim, as premissas ou as afirmativas, que antecedem e preparam a conclusão, não podem estar desconectadas. O elemento que as une funciona como dobradiça, e ele constitui o termo médio, unindo os outros dois termos, chamados de termos extremos, sendo um termo maior e outro termo menor.

Se não houver conexão entre as premissas, não poderá haver conclusão. Por exemplo:

> Os italianos são emotivos.
> Os russos são contidos.
> Conclusão: ... Fica inviável qualquer conclusão.

Platão e Aristóteles em painel de mármore de Luca della Robbia (1400-1482), em Florença, Itália.

Vejamos um exemplo de silogismo:

> 1. Nenhum mamífero é peixe;
> 2. ora, baleia é mamífero;
> 3. logo, baleia não é peixe.

Perceba que a conclusão deve sempre conter os termos menor ("baleia"), que será o sujeito da conclusão, e o termo maior ("peixe"), que sempre será o predicado da conclusão. O termo médio ("mamífero") jamais aparecerá na conclusão, pois sua função é ligar os extremos, portanto, deve estar somente nas premissas.

Portanto, a conclusão é inferida das premissas pela mediação de um termo médio. A função do termo médio é ligar os extremos. Sem essa ligação não há raciocínio nem demonstração. Por isso, a arte do silogismo consiste em saber encontrar o termo médio que ligará os extremos e permitirá chegar à conclusão.

Veja o seguinte silogismo:

> 1. Todo animal é perigoso;
> 2. ora, o porco é um animal;
> 3. logo, o porco é perigoso.

Embora esteja corretamente estruturado, facilmente se percebe que é falsa a sua conclusão, pois parte de uma premissa falsa.

Mas, se considerarmos como verdadeira a premissa 1 e aceitarmos como verdadeira a premissa 2, em termos lógicos, a conclusão terá que ser essa que apareceu. Isso é uma forma dedutiva de argumentação.

Indução

A indução é uma forma de raciocínio ou de argumentação na qual se parte de uma série de dados particulares e deles se infere uma conclusão geral. Considerando que se trata de uma generalização, o raciocínio indutivo apresenta uma conclusão na qual o conteúdo tem maior abrangência do que aquele presente nas premissas. Por essa razão, a conclusão permanece apenas provável. Ou seja, mesmo que todas as premissas sejam verdadeiras, a conclusão poderá não ser verdadeira, devido ao processo de generalização.

Apesar da aparente fragilidade da indução, que não possui o rigor do raciocínio dedutivo, trata-se de uma forma muito fecunda de pensar, sendo responsável pela fundamentação de grande parte dos nossos conhecimentos na vida diária e de grande valia nas ciências experimentais.

Por exemplo, ao fazer uma prévia eleitoral, um instituto de pesquisa consulta amostras significativas dos diversos segmentos sociais, segundo metodologia científica. Ao considerar que 48% votará no candidato X, e 22% votará no candidato Y, conclui-se que a totalidade dos eleitores votará segundo a mesma proporção.

Veja outros exemplos de indução:

> 1. O cobre é condutor de eletricidade, o zinco é condutor de eletricidade, o ferro é condutor de eletricidade, o ouro é condutor de eletricidade (Dados particulares suficientemente enumerados);
> 2. ora, cobre, zinco, ferro e ouro são metais;
> 3. logo, os metais são condutores de eletricidade.

Como foi dito, no argumento indutivo, o conteúdo da conclusão excede o das premissas, fornecendo-nos tão somente probabilidades.

Analogia

A analogia estabelece a relação de semelhança entre duas ou mais realidades distintas. Trata-se de uma forma de raciocínio na qual a informação de um sujeito particular é transferida para outro sujeito, também particular. Há um sentido de proporção presente no termo analogia.

Vejamos um exemplo de analogia:

> 1. Paulo sarou de suas dores de cabeça com este remédio;
> 2. logo, João há de sarar de suas dores de cabeça com este mesmo remédio.

Um raciocínio por semelhança fornece apenas uma probabilidade, não uma certeza. Mas desempenha papel importante para a descoberta ou invenção científica. Grande parte de nossas conclusões diárias baseia-se na analogia.

Por exemplo, se lermos um bom livro de determinado autor, provavelmente compraremos outro do mesmo autor, na suposição de que deverá ser bom também. Se formos bem atendidos numa loja, voltaremos da próxima vez, na expectativa de tratamento semelhante.

Regras fundamentais da inferência

Para podermos dizer se o raciocínio é válido ou inválido e a conclusão verdadeira ou falsa, a inferência do silogismo deve obedecer a regras fundamentais:

- Um silogismo deve ter um termo maior, um menor e um médio e somente três, nem mais nem menos.
- O termo médio, que figura nas duas premissas e jamais na conclusão, deve aparecer como universal pelo menos uma vez, possibilitando, assim, a ligação do maior com o menor. Exemplificando:

> Se eu disser que "os catarinenses são brasileiros" e "os mineiros são brasileiros", torna-se inviável qualquer conclusão, uma vez que o termo médio ("brasileiros") sempre figurou como parte e nunca como todo.

- Nenhum termo pode ser mais abrangente na conclusão do que nas premissas. Disso resulta que uma das premissas deve ser sempre universal.
- Nenhuma conclusão se segue de duas premissas negativas, uma vez que o médio não terá ligado os extremos.
- Nenhuma conclusão se segue de duas premissas particulares, pois o médio não figurou como universal pelo menos uma vez, não podendo ligar o maior com o menor.
- Sendo as duas premissas afirmativas, a conclusão, obviamente, será afirmativa.
- A conclusão sempre acompanha a parte mais fraca. Em outras palavras: se houver premissa particular, a conclusão será particular; se houver uma premissa negativa, a conclusão será negativa; se houver premissa particular negativa, a conclusão será particular negativa.

Noções de validade, verdade e correção

Para bem compreendermos a noção de validade e verdade, vamos concentrar a nossa atenção na relação que existe entre validade e forma lógica, percebendo a diferença entre verdade e validade, bem como a noção de argumento correto, ou seja, aquele argumento que é válido e no qual as premissas e a conclusão são verdadeiras. A mesma circunstância que torna a premissa verdadeira, torna também a conclusão verdadeira.

Podemos demonstrar a validade ou a invalidade de um argumento usando a ferramenta da teoria dos conjuntos.

Quando, por exemplo, dizemos que todo X é Y, estamos dizendo que o conjunto X está contido dentro do conjunto Y, conforme a ilustração.

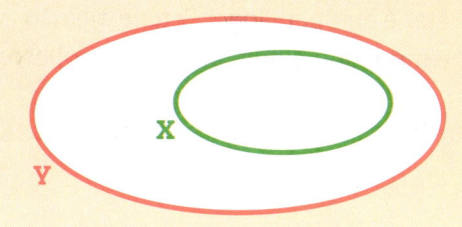

Podemos perceber que, se é verdade que todo X é Y, e todo Z é X, se torna impossível que Z esteja fora de Y.

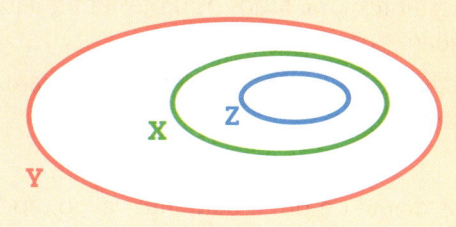

Vejamos um exemplo de argumento **inválido**: Todo X é Y. Ora, Z é Y. Logo, Z é X.

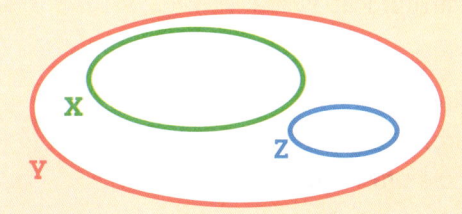

Aqui, percebemos que Y é maior que X, portanto não é correto afirmar que todo Z (que é também Y) seja X. Assim, estamos diante de um argumento inválido.

Substituindo as letras X, Y e Z por outras extensões, teremos, por exemplo, os seguintes argumentos **válidos**:

- Todo brasileiro (X) é sul-americano (Y); ora, Betinho (Z) é brasileiro; logo, Betinho é sul-americano.
- Todo brasileiro é torcedor do Flamengo; ora, Fidel Castro é brasileiro; logo, Fidel Castro é torcedor do Flamengo.
- Todo brasileiro fala português; ora, Juruna é brasileiro; logo, Juruna fala português.
- Algum europeu é português; ora, todo português é loiro; logo algum europeu é loiro.

Vejamos, agora, alguns exemplos de argumentos **inválidos**, lembrando da segunda forma (todo **X** é **Y**. Ora, **Z** é **Y**. Logo, **Z** é **X**).

- Todo brasileiro é sul-americano; ora, Alberto é sul-americano; logo, Alberto é brasileiro.
- Todo cruzeirense é mineiro; ora, Felipe é mineiro; logo, Felipe é cruzeirense.
- Todo alemão é europeu; ora, Peter é europeu; logo, Peter é alemão.
- Algum latino-americano é argentino; ora, algum argentino é obeso; logo, algum latino-americano é obeso.
- Todo metal é condutor de eletricidade; ora, algum condutor de eletricidade é líquido; logo, algum metal é líquido.

Por isso, não basta a validade de um argumento para que tenhamos a verdade na conclusão de uma sentença. Dessa forma, podemos tanto encontrar argumentos válidos com conclusão falsa, quanto argumentos inválidos com conclusão verdadeira.

Vejamos os exemplos a seguir:

a) Todos os irlandeses são protestantes; ora, todos os protestantes jejuam.
Logo, todos os irlandeses jejuam.
b) Alguns irlandeses são protestantes; ora, alguns protestantes jejuam.
Logo, alguns irlandeses jejuam.

No caso do exemplo **a**, estamos diante de um argumento válido, apesar de ter premissas falsas e conclusão também falsa.

Em contrapartida, no caso do exemplo **b**, estamos diante de um argumento inválido, apesar de apresentar premissas e conclusão verdadeiras. A verdade da conclusão não é sustentada pelas premissas apresentadas. Nenhum dos dois argumentos acima é, portanto, um argumento correto.

Vejamos um exemplo de argumento correto, no qual as premissas são verdadeiras e a conclusão também é verdadeira e o argumento tem estruturação válida.

1. Todo belo-horizontino é mineiro;
2. ora, todo mineiro é brasileiro.
3. Logo, todo belo-horizontino é brasileiro.

Antecedente e decorrente (consequente)

Em termos de lógica, existe uma habilidade fundamental que deve ser muito cultivada: identificar o elemento antecedente e o consequente de um argumento. Para tanto, há algumas expressões que sinalizam para esses termos.

Por exemplo, as expressões "logo", "dessa forma", "por isso", "segue", "assim" indicam para o elemento consequente. Enquanto as expressões "porque", "considerando", "partindo do pressuposto..." sinalizam para o elemento antecedente do argumento.

As falácias no processo argumentativo

Com o termo falácia, referimo-nos aos erros de raciocínio, às argumentações inconsistentes. Embora com aparência de validade, são muitas as maneiras de um raciocínio ser inconsistente.

Existem as falácias formais (de forma) e as não formais (de conteúdo e não de forma).

Falácias formais

Veja o exemplo que parece correto, mas é inválido:

> 1. Todos os homens são vertebrados;
> 2. ora, eu sou vertebrado;
> 3. logo, eu sou homem.

Este raciocínio, para o qual tendemos a dizer ser verdadeiro e correto, é formalmente inválido. Não importa se a conclusão corresponde à realidade, mas sim se se trata de uma construção logicamente válida. Segundo uma das regras do silogismo, o termo médio deve ser, pelo menos uma vez, universal. O termo médio (que no caso é "vertebrado") é aquele que aparece nas duas premissas e permite estabelecer a ligação entre os dois termos. Essa regra não é atendida no raciocínio, pois os seres humanos são alguns dentre os vertebrados, e eu sou um dos vertebrados. Para tornar mais clara a evidência, vamos substituir o sujeito "eu" por "meu cão":

> 1. Todos os homens são vertebrados;
> 2. meu cão é vertebrado;
> 3. logo, meu cão é homem.

Este exemplo anterior é de uma falácia formal, pois não atende a uma regra do argumento válido (2ª regra do silogismo de Aristóteles, apresentada anteriormente).

Falácias não formais

Falácias da irrelevância

- Apelo à tradição (*argumentum ad antiquitatem*)
  Argumenta-se que algo é bom por ser antigo. "Porque sempre foi assim." Exemplo:

  > O cristianismo é a religião verdadeira, pois existe há mais de dois mil anos.

- Apelo à piedade, à emoção (*argumentum ad misericordiam*)
  Apela-se à misericórdia para convencer o interlocutor de que a conclusão sugerida deve ser acolhida como verdadeira. Exemplo:

  > Sr. Juiz, sou pai de família e trabalhador. Sou eu que sustento minha família. Tenho três filhos menores de idade, minha esposa está doente. Por isso, senhor Juiz, a minha prisão é injusta.

- Apelo à ignorância (*argumentum ad ignorantiam*)
  Determinada afirmativa deverá ser acolhida como verdadeira, pois não há provas contrárias. Ou, inversamente, deve ser rejeitada como falsa, pois ninguém conseguiu provar sua verdade. Exemplo:

  > A teoria da reencarnação é verdadeira, pois ninguém conseguiu provar que a reencarnação não existe. Ou, inversamente, a teoria da encarnação é falsa, uma vez que ninguém conseguiu provar sua verdade.

- Apelo à força (*Argumentum ad baculum*)
  Trata-se de um raciocínio que se serve da intimidação. Usa-se a coerção psicológica sobre o interlocutor, para forçá-lo a aceitar a conclusão como verdadeira. Exemplo:

  > Se não entregarem o relatório, serão dispensados.

- Contra a pessoa (*argumentum ad hominem*)
  Ataca-se a pessoa e não a tese em questão. Busca-se desvalorizar a pessoa, para fazer com que a conclusão seja aceita. Exemplo:

  > A tua tese não tem nenhum valor, você ainda é uma criança. Ou ainda, Carlos diz que viu meu irmão cometer um crime. Mas, Carlos é alcoólatra. Logo, o testemunho de Carlos é sem valor.

- Apelo à autoridade (*Argumentum ad verecundiam*)
  Recorre-se a uma autoridade ou a uma personalidade famosa, mas cujo saber ou competência é irrelevante para a matéria em questão. Exemplo:

  > Esse é o melhor creme hidratante. Uma celebridade anuncia esse produto na TV.

Falácias da insuficência

Entre as principais falácias da insuficiência destacam-se:
- Argumento circular ou petição de princípio (*petitio principii*)
  É uma falácia de presunção. A inferência não é válida. A conclusão que se pretende afirmar como verdadeira, já faz parte da premissa que se pressupõe como verdadeira. Exemplo:

  > Considere um diálogo entre dois personagens:
  > A: Deus existe!
  > B: Como você sabe?
  > A: Por que a Bíblia afirma!
  > B: E por que a Bíblia estaria certa?
  > A: Por foi escrita sob inspiração de Deus!

- Generalização apressada
  A partir de um número muito limitado de dados, impõem uma conclusão que se pretende verdadeira. Exemplo:

  > Ontem, eu andava perdido pelo centro da cidade, um francês me ajudou. Ele me levou gratuitamente até meu endereço. Realmente, os franceses são muito gentis.

- Falsa causa

    Na falácia da falsa causa, atribui-se a causa a um fenômeno que não foi a causa real. Algo que simplesmente acontece "depois", passa a ser visto como consequência. Exemplo:

    > Depois da Primeira Guerra Mundial, aconteceu a Segunda Guerra Mundial. A falácia consiste em dizer que a segunda guerra foi consequência da primeira ou que a primeira guerra foi a causa da segunda guerra. Não há uma conexão necessária entre esses dois eventos separados por aproximadamente trinta anos.

    Um outro exemplo:

    > O gato miou quando eu abri a porta. A falácia consiste em dizer: O gato miou porque eu abri a porta.

Falácias da ambiguidade

- Da equivocidade. Consiste em usar, em uma argumentação, termos com duplo sentido, o que impossibilita o argumento de ser correto, devido à ambiguidade introduzida. Exemplo:

    > O fim da vida política é o bem comum, assim como o objetivo do direito é promover a justiça. Dessa forma, o fim de algo é seu objetivo, sua plenitude. Por isso, a morte, que é o fim da vida, consiste na plenitude da vida.

    Outras vezes, podemos nos deparar com afirmativas do tipo: Errar é humano, portanto não faz sentido afirmar que houve ou que há atos desumanos. Humano (sentido biológico, faz parte da condição humana) e desumano (sentido moral, cruel).

- Do falso dilema. Consiste em reduzir injustificadamente as opções possíveis. Exemplo:

    > Ou és meu amigo ou és meu inimigo.

ATIVIDADES

1. Reescreva as seguintes orações, partindo do antecedente para o consequente.
    a. A pena de morte deve sempre ser condenada, pois ninguém nasce criminoso e ninguém tem o direito de tirar a vida de alguém.
    b. A pena de morte traz uma contradição em si mesma, uma vez que toda pena tem por objetivo a cura e a ressocialização do indivíduo.
    c. O professor é um racionalista, uma vez que defende a existência de verdades universais, e quem defende a existência de verdades universais é racionalista.
    d. Pedro teve a carteira de motorista apreendida porque foi pego dirigindo alcoolizado.
    e. Considerando que todo filósofo brinca com as palavras, Débora pode ser uma excelente filósofa, uma vez que brinca com as palavras.
    f. O sistema de cotas para estudantes de escolas públicas no ensino superior é uma questão de justiça social, uma vez que, historicamente, foram excluídos dessa etapa de ensino.
    g. Não há vagas para todos os estudantes brasileiros em universidades públicas, por isso, grande parte dos estudantes frequenta faculdades particulares.

h. A felicidade só existe no desespero, uma vez que todo aquele que espera nada faz, e a felicidade é a ativa atitude de busca.

i. Porque a conquista é resultado da busca, quem espera nada alcança.

2. Distinguir argumentos dedutivos de indutivos.

   a. Todo assassinato é crime. E todo crime deve ser condenado. Por isso, todo assassinato deve ser condenado.

   b. Maria foi curada da labirintite tomando o remédio "Ouvir", Pedro foi curado da labirintite tomando "Ouvir", portanto Priscila deverá ficar curada com o remédio "Ouvir".

   c. A maioria dos estudantes declarou que votará a favor da chapa Revolução. Logo, a chapa Revolução vai vencer a eleição.

   d. Países pouco desenvolvidos apresentam principalmente altas taxas de insuficiência alimentar e analfabetismo. O Haiti apresenta altas taxas de insuficiência alimentar e analfabetismo. Logo, é um país pouco desenvolvido.

   e. Lojas Fiori tem direito a decretar falência porque constitui uma grande rede de lojas, e toda grande rede de lojas tem direito a decretar falência.

3. Responda às seguintes questões:

   a. O que é um argumento válido?

   b. O que é um argumento correto?

   c. Podemos afirmar que um argumento correto é aquele que tem uma conclusão válida? Justifique sua resposta:
      - Exemplifique argumento válido com premissa falsa e conclusão verdadeira.
      - Exemplifique argumento válido com premissa falsa e conclusão falsa.
      - Exemplifique argumento inválido com premissa falsa e conclusão verdadeira.
      - Exemplifique argumento inválido com premissas verdadeiras e conclusão verdadeira.
      - Exemplifique, se possível, argumento válido com premissas verdadeiras e conclusão falsa.

4. A partir das sentenças abaixo, construa o quadrado das oposições.

   a. Alguns vereadores atuam junto à comunidade.

   b. Não existe banqueiro honesto.

   c. Toda lei é justa.

   d. Toda forma de preconceito é discriminatória.

5. Qual é a negação de cada uma das sentenças abaixo?

   a. Todos os alunos vão entrar na universidade.

   b. Todos os belo-horizontinos são atleticanos.

   c. Nem todo brasileiro é fanático por futebol.

   d. Existe pelo menos uma bicicleta de três rodas.

   e. Somente os brasileiros são cariocas.

6. Converse com seu colega sobre a validade ou invalidade dos argumentos a seguir.

   a. Nenhum mamífero é invertebrado. Gatos são mamíferos. Logo, gatos são vertebrados.

   b. Alguns políticos são honestos. Logo, nem todos os políticos são desonestos.

   c. Todas as verdades são relativas. Logo, não há verdades absolutas.

   d. Todos os paulistas são palmeirenses. Telê era paulista. Logo, Telê era palmeirense.

   e. Todo brasileiro adora carnaval. Obama não é brasileiro, portanto, não adora carnaval.

   f. Alguns alunos passaram na prova do Enem. Logo, alguns alunos não passaram na prova do Enem.

PENSANDO CONCEITUALMENTE DEDUÇÃO, INDUÇÃO, VERDADE E VALIDADE

A indução refere-se a uma forma de argumentação que parte de uma série de casos particulares. Esses casos são comparados. Verifica-se elementos comuns, a partir dos quais seja possível uma universalização ou generalização.

Esse procedimento indutivo é o que caracteriza a metodologia das ciências experimentais. Com esse procedimento, muitas conquistas são realizadas. Contudo, nos caminhos da pesquisa científica, muitas vezes, conclusões aceitas como verdadeiras, em determinado momento histórico, passaram a ser problematizadas, devido a novas descobertas.

A indução refere-se a uma forma de argumentação na qual embora as premissas sejam todas verdadeiras, a conclusão poderá ser falsa. Com efeito, a forma indutiva de argumentar realiza generalizações a partir da enumeração de casos particulares. Nesse procedimento, o conteúdo da conclusão extrapola o conteúdo das premissas. Por isso, a conclusão fornece apenas probabilidade. O procedimento indutivo é marca distintiva das ciências experimentais, uma vez que tem por objetivo chegar à formulação de novas teorias, a partir do estudo e da comparação de casos particulares.

A verdade de uma sentença diz respeito à correspondência com a realidade. Se o conteúdo do enunciado estiver conforme a realidade, então temos uma sentença verdadeira.

A validade de um argumento é determinada por sua forma lógica. Todo X é Y. Ora, Z é X. Logo, Z é Y. Para demonstrar a validade ou a invalidade de um argumento costuma-se usar como ferramenta a teoria dos conjuntos. Quando, por exemplo, dizemos que todo X é Y, estamos dizendo que o conjunto X está contido dentro do conjunto Y. Para determinar, portanto, a validade de um argumento basta considerar sua forma lógica.

PARA CONTINUAR O ESTUDO E A APRENDIZAGEM

SUGESTÃO DE LEITURAS

BARNES, Jonathan. *Filósofos pré-socráticos*. São Paulo: Martins Fontes, 1997.

BORNHEIM, Gerd A. *Os filósofos pré-socráticos*. São Paulo: Cultrix, 1994.

COPI, Living M. *Introdução à lógica*. 2. ed. São Paulo: Editora Mestre Jou, 1978.

FLEW, Antony. *Pensar direito*. São Paulo: Cultrix/Edusp, 1979.

LAÊRTIOS, Diôgenes. *Vidas e doutrinas dos filósofos ilustres*. Brasília: UnB, 1988.

LEGRAND, Gérard. *Os pré-socráticos*. Rio de Janeiro: Jorge Zahar, 1971.

MARCONDES. Danilo. *Iniciação à história da filosofia:* dos pré-socráticos a Wittgenstein. Rio de Janeiro: Jorge Zahar, 2008.

MORTARI, Cezar A. *Introdução à lógica*. São Paulo: Unesp, 2001.

NOLT, J.; ROHATYN, D. *Lógica*. São Paulo: McGraw-Hill, 1991.

PESSANHA, José Américo Motta. *Os pré-socráticos*: vida e obra. Trad. José Cavalcante de Souza. São Paulo: Nova Cultural, 1996. (Os pensadores).

PINTO, Paulo R. Margutti. *Introdução à lógica simbólica*. Belo Horizonte: UFMG, 2001.

REALE, G.; ANTISERI, D. *História da filosofia:* filosofia pagã antiga. Trad. Ivo Storniolo. São Paulo: Paulus, 2004.

Eixo Temático 2
CONDIÇÃO HUMANA

Você vai aprender sobre:

- A educação da alma no pensamento socrático-platônico.
- A transmigração das almas em vários corpos segundo a metempsicose de Platão.
- A alma tripartida na alegoria do cocheiro.
- O diálogo platônico sobre o amor.
- A felicidade (*eudaimonia*) como objeto da busca humana e sua relação com a procura pela sabedoria.
- A dimensão política em Aristóteles.

Temas:

1. A tripartição da alma
2. A inquietude humana da busca: o amor, o amável, o belo
3. O desejo da felicidade, fim absoluto
4. A dimensão política humana: a cidade e o cidadão

1. A TRIPARTIÇÃO DA ALMA

Ruínas do templo de Apolo, em Delfos, Grécia, 2012.

Certo dia, indo ao templo ou santuário de Apolo, em Delfos, Sócrates encontrou no frontispício do templo a seguinte expressão: "Conhece-te a ti mesmo". Ele fará de tal máxima e imperativo a chave mestra de seu pensamento, a base de toda a sua reflexão filosófica que, daí por diante, passou a ser centrada no ser humano e não mais no Cosmo. Desde então, ele deu início à sua missão de purificar os espíritos, de discernir as realidades.

Sócrates (470-399 a.C.) nasceu em uma época em que Atenas se tornava uma potência política, econômica e militar, a cidade-estado hegemônica da Grécia. Nasceu no chamado "século de Péricles", que passou a governar Atenas quando Sócrates tinha vinte anos de idade. O século que o viu nascer foi o chamado "século de ouro", "época das luzes", o "milagre grego", sem similar na história do mundo ocidental. A democracia já era uma realidade desde que Clístenes introduzira suas reformas. Atenas era uma cidade florescente.

O pensamento de Sócrates que predominantemente chegou até nós foi o de Platão. Por isso, vamos nos referir ao seu pensamento como sendo socrático-platônico.

A antropologia socrático-platônica

Na visão socrática, a vida humana só tem sentido se referida a um princípio interior presente em cada ser humano, que ele designou com o termo "alma" (*psyché*). Nessa dinâmica, a antropologia socrática nos traz, inicialmente, a clara noção da primazia da "alma" racional, uma vez que é a nossa identidade e a nossa diferença. A conhecida expressão *zoón logikón* (animal racional) encontra aqui a sua fonte.

Dessa forma, sendo essa nossa identidade radical, ser humano é viver em conformidade com as orientações da alma. Na busca de conceituação, a resposta de Sócrates é precisa: "O homem é a sua alma", uma vez que é a alma que o distingue de tudo o mais. E por "alma" Sócrates entende a nossa razão e a sede de nossa atividade pensante e eticamente operante. Em síntese: para Sócrates, a alma é a personalidade intelectual e moral.

Com essa ênfase no que identifica o que é humano, o pensamento socrático-platônico estará voltado para o tema da educação da alma, que possibilitará ao ser humano aprender a controlar as paixões e os impulsos vinculados à dimensão sensível.

Platão desenvolve uma teoria conhecida como "metempsicose". Nessa teoria, aborda-se a transmigração das almas em vários corpos. Platão fala, portanto, em renascimento da alma ou reencarnações. A tese da metempsicose é um exemplo de dualismo, pois as formas puras e eternas, que incluiriam a alma, seriam um domínio totalmente separado do mundo material. Essa teoria, em diferentes visões, pode ser vista no diálogo *Fédon* e na obra *A República*. Nessa visão platônica, "estar no corpo" representa para a alma, de certa forma, uma prisão, um cárcere. A purificação da alma acontece à medida que ela consegue transcender o corpo, os sentidos, os prazeres, conquistando novamente o mundo inteligível, espiritual, realidade que lhe é conatural.

Busto de Sócrates.

A vida humana é uma peregrinação para o estágio final. Através da reminiscência (recordação) e por meio da purificação (*kátharsis*), a alma se volta para o seu ideal.

Na medida em que o conhecimento nos possibilita a passagem de um nível para outro, do sensível para o inteligível, ele também nos conduz da aparência para a essência, da falsa dimensão para a autêntica e ideal dimensão do ser. Portanto, é por meio do conhecimento que a alma cura a si própria, purifica-se, converte-se, eleva-se e realiza-se. Nesse caminho de superação, o ser humano encontra a virtude.

Alegoria do cocheiro: o governo da alma racional

No Livro IV de *A República*, Platão apresenta sua visão de alma tripartida, isto é, divida em três partes. A primeira dimensão, a mais inferior, seria a do corpo, da alma apetitiva ou concupiscível. Essa seria a dimensão irracional, impulsiva, situada na parte inferior, próxima à cicatriz umbilical, ligada aos sentidos. O segundo elemento constitutivo seria a alma irascível, das vontades, impetuosa, responsável pela defesa contra as agressões. Nesse nível estaria a ira, a cólera, situada na região do peito, do coração. Portanto, também é mortal, e tem por objetivo justamente lutar contra as ameaças de morte ao corpo. O terceiro elemento, verdadeiramente distintivo do ser humano, seria a alma racional. A mente seria o princípio divino que em nós habita; por isso, representaria a dimensão imortal. É a partir dessa dimensão que se tornaria possível o acesso às ideias, ao conhecimento do bem, do belo, da verdade, da justiça.

Cada alma seria regida por uma virtude própria e que deveria ser conquistada. A alma apetitiva ou concupiscível deveria alcançar a virtude da moderação (*sophrosyne*), a alma irascível ou impetuosa necessitaria conquistar a virtude da coragem (*andreia*) e a alma racional deveria conquistar a virtude da sabedoria (*sophia*), resultante do conhecimento (*theoría*). Pensar em justiça e em felicidade implicaria pensar no equilíbrio dessas funções em nós.

Assim, o elemento racional deve agir sobre o elemento irascível, proporcionando-lhe a virtude da coragem que, por sua vez, deve agir sobre o elemento irracional concupiscível e passional, proporcionando-lhe a moderação. Nesse equilíbrio consiste a justiça, decorrente do verdadeiro conhecimento.

A parte mais nobre deve governar e a alma irascível deve ser aliada do governo racional. Conforme reflexão de Platão:

> Portanto, não compete à razão governar, uma vez que é sábia e tem o encargo de velar pela alma toda, e não compete à cólera ser sua súdita e aliada? [...]. E estas duas partes, assim criadas, instruídas e educadas de verdade no que lhes respeita, dominarão o elemento concupiscível (que, em cada pessoa, constitui a maior parte da alma e é, por natureza, a mais insaciável de riquezas) e hão de vigiá-lo, com receio de que ele, enchendo-se dos chamados prazeres físicos, se torne grande e forte, e não execute a sua tarefa, mas tente escravizar e dominar uma parte que não compete à sua classe e subverta toda a vida do conjunto.
>
> PLATÃO. *A República*. Trad. Maria Pereira. 8. ed. Lisboa: Calouste Gulbenkian,1996. [441e - 442a].

Essa classificação da alma em três elementos, Platão descreve de maneira genial através da alegoria do cocheiro, no diálogo *Fedro*. Considerando que nossas paixões tendem aos extremos, a superação de nossos impulsos e sensações constitui um árduo caminho.

Na alegoria do cocheiro há uma carruagem conduzida por um cocheiro e puxada por dois cavalos. Um deles é bom e dócil; o outro é furioso e indisciplinado.

A alma racional é o condutor, que deve conquistar a sabedoria; o cavalo obediente corresponde à alma irascível, que representa a vontade e luta contra as ameaças; o cavalo rebelde, por sua vez, representa a alma apetitiva, ligada aos sentidos.

Tanto o condutor como o bom cavalo precisam de muito esforço para controlar o cavalo rebelde, permitindo, assim, a atuação conjunta.

Para chegar à sabedoria, portanto, é preciso que a razão conduza a vontade e os sentidos em busca do que há de mais nobre – a contemplação da verdadeira realidade – o bem supremo.

Nessa alegoria, verifica-se a tripartição da alma. Na parte racional, representada pelo comando do cocheiro, encontra-se a referência humana fundamental, o guia da alma. O bom cavalo é a parte da força, da cólera contra a injustiça, da coragem de lutar pela justiça e defender o corpo contra toda ameaça à vida. O cavalo indisciplinado representa a parte inferior, rebelde e inquieta, das paixões cegas.

De concepção platônica, a alegoria do cocheiro representa a alma tripartida do ser humano. O cocheiro representa o elemento racional que deverá comandar o corpo, representado por dois cavalos: um deles é o elemento irascível da alma, da força e da coragem; o outro é o elemento irracional, concupiscível e apetitivo.

Podemos também relacionar a tripartição da alma com a reflexão de Platão sobre as diferentes almas: de bronze, de prata e de ouro. Ele aplicou essa analogia aos diferentes grupos da sociedade grega, como podemos ver no fragmento a seguir, retirado do Livro III de *A República*, de sua autoria. Nesse fragmento, Sócrates se dirige a Glauco dizendo:

[...] mas ouve o resto da fábula: "Na cidade sois todos irmãos", dir-lhe-emos, prosseguindo nessa ficção, "mas o deus que vos formou misturou ouro na composição daqueles que entre vós são capazes de comandar: por isso, são os mais preciosos. Misturou prata na composição dos auxiliares; ferro e bronze na dos lavradores e na dos outros artesãos. Em geral, procriareis filhos semelhantes a vós; mas, visto que sois todos parentes, pode suceder que do ouro nasça um rebento de prata, da prata um rebento de ouro e que as mesmas transmutações se produzam entre os outros metais. Por isso, acima de tudo e principalmente, o deus ordena aos magistrados que zelem atentamente pelas crianças, que atentam no metal que se encontra misturado à sua alma [...]".

PLATÃO. *A República*. Livro III. Trad. Enrico Corvisieri. São Paulo: Nova Cultural, 2000. p. 111. (Os pensadores).

PROBLEMATIZANDO

1. A partir dessa reflexão de Platão, podemos concluir que os filhos não são necessariamente uma cópia dos pais, em termos de caráter, de valor ou interesse. Existem certas expressões que se costuma ouvir na realidade da educação escolar: "Esse cara não gosta de estudar". Essas expressões descrevem uma realidade objetiva ou são somente interpretações subjetivas?

2. A INQUIETUDE HUMANA DA BUSCA: O AMOR, O AMÁVEL, O BELO

Eros e Psiquê (1794), de Antonio Canova. Escultura em gesso, 134,6 cm × 81,3 cm.

A alma humana (*Psiquê*) anda inquieta. Em seu destino, encontra o amor (*Eros*). O amor realiza o desenvolvimento da vida, a purificação e a superação dos sofrimentos e das desconfianças. Ele é fonte de virtude e de felicidade, conduzindo os humanos à imortalidade.

A condição humana e a experiência humana do amor são o movimento do amado em busca por sabedoria, por beleza, por verdade. É a consciência da falta, ou da carência, que mobiliza a busca.

O banquete (*sympósion*) é o diálogo platônico sobre o amor (*eros*); de estilo fortemente teatral e poético, consiste em uma série de discursos em que o amor é apresentado sob diferentes aspectos. A passagem aqui selecionada, uma das mais célebres dos diálogos de Platão, é a apresentação pela sacerdotisa Diotima de Mantineia, sobre o amor como desejo – de beleza, de imortalidade, de sabedoria –, como processo de elevação da alma em busca da perfeição.

> [...] A questão é que nenhum deus persegue a sabedoria ou deseja tornar-se sábio, pois já o é; e ninguém mais que seja sábio persegue a sabedoria. Nem o ignorante persegue a sabedoria ou deseja ser sábio; nisso aliás, a ignorância é confrangedora: estar satisfeita consigo mesma sem ser uma pessoa esclarecida nem inteligente. O homem que não se sente deficiente não deseja aquilo de que não sente deficiência. [...]
>
> Porque a sabedoria diz respeito às coisas mais belas e Amor é o amor do belo; de modo que a necessidade de Amor tem que ser amiga da sabedoria e, como tal, deve situar-se entre o sábio e o ignorante. [...] Tal, meu bom Sócrates, é a natureza desse espírito. Que você tenha formado outro conceito de Amor não é surpreendente. Você supôs, a julgar por suas próprias palavras, que Amor fosse o amado e não o amante. O que o levou, imagino, a afirmar que o Amor é tão belo. O amável, com efeito, é realmente belo, suave, perfeito e abençoado; mas o amante é diferente, como mostra o relato que fiz. [...]
>
> Quando um homem foi assim instruído no conhecimento do amor, passando em revista coisas belas uma após uma, numa ascensão gradual e segura, de repente terá a revelação, ao se aproximar do fim de suas investigações do amor [...]. Começando pelas belezas óbvias, ele deve, pelo bem da mais elevada beleza, ascender sempre, como nos degraus de uma escada, do primeiro para o segundo e daí para todos os corpos belos; da beleza pessoal chega aos belos costumes, dos costumes ao belo aprendizado e do aprendizado, por fim, àquele estudo particular que se ocupa da própria beleza e apenas dela; de forma que finalmente vem a conhecer a essência mesma da beleza. Nessa condição de vida acima de todas as outras, meu caro Sócrates, disse a mulher de Mantineia, um homem percebe realmente que vale a pena viver ao contemplar a beleza essencial.
>
> PLATÃO. *O banquete*. Trad. Danilo Marcondes. In: *Textos básicos de filosofia*: dos pré-socráticos a Wittgenstein. 3. ed. Zahar: Rio de Janeiro, 2000. p. 27-30.

Retrato de Diotima de Mantineia (1855), de Hisef Sunnger. Óleo sobre tela, 210 cm × 141 cm.

PROBLEMATIZANDO

1. Que lições você consegue extrair, desses fragmentos do diálogo, sobre a natureza do amor?
2. A última afirmação do texto faz referência a um ideal de vida. Converse com seus colegas sobre esse ideal na Grécia Clássica.

3. O DESEJO DA FELICIDADE, FIM ABSOLUTO

Grupo se apresenta em festa do Maracatu rural em Nazaré da Mata (PE), 2014.

O que é a felicidade para você? Ela pode ter relação com as expressões culturais? Ela pode ser uma resultante do esforço e da superação?

No pensamento socrático, platônico e aristotélico, o traço antropológico comum identifica o ser humano como animal racional, que busca a felicidade como fim último da vida. E essa felicidade (*eudaimonia*) tem relação com a permanente busca pela sabedoria.

Considerando que o ser humano é um ser que age, e que todas as ações tendem a fins, que são bens, Aristóteles percebe uma hierarquia na ordem dos fins, que não se estende ao infinito. Existe um fim último. O conjunto das ações humanas e os fins particulares para os quais elas tendem subordinam-se a um "fim último", que é "bem supremo", que todos os homens concordam em chamar "felicidade". Mas, o que é a felicidade? Para muitos, a felicidade é o prazer e o gozo (*hedoné*). Para alguns, a felicidade é a honra e o sucesso. Existe, ainda, o grupo de pessoas para o qual a felicidade tem vínculo com a posse de riqueza.

De acordo com Aristóteles, o fim de um ser é determinado pela sua forma essencial, por aquilo que o diferencia do outro e para o qual ele foi feito. Assim, o bem supremo, a felicidade (*eudaimonia*) realizável pelo ser humano consiste em aperfeiçoar-se na humanidade que o caracteriza. Em outras palavras, tornar-se em ato o que ele já é em potência, por meio da atividade da razão, que o diferencia de todos os outros seres. Na expressão *eudaimonia*, percebemos que o prefixo grego *eu*, significa bom, perfeito; e *daimon*, como já vimos em Sócrates, refere-se ao espírito, ao que nos diferencia dos outros animais e do comum dos mortais. Desta forma, felicidade (*eudaimonia*) significa viver conforme o espírito perfeito.

Felicidade pode ser pensada como a virtude de caminhar com equilíbrio entre o extremo e a falta.

> [...] nem todos os fins são absolutos; mas o sumo bem é claramente algo de absoluto. Portanto, só existe um fim absoluto [...]. Ora, nós chamamos de absoluto aquilo que merece ser buscado por si mesmo, e não com vistas em outra coisa; por isso, chamamos de absoluto incondicional aquilo que é sempre desejável em si mesmo e nunca no interesse de outra coisa. Ora, esse é o conceito que preeminentemente fazemos da felicidade. [...] A felicidade é, portanto, algo absoluto e autossuficiente, sendo também a finalidade da ação.
>
> ARISTÓTELES. *Ética a Nicômaco.* Livro I. Trad. Leonel Vallandro e Gerd Bornheim. São Paulo: Nova Cultural. 1991. p. 1-7. (Os pensadores).

Portanto, felicidade, para o ser humano, não pode consistir no simples viver (vegetais), nem no viver a vida sensitiva (animais). Resta-lhe a atividade específica de sua alma: a razão. Viver a racionalidade é nossa vocação e desafio. Desta forma, o ser humano é atividade, isto é, passagem da potência ao ato; atividade da alma racional, buscando tornar-se sempre melhor, mais justo, mais virtuoso.

Se a felicidade não existe fora da vida virtuosa, se a virtude é condição para ser feliz, e se a virtude não é natural, como é possível tornar-se virtuoso? As virtudes intelectuais ou dianoéticas, por serem as virtudes características da parte mais elevada da alma, da alma racional, requerem aprendizagem e tempo. Já as virtudes éticas derivam do costume, são um produto do hábito; não havendo, então, nenhuma virtude ética que se forme em nós por natureza. As virtudes éticas são a posição média entre dois extremos das paixões, dos sentimentos e das ações. Para Aristóteles, as virtudes éticas são: coragem, temperança, liberalidade, magnificência, justo orgulho, anonimato, calma, veracidade, espirituosidade, amabilidade, modéstia, justa indignação, anseio por justiça. É na prática de atos corajosos e justos, por exemplo, que se formarão em nós as virtudes da coragem e da justiça. E será devido ao hábito que essas virtudes poderão ser uma constância na vida do indivíduo.

Retomando o conceito aristotélico, a virtude é uma disposição de caráter relacionada com a escolha e consistente numa mediania. Para que o indivíduo consiga bem escolher, ele precisa da sabedoria prática, da *phrónêsis*, que é uma importante virtude intelectual, compreendida como a capacidade de deliberar bem, de escolher os melhores meios para atingir o fim almejado. Ela tem um caráter prático, requer experiência e exige um conhecimento tanto do universal como do particular. Para almejar a saúde, por exemplo, é fundamental saber que a carne branca é mais saudável (universal) e que peixe é carne branca (particular). Com essa capacidade, a *phrónêsis* é a mais elevada virtude da parte deliberativa da alma racional, que se refere às realidades humanas mutáveis.

Vemos assim que a *phrónêsis* não é ciência, uma vez que é prática e voltada ao particular. Tampouco é inteligência (*noûs*), uma vez que a inteligência tem por objeto as definições universais. Acima da *phrónêsis* está a *sophia*, que se ocupa das realidades intelectuais, mais elevadas. É por essa razão que a *sophia* é a maior das virtudes dianoéticas. Sendo capacidade de deliberação, a *phrónêsis*

A felicidade não vem a nós, nem acontece de repente – encontra-se na virtude, resultante de um estilo de vida reflexivo.

Quais são os bens que verdadeiramente promovem a vida feliz?

tem como finalidade última a *sophia*.

Nessa sabedoria prática, representada pela *phrónêsis*, relacionam-se a teoria e a prática, a capacidade racional e a virtude moral, ambas construídas com esforço, com o passar do tempo e com a experiência. Dessa maneira, o conhecimento e o hábito tornam-se exigências fundamentais para alcançar a vida feliz.

PROBLEMATIZANDO

1. No texto a seguir, Aristóteles descreve a natureza da felicidade. Vamos nos concentrar nesse texto.

A felicidade

Admite-se geralmente que toda arte e toda investigação, assim como toda ação e toda escolha, têm em mira um bem qualquer; e por isso foi dito, com muito acerto, que o bem é aquilo a que todas as coisas tendem. Mas observa-se entre os fins certa diferença: alguns são atividades, outros são produtos distintos das atividades que os produzem. Onde existem fins distintos das ações, são eles por natureza mais excelentes do que estas. [...] Ora, alguns têm pensado que, à parte esses numerosos bens, existe um outro [bem] que é autossubsistente e também é causa da bondade de todos os demais.

ARISTÓTELES. *Ética a Nicômaco*. Livro I. Trad. Leonel Vallandro e Gerd Bornheim. São Paulo: Nova Cultural, 1991. p. 9-11. (Os pensadores).

- Seguindo a reflexão aristotélica, todas as ações humanas tendem a fins [objetivo, finalidade] que são bens. Assim, o ser humano é sempre movido por um bem, por algo que deseja. Você concorda com a ideia de que todo fim pretendido é um bem?

OUTROS OLHARES

1. Vamos considerar esse tema das aptidões naturais, passíveis de se tornarem virtude, sob a ótica da psicologia contemporânea. Vamos ler o trecho a seguir.

O talento humano é entendido como um fenômeno complexo e mutável ao longo do desenvolvimento do indivíduo. Múltiplos aspectos interferem no processo de desenvolvimento do potencial superior: traços de personalidade, condições ambientais e características da área em que o indivíduo está inserido. Ademais, a compreensão do talento, especialmente em adultos, é muitas vezes pautada na relação entre habilidade, estudo deliberado, alto desempenho e produtividade. [...]

É consenso entre diversos estudiosos a importância do contexto para a manifestação do talento. As características do indivíduo são compreendidas na interação com o ambiente em que está inserido. Esse processo é mediado pela cultura, que imprime suas crenças e valores nos papéis, práticas e expectativas sociais. Dessa maneira, a presença de estereótipos pode dificultar ou retardar a identificação, a promoção e a expressão de talentos. Esses estereótipos muitas vezes são internalizados e passam a constituir barreiras internas à expressão do potencial latente no indivíduo.

PRADO, R. M.; FLEITH, D. S.; GONÇALVEZ, F. C. O desenvolvimento do talento em uma perspectiva feminina. In: *Psicologia: Ciência e Profissão*. v. 31, n. 1, 2011. Disponível em: <http://www.scielo.br/scielo.php?pid=S1414-98932011000100012&script=sci_arttext>. Acesso em: 19 abr. 2016.

- Você concorda com a ideia de que todos nós trazemos em nós todos os dons, e que é a disciplina e o empenho que os transformam em habilidades e competências? Como o meio sociocultural exerce influências nesse desenvolvimento?

PRODUÇÃO DE TEXTO

1. Leia o trecho a seguir:

> Se, pois, para as coisas que fazemos existe um fim que desejamos por ele mesmo e tudo o mais é desejado no interesse desse fim; e se é verdade que nem toda coisa desejamos em vista de outra (porque, então, o processo se repetiria ao infinito, e inútil e vão seria o nosso desejar), evidentemente tal fim será o bem, ou antes o sumo bem.
>
> Mas não terá o seu conhecimento, porventura, grande influência sobre nossa vida?
>
> ARISTÓTELES. *Ética a Nicômaco*. Livro I. Trad. Leonel Vallandro e Gerd Bornheim. São Paulo: Nova Cultural, 1991. p. 9-11. (Os pensadores).

- Com base nesse trecho e em outras informações, redija um parágrafo padrão respondendo à questão que Aristóteles coloca no final de sua reflexão, sobre a relação entre conhecimento e felicidade. Lembre-se que felicidade é *eudaimonia*, a boa consciência, amadurecida pela reflexão.

4. A DIMENSÃO POLÍTICA HUMANA: A CIDADE E O CIDADÃO

Aristóteles define o ser humano, inicialmente, como um ser composto de *psiquê* e de *soma* de corpo e alma, de uma estrutura biopsíquica. Nessa visão, o desenvolvimento da racionalidade interfere diretamente sobre a vida da materialidade corporal.

Ao conceber o ser humano como *zoón logikón*, afirma a racionalidade como elemento que distingue a alma humana de todos os outros seres da natureza.

Em segundo lugar, Aristóteles destaca a dimensão política como estruturante da personalidade. Metaforicamente, todo membro existe em um corpo e somente vinculado ao corpo consegue realizar-se. Dessa forma, o indivíduo é o membro, a *pólis* é o corpo. Assim como no corpo há muitos membros e cada um com funções específicas, da mesma forma, para a harmonia da cidade, cada cidadão tem suas funções. Dessa forma, a felicidade do indivíduo participa da felicidade da *pólis*.

Homens reunidos na ágora ateniense votam o ostracismo (banimento ou exílio) de um cidadão.

Em seu livro *A política*, Aristóteles escreve sobre a natureza política da alma humana. Vejamos alguns fragmentos desse escrito.

> O homem é, por sua natureza, como dissemos desde o começo, ao falarmos do governo doméstico e do dos escravos, um animal feito para a sociedade civil. Assim, mesmo que não tivéssemos necessidade uns dos outros, não deixaríamos de desejar viver juntos. Na verdade, o interesse comum também nos une, pois cada um aí encontra meios de viver melhor. Eis, portanto, o nosso fim principal, comum a todos e a cada um em particular. Reunimo-nos mesmo que seja só para pôr a vida em segurança. [...] Mas não apenas para viver juntos, mas, sim, para bem viver juntos que se fez o Estado.
>
> ARISTÓTELES. *A política*. Livro II. Trad. Roberto Leal Ferreira. São Paulo: Martins Fontes, 2002. p. 53.

Assim, em Aristóteles, a reflexão política é associada à reflexão ética. Enquanto a ética é o estudo da conduta e do fim do ser humano como indivíduo, a política é o estudo da conduta e do fim do ser humano como parte de uma sociedade.

A vida individual só se compreende referindo-se à vida comunitária. Assim, o bem do indivíduo é da mesma natureza que o bem da *pólis*, mas o bem da cidade é mais belo e mais divino, porque se amplia da dimensão do privado para a dimensão do social, para a qual o homem grego era particularmente sensível, porquanto concebia o indivíduo em função da cidade-estado e não a cidade em função do indivíduo, como acontecerá no contratualismo moderno.

Aristóteles é filho de seu tempo, e seu pensamento não consegue desvincular-se da forma de pensar comum à época. Nesse horizonte, Aristóteles exclui da cidadania aqueles que estão dedicados à atividade braçal, que não dispõem do tempo dedicado à contemplação, à discussão das ideias. Entre esses trabalhadores está a classe dos artesãos e dos comerciantes.

Nessa concepção aristotélica, está subjacente o valor subordinado que os antigos atribuíam ao trabalho manual. No fragmento a seguir, podemos verificar o quanto as estruturas sociopolíticas marcam o pensamento aristotélico.

> Quanto à economia, [...] como os bens fazem parte da casa, os meios de adquiri-los também fazem parte do governo doméstico; e, assim como nenhuma das artes que têm um objeto preciso e determinado realiza sua obra sem seus instrumentos próprios, a economia também precisa deles para chegar ao seu objetivo. [...] Chama-se "instrumento" o que realiza o efeito, e "propriedade doméstica" o que ele produz. [...] O senhor não é senão o proprietário de seu escravo, mas não lhe pertence; o escravo, pelo contrário, não somente é destinado ao uso do senhor, como também dele é parte. [...] O homem que, por natureza, não pertence a si mesmo, mas a outro, é escravo por natureza: é uma posse e um instrumento para agir separadamente e sob as ordens de seu senhor.
>
> ARISTÓTELES. *A política*. Livro I. Trad. Roberto Leal Ferreira. São Paulo: Martins Fontes, 2002. p.10-11.

PROBLEMATIZANDO

1. Na obra *Política*, Aristóteles apresenta duas formas de escravidão: por lei e por natureza. Ele critica a escravidão por lei, argumentando que nem sempre as leis são justas. Contudo, ele afirma a escravidão natural: uns são livres e outros escravos, por natureza. A escravidão seria necessária, pois a natureza teria reservado o ócio a alguns. Para Aristóteles, "governar e ser governado são coisas não só necessárias, mas convenientes" (*Política*).
   - Com base no pensamento de Aristóteles, que reflexões você consegue fazer sobre igualdade e desigualdades naturais, na Grécia clássica e nas sociedades modernas e contemporâneas?

2. No texto a seguir, Aristóteles reflete sobre a sociabilidade do ser humano.

O homem, animal político

É, portanto, evidente que [...] o homem é naturalmente feito para a sociedade política. Aquele que, por sua natureza e não por obra do acaso, existisse sem nenhuma pátria seria um indivíduo detestável, muito acima ou muito abaixo do homem, segundo Homero: um ser sem lar, sem família e sem leis. Aquele que fosse assim por natureza só respiraria a guerra, não sendo detido por nenhum freio e, como uma ave de rapina, estaria sempre pronto para cair sobre os outros. [...]

O Estado, ou sociedade política, é até mesmo o primeiro objeto a que se propôs a natureza. O todo existe necessariamente antes da parte. As sociedades domésticas e os indivíduos não são senão as partes integrantes da cidade, todas subordinadas ao corpo inteiro, todas distintas por seus poderes e suas funções, e todas inúteis quando desarticuladas, semelhantes às mãos e aos pés que, uma vez separados do corpo, só conservam o nome e a aparência, sem a realidade, como uma mão de pedra. O mesmo ocorre com os membros da cidade: nenhum pode bastar-se a si mesmo. Aquele que não precisa dos outros homens [...] ou é um deus, ou um bruto. Assim, a inclinação natural leva os homens a este gênero de sociedade.

O primeiro que a instituiu trouxe-lhe o maior dos bens. Mas, assim como o homem civilizado é o melhor de todos os animais, aquele que não conhece nem justiça nem leis é o pior de todos. Não há nada, sobretudo, de mais intolerável do que a injustiça armada. Por si mesmas, as armas e a força são indiferentes ao bem e ao mal: é o princípio motor que qualifica seu uso. Servir-se delas sem nenhum direito e unicamente para saciar suas paixões ávidas de lucro é atrocidade, desumanidade. Seu uso só é lícito para a justiça. O discernimento e o respeito ao direito formam a base da vida social e os juízes são seus primeiros órgãos.

ARISTÓTELES. *A política*. Livro II. Trad. Roberto Leal Ferreira. São Paulo: Martins Fontes, 2002. p. 4-6.

Cidade de Olímpia na Grécia Antiga (1891), de autoria desconhecida. Gravura.

• A partir dessa reflexão de Aristóteles, posicione-se a respeito das seguintes questões:

a. Se os homens apresentam uma "natural inclinação para a vida social", qual será o papel da educação na vida das crianças, dos adolescentes e dos jovens?

b. Para mostrar a relação indivíduo-cidade, Aristóteles se serve da metáfora do corpo e seus membros. Explique essa analogia.

c. Para a cientista política e filósofa alemã Hannah Arendt (1906-1975), no livro *Entre o passado e o futuro*, a política grega é lugar e dimensão da liberdade, da não necessidade e da não violência. É o âmbito da realização do cidadão. Considerando a política em contexto mais ampliado e contemporâneo, como você avalia esse posicionamento?

Eixo Temático 3

ÉTICA E POLÍTICA

Você vai aprender sobre:

- As reformas políticas de Péricles e Clístenes.
- A cidadania na democracia ateniense.
- A cidade justa e o governo do filósofo.
- As virtudes cívicas segundo Platão.
- A melhor forma de governar para Platão e Aristóteles.

Temas:

1. O nascimento da democracia ateniense
2. O governante filósofo e a cidade justa
3. Da democracia, da demagogia e da tirania
4. Formas de governo

1. O NASCIMENTO DA DEMOCRACIA ATENIENSE

A Escola de Atenas (1509), de Rafael Sanzio. Afresco, 5 m × 7,70 m.

No centro e ao fundo da tela, Rafael representou Platão e Aristóteles. O simbolismo da mão apontada para o alto, de Platão, e para baixo, de Aristóteles, indica, de um lado, o pensamento mais racionalista, voltado à dimensão das ideias e, de outro, o pensamento voltado à necessidade da consideração das experiências empíricas.

Falar em democracia em Atenas implica referir-se ao movimento de reformas no campo social e político empreendidas por Sólon, Clístenes e, posteriormente, por Péricles. Eles mudaram radicalmente a legislação existente, que havia sido criada por Drácon, em 621 a.C.

Clístenes (565 a.C.-492 a.C.)

Clístenes ficou consagrado como o pai da democracia ateniense. Era estadista, filósofo, político e legislador. Sua presença é fundamental em Atenas, em contexto no qual a aristocracia estava empenhada em reverter as reformas políticas construídas por Sólon.

Em 510 a.C., em assembleia, os cidadãos lhe entregaram a função de governar a *pólis*. Em seu governo, entre as principais reformas que entraram para a história da cultura ocidental, destacamos, em primeiro lugar, introdução da noção de isonomia, em conformidade com a qual todos os cidadãos têm os mesmos direitos.

E, aos homens que ameaçavam a democracia de Atenas, ele introduziu o ostracismo, ou seja, a cassação dos direitos políticos, o banimento por dez anos, o exílio, o desterro, a exclusão.

Outra contribuição de Clístenes muito significativa para a formação da democracia foi a mudança que ele produziu nas tribos existentes: transformou quatro tribos, fundamentadas em laços de sangue, em dez tribos. Cada tribo participava do conselho com cinquenta membros, elevando, assim, para 500 os membros do conselho (*boulé*), que se reunia diariamente, com a tarefa de fiscalizar tanto os funcionários como as finanças das cidades. Os conselheiros eram escolhidos por sorteio, com mandato de um ano e sem reeleição.

Além desse conselho, Clístenes instituiu a *ekklesía*, a assembleia geral de todos os cidadãos atenienses com mais de dezoito anos, na qual eram discutidas as grandes questões que se referiam à cidade, principalmente a respeito da paz e da guerra. A *ekklesía* reunida discutia os problemas mais importantes da comunidade e escolhia os magistrados eletivos. Os magistrados eram eleitos por sorteio ou por voto popular. Os eleitos por voto eram habilitados à reeleição, o que não acontecia com as magistraturas sorteadas. Entre os magistrados eletivos, um dos mais importantes era o estratego, o comandante militar. Cada estratego, após ser eleito por seu *dêmos*, era aprovado na *ekklesía*. Um dos estrategos mais famosos foi Péricles, que exerceu liderança por mais de trinta anos. Outra magistratura muito importante era a dos nove arcontes, os juízes que formavam o tribunal de justiça (areópago).

A *ekklesía* era convocada periodicamente e seu poder era maior que o poder do *boulé*. Contudo, esse conselho dos 500 preparava a agenda e presidia a *ekklesía*. As instituições democráticas começavam a se consolidar.

A era de Péricles

Péricles (495 a.C.-429 a.C.) era sobrinho do estadista Clístenes. Teve como mestres precursores, que o prepararam para a eloquência da oratória e para o amor à coisa pública, os pré-socráticos Anaxágoras e Zenão de Eleia.

Péricles ficou conhecido como um dos homens públicos mais íntegros que a história já conheceu. Emblematicamente, sua personalidade é identificada em torno de um tripé de virtudes fundamentais. Em primeiro lugar, inteligência altamente desenvolvida para prever, planejar e agir em conformidade com o momento. Em segundo lugar, a habilidade da oratória, da eloquência ao falar, do poder de persuasão. Em terceiro lugar, o espírito político que o animava na busca do bem da cidade estava acima de todo e qualquer interesse particular.

Por essas razões, durante 30 anos, Péricles foi sempre aclamado pela comunidade política como um dos seus generais.

O discurso fúnebre de Péricles (1852), gravura de Phillip Foltz.

Nessa pintura, encontra-se em destaque Péricles, expoente da democracia grega, na ágora ateniense. No fundo da imagem está a Acrópole (*acrópolis*, significa cidade alta), uma colina rochosa, na qual se encontram algumas das mais famosas construções do mundo antigo, como o *Partenon*. Na imagem, aparecem em primeiro plano escravos e uma mulher. Esse retrato não é fiel à realidade da democracia ateniense, na qual essas pessoas não tinham direitos políticos e não podiam participar das discussões na ágora.

Basicamente, precisamos mencionar duas grandes diferenças em relação às democracias modernas e contemporâneas. Em primeiro lugar, na democracia ateniense nem todos eram cidadãos. A cidadania, entendida como possibilidade de participação efetiva na vida democrática da cidade, era exercida apenas pelos homens adultos e naturais de Atenas. Portanto, ficavam excluídos dos direitos políticos as mulheres, as crianças, os estrangeiros e os escravos. E, em segundo lugar, a democracia não era representativa, como a nossa, mas direta ou participativa, na qual os cidadãos participavam diretamente das discussões e das decisões, pelo voto. Não eram aceitas distinções e privilégios entre os cidadãos. Dois são os princípios fundamentais que identificavam a cidadania grega, ateniense: a isonomia, ou seja, a igualdade de todos os cidadãos perante a lei; e a isegoria, ou seja, o direito que todo cidadão tem de expressar-se publicamente, manifestando seu parecer, o direito a ver sua opinião sendo discutida e presente na decisão dos cidadãos.

Entre 440 e 404 a.C., durante o denominado "século de Péricles", o governo democrático de Atenas chegou ao seu momento maior, situado antes do início da guerra do Peloponeso (431 a.C.) e seu fim (404 a.C.). Nessa guerra, aconteceu o histórico conflito armado entre Atenas e Esparta. Atenas era o centro político e Esparta era uma cidade-estado de tradição militarista. Depois da guerra do Peloponeso, a vida cultural foi retomada: encontraremos muitos sofistas fazendo conferências com sua bela oratória, convidando os jovens a serem seus alunos. Encontraremos, também, Sócrates ensinando nas ruas de Atenas. Um pouco mais tarde, Platão funda a Academia e Aristóteles cria o Liceu.

PROBLEMATIZANDO

1. O desejo humano por liberdade é tão antigo quanto o próprio ser humano. Esse desejo nasce com ele. Contudo, o indivíduo em sua condição natural traz uma impulsividade passional marcada pela agressividade. Essa sua condição impulsiva necessita de ser lapidada para que haja vida social possível. A vida social e política é justamente marcada pelo âmbito do direito, das normas e das tradições culturais, no intuito de minimizar as manifestações da violência humana e de educar o ser humano para a vida em sociedade.

    • Por essa razão, como devemos pensar a relação entre lei e liberdade?
    • Será que a lei limita a liberdade? Haveria liberdade política se não houvesse a lei?
    • A lei pode ser vista como um fruto da liberdade?

2. O GOVERNANTE FILÓSOFO E A CIDADE JUSTA

62ª Assembleia Geral da ONU, Nova York, 2007.

> Quem deve governar uma cidade?
> Um povo tem os políticos que merece?
> Se a democracia é a forma de governo na qual o povo é soberano, não se corre o risco de haver falta de ciência política no exercício do poder?
> A justiça expressa um desejo natural do ser humano, ou os homens são justos somente por convenção social?
> As leis são sempre expressões da justiça? Pode haver leis injustas?
> Na relação indivíduo e comunidade, o que prevalece? O individualismo ou a natureza política do ser humano?

> Enquanto os filósofos não forem reis nas cidades, ou aqueles que hoje denominamos reis e soberanos não forem verdadeira e seriamente filósofos, enquanto o poder político e a filosofia não convergirem num mesmo indivíduo [...], não terão fim, meu caro Glauco, os males das cidades, nem, conforme julgo, os do gênero humano, e jamais a cidade que nós descrevemos será edificada.
>
> PLATÃO. *A República*. Livro V. Trad. Enrico Corvisieri. São Paulo: Nova Cultural, 2000. p. 180-181.

Recordando a alegoria da caverna, vamos buscar, agora, uma interpretação política dessa imagem. Sob o ponto de vista político, como influenciar as pessoas que não veem que se encontram nas sombras da ignorância? Voltando à imagem da caverna: o filósofo é aquele que se libertou das correntes e alienações do senso comum. Tendo contemplado a verdadeira realidade e tendo passado da doxa à episteme, da opinião à ciência, o filósofo deverá lutar contra qualquer tendência de ali permanecer, deverá retornar ao fundo da caverna, onde se encontra o comum dos mortais e deverá ser orientação e auxiliar no caminhar em direção à luz.

Dessa forma, os filósofos carregam a responsabilidade de governar a cidade, justamente por não serem desejosos e ambiciosos pelo poder político e, especialmente, por terem o conhecimento do que seja o bem, a verdade, a justiça, a harmonia.

Recordando a tripartição da alma, busquemos a aplicação política dessa ideia. Considerando que a justiça e a virtude consistem no governo da razão sobre os apetites e a cólera, a cidade justa será aquela na qual as diferentes funções da alma realizam cada uma a sua específica virtude e capacitação. Assim, aos comerciantes e artesãos caberá cuidar da sobrevivência da cidade; aos guerreiros ou militares, a defesa da cidade; e aos governantes caberá o exercício do poder político na cidade. De acordo com Platão, os filósofos deverão exercer o governo, por serem os melhores ou mais bem preparados intelectivamente.

Não nos é difícil imaginar o que aconteceria com a cidade, diz Platão, se os comerciantes ou os militares governassem a cidade. "Quando numa cidade se honram a riqueza e os ricos, a virtude e os bons são menos considerados" (*A República*, Livro VIII [551]). Se a classe militar governasse, teríamos no exercício do poder as pessoas que trazem o gosto pelo combate e o prazer em lutar, buscando nisso sua glória.

Os governantes devem ser muito bem preparados para resistir tanto à possível corrupção do meio econômico como ao possível desejo de guerrear incutido pelo grupo militar. A grande exigência que se faz aos governantes é ter a ciência política e o conhecimento da ideia de justiça. Para tanto, Platão, em *A República*, faz um longo percurso para chegar à ideia de justiça. Inicialmente, supera a visão dos comerciantes e do senso comum, representados por Polemarco, para os quais a justiça é dar a cada um o que lhe é devido. Em seguida, no percurso, supera a visão dos sofistas, representados por Trasímaco, para os quais a justiça é o poder do mais forte, seja por este possuir os meios para dominar seja pela astúcia em fazer-se valer. E, finalmente, rejeita a visão de Glauco, para quem a justiça é praticada somente porque os homens temem os castigos se forem injustos.

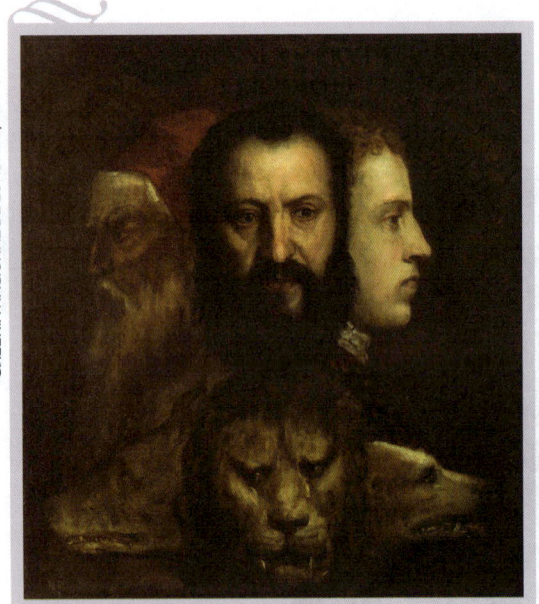

Alegoria do tempo governado pela prudência (1565), de Tiziano Vecelli. Óleo sobre tela, 76 cm × 69 cm.

As três faces humanas: juvenil, adulta e anciã relacionadas aos três animais: cão, leão e lobo. A prudência requer um diálogo entre a memória (passado), a inteligência (presente) e previdência (futuro). Assim, a virtude da prudência é o grande governante da vida política.

A expressão grega para melhores é *aristoi*. Daí que a forma de governo preferida e defendida por Platão é a aristocracia intelectiva, uma espécie de *sophocracia*, governo dos sábios.

Portanto, a cidade justa é aquela na qual o filósofo governa, o militar pensa nas estratégias e organiza a defesa da cidade e os que estão vinculados à virtude econômica cuidam do sustento e da sobrevivência dos habitantes da cidade. O Estado justo possui, assim, quatro virtudes cívicas. As primeiras três correspondem a cada um dos grupos sociais: moderação ou temperança, coragem e sabedoria prática (prudência). A quarta virtude, à qual as três se encontram vinculadas e dependentes, é a justiça.

Glauco ilustra sua concepção trazendo o mito do anel de Giges. Vejamos um trecho do Livro II de *A República* no qual encontramos esse mito.

Glauco – Vamos provar que a justiça só é praticada contra a própria vontade dos indivíduos e devido à incapacidade de se fazer a injustiça, imaginando o que se segue. Vamos supor que se dê ao homem de bem e ao injusto igual poder de fazer o que quiserem, seguindo-os para ver até onde os leva a paixão. Veremos com surpresa o homem de bem tomar o mesmo caminho que o injusto, este impulsionado a querer sempre mais, impulso que se encontra em toda a natureza, mas ao qual a força da lei impõe limites. O melhor meio de testá-los da maneira como digo seria dar-lhes o mesmo poder que, segundo dizem, teve Giges, o antepassado do rei da Lídia. Giges era um pastor a serviço do então soberano da Lídia. Devido a uma terrível tempestade e a um terremoto, abriu-se uma fenda no chão local onde pastoreava o seu rebanho. Movido pela curiosidade, desceu a fenda e viu, admirado, um cavalo de bronze, oco, com aberturas. E ao olhar através de uma das aberturas viu um homem de estatura gigantesca que parecia estar morto. O homem estava nu e tinha apenas um anel de ouro na mão. Giges pegou o anel e foi embora. Mais tarde, tendo os pastores se reunido, como de hábito, para fazer um relatório sobre os rebanhos do rei, Giges compareceu à reunião usando o anel. Sentado entre os pastores, girou por acaso o anel, virando a pedra para o lado de dentro de sua mão, e imediatamente tornou-se invisível para os outros, que falavam dele como se não estivesse ali, o que o deixou muito espantado. Girou de novo o anel, rodando a pedra para fora, e tornou-se de novo visível. Perplexo, repetiu o feito para certificar-se de que o anel tinha esse poder e concluiu que ao virar a pedra para dentro tornava-se invisível e ao girá-lo para fora voltava a ser visível. Tendo certeza disso, juntou-se aos pastores que iriam até o rei como representantes do grupo. Chegando ao palácio, seduziu a rainha e com a ajuda dela atacou e matou o soberano, apoderando-se do trono.

Vamos supor agora que existam dois anéis como este e que seja dado um ao justo e o outro ao injusto. Ao que parece não encontraremos ninguém suficientemente dotado de força de vontade para permanecer justo e resistir à tentação de tomar o que pertence a outro, já que poderia impunemente tomar o que quisesse no mercado, invadir as casas e ter relações sexuais com quem quisesse, matar e quebrar as armas dos outros. Em suma, agir como se fosse um deus. Nada o distinguiria do injusto, ambos tenderiam a fazer o mesmo e veríamos nisso a prova de que ninguém é justo porque deseja, mas por imposição. A justiça não é, portanto, uma qualidade individual, pois sempre que acreditarmos que podemos praticar atos injustos não deixaremos de fazê-lo.

De fato, todos os homens creem que a injustiça lhes traz individualmente mais vantagens do que a justiça, e têm razão, se levarmos em conta os adeptos dessa doutrina. Se um homem que tivesse tal poder não consentisse nunca em cometer um ato injusto e tomar o que quisesse de outro, acabaria por ser considerado, por aqueles que conhecessem o seu segredo, como o mais infeliz e tolo dos homens. Não deixariam de elogiar publicamente a sua virtude, mas para disfarçarem, por receio de sofrerem eles próprios alguma injustiça. Era isso o que tinha a dizer.

PLATÃO. A República. Livro II. Trad. Danilo Marcondes. In: *Textos básicos de ética*. Rio de Janeiro: Jorge Zahar, 2007. [359b-360ª]. p. 31-32.

Agora, leia o quadro que sintetiza as quatro virtudes cívicas, de acordo com Platão.

ALMA	CAMADAS SOCIAIS	VIRTUDES
Concupiscível apetitiva (aspecto mais elementar).	Os comerciantes e artesãos produzem os bens econômicos e cuidam do sustento da cidade.	Para essa camada social, que é expressão do elemento mais baixo de nossa alma tripartida, a virtude solicitada é a **temperança** ou moderação. Essa virtude é conquistada através da força de vontade que governa sobre as paixões cegas, e consegue sua submissão.
Irascível (colérica, volitiva). Homens assemelhados a cães de raça. Mansidão e ousadia.	Os soldados cuidam da defesa cidade.	Para essa camada social, que é expressão do elemento intermediário de nossa alma tripartida, a virtude solicitada é a da **coragem**, da fortaleza em agir contra os impulsos primários, cuja tendência é sempre a desorganização, o excesso ou a falta, formas viciadas de viver.
Racional Elemento mais nobre. Faculdade do pensamento.	Os filósofos são os governantes da cidade.	Para essa camada social, expressão do elemento supremo e imortal de nossa alma, a virtude solicitada é a **sabedoria** prática, a prudência decorrente da verdadeira ciência, da contemplação do bem ideal, da verdade, do belo.
A **justiça** é a harmonia que se estabelece entre essas três virtudes. A justiça perfeita se realiza quando os cidadãos e as camadas sociais desempenham da melhor maneira as funções que lhes são próprias por natureza ou por lei.			

PROBLEMATIZANDO

1. No texto que apresenta o mito do anel de Giges, Glauco afirma que os homens praticam a justiça somente por medo do castigo que poderá vir se forem injustos.
   - Como você se posiciona diante dessa afirmação? Discuta sua resposta com os colegas, procurando justificá-la.

3. DA DEMOCRACIA, DA DEMAGOGIA E DA TIRANIA

A expressão grega *dêmos*, que está na raiz de democracia, refere-se, originariamente, ao povo, à multidão que não tinha os direitos da cidadania grega, seja por serem vistos como "naturalmente" inferiores, seja por motivos de marginalização política. Em diálogo com Adimanto, Sócrates assim se expressa:

Eleitora vota em urna eletrônica, Rio de Janeiro (RJ), 2010.

Pois, a meu ver, a democracia surge quando os pobres, tendo vencido os ricos, eliminam uns, expulsam outros e dividem por igual com os que ficam o governo e os cargos públicos. E devo dizer, na maior parte das vezes, estes cargos são atribuídos por sorteio.[...] Em primeiro lugar, não são eles livres, e a cidade não é sobejamente livre e de linguagem sincera e se pode fazer o que se quer? [...]. Em todo lugar onde tal liberdade impera, cada um organiza a vida como melhor lhe convém. [...]

Nesse Estado não há obrigação de mandar se não se for capaz de tal, nem de obedecer se não se quiser, assim como a fazer a guerra quando outros a fazem, nem a ficar em paz quando outros ficam, se não se pretender a paz. No entanto, mesmo que a lei proíba ser magistrado ou juiz, isso não evita que se possam exercer essas funções, se se desejar. À primeira vista, não é uma condição divina e deliciosa? [...]

A mansidão da democracia para com certos condenados não é elegante? Não viste ainda num governo desta natureza homens feridos por uma sentença de morte ou de exílio continuarem na sua pátria e circularem em público? [...]

Não é o desejo insaciável daquilo que a democracia considera o seu bem supremo [a liberdade] que a perde? [...] Não é o desejo insaciável desse bem, e a indiferença por todo o resto, que muda este governo e o obriga a recorrer à tirania?

PLATÃO. *A República*. Trad. Livro VIII. Enrico Corvisieri. São Paulo: Nova Cultural, 2000. p. 273-280.

PROBLEMATIZANDO

1. Embora estejamos separados por milênios, você consegue vislumbrar alguma semelhança entre o que Platão fala da democracia e a forma como a democracia existe em nosso país? Quais passagens do texto mantêm-se atuais? Discuta sua resposta com os colegas, procurando justificá-la.

2. Tanto para Platão como para Aristóteles, a educação política assume papel fundamental, uma vez que a qualidade da vida na *pólis* depende da vida virtuosa do cidadão, que requer ser educado para a prática da justiça e para a discussão dos valores que promovem o bem comum.
   - De que modo poderíamos melhorar a educação política no Brasil? Quais as estratégias que teriam grandes possibilidades de êxito, considerando a realidade brasileira?

4. FORMAS DE GOVERNO

Sendo a condição humana essencialmente social, feita para a vida em sociedade civil, é preciso que haja um governo que considere essa condição e tudo faça para promover o bem comum, a vida boa em sociedade. São muitas as formas que o Estado pode receber, ou seja, diferentes constituições, diferentes estruturas. Qual é a melhor estrutura? Quem deveria governar a cidade?

Aristóteles, em *A política*, Livro IV (1289 b), relembra as análises feitas no Livro III (1279 a), em que estabeleceu seis formas de governo, três delas corretas, pois buscam o bem comum, e três corruptas ou desviadas, voltadas para interesses particulares. As formas políticas retas são: monarquia, aristocracia e *politeia*. Quanto às desviadas correspondem, respectivamente: tirania, oligarquia e democracia.

Se para Platão a melhor forma de governo era a *sophocracia*, a preferência de Aristóteles era por uma forma de governo misto, uma república que atenderia ao critério da estabilidade e da durabilidade do poder, evitando os extremos de um governo constituído exclusivamente por ricos ou por pobres. De acordo com Aristóteles, a *politeia* é a melhor constituição, por combinar três razões: acessibilidade à maior parte dos homens, respeito às leis e bem comum.

OUTROS OLHARES

1. No terreno da ética e da política, concentraremos nosso olhar sobre a qualidade da democracia brasileira. O texto a seguir, do sociólogo Marco Aurélio Nogueira, torna-se uma excelente mediação para pensarmos a política em seu sentido mais genuíno e, também, em suas formas de expressão na realidade brasileira.

Mais política dos cidadãos

No mundo do capitalismo globalizado e da modernidade radicalizada, a política também parece destinada a girar em falso, a mostrar pouca eficácia e a produzir mais problemas que soluções, fato suficiente para que seja vista, pelos cidadãos, como um ônus. Um mal necessário. Ela está gravemente posta em xeque pela vida e pelas disposições éticas hoje prevalecentes.

Há vários aspectos a serem considerados nessa discussão. Primeiro: não é a política como um todo que está vazia, sem consensos e com pouca legitimidade. O que está em estado de sofrimento é a política institucionalizada – os sistemas, as regras, a organização da democracia, as leis, os partidos – e mais ainda aquilo que podemos chamar de "política dos políticos", qual seja, praticada pelos políticos, à moda deles, focada na conquista e no manejo do poder. A política como atividade dos cidadãos – como luta por direitos, como interesse cívico, vontade de participar e interferir na tomada de decisões, como preocupação com a vida comum e a boa sociedade –, essa não padece do mesmo mal, nem se ressente de falta de prestígio, embora seja despojada de potência e efetividade. [...]

No mundo social fragmentado, individualizado e meio fora de controle em que se vive, é muito mais lógico participar e defender interesses do que se fazer representar. [...]

É na estrada da participação que estão as maiores esperanças de recomposição social e recuperação política. Se a vontade de participar for devidamente politizada – isto é, se a luta em defesa de direitos e a disposição participativa das pessoas forem vinculadas a um desenho de vida coletiva – isso não somente dará corpo e consciência à democracia, como também "regenerará" a representação. [...] Precisamos, em suma, de mais "política dos cidadãos" e menos "política dos políticos".

NOGUEIRA, Marco Aurélio. A reforma política, entre a expectativa e o silêncio. In: Governo do Estado de São Paulo. Fundação do Desenvolvimento Administrativo. *Políticas públicas em debate.* Ciclo de seminários. Seminário Reforma Política. São Paulo, 10 ago. 2010.

- Justifique o título do texto.
- Qual é o caminho para a recuperação da política em seu sentido mais genuíno?

PRODUÇÃO DE TEXTO

1. Leia o trecho a seguir.

Não é o desejo insaciável daquilo que a democracia considera o seu bem supremo [a liberdade] que a perde? [...] Não é o desejo insaciável desse bem, e a indiferença por todo o resto, que muda este governo e o obriga a recorrer à tirania?

PLATÃO. *A República.* Livro VIII. Trad. Enrico Corvisieri. São Paulo: Nova Cultural, 2000. p. 280.

- Redija um texto apresentando a crítica platônica à democracia e sua teoria da melhor forma de governo.

2. Leia os trechos que seguem.

> [...] nenhuma das virtudes morais surge em nós por natureza; com efeito, nada do que existe naturalmente pode formar um hábito contrário à sua natureza.
>
> [...] Da mesma forma, tornamo-nos justos praticando atos justos, e assim com a temperança, a bravura, etc. [...]
>
> [...] no que tange às ações existe excesso, carência e um meio-termo. Ora, a virtude diz respeito às paixões e ações em que o excesso é uma forma de erro, assim como a carência, ao passo que o meio-termo é uma forma de acerto digna de louvor; e acertar e ser louvada são características da virtude. Em conclusão, a virtude é uma espécie de mediania.
>
> [...] o excesso e a falta são características do vício [...].
>
> A virtude é, pois, uma disposição de caráter relacionada com a escolha e consistente numa mediania [...].
>
> ARISTÓTELES. *Ética a Nicômaco*. Livro II. Trad. Leonel Vallandro e Gerd Bornheim. São Paulo: Nova Cultural. 1991. (Os pensadores).

- Com base nesses trechos e em outras informações sobre a ética e a política aristotélica, justifique a virtude como uma disposição do caráter consistente na mediania, relacionando-a com a aptidão natural.

PENSANDO CONCEITUALMENTE VIRTUDE

Etimologicamente, a palavra "virtude" tem origem na expressão grega *areté*. Desde a ética aristocrática da Grécia Arcaica, inspirada nas epopeias de Homero, *Ilíada* e *Odisseia*, *areté* refere-se à excelência de humanos e de não humanos, deuses e animais. Nesse contexto, ela é atributo de nobreza. Prudência e astúcia, força e coragem são atributos nobres, que solicitam também o sentido de dever moral, de conduta reta.

De acordo com Aristóteles, a virtude é uma resultante, uma habilidade ou um caráter que adquirimos, mediante a educação e o hábito de cultivar, com disciplina, empenho e determinação, os dons, as aptidões e as potencialidades que existem em nós. Dessa maneira, a virtude é resultado das disposições morais e da luta interior por tornar-se cada dia melhor. Com isso, afirma-se que ninguém nasce virtuoso. Sem a educação e o cultivo, os dons e as potencialidades com os quais nascemos morrerão sem amadurecer e frutificar.

Ainda no contexto da filosofia grega clássica, a concepção de virtude tem relação com a concepção antropológica, segundo a qual o que define o homem é a sua alma racional. Em decorrência disso, virtude implicará o governo da razão sobre os impulsos ligados à dimensão sensível. Para Aristóteles, a virtude pressupõe esforço e desse esforço poderá resultar uma nova orientação para a vida, poderá se formar uma nova disposição de caráter. Nessa dinâmica, há virtudes éticas e dianoéticas, práticas e teoréticas, exemplificadas na prudência e na sapiência.

PARA CONTINUAR O ESTUDO E A APRENDIZAGEM

SUGESTÃO DE LEITURAS

ARISTÓTELES. *A política*. Trad. Roberto Leal Ferreira. São Paulo: Martins Fontes, 2002.

PLATÃO. *A República*. Trad. Enrico Corvisieri. São Paulo: Nova Cultural, 2000.

Eixo Temático 4
ARTE E ESTÉTICA

Você vai aprender sobre:

- A tragédia grega como veículo de questionamento político.
- A crítica da poesia em Platão.
- A relação da contemplação das ideias pelo homem com o belo.
- A ação poiética como fazer humano que visa à produção de um artefato.
- A arte na hierarquia dos saberes de Aristóteles.
- A imitação (*mímesis*) em Aristóteles como um ato de criatividade.

Temas:

1. A tragédia grega: na passagem da aristocracia para a democracia
2. A filosofia grega e a poesia
3. O belo
4. Arte e técnica: a dimensão poiética
5. Experiência, arte e ciência
6. *Mímesis* e *kátharsis*

1. A TRAGÉDIA GREGA

Antigo teatro em Atenas, parcialmente restaurado, Grécia, 2015.

Na visão platônica, a arte é uma imitação da realidade. Ela está no âmbito do sensível.

Para nós, na contemporaneidade, a palavra "tragédia", empregada no senso comum, costuma indicar alguma catástrofe. Diferentemente dessa concepção, para os gregos, *tragikós* referia-se a uma forma artística na qual eram representados os grandes homens, os heróis.

O teatro foi uma manifestação cultural criada pela civilização da antiga Grécia. Nasceu em Atenas, associado ao culto de Dionísio, deus do vinho e das festividades. As representações teatrais aconteciam ao ar livre, em espaços construídos para tal fim. Havia dois gêneros de representações, a comédia e a tragédia. Falaremos da tragédia.

Esse gênero de espetáculo aborda o tema do destino infeliz do herói. Nele o herói aparece inicialmente no auge de sua vida, com as virtudes da força, da astúcia e da glória conquistada. Subitamente, depara-se, com o destino que é mais forte do que ele. Assim acontece com Édipo, rei de Tebas; Agamêmnon, o rei de Micenas; e com Prometeu, o titã que trouxe o fogo aos humanos. Os poemas de Homero são uma ótima referência para quem quer conhecer exemplos da bravura desses heróis em suas batalhas contra o destino.

Na Grécia, no período Arcaico, o monopólio do poder político, religioso e econômico estava com as famílias aristocráticas. Em 560 a.C., o tirano Pisístrato assumiu o poder, por uma espécie de golpe de estado, e governou até o final de sua vida, em 527 a.C. Embora também fosse um aristocrata, Pisístrato manifestava uma posição contrária à hegemonia da aristocracia em Atenas.

É sob sua autoridade que o gênero trágico chegou ao auge em Atenas. Ele instituiu os concursos de tragédias como celebrações públicas. As apresentações de tragédias aconteciam durante o festival de Dioniso, com pompas e esplendor que expressavam a grandiosidade de Atenas.

No primeiro dia acontecia a procissão que transportava a imagem de Dioniso, do templo, que ficava na Acrópole, a um santuário nos arredores da academia de Atenas. No segundo dia, Dioniso era levado ao teatro, onde aconteciam os quatro dias de encenações dos concursos de tragédias. Quem participava de todo esse movimento? Os magistrados e toda a comunidade de cidadãos.

Claude Mossé, historiadora do mundo grego, assim descreve esse processo:

> Temos bastante informação sobre como se processavam os concursos dramáticos. Todo ano o Arconte, um dos nove magistrados sorteados e que dirigia principalmente a vida religiosa da cidade designava três poetas trágicos [...] para participar da competição. Cada poeta trágico devia apresentar três tragédias e um drama satírico [...]. Era também o Arconte que designava os coregos que deviam financiar uma parte da representação [...], com efeito, cada corego devia recrutar e pagar o coro (quinze pessoas) e o flautista. Devia também fornecer as roupas dos coreautas e as máscaras. Os coregos rivalizavam entre si, porque, também para eles, tratava-se de um concurso em que a vitória, tal como para os poetas, era motivo de orgulho. Os coregos pertenciam naturalmente às classes abastadas.
>
> MOSSÉ, Claude. *A Grécia Arcaica*: de Homero a Ésquilo. Lisboa: Edições 70, 2008. p. 162.

Entre os séculos V e IV a.C., surgiram os maiores autores de tragédias que a Grécia conheceu: Ésquilo, Sófocles e Eurípedes. Entre as obras que mais se destacaram temos *Édipo Rei* e *Antígona*. No palco, encontraremos deuses e personagens aristocráticos, definidos pelos seus valores característicos, exemplificados em beleza física, coragem na guerra e laços de sangue.

É sob o olhar público, no contexto da *pólis*, que conferia grande valor à palavra, ao argumento, à discussão, à resolução, que a tragédia ocupou espaço e suscitou um movimento de participação popular, de defesa de ideias e de valores. É nesse ambiente espiritual que a tragédia tornou-se um veículo de questionamento também político.

Embora a matéria e os personagens do drama trágico fossem vinculados à tradição dos heróis míticos, os valores que a tragédia apresentava ao público eram os da democracia ateniense. Por isso, a resolução do drama não é dada por um herói. A tragédia traz uma grande lição: os deuses estão sempre presentes lembrando aos humanos que o lugar deles é na ação política, na construção de seus destinos.

Vejamos o trecho do texto dos historiadores Jean-Pierre Vernant e Pierre Vidal-Naquet.

> O domínio próprio da tragédia situa-se nessa zona fronteiriça onde os atos humanos vêm articular-se com as potências divinas, mas onde revelam seu verdadeiro sentido, ignorado até por aqueles que os praticam e por eles são responsáveis, inserindo-se numa ordem que ultrapassa o homem e a ele escapa.
>
> VERNANT, Jean-Pierre; VIDAL-NAQUET, Pierre. *Mito e tragédia na Grécia Antiga*. São Paulo: Brasiliense, 1988. p. 17.

2. A FILOSOFIA GREGA E A POESIA

Na tradição cultural grega, desde a mitologia, a poesia sempre foi considerada sua principal fonte de conhecimento, capaz de responder às grandes questões que os humanos se colocavam sobre o sentido da vida. Por isso, os poetas sempre foram vistos como autoridades supremas.

Nessa tradição, a oralidade constituiu a marca da cultura. Nela, há uma expressão consagrada: "Homero, educador da Hélade", educador de toda a Grécia. Essa expressão traduz muito bem a concepção que reinava nessa época, na qual Homero era o maior de todos os poetas e a poesia tinha função educativa de destaque. Nesse contexto, a educação dos cidadãos acontecia mediante a audição e a memorização de trechos, especialmente da *Ilíada* e da *Odisseia*, proclamados, na esfera pública, por profissionais, os poetas ou rapsodos, e na esfera particular da família, por anciãos ou pelos pais.

É preciso lembrar que a aceitação do poeta como educador tem relação com um universo de mentalidade mítico-religiosa, que marcava o período da Grécia Arcaica (século VII a VI a.C.). Nesse contexto, a palavra do poeta é de inspiração divina e, portanto, portadora da verdade.

Contudo, na Grécia Clássica, no contexto de *pólis*, a palavra que estava em vias de valorização era a do *logos* argumentativo, demonstrativo. Isso foi decisivo para que Platão pudesse realizar a sua crítica às pretensões da poesia. Nesse novo contexto, a filosofia, que é por excelência *logos* argumentativo, vai reivindicar o papel de *paideia*, de educadora dos cidadãos.

Nesse clima, no qual a poesia era tida em alta estima, a crítica de Platão passa a ser algo bem radical e não deve de ter sido fácil fazer frente a essa tradição educativa da poesia. Na crítica à poesia de Homero, Platão afirma que a poesia pode ser agradável e encantadora, mas também enganadora. Ou seja, o prazer estético pode desviar a mente humana do caminho da virtude.

Sendo assim, ao condenar a poesia como imitação, Platão afirma que sua beleza é apenas aparente, com ritmo e harmonia que seduzem e trazem desequilíbrios no espírito.

Partenon, em Atenas, 2015.

O *Partenon*, situado no alto da cidade, na Acrópole, representa o auge da arquitetura de Atenas. Ele é um dos mais importantes monumentos da Grécia Antiga. Seu significado, "casa da virgem" é uma dedicação a Pallas Athena, deusa dos atributos guerreiros e deusa da sabedoria, guardiã e protetora da cidade-Estado Atenas.

Vejamos o trecho a seguir.

> A imitação está longe da verdade e, se modela todos os objetos, é porque respeita apenas a uma pequena parte de cada um, a qual, por seu lado, não passa de uma sombra. [...] Porém, se fosse mesmo versado no conhecimento das coisas que imita, suponho que se dedicaria muito mais a criar do que a imitar [...]. O imitador não tem nenhum conhecimento válido do que imita, e a imitação é apenas uma espécie de jogo infantil. [...]
>
> O poema imitador introduz um mau governo na alma da cada indivíduo, lisonjeando o que nela há de irracional, o que é incapaz de distinguir o maior do menor [...]. E ainda não acusamos a poesia do mais grave dos seus malefícios. O que mais devemos recear nela é, sem dúvida, a capacidade que tem de corromper, mesmo as pessoas mais honestas, com exceção de um pequeno número. [...]
>
> E, no que diz respeito ao amor, à cólera e a todas as outras paixões da alma, que acompanham cada uma das nossas ações, a imitação poética não provoca em nós semelhantes efeitos? Fortalece-as, regando-as, quando o certo seria secá-las, faz com que reinem sobre nós, quando deveríamos reinar sobre elas, para nos tornarmos melhores e mais felizes, em vez de sermos mais viciosos e miseráveis.
>
> PLATÃO. *A República*. Livro X. Trad. Enrico Corvisieri. São Paulo: Nova Cultural, 2000. p. 325-334.

Assim, no Livro X de *A República*, encontramos a reflexão de Platão que destaca os motivos de a poesia não poder ser usada como instrumento de educação política dos cidadãos e, muito menos, de busca pela verdade. Não se trata, simplesmente, de banir a poesia da cidade. Ela pode apresentar dimensões positivas. O que não se deve mais aceitar é o *status* ou o lugar que ela ainda vem tendo na cidade. Platão afirma que esse papel de formadora do cidadão e de busca da verdade cabe à filosofia, que, portanto, deverá retirar a poesia desse âmbito.

O que há de reprovável nos poetas, para Platão, é o fato de eles imitarem tudo, fingirem ser qualquer coisa, qualquer ser. Esse tipo de poeta não será aceito na cidade ideal de Platão. Contudo, se o poeta for um imitador somente de homens bons e nobres, ele poderá permanecer, pois nesse caso, ele exerce um papel positivo. Ao expulsar da cidade o poeta imitador e aceitar o poeta que seja narrador de histórias mais austero e menos aprazível, compreende-se a delimitação dessa expulsão. Trata-se de livrar a cidade daqueles poetas que sabem somente agradar e sob seu agrado a vida da cidade perde nas virtudes ética e política.

Assim, se a poesia for instrumento capaz de motivar e valorizar a virtude ela poderá permanecer na cidade. Mas, sua tendência é ao vício, ao excesso ou à falta, à irracionalidade. Em suma, o grande argumento está no fato de que a poesia abre muitas brechas para que a razão se perca.

A poesia, considerada uma mentira em palavras, recorre às ficções, a imagens para persuadir ou gerar determinados sentimentos e comportamentos. Assim, ela poderá até ser útil para muitas coisas, como por exemplo gerar um sentimento político de unidade. As palavras mentirosas podem até transformar-se em nobres mentiras como, por exemplo, no médico que usa de palavras mentirosas para acalmar o paciente. Com isso, acaba proporcionando uma ficção benéfica. Contudo, no terreno filosófico, do *logos* argumentativo, ela deve ser evitada, pois confunde os espíritos. É preciso, então, expulsar da poesia o que ela tem de irracional e de mimético, de simples imitação generalizada, de cópia, aparência de real.

Portanto, trata-se de operar uma inversão. Determinada forma de poesia poderá continuar a existir, desde que com função subordinada, auxiliar. Se for possível harmonizar a poesia com a vida virtuosa, não há porque censurá-la nesse aspecto. Assim, permanece a possibilidade da presença de uma determinada forma de poesia na cidade.

PROBLEMATIZANDO

1. A poesia exerce um encantamento que pode afastar o ser humano do caminho da racionalidade e da virtude. Como você se posiciona diante dessa concepção platônica?

3. O BELO

Partindo da ideia de arte como um conjunto de conhecimentos voltado para a produção de algo, o artista apresenta uma habilidade prática no terreno da imitação, da cópia, da reprodução. O artista imita, pois, falta-lhe o conhecimento das essências. Seu fazer produtivo está voltado à manipulação de objetos, de sentimentos e de afetos.

Na pintura, o artista retrata uma imagem. Portanto, é cópia, imitação. Essa atitude não tem relação com a ciência das essências, que é a atividade mais nobre para um homem. Dessa forma, a arte está no campo do mutável, do movimento, das aparências.

Cena de banquete ao som de música de aulos (c. 450 a.C.), de Euaion. Cerâmica de figuras vermelhas.

A arte grega traz a dimensão naturalista, da reprodução mais próxima possível da realidade sensível.

> **VOCÊ SABIA?**
>
> ***Natureza-morta*** é um gênero das artes visuais, comum desde a Antiguidade, quando a arte exercia função naturalista, de representação da realidade. Nesse gênero, toma-se como conteúdo de representação objetos inanimados, retratados em suas formas, cores, composições e texturas. Historicamente, esse gênero de arte exerceu importante papel, à medida que servia como fonte documental, que permitia o registro e o acesso a descobertas.
>
> *Natureza-morta em afresco* (c. 63-79 d.C.), de autor desconhecido, retirado das ruínas de Pompeia, na Itália.

No racionalismo platônico, o foco está na busca das essências, no imutável. Nessa atividade teorética reside a vocação humana. Portanto, é preciso afastar-se do âmbito sensível, fonte de engano. Dessa forma, a excelência humana está em sua perfeição, na beleza de sua alma refinada pela reflexão, dominando sobre a impulsividade passional.

Com efeito, o belo e o bem andam juntos, tem relação com a finalidade ou a função para o qual a natureza dotou o ser. Contudo, a beleza é uma ideia eterna, que não se encontra no mundo sensível. A beleza é o brilho ou o esplendor da verdade, que existe no âmbito inteligível, ou suprassensível. Por já haver contemplado essa ideia de beleza, antes da encarnação na matéria, a alma humana é capaz de reconhecer sombras dessa beleza em corpos materiais, que trazem aparências da ideia de beleza. Por isso, a alma esclarecida não se engana e não se apega a essas aparências, pois ela sabe que a verdadeira realidade está em outra dimensão. É isso que a alegoria da caverna traduz muito bem.

Portanto, quanto mais o homem estiver voltado para a contemplação das ideias, para a contemplação do belo, maior será o prazer que realiza a alma e mais bela se tornará essa alma. Em decorrência, maior será o poder da mente na lapidação do corpo, evitando os extremos do excesso e da falta. Com isso ela buscará sempre maior equilíbrio, harmonia, proporcionalidade. Tornar-se-á cada vez mais bela.

PRODUÇÃO DE TEXTO

1. A alma humana encontra beleza na atividade teorética. Justifique essa afirmação, sob a perspectiva do racionalismo grego.

4. ARTE E TÉCNICA: A DIMENSÃO POIÉTICA

A palavra "arte" deriva da forma latinizada do grego *techne*, que significa um corpo de conhecimentos e aptidões organizados para a produção de certos artefatos, como as artes do sapateiro ou do couro. No pensamento dos filósofos pré-socráticos, especialmente em Demócrito (século V a.C.), já encontramos essa noção.

Aristóteles desenvolveu uma abordagem sobre a arte dando ênfase à sua dimensão produtora de algum objeto. O termo grego para essa atividade é *poiesis*, vem do vocábulo *poiein*, que significa fazer, produzir. Por isso, uma ação poiética é aquela que se refere ao fazer humano que tem em vista a produção de um artefato, de um móvel, por exemplo. Para realizar essa ação, o meio será a técnica, a *techne*. Dessa forma, a razão poiética é uma razão que funciona como serva, a serviço de algo fora dela mesma. Esse é o sentido primeiro que conhecemos de arte.

Diferentemente desse primeiro e mais básico nível do campo produtivo, do *poiesis*, os gregos estabelecem o âmbito da práxis, da prática, no qual se realizam as dimensões da ética e da política, nas quais se decide a felicidade humana. Nesse nível, a razão que será valorizada não será a razão serva do produzir, mas a razão teorética, a razão intuitiva, que capta as essências.

Recordando aqui a concepção platônica, nesse terreno da atividade manual e mecânica acontece a imitação, a cópia, a reprodução. É o âmbito do sensível. Dessa forma, a arte não ultrapassa a dimensão das aparências. Platão insiste na passividade da imitação artística que fornece uma modalidade de vida prazerosa que afasta o ser humano do caminho de acesso ao conhecimento verdadeiro, pois o fixa na mutabilidade, na metamorfose, nas variações da forma.

A função naturalista da arte (presente na Grécia Clássica) remete-nos ao mundo exterior, natural e cultural, como uma janela, fazendo referência aos objetos, deixando entrever uma realidade que está fora do mundo artístico, nos objetos representados. Em conformidade com essa função, uma obra é bela quando sua representação permite clara identificação do objeto ou do tema, além de ser portadora de profundo poder de persuasão.

Monumento do sapateiro, localizado na Praça 25 de abril, em São João da Madeira, Portugal.

A arte está ligada à técnica da manipulação mais precisa possível de um instrumento na produção de um artefato.

Fonte de Pallas Athena, Áustria, 2014.

As esculturas gregas, sendo arte da imitação, da cópia, trazem acentuado realismo, que aparece nos detalhes: nervos, músculos, veias, expressões muito vivas de sentimentos.

PROBLEMATIZANDO

1. De quais critérios devemos nos servir para afirmar que uma obra de arte é bela? Qual é o critério mencionado pelo racionalismo grego para identificar beleza em uma obra de arte?

5. EXPERIÊNCIA, ARTE E CIÊNCIA

No Livro I da *Metafísica*, Aristóteles afirma que o ser humano produz cinco tipos ou graus de conhecimento. A arte integra um desses conhecimentos, mais especificamente, o terceiro tipo na escala.

Em uma abordagem diferente de seu mestre Platão, Aristóteles indica que nosso conhecimento começa pelos sentidos e não por algum contato de nossa alma com uma dimensão espiritual, das ideias. Nesse primeiro tipo de conhecimento, também comum aos animais, tudo se inicia pela sensação. Da sensação nascem a percepção e a memória. Da memória brota a possibilidade da experiência empírica, que caracteriza o segundo tipo de conhecimento humano, que é um conhecimento particular que não pode ser ensinado, pois desconhece o porquê das coisas.

A arte é o terceiro tipo de conhecimento: é um saber que está acima da dimensão da experiência, pois implica o raciocínio. No fragmento a seguir, Aristóteles discorre sobre isso:

> Nós julgamos que há mais saber e conhecimento na arte do que na experiência, e consideramos os homens de arte mais sábios que os empíricos [...] Com efeito, os empíricos sabem o "quê", mas não o "porquê". No passo que os outros sabem o "porquê" e a causa.
>
> Por isso nós pensamos que os mestres de obras, em todas as coisas, são mais apreciáveis e sabem mais que os operários, pois conhecem as causas do que se faz [...]. Não são, portanto, mais sábios os mestres por terem aptidão prática, mas pelo fato de possuírem a teoria e conhecerem as causas.
>
> Em geral, a possibilidade de ensinar é indício de saber; por isso nós consideramos mais ciência a arte do que a experiência, porque [os homens de arte] podem ensinar e os outros não. Além disto, não julgamos que qualquer das sensações constitua a ciência, embora elas constituam, sem dúvida, os conhecimentos mais seguros dos singulares. Mas não dizem o "porquê" de coisa alguma, por exemplo, porque o fogo é quente, mas só que é quente.
>
> ARISTÓTELES. *Metafísica*. Livro I. Trad. Edson Bini. São Paulo: Edipro, 2. ed. 2012. p. 42-43.

No texto a seguir, Aristóteles apresenta a sua concepção de arte como conhecimento e como produção, vejamos:

> Na classe do variável incluem-se tanto coisas produzidas como coisas praticadas. Há uma diferença entre produzir e agir. [...].
>
> Ora a arquitetura é uma arte, sendo essencialmente uma capacidade raciocinada de produzir, e nem existe arte alguma que não seja uma capacidade desta espécie, nem capacidade desta espécie que não seja uma arte, segue-se que a arte é uma capacidade de produzir que envolve o reto raciocínio.
>
> Toda arte visa à geração e se ocupa em inventar e em considerar as maneiras de produzir alguma coisa que tanto pode ser como não ser, e cuja origem está no que produz, e não no que é produzido. Com efeito, a arte não se ocupa nem com as coisas que são ou que se geram por necessidade, nem com as que o fazem de acordo com a natureza (pois essas têm sua origem em si mesmas).
>
> ARISTÓTELES. *Ética a Nicômaco*. Livro VI. Trad. Leonel Vallandro e Gerd Bornheim. São Paulo: Nova Cultural, 1991. p. 103-104.

Com esse recurso de fazer analogias com a arte produtora, Aristóteles abre caminho para uma nova concepção da arte, de sua utilidade. Percebemos que a imitação, como *mímesis*, pode ser positiva, colaborando para que o homem siga no caminho da virtude.

No quadro a seguir apresentamos, de modo sintético, a hierarquia dos saberes, tendo como um de nossos objetivos a identificação da arte nessa escala de conhecimentos.

HIERARQUIA DOS SABERES
1 – SENSAÇÃO (*aisthesis*): dimensão sensível (sentido da visão). (Não sabe o porquê das coisas.)
2 – EXPERIÊNCIA (*empeiria*): (união da sensação e da memória) (Não se sabe o porquê). É particular. Não pode ser ensinada.
3 – ARTE: capacidade de fazer algo (saber o porquê de algo). Arte é conhecimento universal. Pode ser ensinada. Contudo, não se ocupa com o princípio que a causou.
4 – CIÊNCIA: ocupa-se com a causa que faz a coisa ser o que ela é. Além disso, busca a demonstração do nexo interno das coisas, para compreender o princípio de tudo. Contudo, ela está subordinada aos princípios anteriores, deles depende.
5 – SAPIÊNCIA (*sophia*) = FILOSOFIA PRIMEIRA: união da ciência com a intelecção. Capacidade mais evoluída do ser humano: intuir o ser das coisas por meio do intelecto. É forma suprema do saber, pois apreende o princípio, a causa, o porquê das coisas serem o que elas são.

Discóbolo de Lancellotti (séc. II), cópia romana da obra de Míron. Escultura em mármore.

A escultura representa um atleta concentrado, em preparação para o arremesso de disco. Nessa representação que a arte faz, percebe-se a harmonia que resulta da simetria das proporções corporais. No naturalismo, a beleza da obra está na perfeição da representação.

6. *MÍMESIS* E *KÁTHARSIS*

Retomando o pensamento aristotélico, vimos que a arte está em um nível acima da experiência empírica, pois permite o ensino. A arte, como imitação, é também aprendizagem e está no caminho que pode possibilitar aos seres humanos a progressão na busca pelo conhecimento.

Na obra *Poética*, Aristóteles se refere à *mímesis* e à *kátharsis* (purgação, purificação) em sentido positivo. Vejamos.

> É pois a tragédia imitação de um caráter elevado, completa e de certa extensão, em linguagem ornamentada e com as várias espécies de ornamento distribuídas pelas diversas partes do drama, imitação que se efetua não por narrativa, mas mediante atores, e que suscitando o terror e a piedade, tem por efeito a purificação destas emoções.
>
> ARISTÓTELES. *Poética*. Trad. Eudoro de Souza. São Paulo: Nova Cultural, 1991. p. 205.

Para Aristóteles, a imitação é uma das dimensões que integra a natureza humana. Na *mímesis* existe um aspecto positivo: o resgate de valores, de recriação de uma situação nobre. Portanto, há um aspecto de mediação simbólica que faz a imitação não ser somente passividade, mas criatividade, vinculada ao ato de conhecer.

Atrizes da companhia Teatro Tribueñe durante encenação em um festival de teatro, Ilhas Canárias, 2011.

No teatro, a imitação adquire um grau mais elevado, podendo chegar à purificação das emoções.

No que tange à *kátharsis*, estamos diante de um efeito produzido pela tragédia na alma do público. Na conclusão da tragédia, as emoções do público passam por uma purificação, pela vivência da compaixão. Essas emoções adquirem tal força de catarse que podem ser comparados à arte da medicina, gerando um sentimento de cura, de agradável alívio após fortes abalos emocionais. E isso pode ser favorável ao homem, no caminho evolutivo de seu espírito.

Em suma, em Aristóteles o que molda a excelência da existência humana não é o campo do produzir, mas a dimensão ética e política. Por isso, o foco deverá estar no cultivo das virtudes da vida política: a prudência, a justiça, a sabedoria.

PROBLEMATIZANDO

1. No início do século, com o surgimento da fotografia, ela passará a ser a forma de arte mais usada para a representação, cópia ou reprodução da realidade. Com isso, você julga que a atividade manual do artista no desenho copista da realidade perdeu valor? Ou você julga que nela permanece algo que deve ser resgatado e mais valorizado? Discuta sua resposta com seus colegas, procurando justificá-las.
2. A catarse ou a liberação das emoções pode desempenhar um papel fundamental na cura do ser humano ou para o seu equilíbrio psíquico. Justifique essa afirmação.
3. A catarse pode ser também instrumento de alienação e massificação cultural? Justifique.
4. Considerando a diversidade cultural do povo brasileiro, quais são as expressões catárticas mais comuns em sua região?

PRODUÇÃO DE TEXTO

1. O conceito de belo ou de beleza é marcado pela historicidade. Assim, recebeu diferentes concepções ao longo da história. Na Grécia Clássica, essa visão está relacionada tanto à função naturalista da arte, quanto à dimensão idealista do racionalismo grego.

    • Redija um texto, explicando essa tese.

HELENISMO E FILOSOFIA MEDIEVAL: DA RAZÃO E DA FÉ

Unidade 3

Eixo Temático

1
AS ESCOLAS HELENÍSTICAS

Você vai aprender sobre:

- A introdução das questões morais na discussão filósofica.
- A questão da felicidade no período helenístico.
- As naturezas do prazer em Epicuro.
- As virtudes essenciais para uma vida harmoniosa e feliz segundo o estoicismo.
- A ética estoica.
- As diferenças entre o ceticismo acadêmico e pirrônico.
- A busca pela ataraxia no epicurismo, estoicismo e ceticismo.

Temas:

1. A passagem da era clássica para a era helenística
2. Epicurismo: felicidade e prazer da vida oculta e moderada
3. Estoicismo: ética, destino e liberdade
4. O ceticismo: conhecimento, suspensão de juízo e serenidade

1. A PASSAGEM DA ERA CLÁSSICA PARA A ERA HELENÍSTICA

MUSEU ARQUEOLÓGICO DE NÁPOLES, ITÁLIA

Mosaico de Alexandre Magno (c. 150 a.C.), de autoria desconhecida. Mosaico de seixos, 272 cm × 513 cm.

Na história, registramos certas revoluções na visão de mundo que marcaram decisivamente o espírito do ser humano. A grande expedição de Alexandre Magno (334–323 a.C.) foi um desses eventos históricos, que se transformaram em uma verdadeira revolução no espírito do mundo grego.

Contexto histórico

> As conquistas de Alexandre Magno ocasionaram a destruição do antigo e consagrado contexto vital da cidade-Estado, da *pólis* grega, e fizeram também desmoronar um pensamento muito hegemônico no mundo grego, até então. Nasce a cosmópolis, a cidade universal. E com ela nasce uma nova filosofia, uma nova maneira de se relacionar consigo, com o tempo, com os outros.

O período helenístico situou-se entre a morte de Alexandre Magno, que aconteceu em 323 a.C., e a conquista pelos romanos do Antigo Egito, em 30 a.C. Nesse período a cultura grega se difundiu por todos os territórios conquistados por Alexandre. É nessa transição entre o apogeu grego e o apogeu romano que se situou o período helenístico.

Filosoficamente, a mudança de pensamento foi radical. Não há mais o espaço da *pólis*, da discussão política entre os homens livres, na praça. O novo contexto cosmopolita, da cidade universal, reúne gregos e não gregos na mesma condição de súditos. As decisões não são mais tomadas na praça pública, em meio às discussões, mas, no império, bem longe do cotidiano da vida das pessoas.

Longe do centro das decisões políticas e delas ausente, o pensamento filosófico, nesse período helenístico, volta-se mais uma vez para as questões morais e para o problema da felicidade humana, assim como já havia ocorrido na passagem do naturalismo para o humanismo grego, especialmente com o pensamento de Sócrates. Na retomada de questões focadas na interioridade da alma humana, da angústia da existência, e do mistério do mal e da morte, as escolas helenísticas servem-se da filosofia como instrumento de conforto e de orientação moral.

Nesse contexto, nasce um acentuado individualismo, no qual as preocupações centrais giram em torno da vida privada do indivíduo. A filosofia torna-se uma tentativa de responder às angústias do indivíduo, em proporcionar à pessoa orientações para sua salvação interior, para a busca da paz, da ataraxia, ou seja, da ausência de perturbações. Este será o espírito das grandes filosofias da idade helenística: epicurismo, estoicismo, ceticismo.

Vamos, incialmente, considerar algumas contribuições do epicurismo.

2. EPICURISMO: FELICIDADE E PRAZER DA VIDA OCULTA E MODERADA

Com Epicuro de Samos (341-270 a.C.), aparece de forma mais sistemática uma primeira proposta de vida para as exigências espirituais desse novo tempo de individualismo e distanciamento da vida política. Epicuro, desde cedo, dedicou-se à filosofia. Em Atenas, ele comprou uma pequena propriedade na qual aconteciam as reuniões e discussões filosóficas. Seus amigos tornaram-se seus discípulos. Epicuro expôs sua doutrina em um grande número de escritos, muitos deles perdidos.

A filosofia e a vida prazerosa

Busto de Epicuro.

Das reuniões e discussões, vinham palavras que se dirigiam potencialmente a todos, uma vez que todos aqueles que buscam a paz de espírito têm direito a ela e têm condições de atingi-la, desde que se voltem para si mesmos. Em Epicuro, encontramos uma ética voltada para a busca do prazer. Contudo, este não é entendido como o compreendemos a partir de um senso comum que diz prazer pelo puro prazer, máximo de prazer. É um conceito diferente de prazer.

Nessa concepção, o prazer é entendido em dois sentidos fundamentais. Em primeiro lugar, como *aponia*, que significa ausência de dor; em segundo lugar, como ataraxia, compreendida como serenidade de espírito, tranquilidade de alma, paz interior. Trata-se de uma ética que convida a uma vida marcada pela capacidade de resistir e suportar a dor, o medo e o sofrimento que estão sempre à nossa volta.

Epicuro, na *Carta a Meneceu,* aborda a maneira de como o ser humano deve encarar a vida à medida que procura a felicidade. Qualquer pessoa, em qualquer idade, pode buscar a felicidade, dedicando-se à filosofia. Basicamente, para sermos felizes seriam necessárias três coisas: liberdade, amizade e tempo para meditar.

Dessa forma, para Epicuro, a filosofia é a arte da vida que possibilita conhecimento do mundo e, mediante esse conhecimento, busca libertar o ser humano dos grandes temores que ele tem a respeito da finitude da existência.

Verdadeiros e falsos prazeres

Segundo Epicuro, os nossos prazeres são de três naturezas: em primeiro lugar, os prazeres naturais e necessários: comer, beber e dormir, quando se tem necessidade. Em segundo, os prazeres igualmente naturais, porém não necessários: beber vinhos, comer em pratos sofisticados, dormir em lençóis de seda. Essa dinâmica do desejo não tem fim; segui-la, sem discernimento, implica o fim da paz interior. Em terceiro lugar, Epicuro fala dos prazeres que não são nem naturais, nem necessários. Refere-se apenas aos que criamos para nós mesmos e dos quais nos tornamos escravos: o luxo e a riqueza. Dessa forma, Epicuro combate a opção pelo prazer desordenado e desmedido e tem plena consciência do preço que se paga ao se pretender seguir, sem ponderação, as orientações do desejo: a alienação da liberdade, ou seja, uma vida na qual o sujeito se torna servo de suas paixões ou de seus impulsos.

Com essa busca pela ataraxia, pela paz interior de uma vida tranquila, o princípio que move o pensamento e as ações de Epicuro solicita o ocultamento da vida, a retirada para a vida privada. Dessa forma, percebemos uma resposta à nova situação política, na qual o homem deixa de ser cidadão e as preocupações giram em torno da individualidade. Nesse contexto, a política torna-se sinônimo e fonte de agitação. Enveredar na política é desperdiçar um precioso tempo que poderá ser investido no cuidado da própria alma. Dessa forma, em vez das infindáveis discussões na ágora, na praça pública, Epicuro propõe o cultivo da amizade, pois não há felicidade sem amizade.

Nessa perspectiva, a valorização do prazer como algo natural e que deve ser buscado com moderação e equilíbrio, para proporcionar a paz interior, se torna característica fundamental do epicurismo. A austeridade faz parte da vida feliz, mas não a supressão dos prazeres e desejos naturais.

Vamos ler alguns trechos desta bela carta de Epicuro a Meneceu.

> A carta inicia-se com a exortação ao exercício da filosofia, como condição de vida feliz. O medo da morte, como o mais aterrador dos males, deve ser superado, uma vez que o que importa não é viver eternamente, mas a qualidade de uma vida refletida. Embora o prazer seja objetivo da vida, tendo em vista a saúde do corpo e do espírito, faz-se fundamental o controle dos prazeres, uma conduta comedida, que conduza a uma vida feliz. Essa sabedoria de vida, que se manifesta no discernimento dos prazeres que merecem ser vividos e dos que devem ser evitados devido aos desprazeres que ocasionam, constitui a vida do sábio.

Carta sobre a felicidade (a Meneceu)

Que ninguém hesite em se dedicar à Filosofia enquanto jovem, nem se canse de fazê-lo depois de velho, porque ninguém jamais é demasiado jovem ou demasiado velho para alcançar a saúde do espírito. Quem afirma que a hora de dedicar-se à Filosofia ainda não chegou, ou que ela já passou, é como se dissesse que ainda não chegou ou que já passou a hora de ser feliz.

Desse modo, a Filosofia é útil tanto ao jovem quanto ao velho: para quem está envelhecendo sentir-se rejuvenescer através da grata recordação das coisas que já se foram, e para o jovem poder envelhecer sem sentir medo das coisas que estão por vir; é necessário, portanto, cuidar das coisas que trazem a felicidade, já que, estando esta presente, tudo temos, e, sem ela, tudo fazemos para alcançá-la. [...]

Embora o prazer seja nosso bem primeiro e inato, nem por isso escolhemos qualquer prazer: há ocasiões em que evitamos muitos prazeres, quando deles nos advêm efeitos o mais das vezes desagradáveis; ao passo que consideramos muitos sofrimentos preferíveis aos prazeres, se um prazer maior advier depois de suportarmos essas dores por muito tempo. Portanto, todo prazer constitui um bem por sua própria natureza; não obstante isso, nem todos são escolhidos; do mesmo modo, toda dor é um mal, mas nem todas devem ser sempre evitadas. Convém, portanto, avaliar todos os prazeres e sofrimentos de acordo com o critério dos benefícios e dos danos.

Consideramos ainda a autossuficiência um grande bem; não que devamos nos satisfazer com pouco, mas para nos contentarmos com esse pouco caso não tenhamos o muito, honestamente convencidos de que desfrutam melhor a abundância os que menos dependem dela; tudo o que é natural é fácil de conseguir; difícil é tudo o que é inútil. [...]

Quando então dizemos que o fim último é o prazer, não nos referimos aos prazeres dos intemperantes ou aos que consistem no gozo dos sentidos, como acreditam as pessoas que ignoram o nosso pensamento, ou não concordam com ele, ou o interpretam erroneamente, mas ao prazer que é a ausência de sofrimentos físicos e de perturbações da alma. Não são, pois, bebidas nem banquetes contínuos, nem a posse de mulheres e rapazes, nem o sabor dos peixes ou das outras iguarias de uma mesa farta que tornam doce uma vida, mas um exame cuidadoso que investigue as causas de toda escolha e de toda rejeição e que remova as opiniões falsas em virtude das quais uma imensa perturbação toma conta dos espíritos. De todas essas coisas, a prudência é o princípio e o supremo bem, razão pela qual ela é mais preciosa do que a própria Filosofia; é dela que originaram todas as demais virtudes; é ela que nos ensina que não existe vida feliz sem prudência, beleza e justiça, e que não existe prudência, beleza e justiça sem felicidade. Porque as virtudes estão intimamente ligadas à felicidade, e a felicidade é inseparável delas. [...]

Medita, pois, todas estas coisas e muitas outras a elas congêneres, dia e noite, contigo mesmo e com teus semelhantes, e nunca mais te sentirás perturbado, quer acordado, quer dormindo, mas viverás como um deus entre os homens. Porque não se assemelha absolutamente a um mortal o homem que vive entre bens imortais.

EPICURO. *Carta sobre a felicidade (a Meneceu)*. Trad. Álvaro Lorencini e Enzo Del Carratore. São Paulo: Unesp, 2002.

PROBLEMATIZANDO

1. Para Epicuro, felicidade e virtude são conaturais, ou seja, a existência de uma implica a presença da outra. Discuta sua interpretação dessa tese, apresentando justificativas para essa afirmação.
2. Leia o trecho a seguir.

Consideremos também que, dentre os desejos, há os que são naturais e os que são inúteis; dentre os naturais, há uns que são necessários e outros, apenas naturais; dentre os necessários, há alguns que são fundamentais para a felicidade, outros, para o bem-estar corporal, outros, ainda, para a própria vida. E o conhecimento seguro dos desejos leva a direcionar toda escolha e toda recusa para a saúde do corpo e para a serenidade do espírito, visto que esta é a finalidade da vida feliz: em razão desse fim praticamos todas as nossas ações, para nos afastarmos da dor e do medo. [...]

Na tua opinião, será que pode existir alguém mais feliz do que o sábio, que tem um juízo reverente acerca dos deuses, que se comporta de modo absolutamente indiferente perante a morte, que bem compreende a finalidade da natureza, que discerne que o bem supremo está nas coisas simples e fáceis de obter, e que o mal supremo ou dura pouco, ou só nos causa sofrimentos leves? Que nega o destino, apresentado por alguns como o senhor de tudo, já que as coisas acontecem ou por necessidade, ou por acaso, ou por vontade nossa; e que a necessidade é incoercível, o acaso instável, enquanto nossa vontade é livre, razão pela qual nos acompanham a censura e o louvor?

EPICURO. *Carta sobre a felicidade (a Meneceu)*. Trad. Álvaro Lorencini e Enzo Del Carratore. São Paulo: Editora Unesp, 2002.

- Quais são as razões que Epicuro apresenta para considerar o sábio como o homem mais feliz?
- Por quais razões esses motivos apresentados podem ser objetos de censura ou de louvor por parte de muitos?

PRODUÇÃO DE TEXTO

1. Leia o trecho a seguir.

> Quando dizemos que o fim último é o prazer, não nos referimos aos prazeres dos intemperantes ou aos que consistem no gozo dos sentidos [...], mas ao prazer que é a ausência de sofrimentos físicos e de perturbações da alma.
>
> EPICURO. Carta sobre a felicidade (a Meneceu). Trad. Álvaro Lorencini e Enzo Del Carratore. São Paulo: Unesp, 2002.

- Com base nesse trecho e em outras informações sobre o epicurismo, explique a natureza dos prazeres humanos e a função da filosofia para a vida feliz.

3. ESTOICISMO: ÉTICA, DESTINO E LIBERDADE

Zenão de Cítio (335-264 a.C.) é considerado o fundador da escola estoica. O termo "estoicismo" tem origem da palavra grega *stoa*, que significa pórtico, local onde os membros da escola se reuniam.

A doutrina estoica foi desenvolvida pelos discípulos de Zenão, Cleantes de Assos (330-232 a.C.) e Crisipo de Solis (280-208 a.C.). Quais eram suas principais ideias? O pensamento filosófico dos estoicos pode ser pensado com base na metáfora da árvore. Assim como a árvore, a filosofia também está estruturada em três partes: a física corresponde à raiz; a lógica ao tronco; e a ética equivale aos frutos. Assim como os frutos são as coisas que mais buscamos na árvore, a ética receberá maior atenção na filosofia estoica. Mas não devemos jamais esquecer que assim como os frutos não existem sem as raízes e o tronco, a ética também não existe sem a física e a lógica.

A física refere-se ao mundo natural, ao Universo, que é um todo solidário, dirigido por uma razão universal. Na visão estoica, o Cosmo é um ser vivo, animado e racional, em que cada parte é governada por uma razão.

Busto de Zenão de Cítio.

O ser humano vive dentro desse Universo, no interior das leis que regem esse macrocosmo. Por isso, a conduta humana deve buscar uma vida em harmonia com esse Universo. Assim, a felicidade virá dessa conduta ética, de uma vida em conformidade com as orientações da razão e em harmonia com o mundo natural.

Considerando a racionalidade que move o mundo natural, ele é perfeito. Tudo o que acontece nele tem razão de ser, tudo que acontece existe por uma necessidade racional. Essa concepção estoica de necessidade permite-nos falar em um determinismo ético, que implica em aceitar o curso ou o fluxo inevitável dos acontecimentos, que obedecem à razão universal que tudo governa.

Com esse pensamento estoico, percebemos a ligação entre física e ética e entre natureza e conduta do sujeito. Considerando os princípios e os valores da ação humana e tendo como horizonte de busca a harmonia com o mundo e a vida feliz, os estoicos estabelecem algumas virtudes como fundamentais: valorizam a inteligência que se manifestaria no conhecimento e no discernimento entre o bem e o mal; destacam também a coragem que se mostraria no conhecimento e na ação, relacionados ao que deve ou não ser temido; defendem a indiferença (*apathea*) e o autocontrole na aceitação dos acontecimentos da vida.

Não devemos confundir indiferença com inação ou passividade. Cada ser humano deve fazer tudo que estiver ao seu alcance e que julgar, com sua inteligência, que deve ser feito. Contudo, é preciso saber aceitar as coisas que acontecem, à luz das quais reconhecemos nossa impotência. Essa concepção ocasionou interpretações segundo as quais a ética estoica traz uma ideia de destino ou de fatalismo.

A ética estoica é uma ética da felicidade (*eudaimonia*) que consiste em encontrar a imperturbabilidade da alma (ataraxia), também compreendida como paz interior ou serenidade de espírito. Esse estado espiritual é possível pela atitude de autocontrole, com a habilidade de não lutar contra o curso dos acontecimentos.

Considerando a inteligência como aquilo por meio do qual o homem se torna livre e feliz, o sábio não apreende o seu verdadeiro bem nos objetos externos. Ele aprende servindo-se desses objetos com uma sabedoria mediante a qual supera qualquer possibilidade de paixões ou coisas exteriores governarem sua vida, conquistando a ataraxia e a autarquia, ou seja, o poder sobre si mesmo, o autocontrole e a independência interior.

Pensando que o Universo tem uma razão de ser que escapa às nossas finitas capacidades de compreensão, existe para nós a inapreensibilidade do mundo. Por isso, em termos de conhecimento e de emissão de juízos sobre a verdade de algo, torna-se importante aprender a não fazer afirmações categóricas sobre a realidade que nos transcende. Assim, os estoicos trazem a noção de suspensão de juízo (*épochè*), de silêncio prudente, que também está presente no ceticismo, onde aprofundaremos essa noção.

A partir do século I, encontraremos o estoicismo em Roma. Um dos representantes mais expressivos desse estoicismo latino foi Sêneca (4 a.C.-65 d.C.).

Vejamos o trecho a seguir, no qual Sêneca reflete sobre a importância da meditação e da vida reflexiva.

Morte de Sêneca (1613), de Rubens Peter Paul. Óleo sobre painel, 185 cm × 154,7 cm.

> Ouvirá muitos dizerem: – Aos cinquenta anos me refugiarei no ócio, aos sessenta estarei livre de meus encargos. E quem garantirá que tudo irá conforme planejas? Não te envergonhas de reservar para ti apenas as sobras da vida e destinar à meditação somente a idade que já não serve para mais nada? Quão tarde começas a viver, quando já é hora de deixar de fazê-lo. Que negligência tão louca a dos mortais, de adiar para o quinquagésimo ou sexagésimo ano os prudentes juízos, e a partir deste ponto, ao qual poucos chegaram, querer começar a viver!
>
> SÊNECA. *Sobre a brevidade da vida.* Trad. William Li. São Paulo: Nova Cultural, 1993.

PROBLEMATIZANDO

1. Qual é a tese que Sêneca defende nesse fragmento? Converse com os colegas sobre a sua percepção dessa concepção de vida.

Entre a vida breve e a vida profunda

No texto a seguir, Sêneca reflete sobre diferentes estilos de vida. A maneira como uns vivem a vida, torna a vida breve. A forma como outros vivem a vida, torna a vida profunda.

Da brevidade da vida

A maior parte dos mortais, Paulino, queixa da malevolência da Natureza, porque estamos destinados a um momento da eternidade, e, segundo eles, o espaço de tempo que nos foi dado corre tão veloz e rápido de forma que, à exceção de muitos poucos, a vida abandonaria a todos em meio aos preparativos mesmos para a vida. E não é somente a multidão e a turba insensata que se lamenta deste mal considerado universal: a mesma impressão provocou queixas também de homens ilustres. Daí, o protesto do maior dos médicos: "A vida é breve, longa, a arte". [Referindo-se a Hipócrates]

Não é curto o tempo que temos, mas dele muito perdemos. A vida é suficientemente longa e com generosidade nos foi dada, para a realização das maiores coisas, se a empregamos bem. Mas [...] não a empregamos em nada de bom, então, finalmente constrangidos pela fatalidade, sentimos que ela já passou por nós sem que tivéssemos percebido.

A maioria, que não persegue nenhum objetivo fixo, é atirada a novos desígnios por uma vaga e inconstante leviandade, desgostando-se com isso; alguns não definiram para onde dirigir sua vida, e o destino surpreende-os esgotados e bocejantes, de tal forma que não duvido ser verdadeiro o que disse, à maneira de oráculo, o maior dos poetas: "Pequena é a parte da vida que vivemos". [Provável referência a Homero ou Virgílio]

Pois todo o restante não é vida, mas tempo. Os vícios atacam-nos, e rodeiam-nos de todos os lados e não permitem que nos reergamos, nem que os olhos se voltem para discernir a verdade, mantendo-os submersos, pregados às paixões. Nunca é permitido às suas vítimas voltar a si: se por acaso acontecer de encontrarem alguma trégua, ainda assim, tal como no fundo do mar, no qual, mesmo após a tempestade, ainda há agitação, eles ainda assim são o joguete das paixões, e nenhum repouso lhes é concedido. [...]

Quantos não estão pálidos por causa de seus contínuos prazeres! A quantos a vasta multidão de clientes não dá nenhuma liberdade! [...] este é um servidor daquele, que o é de um outro, ninguém pertence a si próprio.

SÊNECA, Lúcio Aneu. *Da brevidade da vida*. Trad William Li. São Paulo: Nova Alexandria, 1993.

PROBLEMATIZANDO

1. Sêneca denuncia a falta da meditação como a condição que pode estar na raiz da infelicidade. Você concorda com essa ideia? Essa reflexão permanece atual?
2. Para Sêneca, a vida das pessoas muito ocupadas é muito breve. Como ele chega a essa conclusão e que argumento(s) utiliza para justificar esse posicionamento?
3. Explique se é correto afirmar que o estoicismo apresenta e propõe uma ética fatalista e determinista. Discuta com os colegas a sua reflexão a respeito.

4. O CETICISMO: CONHECIMENTO, SUSPENSÃO DE JUÍZO E SERENIDADE

Observe a imagem. É um cálice? São dois rostos que se encontram? Se o conhecimento é uma interpretação ou uma percepção subjetiva, onde fica a verdade?

Você já ouviu falar em ceticismo ou em sujeito cético? No senso comum, o ceticismo é confundido com a atitude de descrença generalizada ou de dúvida sobre tudo. Contudo, é preciso um olhar mais atento para compreender a singularidade dessa corrente filosófica e de postura de vida.

A Academia de Atenas, fundada por Platão por volta de 387 a.C., conheceu uma fase cética sob a liderança de Arcesilau (315-240 a.C.) e de Carnéades (219-129 a.C.). Nesse contexto, os filósofos comumente se referem a ela como Nova Academia.

Assim, inicialmente temos um ceticismo acadêmico, que se diferencia do ceticismo pirrônico, inaugurado por Pirro de Élis (360-270 a.C.). Dentre as melhores fontes para conhecer o ceticismo antigo estão os textos de Sexto Empírico, que viveu entre os séculos II e III d.C.

Leiamos um trecho que ajuda na compreensão da distinção existente entre o ceticismo acadêmico e o pirrônico.

> O resultado natural de qualquer investigação é que aquele que investiga ou bem encontra o objeto de sua busca, ou bem nega que seja encontrável e confessa ser ele inapreensível ou ainda, persiste na sua busca. O mesmo ocorre com os objetos investigados pela filosofia, e é provavelmente por isso que alguns afirmaram ter descoberto a verdade, outros, que a verdade não pode ser apreendida, enquanto outros continuam buscando. Aqueles que afirmam ter descoberto a verdade são os "dogmáticos", assim são chamados especialmente, Aristóteles, [...] Epicuro, os estoicos e alguns outros. Clitômaco, Carnéades e outros acadêmicos consideram a verdade inapreensível, e os céticos continuam buscando. Portanto, parece razoável manter que há três tipos de filosofia: a dogmática, a acadêmica e a cética.
>
> SEXTO EMPÍRICO. Hipotiposes pirrônicas. Livro I. Trad. Danilo Marcondes. In: *O que nos faz pensar* – Cadernos do Departamento de Filosofia da PUC--Rio, Rio de Janeiro, n. 12, set. 1997. p. 115.

De acordo com a interpretação feita por Sexto Empírico, a principal diferença entre os acadêmicos e os céticos está no fato de os primeiros serem representantes de um dogmatismo negativo, pois afirmam ser impossível encontrar a verdade. Em contrapartida, os céticos continuam suas buscas. Esse sentido de busca continuada encontra-se na etimologia da palavra grega *skepsis*, que significa "investigação", "indagação". Para os céticos, a melhor atitude é suspender o juízo, ou seja, não decidir quanto à verdade ou falsidade de algo. Essa postura cética encontra em Pirro de Élis sua fundamentação. O pensamento e o estilo de vida de Pirro chegaram a nós por seu discípulo Tímon, uma vez que Pirro parece não ter escrito nenhum texto.

Método: suspensão do juízo

O que sabemos do pensamento de Pirro é que ele se preocupava basicamente com a questão da possibilidade de conhecer algo de modo seguro. O que são as coisas e suas essências? Existirá um critério de verdade sobre o qual não caiba algum questionamento? A reflexão de Pirro chega à *aphasia*, que significa ausência de discurso, uma ideia parecida com suspensão do juízo, depois de reconhecer que nem a razão, nem os sentidos são capazes de captar e de conhecer alguma essência das coisas.

Portanto, podemos falar em um método, em uma forma de pensar que consiste na suspensão do juízo, com base na percepção de que não temos acesso a um critério capaz de nos fornecer a verdade, a essência ou a natureza de algo. Dessa constatação e atitude resulta a serenidade da alma, a ataraxia. Em outras palavras, se não parece ser possível encontrar a essência de algo, o mais sensato é evitar o juízo que afirma uma verdade ou que a nega categoricamente. Em decorrência disso, colhe-se uma paz espiritual, uma quietude, uma tranquilidade.

Considerando que o objetivo da vida dos céticos é alcançar o estado de paz interior, de ataraxia, de imperturbabilidade, um dos passos para alcançar esse objetivo é o método que podemos denominar como suspensão do juízo. Contudo, é necessário lembrar que essa ausência de um discurso afirmativo ou de negação não significa ausência de percepção, nem mesmo ausência de manifestação da percepção. Ao contrário, é justamente a manifestação e o reconhecimento da percepção como leitura particular. É nesse sentido que o cético não dogmatiza, não afirma, nem nega categoricamente algo.

O ceticismo compartilha com outras escolas helenísticas essa busca por um ideal de vida de serenidade, especialmente com o estoicismo e o epicurismo. Elas têm em comum essa ética eudaimonista, ou seja, uma ética da felicidade, que implica moderação e paz interior. Temos aqui uma filosofia voltada para a vida prática, com preocupações de natureza ética.

Um mesmo suco de laranja pode parecer doce a um e a outro parecer azedo, dependendo do alimento que um ou outro ingeriu em instante imediatamente anterior. Por isso, para os céticos, qualquer percepção sobre o sabor do suco de laranja é particular. Trata-se de uma situação que pede a suspensão do juízo.

PROBLEMATIZANDO

1. Vimos que o ceticismo e o estoicismo trazem uma ideia de suspensão do juízo como método, como forma de pensar na busca por conhecimento, que resulta na ataraxia, na paz interior. Isso pode ser interpretado como relativismo?
2. É possível estabelecer uma relação entre o ceticismo e o movimento inaugurado pelos sofistas? Discuta sua resposta com os colegas, procurando justificá-la.

PRODUÇÃO DE TEXTO

1. Leia as afirmações a seguir.
    a. O fim do cético é a serenidade diante da opinião e a moderação nas paixões.
    b. Na busca da serenidade, a inapreensibilidade do real conduz ao silêncio prudente.
    c. A grandeza humana está em reconhecer a própria pequenez.
    - Redija um texto estabelecendo uma relação entre essas afirmações e explicitando os pressupostos e o método do ceticismo.

PENSANDO CONCEITUALMENTE A FELICIDADE

Na filosofia antiga, o objetivo da vida humana era a felicidade, fim perfeito e soberano bem. De acordo com Aristóteles, a felicidade é vida conforme a virtude, que implica consciência reflexiva. Tomando por base a natureza social e política do ser humano, Aristóteles afirma que a felicidade só existe na amizade. Nas palavras de Aristóteles: "Ninguém escolheria a posse do mundo inteiro sob a condição de viver só, já que o homem é um ser político e está em sua natureza o viver em sociedade. [...] Logo, o homem feliz necessita de amigos [...]. Pois é da natureza do amor amar, antes de ser amado." (ARISTÓTELES. Ética a Nicômaco. Livro IX).

Segundo Aristóteles, a felicidade não se subordina a nenhum outro bem, pois é almejada por todos. Nesse sentido a felicidade é autossuficiente. O que é meio para alcançar alguma outra coisa é útil para tanto. Contudo, ninguém quer ser feliz tendo em vista algum outro bem que não seja a própria felicidade.

Na consideração das escolas helenísticas, especialmente no pensamento do epicurismo e do estoicismo, encontramos o ideal de ética eudaimonista, voltada para a felicidade (eudaimonia).

Epicuro, na Carta a Meneceu, aborda a maneira como o homem deve encarar a vida, na medida em que seu objetivo é a felicidade. Segundo Epicuro, qualquer pessoa pode buscar a felicidade, dedicando-se à filosofia. Basicamente, o ser humano necessitava de três coisas para ser feliz: liberdade, amizade e tempo para meditar. Um dos aspectos comuns às escolas helenísticas é a consideração da filosofia como instrumento de meditação capaz de contribuir decisivamente para a felicidade. A filosofia possibilita conhecimento do mundo e, assim, fornece ao ser humano as condições de se libertar dos grandes temores a respeito da vida e da morte.

Nessa maneira singular de conceber a vida, não há felicidade sem o sentimento de bem-estar. De acordo com os estoicos e epicuristas, felicidade implica paz interior. Assim, felicidade não seria euforia, nem acarretaria, necessariamente, a emoção intensa, que seria uma característica da paixão. Dessa forma, os acontecimentos externos não teriam, em si, o poder de dar ou de tirar a nossa felicidade. As coisas externas só teriam o poder que nós lhes damos. Assim, a felicidade seria um modo de lidar com as inevitáveis dificuldades do cotidiano, e uma forma de seguir adiante na vida, com moderação, em estado de serenidade ou de paz interior.

PROBLEMATIZANDO

1. A felicidade é vida conforme a virtude, que implica consciência reflexiva. Em que sentido essa afirmação questiona uma concepção de felicidade muito difundida em nossa sociedade?
2. A felicidade só existe na amizade. Justifique essa afirmação, explicitando o pressuposto antropológico subjacente. Em que sentido essa afirmação questiona uma concepção de felicidade que existe em nossa sociedade?
3. Os acontecimentos externos não teriam, em si, o poder de dar ou tirar nossa felicidade. Quais são as concepções de homem e de felicidade que justificam essa afirmação?

PARA CONTINUAR O ESTUDO E A APRENDIZAGEM

SUGESTÃO DE LEITURAS

DUVERNOY, Jean-Francois. O epicurismo. Rio de Janeiro: Zahar, 1993.
INWOOD, Brad (Org.). Os estoicos. São Paulo: Odysseus, 2006.
LAÊRTIOS, Diôgenes. Vidas e doutrinas dos filósofos ilustres. Brasília: UnB, 2008.
PORCHAT, Oswaldo. Rumo ao ceticismo. São Paulo: Unesp, 2007.

Eixo Temático 2

CONDIÇÃO HUMANA

Você vai aprender sobre:

- As reflexões medievais com base na visão filosófica cristã.
- As relações entre a filosofia patrística e a argumentação racional no cristianismo.
- As três grandes influências na filosofia cristã de Agostinho.
- O caráter espiritual do ser humano e a concepção de tempo na perspectiva judaico-cristã.
- O mal como ausência e privação do bem.
- As duas visões do amor em Agostinho.
- A alma e o corpo em Tomás de Aquino.

Temas:

1. O nascimento da filosofia medieval
2. A antropologia patrística e medieval

1. O NASCIMENTO DA FILOSOFIA MEDIEVAL

A missa de fundação da Ordem da Santíssima Trindade (1666), de Juan Carreño de Miranda. Óleo sobre tela, 500 cm × 315 cm.

Na fé cristã, a missa é um ritual de atualização da memória da vida, morte e ressureição de Jesus Cristo, o qual teria sido a encarnação de Deus na história da humanidade.

No texto a seguir, as reflexões do filósofo Alfredo Storck abrem nosso olhar para uma perspectiva do que foi a filosofia medieval.

> Por muito tempo, quando pensávamos na Idade Média, vinha-nos à mente a imagem de um período em que a Europa era dominada por cavaleiros, que lutavam para defender e conquistar castelos, por religiosos, que habitavam abadias e construíam catedrais, e por uma grande massa de trabalhadores rurais, geralmente pobres e subjugados. [...] O medievo teria sido, segundo uma famosa frase, uma noite de mil anos finda nas luzes do Renascimento. Além disso, quando se pensava nas relações entre árabes e cristãos durante a Idade Média, pensava-se imediatamente nas cruzadas. [...]
>
> Gradativamente, porém, nossa concepção desse período foi mudando e aprendemos a ver complexidades e diferenças onde antes víamos preconceitos. [...] O aspecto religioso foi sem dúvida marcante, mas não a ponto de excluir uma explicação racional do mundo. [...] Descrever a filosofia medieval é descrever um fenômeno complexo. Primeiramente porque não podemos pensar que a única filosofia produzida durante a Idade Média seja a cristã. O pensamento árabe ou judaico não é menos importante nem

menos profundo do que o pensamento cristão. [...] A filosofia, grega em sua origem, passou a ser romana e depois cristã. Os sírios transmitiram-na aos árabes e estes em boa medida aos judeus. Os cristãos novamente a recuperaram, assimilando teses árabes e judaicas, e buscando mais uma vez as fontes gregas. Os especialistas designam esse movimento de transmissão de *translatio studiorum*, isto é, o deslocamento dos saberes.

STORCK, Alfredo. *Filosofia medieval*. São Paulo: Jorge Zahar, 2003. p. 7.

Devido ao recorte estabelecido para essa temática, escolhemos como representante da filosofia medieval, a filosofia cristã, conscientes de que essa opção traz perdas e ganhos. Entre os pensadores que vão nos auxiliar na reflexão antropológica, escolhemos Agostinho de Hipona (354-430), canonizado Santo Agostinho pela Igreja Católica, e Tomás de Aquino (1225-1274). Ambos pensadores valorizaram a dimensão contemplativa, com base em releituras de Platão (Agostinho) e de Aristóteles (Aquino), dentro do cristianismo e de uma sociedade teocêntrica, ou seja, em um contexto que a perspectiva religiosa era predominante e sob a concepção de que Deus estaria no centro de tudo.

Contexto histórico

A Idade Média abarca um período tão extenso que pode ser difícil caracterizá-la sem incorrer no risco da simplificação: são praticamente mil anos entre a queda do Império Romano do Ocidente (476), marco inicial da Idade Média, e a tomada de Constantinopla pelos turcos (1455), marco final do período. A Idade Média pode ser dividida, histórica e filosoficamente, em dois períodos bem distintos. O primeiro período, também conhecido como Alta Idade Média, corresponde ao contexto de instabilidade que segue à queda do Império Romano, e abrange do século V ao século X. O segundo período, ou fase final, que se estende do século XI ao século XV, vai da criação das universidades e o desenvolvimento da escolástica até o surgimento do humanismo renascentista, que aconteceu após a crise do pensamento escolástico.

A Alta Idade Média traz a marca da desagregação da antiga ordem e da divisão do Império Romano em diversos reinos bárbaros, formados após diversas invasões ao território romano. Vejamos o texto a seguir.

"A voz fica-me na garganta e os soluços interrompem-se ao ditar estas palavras: foi conquistada a cidade que conquistou o universo." Assim São Jerônimo (347-420) anuncia a invasão e a pilhagem de Roma, pelos visigodos comandados por Alarico. Antes mesmo desse golpe, as fronteiras do Império eram cada vez mais violadas por levas de migrações de vários povos – as chamadas "invasões bárbaras" –, ao mesmo tempo que, internamente, a economia e a política estavam em crescente desorganização. Rotas comerciais eram abandonadas, as cidades perdiam a população para o campo, as províncias rebelavam-se.

Nesse cenário, a divisão do Império no Ocidente e Oriente, tantas vezes realizada e depois desfeita, tornou-se definitiva. Enquanto o Império sobreviveu, no Oriente, até 1453, quando Constantinopla caiu sob o domínio turco, o Ocidente transformou-se em um mosaico de pequenos reinos ditos "bárbaros", que iam assimilando em suas tradições alguns dos valores romanos, principalmente, o cristianismo. Começava a Idade Média.

ABRÃO, Bernadette Siqueira. (Org.) *História da filosofia*. São Paulo: Nova Cultural. 1999. p.103. (Os pensadores).

O desejo por uma nova unidade reaparece fortemente, com a progressiva difusão do cristianismo, a partir de 313, ano em que Constantino sanciona oficialmente, com o Edito de Milão, a liberdade religiosa e o fim das perseguições aos cristãos.

2. A ANTROPOLOGIA PATRÍSTICA E MEDIEVAL

São Justino (séc. XX), de autoria desconhecida. Têmpera sobre parede.

O posicionamento de Justino (100-165) e dos primeiros padres da Igreja Católica era de natureza apologética, ou seja, defensora da doutrina cristã, contra as religiões pagãs. Um dos elementos centrais dessa doutrina cristã sustentava que Jesus Cristo era o *logos* do qual os filósofos gregos falavam. Essa concepção se fundamentava nos escritos bíblicos do Novo Testamento, especialmente no Evangelho de João, que teria sido escrito por volta do ano 100.

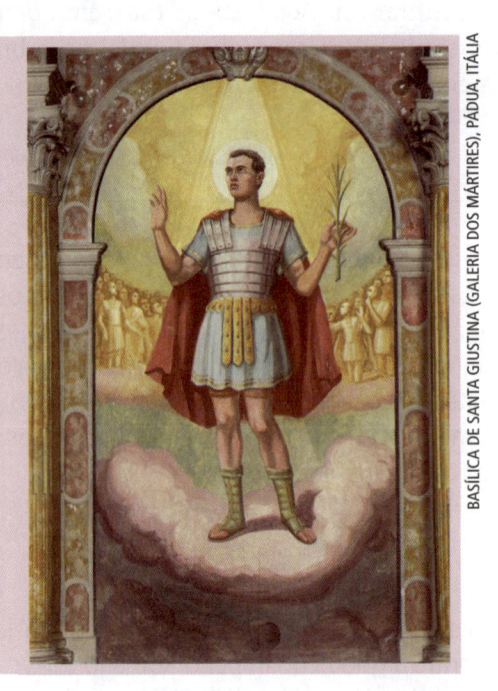

BASÍLICA DE SANTA GIUSTINA (GALERIA DOS MÁRTIRES), PÁDUA, ITÁLIA

> No princípio era o *logos*, e o *logos* estava voltado para Deus, e o *logos* era Deus. [...] Tudo existiu por ele; e nada do que existiu, existiu sem ele.
>
> João, 1, 1-3.

> O gnosticismo grego foi, com efeito, o grande adversário intelectual e espiritual do cristianismo nos dois primeiros séculos. Sua antropologia aprofunda o dualismo presente na tradição grega. [...] O dualismo preconizado pelas correntes gnósticas implica uma condenação da matéria, obra do princípio do mal, o que o coloca em oposição frontal à verdade central do anúncio cristão, expressa no "fazer-se carne" do *logos* divino (*João*, 1,14). Ora, a antropologia patrística desenvolve-se toda à luz do mistério da encarnação e é esse mistério que transpõe em um nível concreto, pela referência a um arquétipo histórico, o tema da "imagem e semelhança".
>
> VAZ, Henrique Cláudio de Lima. *Antropologia filosófica I*. São Paulo: Loyola, 1991. p. 62-63.

A filosofia medieval latina dos primeiros séculos, elaborada pelos padres da Igreja Católica, é denominada patrística. Inicialmente, essa filosofia tinha uma preocupação apologética, ou seja, de defesa do cristianismo contra os ataques dos chamados pagãos e das heresias, ou seja, de qualquer posicionamento contrário ou diferente daquele defendido pela doutrina cristã católica, no contexto medieval. Esses posicionamentos heréticos eram vistos como deturpações e desvios da fé defendida pela Igreja Católica.

O cristianismo recorreu à filosofia, à argumentação racional, nos moldes da filosofia grega clássica, buscando dar consistência à sua doutrina.

Historicamente, podemos dividir a patrística em dois períodos e correntes. Inicialmente, até o ano 200, ela foi de natureza apologética, como já mencionamos. Os principais padres representantes desse momento foram Justino (100-165), São Clemente de Alexandria (120-215) e Orígenes (184-254). Já a segunda fase da patrística foi até o ano 450, período em que nascem os primeiros sistemas de filosofia cristã.

As duas correntes desse pensamento são a patrística grega e a patrística latina. O maior teólogo da patrística grega foi Orígenes. Em suas reflexões, pela primeira vez, de modo profundo e conflitante, o cristianismo e o platonismo se encontram.

Na patrística latina, foi na obra de Santo Agostinho que a concepção antropológica cristã será mais desenvolvida.

Cristo pantocrator, mosaico no interior da Catedral de Cefalù. Sicília, Itália, 2012.

O mosaico de influência estética bizantina representa a figura do *pantrocrator*, palavra de origem grega que significa "aquele que tudo rege", definição semelhante à do *logos* divino no Evangelho de João. Na patrística, o *pantocrator* também teria essas características de domínio sobre toda a criação.

Agostinho, o pensador inquieto

Aurélio Agostinho (354-430) nasceu em Tagaste, Numídia, província romana ao norte da África; hoje, Argélia. Sua vida se transcorre nos últimos anos do Império Romano, período marcado pela decadência e dissolução.

Além da influência de sua mãe, que com a sua fé o motivou para o cristianismo, Agostinho foi atraído para a filosofia, através da leitura do livro *Ortensio*, de Cícero, no qual o autor defende uma concepção helenística de filosofia como sabedoria e arte do bem viver, que conduz à felicidade. Essa nova concepção de filosofia influenciou o pensamento de Agostinho, o conteúdo de suas preces, desejos e votos.

Em 373, com 19 anos de idade, Agostinho aderiu ao maniqueísmo, uma religião fundada pelo persa Mani, no século III, como um desdobramento do Cristianismo.

> O maniqueísmo é uma concepção religiosa dualista, em conformidade com a qual o mundo é dividido em duas substâncias contrárias, originadas de dois princípios contrários, dois reinos, o reino da luz e o reino das sombras, o bem e o mal.
> O espírito é bom em si mesmo e a matéria é o elemento mau em si mesmo.

Santo Agostinho (1480), de Sandro Botticelli. Afresco, 152 cm × 112 cm.

Tendo abandonado o maniqueísmo, Agostinho viajou para Itália, tornando-se professor de Retórica, inicialmente, em Roma; e, mais, tarde, em Milão. Foi em Milão, ao ouvir os sermões do bispo Ambrósio, que despertou nele a admiração pela interpretação das sagradas escrituras e se converteu, em 386, ao cristianismo, como referência religiosa para a sua vida. Em 387, Agostinho recebeu o batismo através do bispo Ambrósio.

No ano de 388, Agostinho retorna para a África. Durante o caminho de casa, sua mãe veio a falecer. Ao chegar em Tagaste, Agostinho vendeu os bens paternos e fundou uma comunidade religiosa, dedicando-se à vida monástica, à escrita. Em 391, quando se encontrava em Hipona, foi ordenado sacerdote, devido à pressão e aclamação popular. Agostinho gozava de grande prestígio junto à população que o admirava pela integridade de sua vida. Em 395, foi consagrado bispo. E é nesse período, no qual trava grandes embates contra heréticos e cismáticos, ou seja, cristãos que romperam com algumas doutrinas da religião oficial, que nascem as suas principais obras, dentre elas: o diálogo *De magistro*, dirigido a seu filho Adeodato, contra os maniqueus; o diálogo *Contra os acadêmicos*, no qual critica o ceticismo e defende a possibilidade do conhecimento da verdade, enquanto revelação divina; *As confissões* e os seus tratados teológicos, especialmente *Sobre a Trindade*, *Sobre a doutrina cristã* e *A cidade de Deus*, sua última obra.

PROBLEMATIZANDO

1. Em que consiste o dualismo maniqueísta? Ele continua presente nos tempos atuais?

As antropologias cristãs de Agostinho e Tomás de Aquino

Na elaboração de sua antropologia cristã, Agostinho teve três grandes influências. A primeira delas, o neoplatonismo, nas interpretações de Plotino e de Porfírio, está bem visível no pensamento que Agostinho desenvolveu em sua obra *Confissões*, especialmente na reflexão sobre a estrutura do homem interior, em que a verdade divina habita como interior e superior.

A visão de Santo Agostinho (1502), de Vittore Carpaccio. Têmpera sobre tela, 141 cm × 210 cm.

Na tela, Agostinho escutaria a voz do teólogo Jerônimo de Estridão, enquanto escreve uma carta ao mesmo. Vittore Carpaccio representou sua visão idealizada das acomodações de Agostinho. Observe a clareza e a sofisticação na organização do espaço e do mobiliário. O artista pertence ao contexto do Renascimento e isso se manifesta na maneira como representou em sua obra o ambiente de trabalho de Agostinho.

Agostinho recebeu a segunda grande influência da antropologia paulina, do apóstolo Paulo. Inspirado por essa influência, ele irá formular a doutrina do pecado original e da graça, da liberdade e do livre-arbítrio.

A terceira influência, que marcou a sua concepção de ser humano, vem da antropologia presente na narração bíblica da criação do ser humano. A noção do ser humano como imagem de Deus tornou-se o paradigma de referência, o modelo à luz do qual a vida humana seria lida. Dentro dessa abordagem, um dos aspectos centrais da antropologia de Agostinho foi a ideia de homem itinerante, peregrino que estaria em busca de Deus. Esse aspecto de sua antropologia encontra-se bem expresso na imagem das duas cidades, presente no livro *A cidade de Deus*.

Outro aspecto que devemos dar atenção é a concepção de tempo em Agostinho, que não era circular, como na antropologia platônica, mas linear. Contudo, essa noção linear de tempo não deve ser vista como uma mera sucessão cronológica de fatos e eventos. Ao contrário, trata-se de um percurso evolutivo, de um crescimento até a fase final. Nessa noção linear de tempo, a história e o ser humano estavam orientados para Deus.

O ser humano como criatura na visão judaico-cristã

A queda e expulsão do paraíso (1510), Michelangelo. Afresco, 280 cm × 570 cm.

Nessa imagem, Michelangelo representou aquela que é considerada, na tradição judaico-cristã, a primeira experiência dramática do ser humano: a tentação de Adão e Eva e sua expulsão do paraíso. De acordo com essa tradição, o pecado, representado no ato de comer o fruto da árvore proibida, conforme consta na narrativa da criação, o Gênesis, seria a origem de todos os males. O ato representa a pretensão humana de adquirir a ciência, que pertenceria somente a Deus.

Segundo a tradição judaico-cristã, o mundo seria uma criação divina, presente eternamente na mente de Deus. Nessa concepção, Deus teria um plano racional eterno, que teria se exteriorizado e materializado no ato da criação. Entre todas as criaturas, de modo muito singular, estaria o ser humano, criado à imagem e semelhança de seu próprio criador. Dessa semelhança resultaria o caráter espiritual do ser humano, sua alma racional, substância com capacidade para governar o corpo na direção do bem, que estaria assistida pela graça divina.

Todas as criaturas teriam sido criadas para uma finalidade e seriam conduzidas pela providência no sentido do fim que lhes é próprio. Ora, a finalidade da criação humana seria comunhão com a divindade. Contudo, essa comunhão teria sido quebrada pelo mau uso do livre-arbítrio que, seguindo os impulsos das paixões carnais, teria desviado a alma de seu objetivo maior, de sua felicidade, de Deus.

Por essa razão, teria surgido a realidade histórica do homem decaído, corrompido, afastado da comunhão e do poder de Deus. Devido à concretização dessa tendência carnal, ou seja, devido ao pecado, o ser humano teria se afastado de Deus, e perdido, por isso, toda a sua força, seu poder, pois estaria distante da graça divina.

A questão do mal

Se Deus criador é amor e tudo criou por amor, de onde vem o mal? Eis uma das grandes questões que inquietou Agostinho. Após ter caído vítima do maniqueísmo com suas explicações dualistas, Agostinho encontrou em Plotino (205-270), uma grande contribuição para resolver essa questão que o afligia. De acordo com Plotino, o mal não é um ser, mas uma deficiência e privação do ser.

Agostinho buscou em sua própria vida as experiências relacionadas com o mal. E começou bem cedo, na infância, uma vez que o desejo e a capacidade para o mal seriam, para Agostinho, tão fortes na criança quanto no adulto. O que torna uma criança inofensiva não é a inocência de espírito, mas a fraqueza de seu corpo.

> Que fruto nessa ocasião colhi eu, miserável, das ações que agora, ao recordá-las, me fazem corar de vergonha, nomeadamente daquele roubo [de peras], em que amei o próprio roubo e nada mais? Nenhum, pois o furto nada valia, e, com ele, me tornei mais miserável. Sozinho não o faria – lembro-me de que era esta a minha disposição, naquele momento; sim, absolutamente só, não era capaz de o fazer. Portanto, amei também no furto o consórcio daqueles com quem o cometi. Amei, por isso, mais alguma coisa do que o furto. Mas não: não amei mais nada, porque a cumplicidade nada vale.
>
> AGOSTINHO. *Confissões*. Livro II. Trad. J. Oliveira e Ambrósio Pina. São Paulo: Nova Cultural, 1996. (Os pensadores).

A questão do mal não é, portanto, somente acadêmica. Trata-se de uma experiência existencial de Agostinho. Uma marca sempre presente no mal seria a vacuidade, o vazio, o nada, a ausência. Vejamos este trecho de Agostinho, ao se perguntar pela procedência e residência do mal:

> Procurei o que era a maldade e não encontrei uma substância, mas sim uma perversão da vontade desviada da substância suprema – de vós, ó Deus – e tendendo para as coisas baixas.
>
> AGOSTINHO. *Confissões*. Livro VII. Trad. J. Oliveira e Ambrósio Pina. São Paulo: Nova Cultural, 1996. p. 190. (Os pensadores).

Nesse fragmento, Agostinho aborda o mal com base na perspectiva metafísica. Por esse ponto de vista, não existiria o mal no Cosmo. Não haveria uma entidade má no mundo. O que existiria seriam seres em diferentes graus em relação a Deus, uns maiores, outros menores, até os ínfimos. Na verdade, tudo seria momento articulado de uma grande harmonia cósmica.

Do ponto de vista moral, o mal seria o pecado. E o pecado teria relação direta com a vontade corrompida, a má vontade, uma vontade desviada de sua finalidade boa. Naturalmente ou originariamente, a vontade tenderia para o bem supremo, Deus. Contudo, dada a existência de muitos bens criados e finitos, a vontade teria se desviado de sua direção e se subvertido preferindo bens finitos e inferiores aos bens supremos.

O pecado seria, portanto, uma escolha incorreta. O mal moral seria uma aversão a Deus e uma conversão às criaturas. O mal se expressaria no mau uso desse bem. Dessa forma, o mal teria sua raiz na liberdade humana. Com essa ideia, Agostinho cria o polêmico conceito de pecado original, que entrou para a história do cristianismo.

Agostinho construiu esse conceito com base em textos bíblicos. O apóstolo Paulo, em sua carta aos romanos afirma que todos os homens estão implicados no pecado de Adão: *"Pela desobediência de um só homem, todos os homens se tornaram pecadores"* (Romanos 5, 19). Segundo essa ideia de transmissão do pecado, todos nasceriam contagiados por essa espécie de mancha original, não natural. É a privação da santidade original que passaria a ser transmitida a todo ser humano em seu nascimento. Por isso, a Igreja fornece o batismo para a remissão dos pecados, mesmo em crianças que não cometeram qualquer pecado pessoal. Embora essa reflexão seja bíblica, o conceito de pecado original foi estabelecido com base nas reflexões de Agostinho, no século V.

Do ponto de vista físico, a maioria dos nossos males, como as doenças, sofrimentos e tormentos físicos e espirituais, além da própria morte, seria consequência do mal moral, decorrência do pecado. Nossa natureza primeira e originária seria a de seres feitos para a comunhão com Deus. O pecado não faria parte dessa natureza, ele seria uma ruptura que criamos com o nosso livre-arbítrio.

Assim, o mal, sendo amor a si (soberba), tanto individual como comunitariamente, seria sempre uma corrupção ou da medida, ou da forma, ou da ordem natural. Nenhuma natureza seria má. O mal se manifestaria como desvio e carência do bem.

Em suma, a antropologia cristã concebe o homem como sendo criado à imagem do Deus criador, originariamente em comunhão com a graça de Deus. Contudo, o mau uso do livre-arbítrio e a pretensão do ser humano em querer para si a ciência do bem e do mal, que são atributos exclusivos da divindade, o teriam levado a pecar. Como fruto ou decorrência do pecado, o homem se encontraria decaído, impotente, expulso da comunhão divina. Encontrar-se-ia em uma condição histórica de afastamento da graça, na qual consistiria sua miserabilidade e fraqueza. Em razão disso, nada conseguiria por suas próprias forças. Somente mediante a graça de Deus seria possível o resgate e a salvação. Daí a expressão: "Se Deus quiser".

PROBLEMATIZANDO

1. O mal não é um ser. Não existe o mal. O que existe é a privação do bem. Como você se posiciona diante dessas teses agostinianas?

2. Agostinho nos diz que "o que torna uma criança inofensiva não é a inocência de espírito, mas a fraqueza de seu corpo". Que reflexões você consegue elaborar a partir dessa afirmação?

3. Ao confessar o roubo das peras, Agostinho relata que o prazer não estava nas peras, mas no ato de roubar. Será que isso revela algo sobre uma possível inclinação humana? Discuta com os colegas sua resposta, procurando justificá-la.

PRODUÇÃO DE TEXTO

1. Leia o trecho a seguir.

> Procurei o que era a maldade e não encontrei uma substância, mas sim uma perversão da vontade desviada da substância suprema – de vós, ó Deus – e tendendo para as coisas baixas.
>
> AGOSTINHO. *Confissões*. Livro VIII. Trad. J. Oliveira Santos e A. Ambrósio de Pina. São Paulo: Nova Cultural, 1996. p.156. (Os pensadores).

- Com base nessa afirmação, como Agostinho responde à questão: "Se Deus criador é amor e tudo criou por amor, de onde vem o mal?".
- O texto que você irá redigir deverá integrar as expressões "bondade da criação", "liberdade humana", "desmedida e desvios no afeto humano".

São Pedro e São Paulo (c. 1600), de El Greco. Óleo sobre tela, 116 cm × 91,8 cm.

Uma das bases de reflexão da patrística eram os textos bíblicos. As catorze cartas que o apóstolo Paulo teria escrito aos romanos fazem parte da Bíblia. Delas, Agostinho extraiu algumas ideias iniciais para conceitos como pecado original e livre-arbítrio, em que o ser humano teria se distanciado de Deus por decisão particular.

A razão, o livre-arbítrio, a vontade e a graça

Para Agostinho, a razão pode conhecer o bem e a vontade pode rejeitá-lo, uma vez que a vontade é uma faculdade diferente da razão, com autonomia própria, mesmo que vinculada a ela.

A liberdade seria uma característica que decorre da natureza racional do ser humano. Por sua faculdade interna, o homem seria livre e participaria decisivamente de seu destino, ajudado pela graça. Vejamos o fragmento a seguir, de Étienne Gilson, que ilustra muito bem essa reflexão.

> Deus criou o homem dotado de uma alma racional e de uma vontade, isto é, com um poder de escolher análogo ao dos anjos, já que os homens, como os anjos, são seres dotados de razão. Fica estabelecido, portanto, desde esse momento, que a liberdade é uma ausência absoluta de constrangimento, inclusive em relação à lei divina; que ela [a liberdade] pertence ao homem pelo fato de ele ser racional e se exprimir pelo poder de escolha que sua vontade possui. [...] Deus criou o homem livre, porque lhe deixou a responsabilidade do seu fim último. Cabe a ele escolher entre o caminho que leva à felicidade e o caminho que leva a uma miséria eterna; o homem é um lutador, que nem tem que contar apenas com suas próprias forças, mas que deve contar com elas; senhor de si, dotado de uma verdadeira independência, colabora eficientemente para o seu destino.
>
> GILSON, Étienne. *O espírito da filosofia medieval*. Trad. Eduardo Brandão. São Paulo: Martins Fontes, 2006. p. 368.

Liberdade e vontade, razão e conhecimento

O fator decisivo para afirmar a liberdade é, portanto, a faculdade do intelecto, que não existe nos demais seres da natureza. Graças ao conhecimento que tem das coisas, a vontade humana teria condições de fazer escolhas, e não seria obrigada a seguir os apetites e os impulsos que governam a vida dos demais seres. A partir dessas escolhas, a razão deveria buscar os melhores caminhos por meio dos quais melhor caminharia para o objetivo de sua vida. Dessa forma, a escolha voluntária implica a ideia de consciência, de razão. Essa vontade se torna o desejo da razão.

> **Enquanto a razão está na esfera do conhecer, a vontade está na dimensão do escolher, podendo inclusive escolher o irracional. Essa é a razão fundamental pela qual os seres humanos, no pensamento de Agostinho, podem se voltar contra a sua vida verdadeira, e amar e deleitar-se com as coisas, transformando-as em fins, quando deveriam ser meios.**

Na reflexão de Agostinho, o livre-arbítrio vem identificado com o ato que a vontade realiza em escolher uma determinada ação. Assim, o ato da vontade seria sempre livre, no sentido de não ser coagido, forçado, pois seria expressão da razão humana. Dessa forma, onde há liberdade não há necessidade. Nesse sentido, a causa do ato é o próprio sujeito que deseja. Nasce aqui a ideia de responsabilidade moral. Isso está sintetizado nessa belíssima afirmação de Étienne Gilson:

> Pode-se obrigar o homem a fazer uma coisa, mas nada pode obrigá-lo a querer fazê-la. Ou há vontade, e não há violência, ou há violência e não pode mais haver vontade.
>
> GILSON, Étienne. *O espírito da filosofia medieval*. Trad. Eduardo Brandão. São Paulo: Martins Fontes, 2006. p. 373.

Tomás de Aquino, em seu tratado sobre o homem, na questão 83, discute o livre-arbítrio, em termos de liberdade do ato voluntário, enquanto escolha racional. Em conformidade com Tomás de Aquino, o livre-arbítrio decorre da própria racionalidade humana e sem este não seria possível sequer pensarmos em ética, em possibilidade de escolha e responsabilidade pessoal. Vejamos o texto a seguir.

> Como diz o Eclesiástico (15,14), "Deus criou o homem no começo e o entregou ao seu próprio arbítrio", isto é, à liberdade de seu arbítrio. O homem possui livre-arbítrio, caso contrário seriam vãos os conselhos, as exortações, as ordens, as proibições, as recomendações e as punições. [...]
>
> [Ao contrário dos demais seres], o homem age com juízo porque, devido a sua capacidade cognitiva, julga se deve fugir de alguma coisa ou procurá-la. Mas como seu juízo não resulta de uma aplicação do instinto natural a uma ação particular, e sim de uma comparação realizada pela razão, o homem age de acordo com seu livre juízo, podendo orientar-se para diferentes decisões. A razão pode, com efeito, em relação ao contingente, seguir direções opostas, como nos mostram os silogismos dialéticos e os argumentos retóricos [...].
>
> Portanto, é necessário que o homem possua o livre-arbítrio pelo simples fato de ser racional.
>
> AQUINO, Tomás de. Suma teológica. In: *Textos básicos de ética*. Trad. Danilo Marcondes. Rio de Janeiro: Jorge Zahar, 2007. p. 65-66.

PROBLEMATIZANDO

1. Para Tomás de Aquino, o que justifica a existência da liberdade humana?
2. Agostinho afirma que a razão pode conhecer algo como sendo o melhor; mas, a vontade, ligada à liberdade pode ir na direção contrária. Você concorda com esse pensamento de Agostinho?

Na essência, o amor

Para muitos autores, uma das decorrências da tradição cristã cultivada na Idade Média seria um olhar marcado pelo negativismo sobre a condição humana e a vida terrena. Nessa visão, seria preciso refugiar-se na igreja, a casa de Deus e porta do céu, pois fora da igreja não haveria salvação.

Em Agostinho, porém, encontramos a noção de pessoa associada aos atributos "vontade" e "liberdade", o que faz o pensador enxergar no ser humano um reflexo de Deus, que seria trino, em seus modos de ser, conhecer e amar. Visão contrária à socrático-platônica, que afirmava que ser bom e virtuoso é conhecer e possuir a ciência.

Agostinho considera que o homem bom é aquele que ama, e ama aquilo que deve amar. Existem, portanto, duas formas bem diferentes de olhar esse amor, dependendo da sua direção e foco.

Somos movidos pelo amor.

As inclinações do amor

Na medida que esse amor humano se dirige para Deus, sua realidade primeira e última, e, nesse sentido, ama as pessoas e as coisas em função de Deus, esse amor é *charitas*. Mas, na medida que o amor do homem se direciona para si mesmo, para o mundo e para as coisas do mundo, esse amor é *cupiditas*.

> Para Agostinho, a frustração e o sofrimento humano começam em uma inversão fundamental: amar as coisas e usar as pessoas.

O critério que Agostinho propôs para auxiliar-nos na distinção e na vivência do verdadeiro amor é a distinção entre o *uti* e o *frui*. Para Agostinho, as coisas que existem dividem-se em duas ordens distintas: a coisa útil, e a coisa que merece nosso amor e deleite. As coisas do mundo, bens finitos, deveriam ser utilizadas a serviço da elevação espiritual; portanto, seriam meios. Elas não deveriam ser transformadas em fins, como se fossem os objetos que merecessem o nosso gozo espiritual, o deleite.

Vejamos o fragmento a seguir, no qual Agostinho explicita o amor como sua força motivacional.

> O corpo, devido ao peso, tende para o lugar que lhe é próprio, porque o peso não tende só para baixo, mas também para o lugar que lhe é próprio. Assim, o fogo encaminha-se para cima e a pedra para baixo. Movem-se segundo seu peso. Dirigem-se para o lugar que lhes compete. O azeite derramado sobre a água aflora à superfície; a água vertida sobre o azeite submerge-se debaixo deste: movem-se segundo seu peso e dirigem-se para o lugar que lhes compete. As coisas que não estão no próprio lugar agitam-se, mas quando o encontram, ordenam-se e repousam. O meu amor é o meu peso. Para qualquer parte que vá, é ele quem me leva.
>
> AGOSTINHO. *Confissões*. Livro XIII. Trad. J. Oliveira e Ambrósio Pina. São Paulo: Nova Cultural, 1996. p. 382. (Os pensadores).

A mensagem agostiniana pode ser sintetizada quando ele expressa que a medida do amor consiste em amar sem medida, em direção à plena realização da vida humana. Nessa dinâmica, podemos compreender o conselho conclusivo de Agostinho: ame e faça o que quiser.

PROBLEMATIZANDO

1. Você concorda com a distinção que Agostinho faz entre o *uti* e o *frui*, ao pontuar que os grandes problemas da vida humana são derivados da inversão que consiste em amar as coisas e em usar as pessoas? Discuta com os colegas sua resposta, procurando justificá-la.

2. Segundo Agostinho, a medida do amor é amar sem medida. Mas, o amor é incondicional? O amor não solicita medidas ou limites? Discuta o tema com os colegas, apresentando-lhes argumentos de seu posicionamento.

A antropologia medieval buscou seus temas em três fontes principais que constituíram as autoridades por excelência na vida intelectual da Idade Média: A Bíblia, denominada Sagrada Escritura, autoridade maior e incontestável; os padres da Igreja Católica, dentre os quais se destaca a figura de Agostinho, referência principal após a bíblica; e os filósofos e escritores gregos e latinos; entre eles, Aristóteles se afirmou, a partir do século XIII, como o *philosophus* simplesmente.

Na reflexão antropológica medieval duas questões costumavam estar presentes: historicidade e corporalidade. Em termos de historicidade, a tradição judaico-cristã traz uma nova concepção de tempo, não mais cíclico, mas linear, conforme estudamos. Nessa óptica, toda a história, que se inicia no ato da criação divina, está orientada para o fim em Deus. E o estudo do ser humano na Idade Média, de matriz cristã, para ser bem compreendido, deveria acontecer no interior dessa concepção pressuposta. No que se refere ao tema da corporalidade, uma das grandes questões refletidas pelos filósofos e teólogos medievais foi o problema da união entre alma e corpo.

As grandes teses desenvolvidas pela antropologia clássica e bíblico-cristã encontraram uma síntese no pensamento de Tomás de Aquino. Nessa síntese, encontramos três ideias nucleares.

A primeira delas é a retomada da concepção clássica que define o homem como animal racional. Porém, a especificidade da reflexão medieval recairá sobre a relação entre alma racional e corpo, em uma concepção unitária do ser humano. Tomás não aceitou uma visão dualista de ser humano. Embora exista uma unidade, a alma é essencialmente espiritual e transcende a matéria.

A segunda ideia nuclear é a de que o homem é um ser na fronteira entre o corporal e o espiritual. Sendo racional ou intelectiva, a alma tem condições de buscar o fim para o qual ela foi criada que, na antropologia cristã de Tomás, é sobrenatural. E aqui encontramos um dos pontos mais singulares da antropologia cristã: o homem situa-se na fronteira do corporal e do espiritual, da temporalidade e da eternidade.

A terceira ideia, já presente no pensamento de Agostinho, decorre da antropologia bíblica, segundo a qual o homem é criatura, à imagem e semelhança de Deus. Não podemos esquecer que o contexto é de teocentrismo, no qual a filosofia de Agostinho e de Tomás é feita com base na fé. A partir da ideia da imagem e semelhança de Deus, o homem participaria relativamente da absoluta perfeição divina. Há uma ideia de perfectibilidade do ser humano que, com a alma racional e a graça de Deus, teria condições de conhecer a verdade e de agir moralmente em conformidade com essa verdade.

PROBLEMATIZANDO

1. Leia o texto a seguir e reflita sobre as problematizações.

A luta das vontades

O inimigo dominava o meu querer, e dele me forjava uma cadeia com que me apertava. Ora, a luxúria provém da vontade perversa; enquanto se serve à luxúria, contrai-se o hábito; e, se não se resiste a um hábito, origina-se uma necessidade. Era assim que, por uma espécie de anéis entrelaçados – por isso lhes chamei cadeia – me segurava apertado em dura escravidão.

A vontade nova, que começava a existir em mim [...] ainda não se achava apta para superar a outra vontade, fortificada pela concupiscência. Assim, duas vontades, uma concupiscente, outra dominada, uma carnal outra espiritual, batalhavam mutuamente em mim. Discordando, dilaceravam-me a alma.

Por isso, compreendia, por experiência própria, o que tinha lido. Entendia agora como "a carne tem desejos contra o espírito, e o espírito tem-nos contra a carne" (*Gálatas*, 5,17). Eu, na verdade, vivia em ambos: na carne e no espírito. [...]

A alma manda ao corpo, e este imediatamente lhe obedece; a alma dá uma ordem a si mesma, e resiste! [...] Manda na proporção do querer. Não se executa o que ela ordena enquanto ela não quiser. [...] Portanto, não é prodígio nenhum em parte querer e em parte não querer, mas doença da alma. Com efeito, esta, sobrecarregada pelo hábito, não se levanta totalmente, apesar de socorrida pela verdade. São, portanto, duas vontades.

AGOSTINHO. *Confissões*. Livro VIII. Trad. J. Oliveira Santos e A. Ambrósio de Pina. São Paulo: Nova Cultural, 1996. p. 209-217. (Os pensadores).

- Problema: **A unidade do ser humano**

A reflexão de Agostinho, em *A luta das vontades*, e o pensamento desenvolvido por Tomás de Aquino, consideram o ser humano como uma unidade que se encontra entre o corporal e o espiritual, entre o temporal e o eterno.

Após a leitura dessa reflexão, pondere: a tensão entre as duas vontades pode ser mais branda ou mais intensa em determinados momento da vida? Para algumas pessoas é menos ou mais angustiante essa luta? Justifique seu parecer.

- Problema: **Liberdade e destino**

Os temas da liberdade e do destino são polêmicos e complexos. Com base nas reflexões até aqui desenvolvidas, seja no tema da ética estoica ou da relação entre fé e razão no pensamento patrístico, é possível pensar em uma relação entre destino e liberdade? Discuta com os colegas sua resposta, procurando justificá-la.

PRODUÇÃO DE TEXTO

1. Com base nos estudos realizados sobre a filosofia de Agostinho:
   - Explique a estrutura conflitiva do ser humano.

PENSANDO CONCEITUALMENTE A LIBERDADE

O conceito de "liberdade" se contrapõe ao conceito de "determinismo", segundo o qual aquilo que rege o mundo são as relações causais e necessárias. Existem pensadores que atribuem o determinismo não somente aos fenômenos naturais, mas também o aplicam ao universo das ações humanas, afirmando que as decisões dos seres humanos não aconteceriam segundo a liberdade, mas por relações de causalidade, determinadas pelas circunstâncias ou vivências. Onde há necessidade, não há liberdade.

Segundo outros pensadores, diferentemente do mundo animal, que seria marcado pelo reino do determinismo, o universo humano, marcado pela cultura, seria o tempo e o espaço da liberdade. Nessa concepção, embora sejamos marcados pelos determinismos que compõe a natureza animal, nunca seremos apenas um corpo comandado por leis biológicas, pois o que nos distingue é a racionalidade, a capacidade reflexiva, a consciência de si e da situação. Contudo, embora se afirme a liberdade, ela nunca seria absoluta, pois sempre estaria inserida nos condicionamentos socioculturais, sofrendo as influências do meio.

Uma forma de abordar a liberdade é compreendê-la como livre-arbítrio, como a capacidade humana de fazer escolhas. Fala-se em liberdade negativa, significando ser ou estar livre de coerções. Não existiria a possibilidade da liberdade não fazer escolhas. Em decorrência dessa realidade, para o existencialismo contemporâneo de Jean-Paul Sartre o ser humano estaria condenado à liberdade. Com essa liberdade, que constituiria a essência humana, combate-se a ideia de um destino prévio, uma vez que a liberdade implicaria a ideia de responsabilidade por nossos atos e história. Vinculado à racionalidade humana, o universo da liberdade, por implicar a responsabilidade pelas consequências das ações, rejeitaria a noção de *má-fé*, no sentido atribuído a essa palavra por Sartre, referindo-se ao fato de que não cabem desculpas ou pretextos para fugir de uma responsabilidade que seria nossa.

Outra forma de conceber a liberdade é como autonomia, capacidade de autodomínio, de controle das paixões, dos impulsos. Nessa perspectiva, deixar-se guiar pelas paixões cegas não é expressão de liberdade, mas de submissão à impulsividade passional. Nessa perspectiva de uma razão que deve guiar universalmente os seres humanos, nasce a concepção de liberdade como fonte de autolimitação. Nesse âmbito, a lei é fruto da liberdade. Ao obedecer à lei, o indivíduo obedece a si mesmo. Metaforicamente, a liberdade seria um rio, que existe somente no interior de margens, que o limitam e o possibilitam chegar ao mar.

Essa responsabilidade intrínseca à liberdade humana faria referência tanto à dimensão pessoal quanto coletiva. Nessa reflexão, o futuro seria uma decorrência das decisões de hoje, sobre as quais atuaria sempre a liberdade e a racionalidade. Não há nenhuma necessidade de as coisas serem como são. A imprevisibilidade da história ou a ausência de um sentido certo ou preciso para ela decorre dessa essencial liberdade humana.

Essa capacidade de refletir, de problematizar, de filosofar caracteriza a humanidade. Por isso, a identidade e o grande desafio da educação é assumir a potencialidade humana, moldando-a, para que o sujeito assuma com consciência e responsabilidade a sua liberdade.

Eixo Temático 3

EXPERIÊNCIA E RACIONALIDADE

Você vai aprender sobre:

- A filosofia medieval e sua relação com a teologia.
- A reflexão de Agostinho na busca pelo autoconhecimento.
- O acesso à verdade pela graça divina no pensamento agostiniano.
- O conteúdo da fé como algo inteligível e passível de demonstração racional.
- Uma proposta de prova racional do ser designado pelo conceito de "Deus" no pensamento de Tomás de Aquino.
- A questão dos universais no realismo, nominalismo e conceitualismo.
- A crítica ao princípio de autoridade no procedimento dialético de Abelardo.

Temas:

1. A filosofia medieval
2. Subjetividade e interioridade
3. Fé e razão
4. A controvérsia sobre os universais
5. Nos caminhos da dúvida e da dialética

1. A FILOSOFIA MEDIEVAL

Neste eixo temático, nosso horizonte de reflexão abrange o tema do conhecimento e, nele, a busca da verdade.

O elemento religioso estava marcadamente presente em toda a Idade Média. Contudo, fazia-se também presente uma série de tentativas de explicação do mundo que não passava pelo viés da religião, mas se concentrava em uma perspectiva racional.

Escrever sobre filosofia medieval envolve discorrer sobre a presença significativa de pensadores de origem judaica ou árabe, e a profunda influência que eles exerceram sobre os pensadores latinos, quando estes buscavam os fundamentos racionais para explicar os conteúdos aceitos pela fé. Além disso, implica ficar atento à trajetória da filosofia até chegar aos cristãos latinos, sendo ela inicialmente grega e, posteriormente, romana e árabe.

Um dos primeiros pensadores medievais foi Boécio (480-524), um aristocrata e cidadão de Roma. Seu projeto filosófico era traduzir para o latim e comentar as obras de Platão e de Aristóteles. Contudo, devido a sua morte aos 44 anos de idade, conseguiu traduzir somente as obras de Aristóteles.

Na consideração do mundo árabe, lembramos que, entre os anos 340 e 630, os árabes conquistaram a Síria, a Pérsia e o Egito. Assim, começaram a ter contato com a filosofia de origem grega, presente no pensamento cotidiano de muitos cristãos dissidentes. Nesse sentido, praticamente todos os escritos de Aristóteles foram traduzidos para o árabe.

Boécio e seus estudantes (c. 1385), iluminura do manuscrito *A consolação da filosofia*.

Entre os pensadores árabes mais expressivos nesse período destacamos Al-Kindî (801-873), Al Fârâbî (870-950), Avicena (980-1037) e Averróis (1126-1198). Quanto aos modos de apresentação de seus pensamentos, destacamos a paráfrase, usada especialmente por Avicena: trata-se de um método no qual o pensador ou comentador retoma o pensamento, normalmente, de Aristóteles, e acrescenta por conta própria análises feitas por outros pensadores ou comentadores posteriores.

Pensar em filosofia medieval, sob a perspectiva do teocentrismo cristão, é colocar-se a pergunta: trata-se de filosofia ou de teologia cristã católica? A filosofia feita com base na fé permanece sendo filosofia? Nesse contexto específico, a filosofia estava a serviço da teologia, da compreensão dos mistérios da fé.

Agostinho de Hipona (354-430), canonizado como santo pela Igreja Católica, é outro nome fundamental na filosofia medieval. Ele resgata o racionalismo platônico e não percebe nisso nenhum obstáculo para a compreensão dos conteúdos aceitos na fé. Agostinho busca a racionalidade que existe na fé.

Embora seus textos possuam um valor de autoridade que transcende os poderes da razão, pois teriam como fonte Deus, ele valorizava muito, assim como Boécio, a dialética, método de argumentação e de exposição por perguntas e respostas, partindo de problemas, considerando opiniões conflitantes sobre uma mesma questão. Encontraremos essa metodologia em muitos outros filósofos e teólogos, como Pedro Abelardo e Tomás de Aquino.

Por uma questão de projeto pedagógico e educativo, inseridos na cultura cristã ocidental, a nossa abordagem aqui se concentrará em alguns filósofos e teólogos cristãos. Com esse recorte, estamos cientes do que estamos deixando, do que estamos perdendo. Sabemos que toda escolha tem um preço. Mas, também, que em toda escolha se abrem possibilidades e perspectivas.

Iniciaremos nossa abordagem com o pensamento de Agostinho.

2. SUBJETIVIDADE E INTERIORIDADE

Para encontrar a verdade, todo esforço para fora de nós mesmos dela nos afasta.

Em sua reflexão, Agostinho estava focado na busca da interioridade, no mergulho na intimidade do próprio ser, pois é no interior do ser humano que se encontraria a verdade. Nessa concepção, Deus seria a fonte dessa verdade. Não se deveria procurar no exterior o que se encontra na interioridade do ser humano. O mais importante seria buscar o autoconhecimento.

Esse enfoque aparece claramente em sua obra *Confissões*, livro autobiográfico em que Agostinho descreve suas fraquezas e suas conquistas no percurso até a sua conversão ao cristianismo. Nessa obra, ele afirma que as pessoas admiram as encostas das montanhas, os vastos fluxos do mar, o girar dos astros e abandonam e esquecem a si próprias.

Para Agostinho, o grande foco de preocupação e estudo não deveria ser o Cosmo, o mundo ordenado e estruturado pelo criador, mas o próprio ser humano, em sua liberdade, em seu mistério. Em suas reflexões, Agostinho parte do ser humano como indivíduo, ou seja, ser único e indivisível. Mas, também, o considera como pessoa, ou seja, como ser relacional, aberto, e que precisa do contato com o outro.

Ao falar dessa dimensão relacional, Agostinho toma por base a fé cristã e afirma que o ser humano foi criado por Deus à sua imagem e semelhança, para permanecer em comunhão com o próprio Deus. E será somente na comunhão da graça de Deus que o indivíduo estaria em condições de aproximar-se da compreensão da verdade, que será sempre uma revelação divina.

A conversão de Santo Agostinho (1736), de Charles-Antoine Coypel. Óleo sobre tela, 63,5 cm × 112 cm.

Não busques fora de ti [...] entra em ti mesmo. A verdade está no homem interior. E, se descobrires que a tua natureza é mutável, transcende-te a ti mesmo. Lembra-te, porém, que, transcendendo a ti mesmo, estás transcendendo a alma que raciocina, de modo que o termo da transcendência deve ser o princípio onde se acende o próprio lume da razão. E, efetivamente, aonde chega todo bom raciocinador senão à verdade? A verdade não é algo que se constrói à medida que o raciocínio avança; ao contrário, ela é aquilo a que tendem os que raciocinam. Vês aqui uma harmonia que não tem similares, e tu próprio conforme a ela. Reconhece que não és aquilo que a verdade é; a verdade não busca a si própria, mas és tu que a alcanças, procurando-a não de lugar em lugar, mas com o afeto da mente, para que o homem interior se encontre com aquilo que nele habita com desejo não ínfimo e carnal, mas com sumo e espiritual desejo.

Na busca espiritual, no desejo da mente que busca a luz na própria interioridade, encontra-se a verdade.

AGOSTINHO. *A verdadeira religião*. Trad. Nair de Assis Oliveira. São Paulo: Paulinas, 1987. p. 39-72.

PROBLEMATIZANDO

1. Nesse texto, Agostinho afirma: "A verdade não é algo que se constrói à medida que o raciocínio avança". Quais são os pressupostos de Agostinho para fazer essa afirmação? Considerando o pensamento de Agostinho, como você justifica essa afirmação? Discuta suas considerações com os colegas.

3. FÉ E RAZÃO

Nas situações-limite, fé e razão são duas linguagens do mesmo espírito humano em sua permanente busca por compreensão e entendimento.

Durante a Idade Média, no contexto do teocentrismo, em que o pensamento hegemônico afirmava que o mundo era regido pela vontade divina, a filosofia aparece como subsidiária e subalterna da teologia. A função da filosofia era preparar a mente humana para acolher as verdades reveladas e buscar sua compreensão e explicação racional. Nesse sentido, é muito esclarecedor o alerta do apóstolo Paulo, em sua carta aos Colossenses:

> Vigiai para que ninguém vos apanhe na armadilha da filosofia, esse vão engano fundado na tradição dos homens, nos elementos do mundo e não mais no Cristo [...], pois nele habita toda autoridade e todo poder.
>
> Carta de Paulo aos Colossenses, (2,8-10). Bíblia. Trad. Ecumênica da Bíblia. São Paulo: Loyola, 1994.

Crer para entender e entender para crer

Em termos de conhecimento, o pressuposto do qual partia a filosofia cristã de Agostinho afirmava que a verdade se encontrava em Deus. Nessa concepção, a condição para ter acesso à verdade seria a fé, dom de Deus. A verdade divina era um mistério insondável.

A razão não conseguiria, de forma autônoma e independente, conhecer e compreender essa verdade. Assim, nessa perspectiva, o entendimento das verdades eternas pressupõe a fé. Esse pressuposto vem expresso na afirmação do profeta Isaías, que diz: "Se não crerdes, não entendereis". (*Isaías*, 7-9)

VOCÊ SABIA?

A Bíblia é um livro composto por vários livros. Para a Igreja Católica, a Bíblia é composta por 73 livros, divididos em 46 do Primeiro Testamento e 27 do Segundo Testamento. Para os protestantes, a Bíblia têm 66 livros (39 do Primeiro Testamento e 27 do Segundo Testamento). Essa diferença se deve ao fato de alguns escritos hebraicos (Primeiro Testamento) não serem aceitos pelos protestantes. Os escritos cristãos são os mesmos, totalizando 27 livros. Na Bíblia encontram-se os fundamentos da história do judaísmo, do cristianismo e do islamismo.

Em decorrência dessa visão cristã, em que Deus é concebido como *logos*, verbo, e inteligência suprema que tudo cria e ordena, o ser humano é entendido como ser racional e inteligente, por ter sido criado à imagem e semelhança de seu criador.

Com a inteligência e o bom uso da razão e da liberdade, o ser humano teria condições para escolher o melhor caminho. Contudo, segundo a concepção cristã presente na narrativa da criação, no livro do *Gênesis*, os seres humanos teriam usado o livre-arbítrio de um modo que os afastara da vontade de seu criador. Com base nessa experiência do ser humano, a teologia cristã fala em pecado, em ruptura de uma aliança com Deus. Devido a esse pecado, os seres humanos se encontrariam em situação decadente, expulsos do paraíso, em peregrinação. Em decorrência dessa atitude e situação, o ser humano necessitaria da graça divina para ter acesso à verdade. Somente a graça de Deus poderia iluminar a inteligência humana para que o ser humano se volte à verdade eterna.

Fé e razão: superioridade, complementaridade e não contradição

Segundo os pensadores cristãos aqui considerados, a base do conhecimento é a fé. Trata-se de crer para compreender. O ponto de chegada também é a fé. Trata-se de compreender para crer. Dessa maneira, na relação entre fé e razão aparece, inicialmente, a superioridade da fé em relação à razão. Essa superioridade transparece na afirmação agostiniana:

> Creio tudo o que entendo, mas nem tudo que creio também entendo. Tudo o que compreendo conheço, mas nem tudo que creio conheço.
>
> AGOSTINHO. *De magistro*. São Paulo: Abril Cultural, 1973. p. 319.

De acordo com essa concepção cristã, expressa no pensamento de Agostinho, a graça divina potencializa a inteligência e a inspira para buscar razões, argumentos que auxiliem na compreensão e na divulgação da verdade acolhida na fé.

Embora exista superioridade da fé, há também uma relação de complementaridade e de harmonia entre fé e razão. Agostinho aborda o fato de a inteligência e a fé serem duas formas de conhecimento, de olhar para o mesmo horizonte da verdade.

> A fé busca, o entendimento encontra; por isso o profeta diz: "Se não crerdes, não entendereis". Doutro lado, o entendimento prossegue buscando aquele que a fé encontrou [...]. Logo, é para isso que homem deve ser inteligente: para buscar a Deus.
>
> AGOSTINHO. *A trindade*. Trad. Agustino Belmonte. São Paulo: Paulus, 2008. p. 481.

Com essa reflexão, Agostinho supera qualquer ideia que possa se referir à fé como algo ingênuo, irracional ou alienado. É preciso buscar a inteligibilidade daquilo no qual se crê. É fundamental que o conteúdo aceito na fé seja passível de receber as luzes da demonstração racional, sem contradição. Contudo, essa demonstração será sempre parcial e pequena diante da grandeza do mistério insondável de Deus e de suas verdades eternas.

Santo Anselmo (1033-1109), filósofo e teólogo italiano, reafirma a mesma superioridade da fé e confessa a fragilidade da razão humana, em um dos seus mais belos textos. Vejamos um trecho:

> Ó Senhor, reconheço, e rendo-te graças por ter criado em mim esta tua imagem a fim de que, ao recordar-me de ti, eu pense em ti e te ame. Mas, ela está tão apagada em minha mente por causa dos vícios, tão embaciada pela névoa dos pecados, que não consegue alcançar o fim para o qual a fizeste, caso tu não a renoves e a reformes. Não tento, ó Senhor, penetrar a tua profundidade: de maneira alguma a minha inteligência amolda-se a ela, mas desejo, ao menos, compreender a tua verdade, que o meu coração crê e ama. Com efeito, não busco compreender para crer, mas creio para compreender. Efetivamente creio, porque, se não cresse, não conseguiria compreender.
>
> SANTO ANSELMO. *Proslógio*. Trad. Angelo Ricci. São Paulo: Abril Cultural, 1973. p.107.

Essa superioridade da fé em relação aos poderes da razão está também muito bem expressa no pensamento de outro filósofo cristão e teólogo, Tomás de Aquino (1221-1274), que viveu no período da Baixa Idade Média, marcado pela escolástica.

> **VOCÊ SABIA?**
>
> **Escolástica**
> Nas primeiras universidades europeias, entre os séculos XI-XII, eram ensinadas diferentes disciplinas, como o *Trivium*, que consistia na Gramática, na Lógica e na Retórica, e o *Quadrivium*, composto por Música, Geometria, Aritmética e Física. Contudo, o destaque especial era com a Teologia e a Filosofia. Nesse contexto, a escolástica designa a filosofia cristã e o modo como ela era ensinada nessas universidades. Um dos métodos usados nesse ensino era o recurso à dialética para compreender a relação entre fé e razão. Relação essa de superioridade da fé, de complementaridade e sem contradições.

No horizonte dessas reflexões, com base na fé, a razão se elevaria; e partindo da teologia, a filosofia se aprimoraria. Por isso, fé e razão apresentam profunda complementaridade, embora as verdades da fé sejam apresentadas como transcendentes, superando em muito os poderes de compreensão da razão humana.

Contudo, para Tomás de Aquino, a nossa natureza racional deveria sempre buscar maior compreensão do mistério que acolhemos na fé. Assim, a partir dessa base racional, o diálogo com aqueles que não professam a fé cristã, pagãos ou gentios, é sempre possível.

Na *Suma contra os gentios*, referindo-se à possibilidade de descobrir a verdade divina, Tomás afirma:

> Existem a respeito de Deus verdades que ultrapassam totalmente as capacidades da razão humana. Uma delas é, por exemplo, que Deus é trino e uno. Ao contrário, existem verdades que podem ser atingidas pela razão: por exemplo, que Deus existe, que há um só Deus etc. Essas últimas verdades, os próprios filósofos as provaram por via demonstrativa, guiados que eram pelo lume da razão natural.
>
> AQUINO, Tomás de. *Suma contra os gentios*. Trad. Luiz João Baraúna. São Paulo: Nova Cultural, 2000. p. 111.

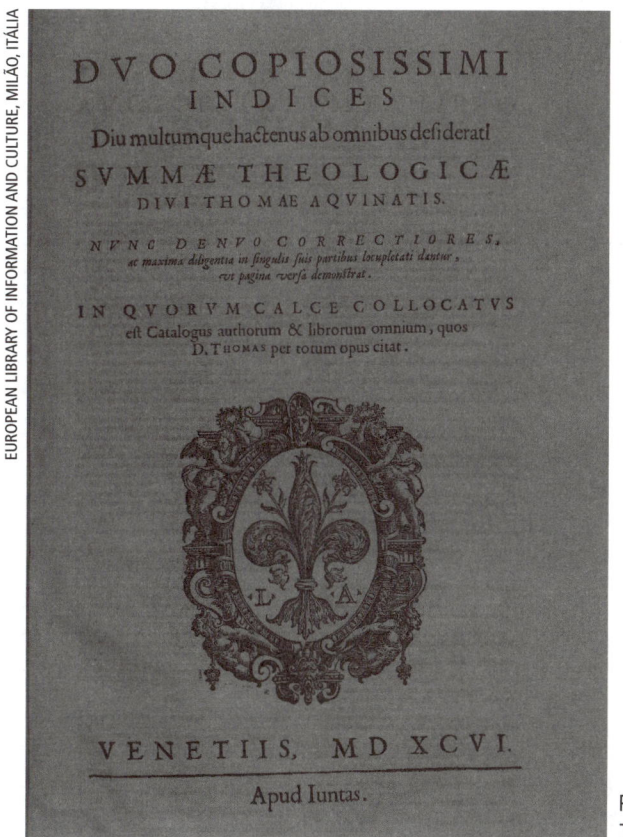

A *Suma Teológica* foi escrita entre 1265 e 1273. Nesta obra de Tomás de Aquino está a base dogmática do catolicismo. Nela, são abordadas a natureza de Deus, as questões morais e a natureza de Jesus. A obra está dividida em três partes, sendo que na segunda parte, subdividida em duas, encontram-se 512 questões, cada uma delas subdividida em artigos.

Segundo Tomás de Aquino, a relação de complementaridade entre razão e fé não poderia admitir a contradição, uma vez que na raiz dessas duas formas de conhecimento se encontraria a mesma fonte: Deus. E Deus seria incapaz de contradição, uma vez que é a perfeição e imutabilidade. Vejamos o trecho a seguir:

Página da *Suma Teológica*, de Tomás de Aquino (1596).

> Se é verdade que a verdade da fé cristã ultrapassa as capacidades da razão humana, nem por isso os princípios inatos naturalmente à razão podem estar em contradição com esta verdade sobrenatural. É um fato que esses princípios naturalmente inatos à razão são absolutamente verdadeiros [...]. Tampouco é permitido considerar falso aquilo que cremos pela fé, e que Deus confirmou de maneira tão evidente [...]. Se Deus infundisse em nós conhecimentos contrários, a nossa inteligência seria com isso mesmo impedida de conhecer a verdade. Deus não pode fazer tais coisas.
>
> AQUINO, Tomás de. *Suma contra os gentios*. Trad. Luiz João Baraúna. São Paulo: Nova Cultural, 2000. p. 143-144.

De acordo com a filosofia cristã medieval, a serviço da teologia, a verdade do Deus trino é acolhida na fé, como revelação do próprio Deus. A principal função da razão consistiria na busca por argumentos capazes de auxiliar na compreensão e nas tentativas de explicação desse mistério.

Os caminhos da razão e da inteligência na busca de compreensão do mistério de Deus estão muito bem ilustrados nas cinco vias que levam a razão humana a Deus.

Representação da Santíssima Trindade.

Na concepção cristã, o ser humano é um reflexo do Deus trino, em seus modos de ser, conhecer e amar.

Tomás de Aquino e as vias que levam a razão humana a Deus

Tomás de Aquino (1221-1274) nasceu em Roccasecca, sul do Lácio, Itália. Fez seus estudos universitários em Nápoles, na universidade recém-fundada por Frederico II. Nesse espaço, conheceu a ordem religiosa dos dominicanos, que tinha uma forma de viver a vida religiosa mais voltada para as preocupações sociais e os debates culturais. Além desses motivos, havia outro que muito lhe atraía na ordem dominicana, o espírito liberto em relação aos interesses do mundo.

Na condição de discípulo de Alberto Magno, ficou conhecido pelo seu amor à especulação e à metafísica, bem como a sua timidez e reserva, sendo chamado de "boi mudo". Certo dia, convidado pelo mestre para fazer a sua exposição sobre um tema que estava sendo discutido, Tomás de Aquino expôs o problema com tanta clareza, profundidade e transparência que Alberto Magno teria dito que este moço, chamado de "boi mudo", mugirá tão forte que se fará ouvir no mundo inteiro. De fato, a repercussão de seu pensamento foi, verdadeiramente, decisiva para a filosofia ocidental, especialmente devido à sua releitura do pensamento aristotélico.

Assim, a obra de Tomás está fundamentada no pensamento de Aristóteles, que ele relê, em contexto medieval, sob a ótica cristã. Se formos organizar a vasta produção intelectual de Tomás de Aquino, podemos agrupá-la em quatro estilos: Comentários, Sumas, Questões e Opúsculos. Contudo, sua principal obra, e também a mais densa, é a *Suma Teológica*.

Em Tomás de Aquino encontramos uma tentativa racional, uma busca filosófica de provar ou demonstrar a existência de Deus, recorrendo a cinco vias. Na *Suma Teológica* essa reflexão encontra-se, no primeiro tratado, o Tratado de Deus, e nos artigos um, dois e três da segunda questão.

Será que a existência de Deus é autoevidente? Com esse problema, Tomás inicia o primeiro artigo. Seu procedimento consiste em analisar as teses favoráveis a essa questão e, em seguida, realizar a refutação. Em sua conclusão geral, Deus não é autoevidente, uma vez que nós não temos condições de conhecer a essência de Deus. Por essa razão, isso deverá ser demonstrado por meio daquilo que conhecemos.

No segundo artigo, Tomás discute se a existência de Deus pode ser demonstrada. Ele conclui que se pode demonstrar a existência de Deus por seus efeitos. Para Tomás, pode-se conhecer o invisível por meio do visível. É um procedimento regressivo. Podemos argumentar com base no que para nós é secundário, ou seja, do efeito para a causa. Portanto, embora não possamos conhecer Deus em sua essência, podemos demonstrar sua existência, a partir dos efeitos que conhecemos.

Em seu terceiro artigo, Tomás aborda as cinco vias da demonstração da existência de Deus. Na primeira via, inspirado na reflexão que Aristóteles faz em sua obra *Física*, Tomás recorre à existência do movimento no Universo. O movimento consiste na passagem de potência a ato. Ora, esse movimento só é possível a partir de algo que esteja em ato. Assim, o ser que se encontra em movimento deve ter a causa desse movimento fora dele mesmo, assim como o motor movido deve ser movido por outro. Contudo, isso não pode ir ao infinito, se quisermos explicar o movimento. Por isso, deve haver o motor imóvel que tudo move: Deus.

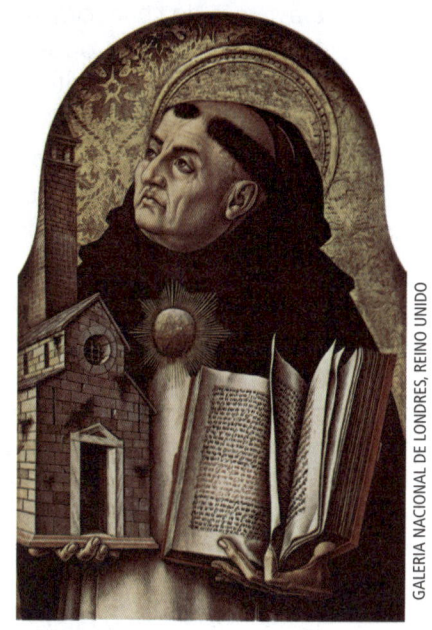

São Tomás de Aquino (1476), de Carlo Crivelli. Têmpera sobre madeira, 61 cm × 40 cm.

Na segunda via, Tomás recorre à noção aristotélica de causa eficiente, de agente transformador. Nessa argumentação, afirma que nada pode ser causa eficiente de si mesmo, pois para que isso fosse possível esse ser teria que ser anterior a si mesmo. Tomás afirma que algo é causa ou efeito, e aquilo que agora é causa deve ter sido efeito de outra causa. Contudo, novamente, isso não pode ir ao infinito. Deve existir uma causa primeira ou última: Deus.

A terceira via é conhecida como argumento cosmológico. Nela, Tomás distingue dois conceitos fundamentais: substância e acidente ou necessidade e contingência. Nós existimos, mas poderíamos não existir; ou seja, não somos necessários, somos contingentes. Se nós existimos é porque existe aquele que é o necessário, o imutável, o ato puro, no qual não há movimento ou mudança, de quem tudo deriva por criação e a quem se deve nossa existência: Deus.

Na quarta via, Tomás recorre às ideias de perfeição e de graduação que existem nas coisas, que se referem a maior ou menor, melhor ou pior, mais ou menos. Ora, essa comparação só é possível se pressupormos um termo de comparação que seja a perfeição, a beleza e a bondade absolutas. Essa ideia de bem absoluto e imutável encontra-se em Deus.

Finalmente, na quinta via, também chamada de argumento teleológico (que se refere a *telos*, finalidade), Tomás se concentra na ideia de movimento ordenado para um fim. Tudo existe para uma finalidade. As coisas caminham para um fim, não por acaso, mas por uma vontade absoluta, um desígnio eterno, um plano racional e uma lei divina eterna.

PROBLEMATIZANDO

1. Como você avalia a proposta e a tentativa de Tomás de Aquino de buscar uma demonstração racional da existência de Deus? Quais são os alcances e os limites dessa tentativa? Tomás de Aquino parte de quais pressupostos?
2. A afirmação da existência de Deus é possível em termos racionais ou permanece sempre sendo um ato de fé?

4. A CONTROVÉRSIA SOBRE OS UNIVERSAIS

Entre as áreas do conhecimento mais discutidas na Idade Média, encontram-se a lógica e a metafísica, especialmente a ontologia, ou seja, a ciência do ser, que trata do ser enquanto ser, da natureza, da realidade e da existência dos entes. Muitos pensadores medievais estiveram envolvidos e empenhados nessas reflexões.

Historicamente, essa temática começa na filosofia grega, especialmente com Aristóteles, em sua obra *Metafísica*, nas reflexões sobre as categorias. Um dos primeiros estudiosos e comentadores desses estudos de Aristóteles foi Porfírio (232-305). Seu estudo encontra-se na obra *Isagoge*, termo grego que significa "introdução". E essa obra, por sua vez, será estudada e comentada por Boécio (480-525), filósofo e teólogo romano.

Nessa retomada da filosofia da antiguidade, a questão central gira em torno dos universais, ou seja, dos conceitos, das ideias, das essências que definem a identidade de um ser. Em suma, os universais referem-se à natureza dos gêneros e espécies. Os grandes questionamentos que esses estudiosos se propuseram são:

- Os universais existem? São entidades em si mesmas ou seriam entidades mentais? E, se existirem de fato, são algo material, corpóreo, ou algo imaterial, incorpóreo?
- São separados das coisas sensíveis ou estão a elas unidos? Poderiam existir separados das coisas ou existiriam somente nelas?

Iluminura presente no manuscrito *Codex Amiatinus* (séc. VIII), que representa um monge escrevendo uma edição da Bíblia. Pergaminho, 35 cm × 25 cm.

As diferentes abordagens

O realismo

A primeira abordagem dessa temática é encontrada na filosofia grega. A visão de Platão e de Aristóteles é definida como realismo. No realismo de Platão, gêneros e espécies seriam entidades com existência autônoma. As ideias seriam entes reais, que existem em si e por si, constituindo o que seria o mundo inteligível, distinto e separado do mundo sensível, das aparências e dos fenômenos. Assim, por exemplo, a forma de um corpo particular belo participa da ideia universal de beleza, à luz da qual o particular é reconhecido e à qual é possível alcançar somente pelo intelecto e não pelos sentidos.

Para os realistas, de influência platônica, entre os quais destacamos Guilherme de Champeaux (1070-1121), os universais são entes reais, subsistentes em si, ideias eternas e transcendentes que têm função de arquétipo, de modelo, de paradigma em relação aos indivíduos concretos.

Fazendo uma aplicação e uma simplificação dessa reflexão no contexto medieval, podemos afirmar que, para o realismo, estudar a linguagem significava estudar a realidade. Ora, considerando a realidade como uma teofania, isto é, uma manifestação de Deus, estudar a realidade é estudar a própria manifestação de Deus.

Em coerência com esse pensamento metafísico, considerando os universais reais em si mesmos e presentes em cada indivíduo, estes não diferem entre si em termos essenciais, mas tão somente em termos acidentais.

O ponto de partida de Aristóteles é a coisa tal como a vemos e sentimos. E, nela, ele distingue três elementos: a substância, a essência e o acidente. A substância seria a unidade que subsiste, o *quid*, o sujeito da posição ao qual ou do qual falamos ou atribuímos algo. As essências seriam os predicados afirmados sobre o sujeito que fazem com que ele seja o que é. São predicados que não podem faltar. Nesse pensamento de Aristóteles, a forma se confunde com o conjunto das características essenciais que fazem as coisas serem o que são. Os acidentes seriam os predicados não essenciais acerca do sujeito. Nesse último caso, mesmo que certos predicados faltassem, a substância do ser continuaria a existir.

Há ainda uma maneira de entender a substância como sendo a totalidade do ser individual, com seus predicados essenciais e também acidentais. Assim, o que existe metafísica ou realmente são as substâncias individuais, o sujeito, e não o conceito genérico de homem. Portanto, na realidade existem os indivíduos, aos quais Aristóteles conceitua como substâncias primeiras. Contudo, ele também reconhece que as formas dessas substâncias primeiras são reais, por isso ele as chama de substâncias segundas, existentes somente como predicados.

Metaforicamente, Aristóteles pensa na ação de um escultor ao fazer uma estátua com uma finalidade, ou na ação de um marceneiro ao fazer uma mesa. Assim, para Aristóteles, deveria haver uma causa inteligente eficiente que pensou na finalidade de todas as coisas, em sua essência e imprimiu-lhe uma forma, constituindo seu ser.

Assim, o pensamento metafísico de Aristóteles conduz a uma teologia, a uma teoria de Deus, pois a existência de algo implica necessariamente a existência de Deus. É precisamente o pensamento de Aristóteles que será retomado na Idade Média por Tomás de Aquino.

O nominalismo

Ao realismo de Guilherme de Champeaux contrapõe-se o nominalismo de Roscelino de Compiégne (1050-1120). Guilherme de Ockham (1285-1347), por sua vez, adota o nominalismo, que implica uma crítica ao platonismo. Segundo o nominalismo, os universais são palavras criadas, nomes, emissões de sons, sem nenhuma referência a algo objetivo, sem correspondência com um ente real. Assim, por um lado, o universal é a referência de um termo, e não uma entidade real. Por outro lado, contudo, não se trata apenas de uma palavra, uma vez que na mente existe o correlato, o conceito, graças ao qual é possível fazer a referência.

Para o nominalismo de Guilherme de Ockham, os termos e os conceitos são suficientes para falar dos universais. Não é preciso supor a existência de entidades reais universais, como acontece no realismo platônico. Não é necessário multiplicar ao infinito a existência de entes, pois isso tampouco ajuda a explicar a natureza das coisas particulares.

O conceitualismo

Pedro Abelardo (1079-1142) foi um dos pensadores que desenvolveu essa concepção conceitualista. Em sua *Lógica para principiantes*, argumenta que os universais são conceitos que existem na mente e servem como instrumentos para relacionar objetos particulares. Por exemplo, ao afirmar "isto é um boi", o conceito "boi" está unindo atributos ou qualidades comuns a objetos particulares. "Reflitamos primeiramente a respeito da causa comum. Cada um dos homens, distintos uns dos outros, embora difiram tanto pelas próprias essências quanto pelas formas – como lembramos acima ao investigarmos a física da coisa – se reúnem naquilo que são homens", indica Aberlado em *Lógica para principiantes*.

Abelardo mantém a ideia de que os universais existem como pensamentos que têm referência no particular das coisas. O universal, para Abelardo, não é somente um som ou uma emissão de voz, mas um *sermo*, uma palavra com significado, devido ao seu uso referencial. Nesse sentido, o conhecimento resulta desse processo de abstração, pois a distinção entre matéria e forma não existe na natureza, mas é feita pelo intelecto.

Em suma, os conceitos universais como tais não são entidades reais ou metafísicas, como sustentavam os realistas, nem palavras vazias, como afirmavam os nominalistas. Para Abelardo, portanto, a existência dos universais está relacionada a uma intencionalidade do pensamento, a um pensamento que se volta para um objeto. Os universais são discursos mentais que fazem a ligação entre a mente e a realidade concreta.

PROBLEMATIZANDO

1. Considerando a discussão sobre a questão dos universais, que relação há entre as palavras e a realidade? Qual das três posturas apresentadas lhe parece mais sensata?

Na concepção cristã medieval, entre fé e razão não poderia haver contradição, tampouco irracionalidades, uma vez que Deus, *logos* eterno, seria a fonte da razão e da fé, e ele não se contradiria.

5. NOS CAMINHOS DA DÚVIDA E DA DIALÉTICA

Pedro Abelardo (1079-1142) foi filósofo escolástico e teólogo. Em sua obra *Sic et non*, ou seja, *Pró e contra*, renovou o método de ensino da escolástica. Esse método consistia em opor as afirmações positivas às negativas. Nesse procedimento dialético, ele realiza um exame crítico para resolver as controvérsias. Com isso, ele não aceita passivamente a autoridade como critério de verdade. Ao lançar a dúvida sobre cada uma das teses, aparentemente contrárias, que estavam em disputa, ele fortaleceu o uso da razão crítica e o combate às afirmações dogmáticas aceitas de modo acrítico.

A razão dialética em Abelardo

Em sua tentativa de compreender a verdade das coisas, Abelardo tinha consciência dos limites da razão. Essa consciência foi fundamental para que valorizasse a permanente busca por maior compreensão. Abelardo reconhece o grande valor da dúvida para a pesquisa tanto filosófica como teológica. Em sua percepção, seria pela dúvida que poderíamos construir o caminho do conhecimento da verdade. Portanto, ele estabelece a dúvida como ponto de partida, como método, pois ela teria a vantagem de fomentar a atitude crítica e investigativa.

Uma vez estabelecida a dúvida, no caso de posições contrastantes, como vencê-la e superar o impasse? O primeiro e fundamental passo seria efetuar a análise linguística para, em seguida, comprovar a autenticidade do texto, usualmente bíblico. O importante aqui é perceber uma preocupação de caráter científico aplicada à investigação.

Para Abelardo, esse recurso à dialética alimentaria a consciência e a atitude crítica, condições fundamentais para que as afirmações não fossem somente acolhidas com base na autoridade de quem fala, mas também com base nos argumentos racionais de sustentação da fala. Sem essa dimensão dialógica, a Bíblia seria como um espelho colocado diante de um cego.

Com a consciência da limitação da razão humana, Abelardo buscava tornar mais compreensível o mistério cristão, e não profaná-lo ou degradá-lo. Em seu procedimento pedagógico, ele partia de uma concepção na qual a fé não deveria crer em algo absurdo. Mesmo que as verdades bíblicas possam ser incompreensíveis, elas deveriam ser inteligíveis, no sentido de trazerem dentro de si uma lógica, uma racionalidade, uma coerência. Por isso, deveria haver um diálogo com a razão crítica, para que a leitura cristã não caísse no absurdo e no ridículo do irracional, do ininteligível para pessoas inteligentes.

Com esse procedimento filosófico, Abelardo torna o discurso teológico acessível à razão. Nesse procedimento, o que se buscava não era uma razão que eliminasse a fé, mas uma atitude racional que tornasse o conteúdo da fé mais transparente e inteligível.

Um dos grandes legados de Abelardo para a filosofia com seu procedimento dialético, no qual a razão problematizava cada uma das afirmações em disputa, foi a crítica ao princípio da autoridade como critério de verdade.

O procedimento dialético trouxe à vida pessoal de Abelardo muitos conflitos. E esses conflitos, contextualizados, podem ser lidos como indicativos de um novo contexto cultural.

PROBLEMATIZANDO

Muçulmanos dão voltas ao redor da Caaba, dentro da Grande Mesquita, em Meca, na Arábia Saudita.

Cristãos católicos se reúnem na Praça de São Pedro, no Vaticano, para ouvir as palavras do papa, em 2007.

1. No senso comum existe uma expressão que diz: "Onde termina a razão começa a fé" ou "nos limites da razão inicia a fé". Com base no pensamento de Agostinho e em conformidade com o pensamento de Tomás de Aquino, é defensável esse ponto de vista?

2. Antecipando, historicamente, a afirmação sempre lembrada de Galileu: "A Bíblia não nos diz como são feitos os céus, mas o que devemos fazer para chegar até lá". Partindo dessa afirmação, você julga ser viável um diálogo entre ciência e religião?

3. Considerando o fenômeno da fé, em sua relação com a razão, encontramos diferentes realidades nas diversas culturas. Como você avalia a relação fé e razão na história da humanidade? Você acredita que a fé torna a razão cega? Ou lança luzes que a potencializam? E a razão pode ajudar a explicar os mistérios da fé?

4. Para o teólogo Alberto Magno (1196-1280), algo pode ser incognoscível, impossível de ser conhecido através da razão, mas capaz de ser interpretado teologicamente, através da fé. A filosofia, permanecendo no limite da razão, não pode afirmar nem negar nada sobre a criação, eternidade do mundo e imortalidade da alma. Em contrapartida, para o teólogo, que parte da fé, o mundo é criação divina e a alma é chamada para a eternidade. Daí a conhecida afirmação: "As coisas teológicas não se conjugam como filosóficas em seus princípios". Essa afirmação implica necessariamente a oposição entre filosofia e teologia? Justifique.

PRODUÇÃO DE TEXTO

1. Considerando a controvérsia sobre os universais, Abelardo propõe uma solução diferente dos nominalistas e dos realistas.
   - Apresente a solução de Abelardo, sinalizando para as diferenças e complementaridades.

2. Com base nas reflexões feitas nesse eixo temático, redija um texto sobre o modo como os pensadores cristãos latinos elaboraram a relação entre fé e razão.

Eixo Temático 4

ÉTICA E POLÍTICA

Você vai aprender sobre:

- As características formativas da noção de Estado moderno.
- A soberania e o problema do fundamento da autoridade.
- A relação entre os poderes espiritual e temporal.
- A história em busca da redenção humana, na perspectiva cristã.
- As articulações entre lei divina eterna, lei natural, lei humana e lei divina positiva.
- As relações entre erro e intencionalidade.

Temas:

1. Os dois poderes: a Igreja e o Estado
2. A felicidade como bem supremo
3. Teoria do direito em Tomás de Aquino
4. Ética da intenção

1. OS DOIS PODERES: A IGREJA E O ESTADO

Pode-se falar em Estado?

Na Idade Média, pode-se falar em Estado, em sentido compatível com a noção de Estado moderno? Quais são os elementos principais que deveriam estar presentes para que se possa falar em Estado?

Estudiosos afirmam que as organizações europeias surgidas depois do ano 1100 começaram a apresentar determinadas características que se aproximam de uma possível e razoável noção de Estado: extensão territorial, ideia de poder supremo, relativo grau de integração entre os súditos, com a presença de um sentimento de identidade comum. Essas características, atributos do Estado, podiam ser encontradas na Igreja Católica, a partir do século XI, bem como a estabilidade da instituição e a teoria do poder supremo.

Depois de um longo período de migrações, invasões e conquistas, a Europa começou a vivenciar uma relativa estabilização. Com isso, começaram a se formar instituições duradouras e impessoais, que são uma das características do Estado. Outro aspecto muito importante é o do consenso quanto à necessidade de haver uma autoridade suprema, que recebesse dos súditos a lealdade.

Entre os séculos XII e XIV, a formação dos Estados Nacionais traz indicativos de uma mudança muito profunda na concepção de poder político, especialmente em relação ao problema do fundamento da autoridade.

O fundamento da autoridade

Um dos elementos ideológicos que constituíram o Estado moderno é a noção de soberania. Na Idade Média, existiam muitos conflitos de jurisdição entre papas, reis e imperadores. Esses conflitos estão na origem da ideia moderna de Estado soberano, ou seja, a noção de soberania exclusiva sobre um determinado território.

Dentre os modelos de legitimação do poder da autoridade, podemos falar basicamente de dois: o modelo ascendente e o modelo descendente. Na perspectiva ascendente, afirmava-se que o povo seria a fonte do poder, que escolheria seus dirigentes. De modo diferente, o modelo descendente afirmava que o poder pertenceria a um ser supremo. No cristianismo, esse ser supremo era Deus. Todo poder viria de Deus. O representante de Deus, o papa, seria detentor do poder supremo, podendo, até mesmo, dar posse a governantes temporais.

Aqui também é importante dar atenção a um aspecto fundamental na ideia de poder soberano: o papa não seria uma pessoa física, e sim um cargo, e desse cargo viria o poder. Essa visão do papa, que afirmava a jurisdição religiosa e secular da Igreja Católica, encontrava um de seus fundamentos em uma passagem bíblica, em que Jesus teria dito a Pedro: "Em verdade vos digo que tudo o que ligardes na terra será ligado no céu, e tudo o que desligardes na terra será desligado no céu." (*Mateus*, 18, 18).

Joana d'Arc na Catedral de Reims durante a coroação do rei Carlos VII (1890), de Jules Eugène Lenepveu. Afresco.

Na concepção medieval, o poder da Igreja, por ser de natureza espiritual e compromissado com a salvação dos homens, é superior ao poder temporal e terreno.

Outra aplicação dessa noção, em um modelo descendente de poder, foi a concepção do poder supremo transmitido diretamente de Deus para os governantes. Historicamente, isso se verificou no Absolutismo durante os séculos XVI e XVII.

Seguindo o pensamento de Tomás de Aquino, outra interpretação afirmou que o poder seria concedido por Deus ao povo. E do povo viria a legitimidade do poder de reis e imperadores. Com base nessa fundamentação seria possível, após o período da Reforma, uma argumentação contrária ao poder absoluto dos monarcas.

Durante a Idade Média, praticamente, não se duvidava ou se questionava a noção de que Deus seria o legislador, o fundamento da lei. A questão disputada estava em torno da mediação, da representação. Quem teria o poder de legislar em nome de Deus, considerado a fonte da lei? A concepção hegemônica afirmava que o papa era o representante de Deus. Aos responsáveis pelo poder temporal era atribuída a responsabilidade de administrar os assuntos humanos, em conformidade com as normas divinas.

Em termos culturais, a atuação da Igreja Católica foi fundamental, no sentido de preservar a memória filosófica e a herança da cultura greco-romana nos muitos mosteiros que existiam na Idade Média. Considerando o contexto da época, as questões mais importantes seriam as que se referiam à salvação e à vida eterna. Por isso, o poder da Igreja seria de ordem superior, de natureza espiritual, e agiria sob as bênçãos especiais de Deus, com a missão de conduzir as pessoas, por meio da educação e da devoção, à contemplação das realidades últimas ou primeiras. Em contrapartida, considerando a essência histórica do poder temporal, sua função seria zelar pelas necessidades humanas neste mundo, de ordem inferior.

A tensão entre os dois poderes assumiu diferentes expressões no decorrer da história, criando inúmeros conflitos. Na obra *A cidade de Deus*, Agostinho expressa esses conflitos na convivência de duas "cidades": "a cidade de Deus" e a "cidade dos homens", uma é o espaço da graça, da fé e da eternidade; a outra é o lugar do pecado, da vaidade e da finitude.

Até o século XI, a formação dos pensadores medievais estava fundamentada nos estudos dos pensadores da patrística. A partir do século XII, novas referências começaram a romper a hegemonia que os clérigos exerciam no campo da fundamentação teórica. O surgimento das universidades merece destaque como núcleo de formação cultural e ideológica. Nessas universidades, especialmente a de Bolonha, aprofundaram-se os estudos de direito, ética e política.

A partir do século XIII, começou a se divulgar nas universidades a tradução para o latim de duas obras de Aristóteles: *A política* e *Ética a Nicômaco*. Com o acesso a essas leituras, muitos estudiosos começaram a construir grandes reflexões sobre regimes políticos e iniciaram a fundamentação para a supremacia do poder político dos reis.

Encontro de doutores na Universidade de Paris (séc. XVI), ilustração extraída do manuscrito *Cânticos reais* (1537).

A monarquia e o bem comum

No Ocidente medieval, as unidades políticas mais fortes eram os reinos e neles se fortaleciam as convicções de que a monarquia seria o melhor regime político e a lei civil seria, acima de qualquer outra, a mais indicada para regular as relações das pessoas na sociedade. Ao monarca cabia a função de garantidor do bem comum, da paz e da estabilidade, sendo o árbitro das disputas internas, uma vez que sua presença reunia um potencial de unidade e de universalidade.

Houve um grande esforço dos pensadores medievais em resgatar da tradição grega clássica a importância pública do rei para o bem comum. *De regno* é uma das obras significativas da época, escrita por Tomás de Aquino, por volta do ano de 1267, que se inspirou na sociedade política de Aristóteles. O conteúdo dessa obra serviu como um modelo para as ações dos príncipes medievais. Partia-se da ideia de que o homem seria um ser social e o rei teria a missão de governar a comunidade humana para o bem comum. Ele deveria lutar contra as tentações da tirania.

PROBLEMATIZANDO

1. Considere a reflexão em torno dos fundamentos da autoridade e discuta com os colegas, buscando justificar sua resposta:
   - Quais eram as maiores convicções políticas do período medieval?

2. A FELICIDADE COMO BEM SUPREMO

A temática da felicidade como bem supremo, presente desde as reflexões de Aristóteles, foi retomada na Idade Média. Na Unidade 2, nós refletimos sobre esse tema, sob a perspectiva antropológica. Nesse momento, sob a perspectiva da ética e da política, retomaremos esse aspecto.

Segundo Agostinho, a ética ou a filosofia moral é uma investigação acerca do bem supremo, daquele bem absoluto, fim em si mesmo, a felicidade. Essa tradição de pensamento vem dos filósofos gregos. Contudo, Agostinho trouxe uma novidade radical: o desejo de felicidade seria inseparável da ideia de imortalidade, de vida feliz em Deus, na eternidade.

Na obra *A cidade de Deus*, Agostinho traduziu essa concepção de felicidade, como bem supremo, em Deus.

> O bem supremo da cidade de Deus é paz perfeita e perpétua, não no nosso trânsito mortal do nascimento à morte, mas em nossa liberdade imortal de toda adversidade. Essa é a vida mais feliz – quem pode negá-lo? – e comparada a ela a nossa vida sobre a Terra, não importa quão abençoada com a prosperidade externa ou os bens da alma e do corpo, é inteiramente miserável. Todavia, aquele que a aceita e dela faz uso como um meio para aquela outra vida pela qual anseia e espera, não pode de modo não razoável ser classificado como feliz mesmo agora – feliz mais propriamente em esperança do que em realidade.
>
> AGOSTINHO. A cidade de Deus. In: KENNY, Anthony. *Filosofia medieval*. Trad. Edson Bini. São Paulo: Loyola, 2008. p. 286, v. 2.

Essa concepção de felicidade está profundamente vinculada a uma noção de que haveria uma história da salvação, construída por Deus em comunhão com seres humanos. Vamos voltar nosso olhar a respeito do sentido da história, à luz do pensamento de Agostinho.

O sentido da história e a responsabilidade humana

Para compreender o ponto de vista cristão das realidades terrenas, do governo das cidades e das estratégias políticas, devemos considerar a visão de história que decorre da tradição judaico-cristã. Nessa tradição, inaugura-se uma concepção de história que tem relação com a modificação da noção de tempo. Sendo o tempo não mais visto como circular, mas linear, instaurou-se uma reflexão que pensou em início, meio e fim. A história caminharia para a perfeição, existindo uma finalidade interna a ela, uma história ordenada a uma finalidade, que nasce na criação e caminha para a salvação, para a redenção.

Nessa forma de pensar, tudo tem um sentido, uma razão de ser, embora nossa inteligência possa não compreender. Cada acontecimento passa a ser concebido como uma preparação para o momento seguinte. Por isso, muitos alimentaram um ideal de vida contemplativa, de entendimento dos acontecimentos como se fossem expressão de uma vontade divina. Afinal, Deus seria a origem, sentido e fim de todas as coisas.

Na articulação entre ética e política, recordando a primazia que o elemento espiritual exercia sobre o temporal, o decorrer da história solicitaria a responsabilidade da criatura inteligente e racional, consciente e livre. A ação humana deveria consistir no uso da razão para a correta administração da vida terrena.

Para bem entendermos os elementos aqui implicados, será fundamental considerarmos a teoria do direito que Tomás de Aquino desenvolveu, na qual ele reflete sobre as relações que existiam entre a vontade divina, expressa em sua lei eterna e na lei natural, e as leis humanas.

3. TEORIA DO DIREITO EM TOMÁS DE AQUINO

Lei divina eterna, lei natural, lei humana e lei divina positiva

Na reflexão de Tomás de Aquino, a inteligência divina tudo governa. A ciência divina, que tudo saberia, teria desejado manifestar-se eternamente, mediante a criação, e estabelecer comunicação com suas criaturas.

Retomando a reflexão inicialmente feita por Agostinho, Deus teria criado o tempo e, nele, todas as criaturas. Os seres humanos teriam sido criados à imagem e semelhança de Deus, livres e racionais.

No princípio, existiria uma vontade e lei divina eterna, que seria o plano racional de Deus e estabeleceria a ordem do Universo. Essa ordem existiria na mente de Deus, uma sabedoria que dirigiria todas as criaturas para a finalidade de sua criação. Dessa lei divina eterna derivariam as outras leis que constituem a teoria do direito de Tomás de Aquino.

Com o ato da criação dos seres humanos, Deus teria soprado na interioridade dos homens sua lei eterna. Dessa forma, existiria uma lei natural inscrita em nossos corações. As expressões dessa lei natural seriam as nossas manifestações que dizem: "é proibido matar"; "não é correto roubar"; "deve-se fazer o bem e evitar o mal" etc. Contudo, as leis humanas se tornaram necessárias devido à fragilidade da humanidade e a possibilidade de mau uso do livre-arbítrio.

Derivada da lei natural nasceria a lei humana, isto é, a lei jurídica, o direito positivo, que teria surgido para desviar os indivíduos do caminho das práticas do mal, da violência e das injustiças.

São Tomás de Aquino (séc. XVIII), atribuído a Jesuíno do Monte Carmelo. Óleo sobre tela, 172 cm × 135 cm.

Se a lei humana derivou da lei natural, não deveria haver contradição entre elas. Caso a lei humana fosse contrária à lei natural, ela deixaria de ser um guia para as nossas ações, se tornaria corrupção da lei natural e, portanto, nos afastaria do ideal prescrito por Deus a nós. Nesse sentido, se houvesse uma orientação humana contra a lei da natureza, essa orientação não deveria ser seguida. Acima da lei humana estaria, portanto, a lei divina.

Devido às corrupções e ao afastamento da vontade divina, inscrita na lei natural, Deus teria feito duas alianças fundamentais com os seres humanos na história. Da primeira aliança, teriam nascido as tábuas da lei, com Moisés. Contudo, as infidelidades e as corrupções humanas teriam continuado. Em momento posterior, Deus teria enviado seu próprio filho, Jesus Cristo, ao mundo, para relembrar a sua vontade aos humanos. Dessa passagem pela vida terrena, teriam surgido os evangelhos, os textos bíblicos de uma nova aliança de Deus com os homens. Existiria, assim, uma dimensão histórica, encarnada e revelada dessa lei divina, que se encontraria nos evangelhos. Essa lei divina positiva, escrita, teria por objetivo corrigir tanto as imperfeições da lei humana quanto as equivocadas interpretações da lei natural.

O filósofo inglês Anthony Kenny expressa muito bem essa visão, ao falar da concepção política de Tomás de Aquino. Vejamos o trecho a seguir.

> Legisladores humanos, a comunidade política ou seus delegados utilizam sua razão com o intuito de conceber leis para o bem geral de Estados particulares. Mas o mundo como um todo é regido pela ação de Deus. O plano eterno do governo providencial, o qual existe em Deus como governante do Universo, é uma lei no sentido verdadeiro. É uma lei natural inata em todas as criaturas racionais sob a forma de uma tendência natural a buscar a conduta e meta a elas apropriadas.
>
> É essa tendência que se torna articulada nos princípios fundamentais da razão prática.
>
> Essa lei natural é simplesmente a participação das criaturas racionais na lei eterna de Deus. Obriga-nos a amar a Deus e a amar ao nosso próximo como a nós mesmos. É pela aplicação desse princípio que alcançamos regras morais específicas para reger a ação em áreas como homicídio, relações sexuais e propriedade privada.
>
> KENNY, Anthony. *Filosofia medieval*. Trad. Edson Bini. São Paulo: Loyola, 2008. p. 301. v. 2.

PROBLEMATIZANDO

1. Segundo Tomás de Aquino, uma norma que contradissesse a lei natural não seria justa e, portanto, não seria lei. Dessa maneira, a lei natural seria a expressão da lei divina eterna e a lei humana deveria proceder dela e estar em sintonia com ela.
   - Considerando essa reflexão, será que é possível ainda percebermos a atualidade dessa visão?
   - Como você avalia a existência de uma lei natural?
   - Existiriam leis humanas que contrariam essa suposta lei natural?

Nesse terreno da ética, da política e da legislação, existem muitos temas nos quais poderíamos buscar a aplicação de reflexões feitas por pensadores medievais. Considerando a realidade brasileira, um desses temas seria o da propriedade privada e sua função social. Optamos por trazer essa reflexão considerando sua atualidade. A reflexão filosófica, de modo integrado com o olhar histórico, geográfico e sociológico, poderá contribuir em muito para uma compreensão mais complexa dessa realidade.

Vejamos o texto a seguir, no qual o autor nos traz a visão de Tomás de Aquino sobre a propriedade.

O dever de justiça segundo Tomás de Aquino

> Santo Tomás de Aquino, grande doutor da Igreja, faz parte da época posterior dos Padres da Igreja. Ele é o primeiro a elaborar um tratado sobre a justiça do ponto de vista teológico. [...]
>
> A definição dada por Santo Tomás sobre a justiça encontra-se na *Suma Teológica* (II-I.q.58.a.1): "Se alguém quiser reduzir a definição da justiça a sua devida forma, poderá dizer que a justiça é o hábito segundo o qual alguém, com constante e perpétua vontade, dá a cada qual seu direito". Isto é, a justiça é uma questão de direito, garantindo a cada pessoa a satisfação do próprio direito.

O doutor da Igreja apresenta o bem comum, na linha do pensamento dos padres da Igreja, ressaltando o bem comum como horizonte de relacionamento entre o homem e as coisas. Ele afirma, na grande obra *Suma Teológica* (II-II, q.66, art.1.), que o homem não deve ter as coisas terrenas como próprias, mas como bem comum, para que todos possam usá-las quando precisarem. [...]

Deus é o verdadeiro senhor da criação, mas a ofereceu à humanidade para que a use em favor do bem de todos. [...] A propriedade é importante, segundo Santo Tomás, porém sempre para conseguir fins sociais. O fim não é o bem do indivíduo, mas da comunidade. [...]

Beneficiar os indivíduos, porém sem excluir ninguém e com equidade, é uma característica da prioridade do bem comum e é um meio para uma justa distribuição dos bens, respeitando o direito de que os bens devem beneficiar a todos e que cada um tem direito de usar do bem comum para a própria vida. Por isso, a pessoa, segundo Santo Tomás, tem o direito de possuir as coisas, mas tem também o dever de usá-las segundo o necessário para a vida, partilhando tudo aquilo que excede o necessário. [...]

A justiça é, então, a virtude que incentiva a pessoa a estar atenta às necessidades do outro e a respeitar também a alteridade de cada um porque cada pessoa é um outro. Tal alteridade torna-se comunidade e igualdade, pois quando cada um receber aquilo que lhe é necessário e que lhe pertence por direito, será alcançada a partilha dos bens da terra como Deus planejou e haverá finalmente igualdade e comunidade. [...]

A propriedade privada não pode ter um caráter prioritário, mas deve ser subordinada ao bem comum. O direito de propriedade não é um direito natural, mas é um direito positivo [escrito pelos homens] que deve ser subordinado ao direito natural ou divino do bem comum. O direito à propriedade não pode impedir que se satisfaça as necessidades fundamentais de todos. [...]

SELLA, Adriano. *Ética da justiça*. São Paulo: Paulus, 2003. p. 177-183.

PROBLEMATIZANDO

1. Releia o último parágrafo desse texto sobre Tomás de Aquino e responda:
   - Como você se posiciona diante destas questões?
   - Quais seriam as implicações práticas da aplicação desse princípio?

4. ÉTICA DA INTENÇÃO

Pedro Abelardo (1079-1142) é considerado o maior filósofo e teólogo do século XII. Sua principal obra é a *Dialética*, que foi usada como manual de lógica, pois continha excelentes argumentos para a sustentação dos debates filosófico-teológicos.

Em sua reflexão, um dos maiores destaques é também a ética da intenção, na qual afirma que o erro de uma ação não consiste propriamente na ação, mas na intencionalidade, no movimento do espírito que a realiza. Em sua reflexão ética, Abelardo deixou bem claro que a consciência é e deveria ser a fonte e o centro de irradiação da vida moral e das intenções do agir. Sem a consciência, não se poderia qualificar uma ação como boa ou má do ponto de vista moral.

Por isso, Abelardo não denominou como pecaminosa a primeira vontade ou a impulsividade do desejo, mas, acima de tudo, o consentimento à vontade e ao desejo, pois ali se verificaria a intenção.

Essa diferença, em nossa vida, entre as dimensões do irracional e instintivo, de um lado, e a dimensão racional e consciente, de outro, se tornou distinção fundamental para falarmos em esfera moral. As nossas inclinações naturais, impulsos e desejos passaram a ser vistos como pré-morais, enquanto o campo propriamente moral seria constituído pela iniciativa do sujeito, suas intenções e propósitos conscientes.

Com isso, Abelardo trouxe uma dimensão fundamental para o campo moral: a *intentio*, a intenção. Ele afirmou que a manifestação e a exteriorização dos atos devem ser vistos como reflexões de uma interioridade.

Ao falar da importância da intenção, Abelardo deixou clara a sua convicção de que nós não somos naturalmente maus, nosso corpo não estaria estruturalmente possuído e poluído pela concupiscência, pelo prazer que nos arrasta para baixo, e nem seríamos inevitavelmente arrastados pelo mal e para o mal. Essa era uma visão comum na época e que alimentava uma ideia ordinária de que era importante fugir e abandonar a vida terrena.

Abelardo, enfaticamente, afirmou que as nossas inclinações e paixões humanas não são pecaminosas, em si mesmas, senão em decorrência de sua adesão voluntária e livre às solicitações dessas inclinações.

PROBLEMATIZANDO

1. As pessoas julgam umas às outras com muita facilidade. Normalmente, ignoram os reais motivos e as intenções do agente.
   - E onde estaria a culpa, na ação em si, nas consequências do ato ou nas motivações do agir?

2. As nossas inclinações naturais, impulsos e desejos passaram a ser vistos, em Abelardo, como pré-morais, enquanto que o campo propriamente moral seria constituído pela iniciativa do sujeito, suas intenções e propósitos conscientes. Assim, não se pode chamar de pecado a própria vontade ou o desejo de fazer aquilo que não é lícito, mas sim o consentimento à vontade ou ao desejo.
   - Como você se posiciona diante dessas afirmações?
   - Qual é a importância de se conceber os impulsos e os desejos como pré-morais?

Pedro Abelardo (1853), de Jules Cavelier. Escultura.

Eixo Temático 5
ARTE E ESTÉTICA

Você vai aprender sobre:

- Vitrais, miniaturas, iluminuras como meios de ensino do catolicismo.
- O deleite estético no pensamento de Agostinho.
- Os critérios usados para definir a beleza segundo Tomás de Aquino.

Temas:

1. Visão teocêntrica da arte
2. A teoria do belo em Agostinho
3. Condições para a beleza em Tomás de Aquino

1. VISÃO TEOCÊNTRICA DA ARTE

Vitrais no interior da Catedral de Chartres, França.

Na cultura medieval latina, os vitrais eram uma das maneiras de proporcionar o acesso aos conteúdos da fé.

Durante a Idade Média, entre os séculos V e XV, a cultura ocidental foi marcada por uma filosofia condicionada por uma visão teocêntrica de mundo. Nesse contexto, a produção artística também sofreu as influências e os condicionamentos socioculturais.

Nessa cultura, na qual o pensamento religioso exerce hegemonia, a arte era utilizada como meio de contemplação, adoração, instrução e catequese referente aos conteúdos da fé. Dessa forma, mosaicos, pinturas e vitrais são exemplos de espaços nos quais as pessoas tinham acesso à doutrina ou aos dogmas do catolicismo.

Um dado interessante para ser observado nas obras de arte desse período é a não identificação dos autores das obras de arte. Uma das formas de explicação disso pode ser a relação entre fé e ideologia religiosa, na qual Deus aparecia como autor das obras, servindo-se dos humanos para realizar a sua vontade. A arte seria instrumento para captar e representar uma totalidade de sentido que existiria na criação realizada por Deus.

Por isso, os temas religiosos costumavam ser enfatizados nas formas de expressão artística mais comuns nesse período. Com efeito, para a mentalidade reinante, toda verdade e todo conhecimento provinha de Deus. Ele seria o autor da beleza da criação, princípio e fim de tudo o que existe. A beleza da criação seria uma cópia da infinita beleza de Deus. Qualquer beleza somente seria assim porque provinha e participava da beleza eterna de Deus.

VOCÊ SABIA?

Uma das maneiras que os cristãos primitivos adotaram para identificar a si mesmos e às suas casas era uma representação de peixe. O termo grego *ichthus*, significando "peixe", é o símbolo do cristianismo. Na imagem ao lado, encontramos as referências a Cristo, como a primeira e a última letra do alfabeto grego, alfa e ômega, indicando o princípio e o fim de tudo o que existe.

2. A TEORIA DO BELO EM AGOSTINHO

Noite santa (1530), de Antonio Allegri da Correggio. Óleo sobre tela, 256,5 cm × 188 cm.

De acordo com a visão agostiniana, em toda matéria criada seria possível encontrar as marcas da beleza do criador.

Profundamente marcado pelo racionalismo platônico, o pensamento do filósofo e teólogo Agostinho (354-430) concebe a arte em sua função subsidiária, secundária, a serviço do ideal contemplativo. Nessa dinâmica, a arte poderia, inclusive, afastar o ser humano da vida ideal.

Uma expressão disso encontra-se na crítica que Agostinho faz aos espetáculos, por ser espaço e tempo de ilusões, de fingimentos, de máscaras. Por essas e outras razões, a profissão de comediante costumava não ser bem vista. Essa condenação ao teatro tem relação com a condenação a tudo o que é fictício. Nele encontra-se o choro falso, a alegria não verdadeira. Julgava-se o costumeiro uso de máscaras como não agradável a Deus. Além da ilusão, o teatro seria também expressão do ócio vazio, do tempo perdido.

Em *Confissões*, Agostinho literalmente confessa sua paixão inicial pelo teatro e sua luta para livrar-se dela.

> Arrebatavam-me os espetáculos teatrais, cheios de imagens de minhas misérias e de alimento próprio para o fogo das minhas paixões. [...]
>
> Que compaixão é essa em assuntos fictícios e cênicos, se não induz o espectador a prestar auxílio, mas somente o convida à angústia e a comprazer ao dramaturgo, na proporção da dor que experimenta? [...]. Amamos, portanto, as lágrimas e as dores. [...]
>
> Em tempos passados, compartilhava no teatro da satisfação dos amantes que mutuamente se gozavam pela torpeza, se bem que espetáculos destes não passassem de meras ficções. [...]
>
> Tal era a minha vida! Mas isso, meu Deus, podia chamar-se vida?
>
> AGOSTINHO. *Confissões*. Livro III. Trad. J. Oliveira e Ambrósio Pina. São Paulo: Nova Cultural, 1996. p. 80-82. (Os pensadores).

Para Agostinho, existe uma grande tentação no olhar humano, que consiste em se concentrar nas belezas materiais e físicas. O perigo está em esquecer que elas são imperfeitas, pois são cópias, representações que existem tão somente por trazerem as marcas de uma beleza imaterial. Por isso, elas devem ser instrumento que remeta o olhar ao autor e criador de toda a beleza.

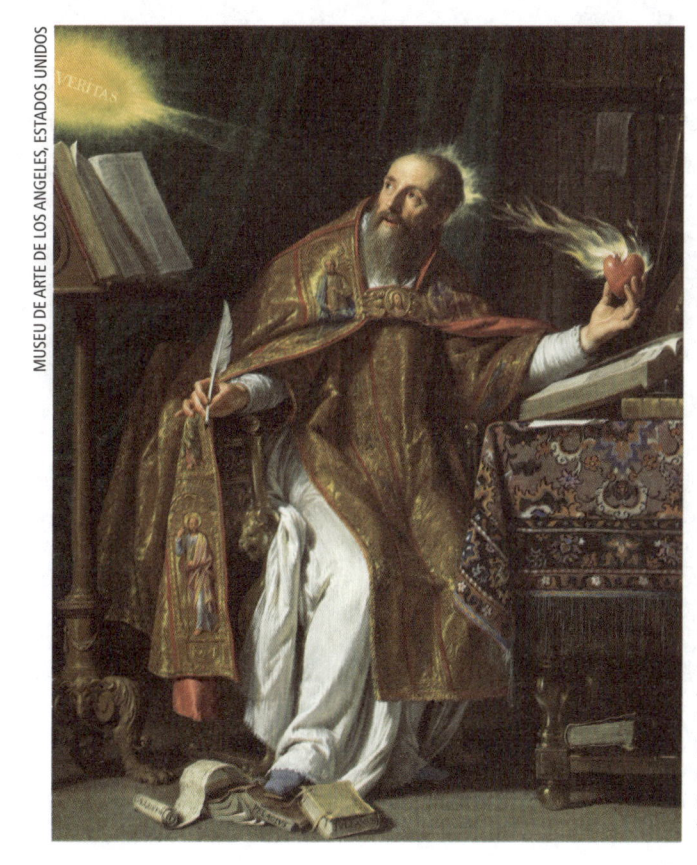

Santo Agostinho (c. 1650), de Phillippe de Champaigne. Óleo sobre tela, 78,7 cm × 62,2 cm.

> Tarde Vos amei, ó Beleza tão antiga e tão nova, tarde Vos amei! E eis que habitáveis dentro de mim e eu lá fora a procurar-Vos! Disforme [sem beleza] lançava-me sob estas formosuras que criastes. Estáveis comigo, e eu não estava convosco!
>
> AGOSTINHO. Confissões. Livro X. Trad. J. Oliveira e Ambrósio Pina. São Paulo: Nova Cultural, 1996. p. 285. (Os pensadores).

Na filosofia agostiniana, condicionada pela fé, toda a matéria que existe teria sido criada por Deus. E mesmo antes da criação, do tempo, ela já estaria eternamente na mente de Deus. Assim, toda criação brotaria da gratuidade e da perfeição divina e traria, por isso, as marcas da beleza do criador.

Estando a beleza relacionada às marcas do criador, presentes em todo criação, a fealdade estaria relacionada à aversão, ao afastamento em relação a Deus. Quanto mais próximo a Deus, mais brilho haveria; quanto mais distante, maior palidez.

Dessa forma, o deleite estético não se encontraria no agrado dos sentidos, mas na mente que reconhece no sensível a presença da beleza eterna. Essa seria a ordem a ser vivida, pois a procura da verdade e da beleza se equivaleriam. Bondade, beleza e verdade seriam correspondentes, encontradas no criador de toda forma de vida.

3. CONDIÇÕES PARA A BELEZA EM TOMÁS DE AQUINO

A adoração dos anjos (1460), de Benozzo Gozzoli (detalhe). Afresco.

Segundo Tomás de Aquino, cada anjo é uma criatura espiritual única diante de Deus, um ser imaterial, incorpóreo, imortal e incorruptível. Sendo criaturas, os anjos também contemplariam a beleza que brota do criador.

Reinterpretando e atualizando a visão aristotélica de *poiesis*, que Aristóteles desenvolve nas obras *Ética a Nicômaco* e *Poética*, Tomás de Aquino (1225-1274), na *Suma Teológica*, concebe a arte como a aplicação do saber correto a algo que se produz. Portanto, a arte tem uma natureza primordialmente poiética, técnica, instrumental, voltada para o operar, o fabricar. Em decorrência, existirão muitas formas de arte, necessariamente particulares, direcionadas a finalidades específicas.

No pensamento de Tomás de Aquino, encontramos duas formas diferentes de artes: as artes liberais e as artes servis ou mecânicas. As artes liberais, terreno do artista, eram formadas por sete disciplinas, classificadas em dois grupos. O *trivium* abrangia a gramática, a dialética e a retórica. O *quadrivium* abarcava a aritmética, a geometria, a astronomia e a música. As artes servis ou mecânicas, relacionadas à atividade manual, estão no terreno da prática do artífice, do artesão.

O pensamento desenvolvido por Tomás de Aquino baseia-se em um pressuposto teológico, que é o elemento de fé, segundo o qual tudo o que existe brota da bondade de Deus, que seria a fonte da verdade e do bem. A singularidade da criação humana, como imagem e semelhança do criador, explicaria o fato de os seres humanos terem uma atração para o belo e sentirem grande prazer ao contemplá-lo. Nessa experiência contemplativa eles estariam em comunhão com o criador de toda beleza.

No pensamento de Tomás de Aquino, o belo seria transcendental, estaria relacionado ao ser divino e à verdade eterna de Deus, onde habitaria a verdadeira harmonia. Com essa reflexão, o filósofo reforça a ideia de contemplação como valor. Dessa maneira, há no belo, além da sensibilidade, campo da estética, uma dimensão intelectual, de contemplação.

E qual é a ideia de beleza que domina a reflexão filosófica e cristã de Tomás de Aquino? Em seu pensamento, as condições ou os critérios que identificam a beleza apresentam três elementos fundamentais: integridade, proporção e claridade.

Quando falamos em algo ou alguém que é integro, a que estamos nos referindo? Para Tomás, estaríamos nos referindo a uma unidade, ao ser verdadeiro, não falso, no qual não haveria oposição, divisão, vazios. Seria algo perfeito. Ao falarmos em proporção, estaríamos nos referindo à medida, à perfeita correção entre as partes. No momento da contemplação aconteceria a fruição, o deleite espiritual. Na proporção, o ser se revelaria como bom. Ao falar em claridade, Tomás concebe algo iluminado, uma manifestação de luz. É nessa clareza que apareceria a verdade do ser. Diante da verdade aconteceria o esclarecimento. Tudo ficaria claro na verdade.

Portanto, a unidade como integridade, a bondade como proporção e a verdade como clareza seriam as expressões do verdadeiramente belo. E essa beleza original se encontraria somente em Deus, de onde derivariam os outros seres e as outras formas de beleza. Quanto mais belo fosse algo mais próximo do infinito se encontraria. Assim se explicaria a nossa alegria ao contemplarmos a beleza de uma obra, pois ela nos remeteria ao ser transcendente.

PROBLEMATIZANDO

1. Leia a afirmação: Beleza tem luz, brilho, clareza; é integridade e perfeição, harmonia e proporcionalidade.
   - Essa concepção presente no pensamento de Tomás de Aquino permanece atual?
   - Como você define beleza?
   - Em conformidade com esse conceito, o que é o feio?

PARA CONTINUAR O ESTUDO E A APRENDIZAGEM

SUGESTÃO DE LEITURAS

BOEHNER, Philotheus; GILSON, Étienne. *História da filosofia cristã*. Petrópolis: Vozes, 1982.

GILSON, Étienne. *O espírito da filosofia medieval*. São Paulo: Martins Fontes, 2006.

KENNY, Anthony. *Uma nova história da filosofia ocidental*: filosofia medieval. São Paulo: Loyola, 2008. v. II.

STORK, Alfredo. *Filosofia medieval*. Rio de Janeiro: Zahar, 2003.

A FILOSOFIA E O ESPÍRITO MODERNO

TRIBUNA DE GALILEU, FLORENÇA, ITÁLIA

Unidade 4

Eixo Temático 1

CONDIÇÃO HUMANA

Você vai aprender sobre:

- A transição da mentalidade teocêntrica medieval para a mentalidade renascentista centrada na iniciativa humana.
- A concepção de virtude na Renascença.
- As reflexões de Pico della Mirandola sobre a liberdade e a dignidade humana.
- A relação entre o aprimoramento do ser humano e a qualidade do Estado segundo Leonardo Bruni.
- A amizade e a impossibilidade de instauração de valores universais em Michel de Montaigne.
- A concepção de dignidade humana na filosofia renascentista e moderna.
- A defesa da autonomia e da liberdade humana no Iluminismo.
- O Esclarecimento como caminhada da menoridade para a maioridade em Immanuel Kant.
- As críticas ao projeto iluminista de emancipação do ser humano pela razão.

Temas:

1. A mentalidade renascentista
2. A autonomia e a dignidade humana
3. A dimensão social do ser humano
4. A diversidade cultural
5. O Iluminismo e o antropocentrismo moderno

1. A MENTALIDADE RENASCENTISTA

A sibila Eritreia (1509), de Michelangelo. Afresco, 360 cm × 380 cm.

A sibila Eritreia (personagem da mitologia greco-romana, mulher com poderes proféticos) está folheando um grande livro de profecias. O conteúdo das profecias da personagem pode ser interpretado pelos olhares apreensivos que as figuras no canto direito da imagem exibem. Ao fundo da tela, dois assistentes estão representados: um com a tocha acesa e o outro em momento de despertar.

Michelangelo usa o recurso da perspectiva e do sombreamento claro-escuro, ideias que perpassam o espírito humano da Renascença.

Se na Idade Média o teocentrismo voltava-se para a contemplação dos ideais celestes, divinos e eternos, o humanismo renascentista deu ênfase à autonomia humana. A transição do teocentrismo para o humanismo foi uma revolução das ideias, uma profunda mudança na mentalidade. Durante o período medieval, a primazia e a superioridade da fé subordinaram os poderes da razão à verdade previamente acolhida como revelação divina.

Na transição para o pensamento moderno, a centralidade se colocou na iniciativa humana, servindo-se da experiência e da razão autônoma, sem vínculos com a dimensão religiosa. Essa mudança ocorreu em todos os aspectos da vida, envolvendo uma nova maneira de conceber o ser humano, o conhecimento, a ética, a política, a estética e a cultura.

Nesse contexto, surgiu a teoria do jusnaturalismo, que defendeu a existência de direitos naturais, universalmente válidos. Essa teoria estabeleceu o ser humano como agente principal de seu destino e a igualdade natural entre os indivíduos. No jusnaturalismo o direito natural seria anterior a qualquer convenção, pois decorreria da própria natureza humana. Essa condição tornará possível a construção de pactos ou contratos (como veremos mais adiante nessa unidade, no eixo temático dedicado à ética e à política, ao estudarmos o pensamento contratualista de Hobbes, Locke e Rousseau).

A virtude: conquista de si mesmo

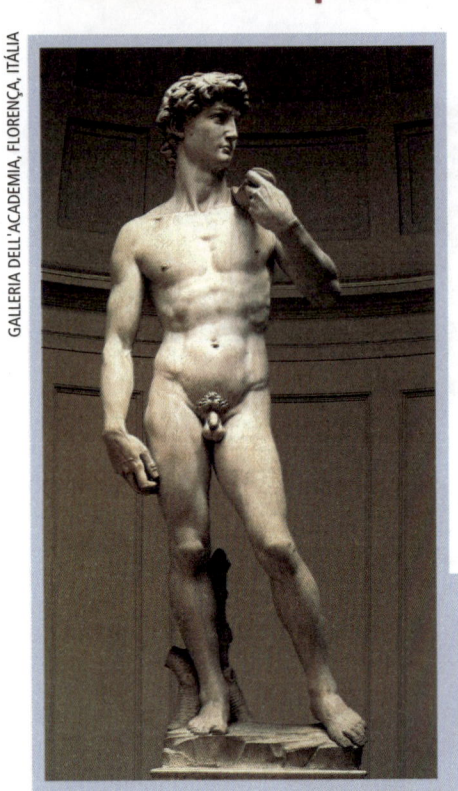

Em termos antropológicos, o humanismo acarretou uma concepção de virtude que se afastou da concepção comum na Idade Média. Os elementos centrais não foram mais a humildade, a resignação ou a obediência a uma vontade divina, mas o esforço em assumir-se como construtor de seu destino.

Michel de Montaigne (1533-1592) foi um filósofo da Renascença. No texto a seguir, ele aborda a importância da atitude de superação permanente de si mesmo. Nesse sentido, ele distingue a virtude da bondade, dizendo que a virtude é mais louvável do que a bondade. O título original desse texto, presente na obra *Ensaios*, é "Da crueldade". Contudo, a reflexão que escolhemos é sobre a virtude. Por essa razão, tomamos a liberdade de alterar o título. Vamos acompanhar a argumentação de Montaigne.

Davi, (1504), de Michelangelo. Mármore, 410 cm × 133 cm.

Nessa escultura, Michelangelo buscou expressar o paradigma visual do novo conceito de ser humano, que se construiu na mentalidade renascentista e moderna. O destaque da obra está no equilíbrio entre emoção, sentimento e razão. Esteticamente, a beleza transparece na harmonia, em sistemas de medidas, que buscam a perfeição das proporções.

Da virtude

Parece-me que a virtude é coisa diferente, e mais nobre do que as inclinações para a bondade, que nascem em nós. [...] Mas a virtude revela não sei o que de maior, mais ativo, do que deixar-se, sob a influência de uma feliz compleição [inclinação], serenamente conduzir pela razão. Quem, por doçura e inclinação natural, esquece as ofensas recebidas, comete uma bela ação, digna de louvores; mas quem, profundamente ferido e irritado, luta contra um terrível desejo de vingança e pela razão consegue dominar-se, faz melhor sem dúvida. Aquele age certo, este virtuosamente. O ato do primeiro é de bondade, o do segundo de virtude. Dir-se-ia que a virtude pressupõe dificuldade e oposição e não pode existir sem luta. Talvez seja por isso que qualificamos Deus como bom, liberal, justo, mas não virtuoso, porquanto tudo o que faz é natural, não necessitando nenhum esforço para realizá-lo. [...]

A virtude recusa a companhia da facilidade; e que esse caminho cômodo, de declive suave, pelo qual nos deixamos levar naturalmente, não é o da verdadeira virtude. O caminho desta é árduo e espinhoso. A virtude exige luta para se realizar, ou contra os obstáculos exteriores [...] ou contra as dificuldades íntimas provocadas em nós por nossos desordenados apetites e as imperfeições da nossa natureza. [...]

MONTAIGNE, Michel de. *Ensaios*. Livro II. Trad. Sérgio Milliet. São Paulo: Nova Cultural, 1991. p. 196-198. (Os pensadores).

PROBLEMATIZANDO

1. A concepção de virtude de Montaigne pode ser equiparada à noção de virtude que vem da tradição grega?
2. Que reflexões podem ser feitas sobre os dons pessoais e sua realização quando associamos a virtude ao esforço, à luta e à superação?

2. A AUTONOMIA E A DIGNIDADE HUMANA

Pico della Mirandola (1463-1494) é o pensador renascentista que melhor reflete sobre os temas da liberdade e da dignidade humana.

Em um contexto no qual as pessoas estão diante de novos mundos a descobrir, por meio de extensas navegações e intensos contatos culturais, seu pensamento consolida a ideia de que o ser humano é o responsável por construir sua história, com base na autonomia da razão, na liberdade e na potencialidade.

Para Pico, a dignidade humana, por estar vinculada à liberdade, não é algo dado ou acabado. Considerando a natureza perfectível do ser humano, ele afirma que a pessoa tem o desafio e a tarefa de conquistar-se a si mesma, de autodignificar-se. Para alcançar essa meta, a filosofia é indispensável.

Qual é essa nova concepção antropológica? Em que consiste a dignidade humana? Vamos acompanhar o raciocínio do autor.

Pico della Mirandola (c. 1400), em retrato de Cristofano dell'Altissimo.

Não obstante tudo isso [a criação do Universo, pelo Supremo Arquiteto e Pai], ao término do seu labor, desejava o Artífice que existisse alguém capaz de compreender o sentido de tão grande obra, que amasse sua beleza e contemplasse a sua grandiosidade. [...] Tomou então o homem, essa obra de tipo indefinido e, tendo-o colocado no centro do universo, falou-lhe nesses termos:

"A ti, ó Adão, não te temos dado, nem um lugar determinado, nem um aspecto próprio, nem qualquer prerrogativa só tua, para que obtenhas e conserves o lugar, o aspecto e as prerrogativas que desejares, segundo tua vontade e teus motivos. A natureza limitada dos outros está contida dentro das leis por nós prescritas. Mas tu determinarás a tua sem estar constrito por nenhuma barreira, conforme teu arbítrio, a cujo poder eu te entreguei. Coloquei-te no meio do mundo para que, daí, tu percebesses tudo o que existe no mundo. Não te fiz celeste nem terreno, mortal nem imortal, para que, como livre e soberano artífice, tu mesmo te esculpisses e te plasmasses na forma que tivesses escolhido. Tu poderás degenerar nas coisas inferiores, que são brutas, e poderás, segundo o teu querer, regenerar-te nas coisas superiores, que são divinas". [...] No homem, o Pai infundiu todo tipo de sementes, de tal sorte que tivesse toda e qualquer variedade de vida. As que cada um cultivasse, essas cresceriam e produziriam nele os seus frutos.

MIRANDOLA, Pico della. *A dignidade humana*. Trad. Luis Feracine. São Paulo: Escala Educacional, 2006. p. 39-42.

PROBLEMATIZANDO

1. Esse tema refletido na Renascença será também muito explorado pelo existencialismo, na filosofia contemporânea, especialmente na obra *O existencialismo é um humanismo*, de Jean-Paul Sartre, que abordaremos na última unidade.

   - Ao refletir sobre a singularidade humana, Pico della Mirandola faz uma distinção entre o ser humano e os demais seres. Ao abordar o tema "natureza e cultura", na primeira unidade, já fizemos essa reflexão. Como o autor apresenta a dignidade humana?

3. A DIMENSÃO SOCIAL DO SER HUMANO

Na Renascença realizou-se uma releitura crítica ao aristotelismo, defendido por autores da escolástica tardia.

Especialmente importante foi a atuação de Leonardo Bruni (1370-1444), ao traduzir do grego as obras *A política* e *Ética a Nicômaco*, de Aristóteles. Os enfoques de sua reflexão humanista eram o cultivo da dimensão política do ser humano, que deveria assumir a tarefa de tornar-se bom e virtuoso na relação com os outros. Com esse aprimoramento pessoal do ser humano, o Estado se tornaria melhor, pois a qualidade do membro auxiliaria na perfeição do corpo.

Nessa reflexão aparece a necessidade essencial e cultural do ser humano por relações sociais, que diferem dos impulsos possessivos de nossa primeira natureza. Montaigne, assim como Aristóteles, realizou uma reflexão sobre a amizade que difere muito de nossa concepção contemporânea. Na reflexão de Montaigne, é possível perceber traços de uma nova concepção de ser humano e de cultura.

Mausoléu de Leonardo Bruni na Basílica de Santa Cruz, em Florença, Itália.

Da amizade

A natureza parece muito particularmente interessada em implantar em nós a necessidade de relações de amizade e Aristóteles afirma que os bons legisladores se preocupam mais com essas relações do que com a justiça. É verdade que a amizade assinala o mais alto ponto de perfeição na sociedade. Em geral, sentimentos a que damos o nome de amizade, nascidos da satisfação de nossos prazeres, das vantagens que usufruímos, ou das associações formadas em vista de interesses públicos ou privados, são menos belos, menos generosos, e têm outras causas, visam a outros fins. Essas afeições, que se classificavam outrora em quatro categorias, segundo fossem ditadas pela natureza, a sociedade, a hospitalidade ou as exigências dos sentidos, nem em seu conjunto nem isoladamente atingem o ideal.

[...]

É a correspondência dos gostos que engendra essas verdadeiras e perfeitas amizades e não há razão para que ela se verifique, entre pai e filho, ou entre irmãos, os quais podem ter gostos totalmente diferentes. [...]. Nas amizades que nos impõem a lei e as obrigações naturais, nossa vontade não se exerce livremente; elas não resultam de uma escolha, e nada depende mais de nosso livre-arbítrio que a amizade e a afeição.

[...]

Entre amigos, unidos por esse nobre sentimento, os serviços e favores, elementos essenciais às outras amizades, não entram em linha de conta e isso porque as vontades intimamente fundidas são uma só vontade. [...] Assim como não sou grato a mim mesmo do serviço prestado por mim mesmo, assim também a união de tais amigos atinge tal perfeição que os leva a perder a ideia de se deverem alguma coisa. [...] Se nessa amizade a que me refiro, um pudesse dar alguma coisa ao outro, o benfeitor é que seria o favorecido.

MONTAIGNE, Michel de. *Ensaios I*. Livro I. Trad. Sérgio Milliet. São Paulo: Nova Cultural, 1991. p. 89-95. (Os pensadores).

PROBLEMATIZANDO

1. Com base na leitura desse texto, que aspectos da condição humana foram retratados por Montaigne? Discuta sua resposta com os colegas, procurando justificá-la.
2. Quais são os argumentos que Montaigne usa para dizer que entre pais e filhos e entre irmãos não há uma amizade natural?

4. A DIVERSIDADE CULTURAL

Lisboa (1598), de Georg Bauer e Hogenberg. Gravura.

Em vários momentos da história da humanidade, o intercâmbio entre povos foi uma experiência positiva no combate ao dogmatismo, uma vez que possibilitou o conhecimento de outras expressões culturais e colaborou para a noção de relatividade dos costumes.

O contexto das navegações que marca a Europa renascentista e moderna proporcionou a experiência do contato entre diferentes povos. Uma das primeiras reações dos colonizadores foi a de julgarem-se superiores aos povos que encontraram. Damos o nome de etnocentrismo a essa atitude. Os processos de dominação de um povo por outro foram realizados com base nessa pretensa superioridade.

Contudo, esse contexto alimentou também uma nova visão, muito bem refletida por Montaigne, que não se cansou em reconhecer e afirmar a diversidade humana.

Diante da diversidade cultural, Montaigne refletiu sobre a impossibilidade de estabelecer padrões universais e valores ideais para toda a humanidade e diferentes culturas. Assim, ele suspendeu o juízo sobre a melhor cultura ou o melhor valor. Isso aproxima Montaigne do ceticismo, que estabeleceu o prudente silêncio como expressão de sabedoria.

Na obra *Os canibais*, Montaigne faz um confronto entre a cultura europeia (colonizadora) e a vida dos nativos que sofreram invasões e foram chamados de bárbaros e selvagens pelos colonizadores. Vejamos alguns trechos dessa reflexão.

Os canibais

Mas, voltando ao assunto, não vejo nada de bárbaro ou selvagem no que dizem daqueles povos; e, na verdade, cada qual considera bárbaro o que não se pratica em sua terra. E é natural, porque só podemos julgar da verdade e da razão de ser das coisas pelo exemplo e pela ideia dos usos e costumes do país em que vivemos. Neste a religião é sempre a melhor, a administração excelente, e tudo o mais perfeito. A essa gente chamamos selvagens ou frutos que a natureza produz sem intervenção do homem.

Esses povos não me parecem, pois, merecer o qualitativo de selvagens somente por não terem sido senão muito pouco modificados pela ingerência do espírito humano e não haverem quase nada perdido de sua simplicidade primitiva. As leis da natureza, não ainda pervertidas pela imisão [mistura, intromissão] dos nossos, regem-nos até agora e mantiveram-se tão puras que lamento por vezes não as tenha o nosso mundo conhecido antes, quando havia homens capazes de apreciá-las.

Não me parecesse excessivo julgar bárbaros tais atos de crueldade, mas o fato de condenar tais defeitos não nos leve à cegueira acerca dos nossos.

Canibalismo no Brasil em 1557 como descrito por Hans Staden (1562), de Theodore de Bry. Gravura.

Essa imagem pertence a um conjunto de ilustrações do relato feito pelo alemão Hans Staden em sua viagem à colônia portuguesa no século XVI. De acordo com esse relato, os indígenas consumiam a carne humana de seus inimigos em rituais antropofágicos.

Estimo que é mais bárbaro comer um homem vivo do que o comer depois de morto. E é pior esquartejar um homem entre suplícios e tormentos e o queimar aos poucos ou entregá-lo aos cães e porcos, a pretexto de devoção e fé, como não somente o lemos mas vimos ocorrer entre vizinhos nossos conterrâneos; e isso em verdade é bem mais grave do que assar e comer um homem previamente executado.

MONTAIGNE, Michel de. *Ensaios*. Livro I. Trad. Sérgio Milliet. São Paulo: Nova Cultural, 1991. (Os pensadores).

PROBLEMATIZANDO

1. Montaigne não se posiciona contra o fato de podermos chamar determinados atos de "horror barbaresco" expressão usada por ele na obra *Ensaios*. A sua crítica se refere à cegueira cultural, de quem não se reconhece em atos que pratica, que são muito mais cruéis do que aqueles que condena nos outros. Como você se posiciona diante da problematização feita por Montaigne?

2. Montaigne indica no texto: "Esses povos não me parecem, pois, merecer o qualitativo de selvagens. [...]" Em conformidade com o texto, por quais razões os nativos eram chamados de bárbaros?

3. Você já ouviu a expressão: "isso é um programa de índio"? É possível relacionar essa expressão contemporânea com o espírito presente na reflexão de Montaigne?

4. Voltando o olhar para a nossa realidade, que aspectos de "barbárie" você reconhece em nossa cultura?

PRODUÇÃO DE TEXTO

1. Leia as afirmativas a seguir.

> Oxalá [interjeição que expressa desejo de que algo aconteça] nossa alma se deixe conduzir pela santa ambição de superar a mediocridade e anele [deseje] por coisas mais sublimes, envidando esforços para consegui-las, dado que, se realmente quisermos, haveremos de concretizar.
> A grandeza e o milagre do homem estão no fato de ele ser o artífice de si mesmo, autoconstrutor.
>
> MIRANDOLA, Pico Della. *A dignidade humana*. Trad. Luis Feracine. São Paulo: Escala Educacional, 2006. p. 39-42.

- A partir desse trecho e de outras informações, redija um texto sobre a concepção da dignidade humana promovida pela filosofia renascentista e moderna.

5. O ILUMINISMO E O ANTROPOCENTRISMO MODERNO

O Iluminismo foi um movimento cultural especialmente centrado no século XVIII, que afetou praticamente todas as dimensões da vida humana. Com o Iluminismo, nasceu uma nova maneira de se conceber o ser humano, a cultura, o direito, a política e a ética.

A palavra "Iluminismo" tem sua origem na expressão francesa *Siècle des Lumières*, da qual surgiu a palavra em língua inglesa *Enlightenment* e a expressão alemã *Aufklärung*, com sentido de esclarecimento ou iluminação. Essa visão de esclarecimento vem sendo desconstruída pelos estudos históricos contemporâneos, uma vez que traz a ideia de que a Idade Média teria sido um longo período de trevas e escuridão.

Entre os aspectos mais destacados por esse movimento está a defesa da liberdade e da autonomia humana, frente às imposições de uma mentalidade religiosa. Para os pensadores iluministas, o melhor caminho para se alcançar a liberdade e a emancipação estava no uso da razão.

No texto a seguir, o filósofo Immanuel Kant expressou o projeto do Iluminismo como busca por Esclarecimento e emancipação do espírito humano, a caminhada da menoridade para a maioridade. É um texto clássico. Vejamos a seguir alguns trechos.

O navio HMS nas rotas marítimas da Terra do Fogo (1833), de Conrad Martens. Aquarela.

Uma das formas de expressão do antropocentrismo moderno traduz-se na tentativa de transformar o ser humano em senhor que domina a natureza.

> **Resposta à pergunta: o que é o Esclarecimento?**
>
> Esclarecimento é à saída do homem da condição de menoridade autoimposta. Menoridade é a incapacidade de servir-se de seu entendimento sem a direção de um outro. Essa menoridade é autoimposta quando a causa da mesma reside na carência não de entendimento, mas de decisão e coragem em fazer uso de seu próprio entendimento sem orientação alheia. *Sapere aude!* Tenha a coragem de servir-te de teu próprio entendimento. Este é o mote do Esclarecimento.
>
> Preguiça e covardia são as causas que explicam por que uma grande parte dos seres humanos, mesmo após a natureza tê-los declarado livres da orientação alheia (*naturaliter maiorennes*), ainda permanecem, com gosto e por toda a vida, na condição de menoridade. As mesmas causas explicam por que parece tão fácil outros afirmarem-se como seus tutores. É tão confortável ser menor. Tenho à disposição um livro que entende por mim, um pastor que tem consciência por mim, um médico que me prescreve uma dieta etc. então não preciso me esforçar.
>
> Não me é necessário pensar, quando posso pagar; outros assumirão a tarefa espinhosa por mim; a maioria da humanidade (aí incluído todo o belo sexo) vê como muito perigoso, além de bastante difícil, o passo a ser dado rumo à maioridade, uma vez que tutores já tomaram para si de bom grado a sua supervisão. Após terem previamente embrutecido e cuidadosamente protegido seu gado, para que estas pacatas criaturas não ousem dar qualquer passo fora dos trilhos nos quais devem andar, os tutores lhes mostram o perigo que as ameaça caso queiram andar por conta própria. Tal perigo, porém, não é tão grande, pois, após algumas quedas aprenderiam finalmente a andar; basta, entretanto, o exemplo de um tombo para intimidá-los e aterrorizá-los por completo para que não façam novas tentativas.
>
> É, porém, difícil para um indivíduo livrar-se de uma menoridade quase tornada natural. Ele até já criou afeição por ela, e, por suas próprias mãos, é efetivamente incapaz de servir-se do próprio entendimento porque nunca lhe foi dada a chance de tentar. [...]
>
> Para o Esclarecimento, porém, nada é exigido além da liberdade; e mais especificamente a liberdade menos danosa de todas, a saber: utilizar publicamente sua razão em todas as dimensões [...]
>
> Se for perguntado: vivemos agora em uma época esclarecida? A resposta é: não, vivemos em uma época de Esclarecimento. Falta ainda muito para que os homens em geral, nas condições atuais, estejam habilitados a servir-se bem de seu próprio entendimento das questões religiosas sem o auxílio da compreensão alheia. Porém temos claros indícios de que agora o campo lhes foi aberto para se desenvolverem livremente e que gradualmente tornam-se menores os obstáculos ao Esclarecimento geral e à saída de sua menoridade autoimposta.
>
> KANT, Immanuel. Resposta à pergunta: o que é o Esclarecimento? Trad. Danilo Marcondes. In: MARCONDES, Danilo. *Textos básicos de ética*. Rio de Janeiro: Jorge Zahar, 2006. p. 95-100.

PROBLEMATIZANDO

1. No texto que você leu, Kant usa as expressões "menoridade" e "maioridade".
   - Em que sentido essas expressões ajudam a entender o projeto do Iluminismo? Discuta sua resposta com os colegas, procurando justificá-la.

Crítica ao Iluminismo

O grande projeto do Iluminismo seria libertar os seres humanos da alienação, especialmente religiosa, e promover sua emancipação, por meio da razão. Contudo, muitas críticas foram feitas ao modo como as ideias e os ideais do Iluminismo foram concretizados.

Uma dessas críticas ao Iluminismo é feita pela Escola de Frankfurt, conforme veremos no segundo eixo temático da última unidade desta obra. Nessa crítica, a razão moderna seria uma razão técnica, cuja ênfase estaria em usar os recursos naturais em favor de projetos que resultem em capital, em crescimento econômico.

Nessa crítica da Escola de Frankfurt, o objetivo do Iluminismo não teria se realizado, uma vez que a razão filosófica, que seria essencialmente crítica, deixou de refletir sobre os fundamentos para se converter em uma razão pragmática, em um plano de ação, de intervenção no mundo natural, buscando o sucesso de um projeto econômico que transforma a natureza em objeto de exploração.

Assim, a Escola de Frankfurt denuncia que a razão filosófica degenerou em uma razão técnica, calculista, na qual a previsão, e não mais a reflexão crítica, passou a ser a essência da razão. É por isso que os pensadores da Escola de Frankfurt afirmarão que o resgate da razão filosófica implicará a denúncia e o desmascaramento daquilo no qual a razão iluminista se converteu.

OUTROS OLHARES

1. Leia o poema de Fernando Pessoa.

Navegar é preciso

Navegadores antigos tinham uma frase gloriosa:
"Navegar é preciso; viver não é preciso".
Quero para mim o espírito [d]esta frase, transformada a
                        [forma para a casar como eu sou:
Viver não é necessário; o que é necessário é criar.
Não conto gozar a minha vida; nem em gozá-la penso.
Só quero torná-la grande, ainda que para isso tenha de ser
                        [o meu corpo e a (minha alma) a lenha desse fogo.
Só quero torná-la de toda a humanidade;
ainda que para isso tenha de a perder como minha.
Cada vez mais assim penso.
Cada vez mais ponho da essência anímica do meu sangue
o propósito impessoal de engrandecer a pátria e contribuir
                        [para a evolução da humanidade.
É a forma que em mim tomou o misticismo da nossa Raça.

PESSOA, Fernando. *Obra poética*. 3. ed. Rio de Janeiro: Nova Aguilar, 1999. p. 15.

Caravela do navegador português Vasco da Gama (c. 1568), ilustração extraída do manuscrito *Memórias das armadas*.

- Relacionando esse poema com o espírito ou a mentalidade do ser humano moderno, que análises você consegue fazer? A que conclusões consegue chegar?
- Que implicações e repercussões você percebe na cultura moderna e contemporânea dessa ideia de o ser humano ser o senhor da natureza?

PRODUÇÃO DE TEXTO

1. Considerando as reflexões realizadas, redija um texto relacionando a modernidade com o projeto do Iluminismo.

Eixo Temático 2
EXPERIÊNCIA E RACIONALIDADE

Você vai aprender sobre:

- A ciência como condutora da experiência em Leonardo da Vinci.
- As mudanças no pensamento cosmológico e astronômico na transição entre o modelo aristotélico-ptolomaico e o copernicano.
- A proposição de infinitude do Universo e a visão panteísta de Giordano Bruno.
- A perspectiva física e empírica no pensamento de Galileu, Kepler e Newton.
- A destruição dos ídolos para a construção do pensamento científico segundo Francis Bacon.
- As regras do método científico de René Descartes.
- As sensações físicas no empirismo de David Hume.
- A fase crítica do pensamento de Kant e sua síntese do racionalismo e do empirismo.

Temas:

1. Noção de experiência em Leonardo da Vinci
2. Do modelo aristotélico-ptolomaico ao copernicano
3. Galileu e Kepler: o nascimento da ciência moderna
4. O método científico e a nova ciência em Francis Bacon
5. O racionalismo de René Descartes
6. O empirismo de David Hume
7. Nem racionalismo, nem empirismo: o racionalismo crítico em Kant

1. NOÇÃO DE EXPERIÊNCIA EM LEONARDO DA VINCI

Leonardo da Vinci (1452-1519) é um representante por excelência da genialidade humana. A complexidade de sua inteligência e as suas habilidades em arte marcaram época.

Em seu pensamento já aparece a ideia que será um dos fundamentos da revolução científica do século XVII, a concepção de que a linguagem do mundo é a matemática. Da Vinci elabora uma concepção mecanicista do Universo, de um Universo que segue uma ordem, com leis de funcionamento necessárias, que derivam do criador. E o ser humano, como criatura feita à imagem e semelhança do criador, é um ser inteligente, que tem as potencialidades para decifrar essas leis de funcionamento.

Dessa forma, por meio da experiência e da razão, o ser humano tem a missão de desvendar a ordem do mundo, estudar sua linguagem matemática. Portanto, a autoridade não mais será uma figura humana, mas o argumento fundamentado na experiência. Com essa visão, o espírito renascentista prepara e lança as raízes da ciência moderna.

O conceito de experiência, como aparece em Leonardo da Vinci, nunca será uma simples observação. Para que aconteça a experiência, será fundamental articular teoria e prática, observação e estudos matemáticos. O pressuposto básico é o de que todos os fenômenos naturais têm uma razão de ser, que deverá ser descoberta.

A analogia que Leonardo estabelece em termos de conhecimento seguro é a imagem de um timoneiro que entra em um navio com leme e bússola. A ausência desses elementos seria como uma experiência sem a referência teórica, sem ciência. Assim, será a ciência que deverá conduzir a experiência.

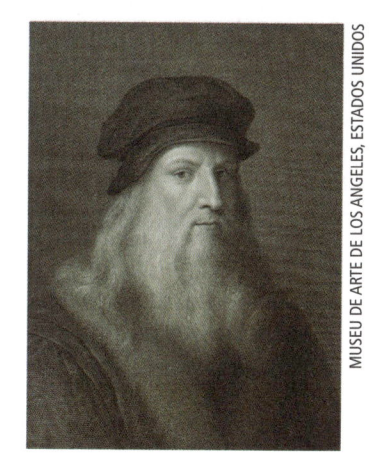

Retrato de Leonardo da Vinci (séc. XIX), de Raffaello Sanzio Morghen. Gravura.

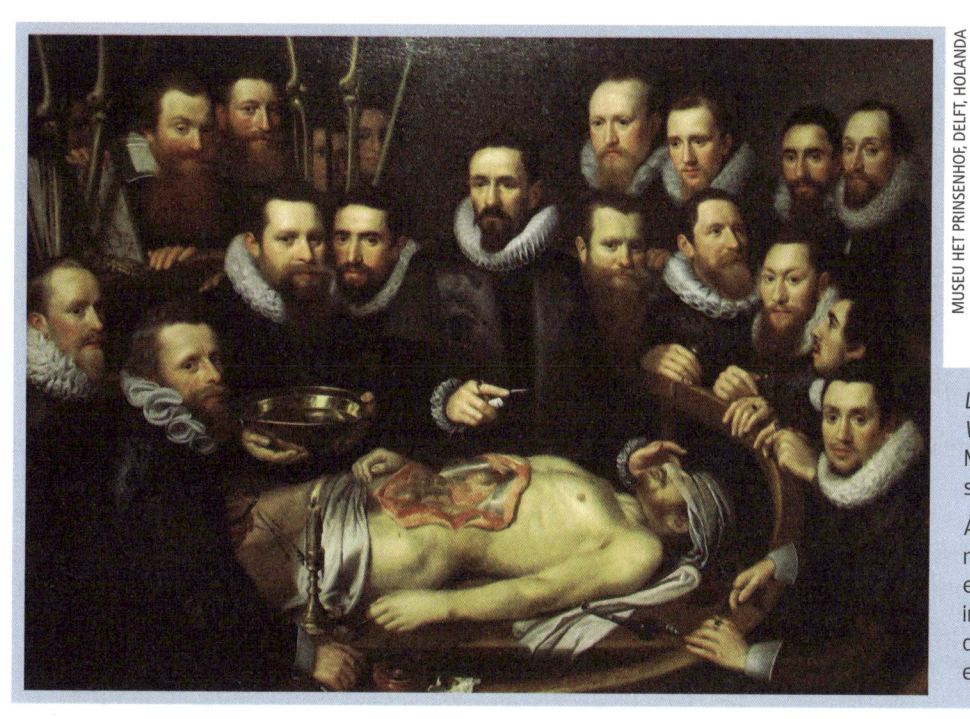

Lição de anatomia do Dr. Willem Van der Meer (1617), de Michel Jansz Mierevelt. Óleo sobre tela, 146,5 cm × 202 cm.

A ciência que está nascendo encontra, na experimentação e no estudo investigativo, o caminho para desvendar o que até então era mistério inacessível.

Vamos acompanhar um texto de Leonardo da Vinci, no qual podemos ver essa concepção de experiência.

203

Nenhuma investigação humana pode dizer-se verdadeira ciência, se ela não passar pelas demonstrações matemáticas: e se disseres que as ciências, que principiam e terminam na mente, têm verdade, isto não se concebe, mas se nega por muitas razões; ao contrário, em tais discursos mentais não ocorre experiência, sem a qual nada dá certeza de si. [...]

A ciência é mais útil quando seu fruto é mais comunicável e, ao contrário, menos útil quando é menos comunicável. [...]

Todavia, parece-me que sejam vãs e cheias de erros as ciências que não nasceram da experiência, mãe de toda certeza, e que não terminam em experiência conhecida, isto é, que sua origem, ou meio, ou fim, não passam por nenhum dos cinco sentidos. E se duvidamos da certeza de cada coisa que passa pelos sentidos, com muito maior razão devemos duvidar das coisas rebeldes a esses sentidos, como a ausência de Deus e da alma e coisas semelhantes, pelas quais sempre se disputa e briga. E verdadeiramente ocorre que sempre onde falta a razão suprem os gritos, o que não acontece nas coisas certas.

DA VINCI, Leonardo. Tratado da pintura. In: REALE, G.; ANTISERI, D. *História da filosofia*: do humanismo a Descartes. Trad. Ivo Storniolo. São Paulo: Paulus, 2004. p. 127-128.

PROBLEMATIZANDO

1. A simples observação não é experiência, tampouco dá origem à ciência. Em que sentido a ciência não começa pela observação? Discuta sua resposta com os colegas, procurando justificá-la.

2. Leia os fragmentos a seguir.

> Nenhum efeito existe na natureza sem razão. [...]
>
> Nenhuma investigação humana pode dizer-se verdadeira ciência, se ela não passar pelas demonstrações matemáticas: e se disseres que as ciências, que principiam e terminam na mente, têm verdade, isto não se concebe, mas se nega por muitas razões.
>
> DA VINCI, Leonardo. Tratado da pintura. In: REALE, G.; ANTISERI, D. *História da filosofia*: do humanismo a Descartes. Trad. Ivo Storniolo. São Paulo: Paulus, 2004. p. 127-128.

- Nesses fragmentos, Leonardo da Vinci sinaliza para uma nova forma histórica de pensar, para uma nova metodologia de construção do conhecimento. Em que consiste essa novidade histórica?

2. DO MODELO ARISTOTÉLICO-PTOLOMAICO AO COPERNICANO

A concepção aristotélica de Cosmo trazia a noção de ordem, de um todo organizado, no qual cada elemento que o constituía possuía o seu lugar. No centro, estaria o elemento mais pesado, a terra. Junto à terra estaria o elemento água, também pesado. Na ausência de uma força externa aplicada sobre esse elemento, ele tenderia a se mover em direção ao centro. Os elementos mais leves, como a água, o ar e o fogo, formariam camadas concêntricas em torno, movendo-se espontaneamente para cima, afastando-se do centro.

Nesse modelo de pensamento, existiria uma profunda distinção entre Terra e céu. A Terra, por ser matéria, estaria sujeita às mudanças, às transformações. Em contrapartida, haveria os corpos celestes, que seriam esferas perfeitas e imutáveis, pois sua constituição não viria dos quatro elementos terrenos, mas de um quinto elemento, o éter. Esses corpos celestes apresentariam movimentos circulares em torno da Terra, oriundos de inteligências que estariam subordinadas a uma primeira e suprema inteligência, fonte de todo movimento.

O pensamento cosmológico e astronômico do mundo ocidental ficou marcado, por quase catorze séculos, pela concepção de Aristóteles (384-322 a.C.), que foi retomada por Cláudio Ptolomeu (90-168). A estrutura desse modelo aristotélico-ptolomaico foi adotada durante toda a Idade Média ocidental, de natureza cristã, com uma mudança significativa: transformou o mundo eterno em criado pela vontade divina.

Mapa celeste (1660), de Andreas Cellarius, publicado no *Atlas celestial*.

Neste mapa celeste aparece o modelo geocêntrico de Ptolomeu: esférico, delimitado, contornado pela esfera das estrelas fixas. É um mundo fechado e finito.

Uma das primeiras reflexões na origem dessa desconstrução do modelo cosmológico de Aristóteles ocorre na Renascença, no pensamento de Nicolau de Cusa (1401-1464), segundo o qual o Universo não possuiria um centro. Por isso, também, os corpos não poderiam ocupar lugares hierárquicos.

> Consequentemente, se considerarmos os diversos movimentos dos orbes celestes, constataremos que é impossível para a máquina do mundo possuir qualquer centro fixo e imóvel, seja esse centro a terra sensível, o ar, o fogo ou qualquer outra coisa.
>
> DE CUSA, Nicolau. A douta ignorância. Livro II. In: KOYRÉ, Alexandre. *Do mundo fechado ao Universo infinito*. Trad. Donaldson M. Garschagen. 4. ed. Rio de Janeiro: Forense Universitária, 2006. p. 14.

Será com Copérnico (1473-1543) que o modelo cosmológico aristotélico-ptolomaico sofrerá seu mais significativo golpe, ao propor a teoria heliocêntrica. De acordo com Copérnico, o Sol ocuparia o centro do Universo e os demais planetas girariam ao seu redor. Contudo, Copérnico ainda não falava em Universo infinito. A ideia de hierarquia e de valor ainda estaria presente. O Sol, sendo visto como a fonte de toda luz, recebia maior nobreza.

> Mas no centro de tudo situa-se o Sol. Quem, com efeito, nesse esplêndido templo colocaria a luz em lugar diferente ou melhor do que aquele de onde ela pudesse iluminar ao mesmo tempo todo o templo? [...] Assim, como que repousando no trono real, o Sol governa a circundante família de astros.
>
> COPÉRNICO, Nicolau. Das revoluções dos orbes celestes. Livro I. In: KOYRÉ, Alexandre. *Do mundo fechado ao Universo infinito*. Trad. Donaldson M. Garschagen. 4. ed. Rio de Janeiro: Forense Universitária, 2006. p. 30.

Entre os adeptos da teoria de Copérnico, encontramos Giordano Bruno, Johannes Kepler e Galileu Galilei, pensadores que lançaram as raízes da moderna revolução científica.

Giordano Bruno (1548-1600), embora tenha acolhido a visão de Copérnico, deu um novo e decisivo passo, ao romper com a ideia de Universo finito, e propor a infinitude do Universo. O mundo seria infinito, infinito seria o movimento, eterna seria a mutação de todas as coisas. Nessa concepção, nada morre, tudo se transforma.

Para Giordano, embora haja um princípio supremo, causa de todas as coisas, esse elemento primordial não poderá jamais ser conhecido. Contudo, esse princípio que anima o mundo está presente em todas as coisas. Essa visão de Giordano Bruno foi classificada como panteísta, significando com isso que o princípio motor do mundo não estaria fora dele, mas em seu próprio interior. Com esse posicionamento, ele se afasta da posição oficial da Igreja Católica, vinculada ao modelo aristotélico-tomista, segundo o qual Deus seria o motor imóvel, a causa perfeita e absoluta de tudo, que teria existência separada de suas criaturas.

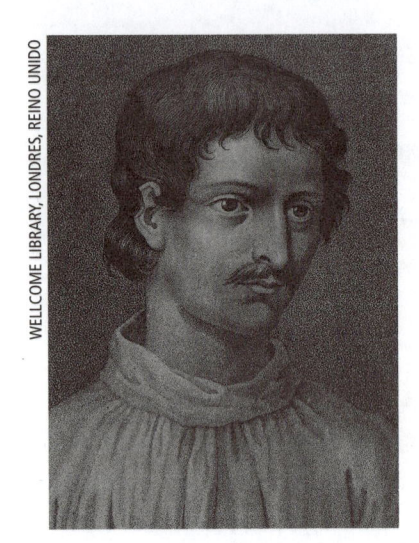

Retrato de Giordano Bruno, filósofo italiano (1578), de autoria desconhecida. Gravura.

PROBLEMATIZANDO

1. Em fevereiro de 1600, Giordano Bruno foi condenado pelo Santo Ofício e queimado vivo, devido a uma visão de Universo que ele defendia.
   - Por quais razões o posicionamento de Giordano Bruno seria contestado pela Igreja Católica?
   - Em que diferem os modelos geocêntrico (aristotélico-ptolomaico) e heliocêntrico (copernicano), defendido por Giordano Bruno?
   - Discuta suas respostas com os colegas, procurando justificá-las.

3. GALILEU E KEPLER: O NASCIMENTO DA CIÊNCIA MODERNA

No âmbito do conhecimento, a modernidade realiza uma verdadeira revolução espiritual. Nasce uma nova visão de mundo, de Universo, de ciência, de metodologia científica. A natureza revolucionária do pensamento científico moderno pode ser percebida na radicalidade das mudanças. Se, anteriormente, havia a perspectiva metafísica, especulativa, dogmática, religiosa e mítica, agora a perspectiva é física, empírica.

O matemático e astrônomo alemão Johannes Kepler (1571-1630) foi um dos pensadores fundamentais da revolução científica do século XVII. Tornou-se conhecido por ter formulado as três leis fundamentais da mecânica celeste. Juntamente com Galileu Galilei (1564-1642), afirmava a organização matemática do mundo e que os fundamentos das ciências deveriam estar na comparação de hipóteses, fundamentados em dados empíricos, observados experimentalmente.

Galileu Galilei, por dar grande valor à experimentação, foi o responsável por uma série de invenções que iriam revolucionar o mundo: lentes, telescópios, termômetros, bússolas. Com o aprimoramento desses instrumentos, ele pôde contradizer a teoria aristotélica, uma vez que conseguia enxergar a Lua e perceber que nela não havia a perfeição da qual Aristóteles falava.

Com Kepler surgirá a ideia do Universo como um sistema dinâmico autogovernado. Essa visão será reforçada no pensamento mecanicista de René Descartes (1596-1650). Nesse contexto, Descartes se nega a aplicar o conceito de infinito em sentido próprio a alguma realidade que não seja a divina. Somente Deus é infinito. Nenhuma criação divina, e isso inclui o Universo, poderá ter esse atributo específico do criador.

Galileu demonstra a lei da gravidade para Dom Giovanni de Médici (1839), de Giuseppe Bezzuoli. Afresco.

A velocidade da queda de um corpo depende de sua massa?

Contudo, a grande síntese seria feita por Isaac Newton (1643-1727). Ele retoma e amplia a descrição do movimento feita por Galileu, por meio das equações matemáticas. Com base no conhecimento de certas condições iniciais, que seriam representadas pela posição e pela velocidade de um corpo em qualquer instante, Newton apresenta uma solução para o grande problema da mecânica, ao afirmar ser possível calcular a trajetória que um corpo irá percorrer conhecendo as forças que agem sobre ele.

Com o estabelecimento dessas leis físicas do movimento, surge outro aspecto novo na ciência moderna, verdadeiramente revolucionário, que é o seu caráter de previsibilidade. Assim, com Newton a revolução científica moderna chega a seu auge.

O que se verifica na ciência moderna é a presença de um método que tem sua autonomia, sua lógica, suas etapas, sem vínculo com elementos de fé religiosa, afastando-se de uma perspectiva especulativa.

O fragmento a seguir, de Galileu, mostra um novo olhar sobre a forma de se aproximar do estudo dos fenômenos naturais. É um belíssimo texto que sinaliza para a radical mudança de pensamento que está em curso. Na verdade, a reflexão teológica da Idade Média já apontava para a necessidade do uso da inteligência na busca de compreensão das realidades. A diferença de agora é que no horizonte da motivação já não existe mais a fé como condição pressuposta.

> Eu creria que a Autoridade das Sagradas Letras tivesse tido apenas a intenção de persuadir sobre os homens os artigos e proposições que, sendo necessários para a sua salvação e superando todo discurso humano, não podiam por outra ciência nem por outro meio tornar-se críveis, a não ser pela boca do próprio Espírito Santo. Mas que aquele mesmo Deus que nos dotou de sentidos, de discurso e de intelecto, tenha desejado, pospondo o uso destes, dar-nos com outro meio as notícias que podemos conseguir por aqueles, não penso ser necessário crer nisso.
>
> GALILEI, Galileu. Carta a Dom Benedetto Castelli. In: REALE, G.; ANTISERI, D. *História da filosofia*: do humanismo a Descartes. Trad. Ivo Storniolo. São Paulo: Paulus, 2004. p. 127-128.

Nesse fragmento, Galileu reconhece que naquilo que possa se referir a verdades eternas, que transcende o poder dos sentidos e do intelecto, dependeríamos de uma inspiração divina. Contudo, diferentemente disso, no terreno das verdades do mundo natural ou físico, os homens deveriam usar os sentidos, o intelecto, a capacidade do discurso que Deus lhes deu, como elementos fundamentais para compreender essas verdades.

No percurso das ciências, portanto, não deveríamos esperar uma resposta de fora, de uma autoridade religiosa ou de especulação sem vínculo com a experiência empírica.

No texto a seguir, Galileu critica o critério até então usado para definir algo como verdadeiro. Ele propõe um critério novo e apresenta pressupostos que sinalizam para uma revolução na forma de pensar que irá caracterizar o século XVII.

> Tenho a impressão de identificar em Sarsi a firme crença de que, para filosofar, é preciso apoiar-se nas opiniões de algum autor célebre, de modo que se a nossa mente não se casasse com o discurso de outra tivesse que permanecer estéril e infecunda; e talvez imagine que a filosofia seja um livro, uma fantasia de um homem, como a *Ilíada* e o *Orlando furioso* em que a coisa menos importante é se o que está escrito neles é real. Senhor Sarsi, as coisas não são bem assim. A filosofia é escrita neste grandíssimo livro que permanentemente está aberto diante dos nossos olhos (falo do Universo), mas que não pode ser entendido sem que antes se aprenda sua língua e se conheçam os caracteres com os quais é escrito. Este livro, a natureza, é escrito em língua matemática, e os caracteres são os triângulos, círculos e outras figuras geométricas, sem as quais é humanamente impossível entender uma palavra sequer; sem elas, é como perambular inutilmente em um labirinto escuro.
>
> GALILEI, G. O ensaísta. In: REALE, G.; ANTISERI, D. *História da filosofia*: do humanismo a Descartes. Trad. Ivo Storniolo. São Paulo: Paulus, 2004. p. 214-216.

Nesse fragmento, verifica-se a crítica ao princípio da autoridade como fundamento para a verdade das coisas. Considerando a linguagem matemática do mundo, é preciso conhecê-la. Ou seja, é preciso aprofundar-se nas linguagens capazes de decifrar as leis do Universo. E isso está ao alcance de todos os seres humanos, desde que se coloquem numa dinâmica que implique observações, hipóteses, pesquisas, testes, experimentações, comparações etc.

Galileu Galilei perante os membros do Santo Ofício (1847), de Joseph-Nicolas Robert-Fleury. Óleo sobre tela, 196,5 cm × 308 cm.

Essa imagem representa o momento em que Galileu esteve diante do Tribunal do Santo Ofício, em Roma, no século XVI. Nessa ocasião, a Igreja Católica exigiu que Galileu negasse a teoria heliocêntrica.

PROBLEMATIZANDO

1. Para o pensamento moderno, o princípio da autoridade não mais serve como critério de verdade. Contudo, você é capaz de perceber que esse recurso à autoridade continua sendo usado muitas vezes para defender uma ideia?
2. Quais são os novos critérios de verdade que devem reger a atividade científica?

O texto a seguir, de Alexandre Koyré, ilustra de maneira brilhante o que foi a revolução científica do século XVII, a começar pelo título da obra: *Do mundo fechado ao Universo infinito*.

> Admite-se de maneira geral que o século XVII sofreu e realizou uma radicalíssima revolução espiritual de que a ciência moderna é ao mesmo tempo a raiz e o fruto. Alguns historiadores viram seu aspecto mais característico na secularização da consciência, seu afastamento de metas transcendentes para objetivos imanentes, ou seja, a substituição da preocupação pelo outro mundo e pela outra vida pela preocupação com esta vida e este mundo. Para outros autores, sua característica mais assinalada foi a descoberta, pela consciência humana, de sua subjetividade essencial e, por conseguinte, a substituição do objetivismo dos medievos e dos antigos pelo subjetivismo dos modernos; outros ainda creem que o aspecto mais destacado daquela revolução terá sido a mudança de relação entre teoria e práxis, o velho ideal da vida contemplativa cedendo lugar ao da vida ativa.
>
> Enquanto o homem medieval e o antigo visavam à pura contemplação da natureza e do ser, o moderno deseja a dominação e a subjugação. [...]
>
> Pode-se dizer, aproximadamente, que essa revolução científica e filosófica [...] causou a destruição do Cosmo, ou seja, o desaparecimento dos conceitos válidos, filosófica e cientificamente, da concepção do mundo como um todo finito, fechado e ordenado hierarquicamente (um todo no qual a hierarquia de valor determinava a hierarquia e a estrutura do ser, erguendo-se da terra escura, pesada e imperfeita para a perfeição cada vez mais exaltada das estrelas e das esferas celestes), e a sua substituição por um universo indefinido e até mesmo infinito que é mantido coeso pela identidade de seus componentes e leis fundamentais, e no qual todos esses componentes são colocados no mesmo nível do ser. Isto, por seu turno, implica o abandono, pelo pensamento científico, de todas as considerações baseadas em conceitos de valor, como perfeição, harmonia, significado e objetivo, e, finalmente, a completa desvalorização do ser, o divórcio do mundo do valor e do mundo dos fatos.
>
> KOYRÉ, Alexandre. *Do mundo fechado ao Universo infinito*. Trad. Donaldson M. Garschagen. 4. ed. Rio de Janeiro: Forense Universitária, 2006. p. 13-14.

Astrônomo (c. 1665), de Gerrit Du. Óleo sobre tela, 32 cm × 22 cm.

PRODUÇÃO DE TEXTO

1. Vimos que a revolução científica do século XVII superou a visão de Cosmo, de um mundo ordenado hierarquicamente, inaugurando a visão de Universo infinito.
    - Com base no trecho que você leu de Alexandre Koyré, redija um texto sobre a revolução científica provocada pela ciência moderna, justificando a afirmação a seguir: A revolução científica causou a destruição do Cosmo.

4. O MÉTODO CIENTÍFICO E A NOVA CIÊNCIA EM FRANCIS BACON

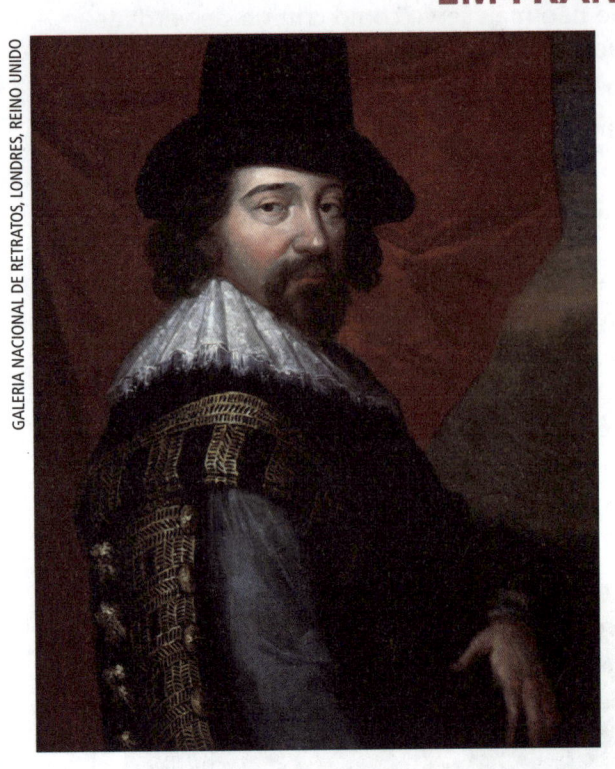

Francis Bacon (1561-1626), nascido em Londres, Inglaterra, foi filósofo, político e ensaísta, barão de Verulâmio e visconde de Saint Alban. No terreno da filosofia, sua principal obra, publicada em 1620, é o *Novum organum*, que podemos traduzir por *Novo instrumento*. Nela, Bacon apresenta uma nova metodologia para a atividade científica, completamente diferente daquela que até então se praticava, de matriz aristotélica e medieval. Ele buscava um método investigativo, partindo da observação, da descrição, passando pela classificação, comparação e eliminação. Após isso, prosseguia na busca de possíveis causas. O fragmento a seguir nos permite pensar em um primeiro elemento importante nessa nova metodologia:

Francis Bacon, visconde de Saint Alban (c. 1618), de John Vanderbank. Óleo sobre tela, 76,5 cm × 63,2 cm.

> Nem a mão nua, nem o intelecto, deixados a si mesmos, logram muito. Todos os efeitos se cumprem com instrumentos e recursos auxiliares, de que dependem, em igual medida, tanto o intelecto quanto as mãos.
>
> BACON, Francis. *Novum organum*. Livro I, aforismo II. Trad. José Aluysio Reis de Andrade. São Paulo: Nova Cultural, 1999, p. 33. (Os pensadores).

No fragmento a seguir, ele usa uma metáfora muito esclarecedora de seu posicionamento, ao falar em empíricos e dogmáticos.

> Os que se dedicaram às ciências foram ou empíricos ou dogmáticos. Os empíricos, à maneira das formigas, acumulam e usam as provisões; os racionalistas, à maneira das aranhas, de si mesmos extraem o que lhes serve para a teia. A abelha representa a posição intermediária: recolhe a matéria-prima das flores do jardim e do campo e com seus próprios recursos a transforma e digere. Não é diferente o labor da verdadeira filosofia, que não se serve unicamente das forças da mente, nem tampouco se limita ao material fornecido pela história natural ou pelas artes mecânicas, conservado intacto na memória. Mas ele deve ser modificado e elaborado pelo intelecto. Por isso muito se deve esperar da aliança estreita e sólida (ainda não levada a cabo) entre essas duas faculdades, a experimental e a racional.
>
> BACON, Francis. *Novum organum*. Livro I, aforismo XCV. Trad. José Aluysio Reis de Andrade. São Paulo: Nova Cultural, 1999. p. 76. (Os pensadores).

A interpretação da natureza

Bacon parte da consideração do ser humano como sujeito capaz de interpretar a natureza. A condição para essa interpretação está em uma ação guiada por método apropriado, que parta das luzes que a própria natureza emite e, com base nelas, segue em direção à experiência.

De acordo com Bacon, a ação sobre os fenômenos da natureza depende do conhecimento de suas causas. Contudo, Bacon considera que, historicamente, essa interpretação ficou prejudicada por vários motivos, entre os quais o uso do critério de autoridade e leituras subjetivas e equivocadas.

Assim, Bacon insiste na necessidade de uma nova forma e de uma nova metodologia de conhecimento. Afirma a necessidade de um acentuado investimento na educação científica, por meio da qual os alunos aprenderiam a mobilizar seu pensamento com base em experimentações.

Para Bacon, a primeira grande exigência nesse processo de aprender a interpretar corretamente a natureza consiste em compreender os fundamentos da própria ciência. Essa tarefa teria dois grandes momentos. Inicialmente, a parte destrutiva. Ela consistiria em livrar a mente dos ídolos, das falsas noções que historicamente a invadiram.

Escultura de Francis Bacon na fachada da Universidade de Londres.

Podemos verificar essa ideia no fragmento a seguir:

> A verdadeira causa e raiz de todos os males que afetam as ciências é uma única: enquanto admiramos e exaltamos de modo falso os poderes da mente humana, não lhe buscamos auxílios adequados. A natureza supera em muito, em complexidade, os sentidos e o intelecto. Todas aquelas belas meditações e especulações humanas, todas as controvérsias são coisas malsãs. E ninguém disso se apercebe.
>
> BACON, Francis. *Novum organum*. Livro I, aforismos IX e X. Trad. José Aluysio Reis de Andrade. São Paulo: Nova Cultural, 1999. p. 34. (Os pensadores).

Passada a primeira fase da limpeza e da purificação, viria a parte construtiva, que consistiria na exposição das regras do método científico que permitiria aos seres humanos o conhecimento seguro, que passa pelo caminho da indução, conciliando as experiências particulares com a formulação da teoria geral. Essa ideia pode ser verificada no fragmento a seguir:

> Deve-se buscar não apenas uma quantidade muito maior de experimentos [...]. Mas é preciso, ainda, introduzir-se um método completamente novo, uma ordem diferente e um novo processo, para continuar e promover a experiência. Pois a vaga experiência, deixada a si mesma, como antes já se disse, é um mero tateio, e presta-se mais a confundir os homens que a informá-los. Mas quando a experiência proceder de acordo com as leis seguras e de forma gradual, poder-se-á esperar algo de melhor da ciência.
>
> BACON, Francis. *Novum organum*. Livro I, aforismo C. Trad. José Aluysio Reis de Andrade. São Paulo: Nova Cultural, 1999. p. 79. (Os pensadores).

As falsas noções ou ídolos

Para Bacon, na história da civilização, em sua busca por conhecimento, imperam falsas noções, que figuram como ídolos que impedem a busca por conhecimento verdadeiro. O primeiro passo para a superação desses ídolos seria tomar conhecimento de sua existência. Esses ídolos ou falsas noções impedem os homens de olhar como deveriam para a realidade e construir uma verdadeira ciência.

Com essa ideia de ídolos, Bacon denuncia todas as formas de preconceitos, buscando sua eliminação e a purificação do saber científico dessas formas degenerativas de saber. Essas ilusões humanas impedem a humanidade de caminhar na direção do conhecimento verdadeiro.

Ídolos da tribo

A primeira falsa noção vem denominada como "ídolos da tribo". Nesse âmbito, Bacon se refere à humanidade como um todo, à raça humana como "tribo". O ídolo surge quando o intelecto humano faz uma leitura da realidade com base na tendência à simplificação, à leitura mais fácil. É, de fato, tentador reduzir a complexidade a uma leitura simplificada. Mas isso nos afasta do conhecimento da realidade, que é complexa. Para Bacon, a humanidade tenderia a fixar-se em apenas um ponto de vista, em uma única perspectiva. Com isso, o gênero humano (tribo), ao se dirigir para a natureza, sofreria a influência dos afetos, prejudicando o caráter científico do saber. Os seres humanos tenderiam a considerar verdadeiro aquilo que eles preferem. E nessa preferência a pesquisa séria e demorada parece não ter lugar. Além de todos esses aspectos, Bacon ainda se refere ao intelecto humano como apresentando tendências à abstração, à imaginação, a considerar estável aquilo que é mutável. Isso vem ao encontro da inclinação à simplificação.

Ídolos da caverna

A segunda falsa noção é definida como "ídolos da caverna". Se o ídolo da tribo se referia à espécie humana, ídolos da caverna se referem a cada indivíduo particular, em sua própria caverna. Nesse âmbito, cada um teria o hábito de ver a realidade a partir de uma luz que penetraria em sua própria caverna, oriunda da educação recebida, dos contatos com outras pessoas, das leituras que fez. Assim o mundo seria percebido sob diferentes óticas individuais. E como essa realidade poderia ser caminho para um conhecimento científico? Essa série de ídolos está inspirada na alegoria da caverna, de Platão, que se encontra no Livro VII de *A República*. Nessa alusão, os primeiros estágios do conhecimento que caracteriza o senso comum são a opinião e a crença de que essa opinião corresponde à verdade essencial. Ora, o que caracteriza essa caverna é a diversidade de opiniões fugazes.

Ídolos da feira ou do mercado

Em terceiro lugar, encontramos os "ídolos do foro" ou "ídolos do mercado", ou da feira. As imagens da feira ou do mercado fazem referência aos encontros humanos mediados pela palavra, pela fala, que atribuiria nomes às coisas segundo compreensões muito limitadas. Essa fala poderia interferir negativamente no trabalho do intelecto, impedindo os raciocínios mais precisos, levando as pessoas a controvérsias e a considerações banais. Na feira ou no mercado, palavras costumariam ser ambíguas, faltaria clareza e rigor na comunicação. Bacon insiste muito na crítica a esses ídolos da feira, por não estabelecerem vínculo com a experiência. Nas feiras, as palavras ou discursos costumam arrastar e desviar as pessoas da verdade. Nesse sentido cabe recordar o provérbio: "uma mentira repetida inúmeras vezes acaba sendo aceita como verdade".

Ídolos do teatro

Finalmente, os "ídolos do teatro" referem-se àquelas falsas noções originadas de sistemas filosóficos que realizariam divagações e floreios, representações vazias, sem sustentação. Com essa caracterização, Bacon critica as fábulas criadas no passado, pelos sofistas, pelos empíricos e pelos dogmáticos, todas marcadas pela absoluta falta de comprovação científica.

ÍDOLOS OU FALSAS NOÇÕES SEGUNDO FRANCIS BACON			
ÍDOLOS DA TRIBO	ÍDOLOS DA CAVERNA	ÍDOLOS DO MERCADO	ÍDOLOS DO TEATRO
Apegar-se às opiniões e ser levado pelas preferências.	Percepções distorcidas, motivadas por hábitos aprendidos.	Controvérsias e ambiguidades do senso comum.	Representações sem comprovação científica.

Tendo sido denunciadas e superadas as falsas noções, a tarefa consistiria em buscar construir uma metodologia capaz de proporcionar conhecimento sólido. É disso que Bacon trata ao abordar as tábuas da investigação.

As tábuas da investigação

Em sua obra *Novum organum*, no Livro II: *Aforismos sobre a interpretação da natureza e o reino do homem*, Bacon afirma que o método indutivo deve ser orientado por princípios metodológicos, que ele denomina de tábuas da investigação, a serem utilizados no estudo do objeto. Trata-se de referências, que servem como guia ao pesquisador.

Inicialmente, um fenômeno deve ser estudado sob a tábua da presença ou afirmação. Nela, são estudados os casos que confirmam a presença de determinadas características. Se, por exemplo, o tema for o calor, é preciso estudá-lo nessa tábua, sob a qual se investigará onde se verifica a presença de calor.

A segunda tábua seria a das ausências ou da negação, que é a tábua onde se verificam os casos em que o fenômeno não ocorre. Essa abordagem deverá confirmar ou negar o estudo que vem sendo realizado.

Finalmente, a terceira tábua faria referência à percepção dos diferentes graus de variação que existem no fenômeno que está sendo estudado. Seria a tábua das graduações ou comparações. Nessa abordagem comparativa, seria possível perceber eventuais modificações ocorridas e suas correlações. Com isso, o conhecimento se consolidaria.

PROBLEMATIZANDO

1. Francis Bacon chamou de "ídolos" as imagens, os preconceitos ou ideias falsas que dificultam o conhecimento seguro da realidade.
- Quais são eles? Esses ídolos continuam a existir na trajetória de quem busca conhecimento científico?
- Converse com os colegas, buscando justificar seu posicionamento.

PRODUÇÃO DE TEXTO

1. Leia o trecho de *Novum organum*, a seguir.

> Os que se dedicaram às ciências foram ou empíricos ou dogmáticos. Os empíricos, à maneira das formigas, acumulam e usam as provisões; os racionalistas, à maneira das aranhas, de si mesmos extraem o que lhes serve para a teia. A abelha representa a posição intermediária [...].
> BACON, Francis. *Novum organum*. Livro I, aforismo XCV. Trad. José Aluysio Reis de Andrade. São Paulo: Nova Cultural, 1999. p. 76. (Os pensadores).

- Com base nesse trecho e em outras informações sobre o pensamento de Francis Bacon, redija um texto apresentando a concepção de ciência desse filósofo.

5. O RACIONALISMO DE RENÉ DESCARTES

> Eu sempre tive um imenso desejo de aprender a distinguir o verdadeiro do falso, para ver claro nas minhas ações e caminhar com segurança nesta vida [...]. Aprendi a não crer demasiado firmemente em nada do que me fora inculcado só pelo exemplo e pelo costume.
>
> DESCARTES, René. *Discurso do método*. Trad. Jacob Guinsburg e Bento Prado Júnior. São Paulo: Nova Cultural, 1991. p. 33. (Os pensadores).

Retrato de René Descartes (c. 1649-1700), de Frans Hals. Óleo sobre tela, 77,5 cm × 68,5 cm.

Seguindo a dinâmica do pensamento de Francis Bacon, René Descartes (1596-1650) também é motivado pela busca do rigor no pensamento, pela investigação acerca das regras que deveríamos seguir ou nelas nos inspirar para alcançarmos um conhecimento objetivo. Em sua obra *Discurso do método*, Descartes afirma que persegue o método do novo saber, inspirado na clareza e no rigor dos procedimentos geométricos.

O contexto da revolução científica permite-nos reconhecer que caía por terra uma forma de saber. Em meio às dúvidas e incertezas desse momento, era preciso buscar uma nova filosofia, um novo método, capaz de proporcionar conhecimento seguro. E essa solidez virá de um novo fundamento, não mais baseado no fundamento aristotélico que sustentava toda a tradição anterior.

Regras para o conhecimento seguro

Na obra *Regras para a direção do espírito*, Descartes começou a explicitar as regras de seu método. No entanto, ele abandonou a obra antes de concluí-la. Nela constam 21 regras. Considerando que é uma obra inacabada, essas provavelmente não são todas as regras que constituiriam seu método.

René Descartes descreve esse método, que ele mesmo sintetiza em seu *Discurso do método*, por meio de quatro preceitos fundamentais na busca do conhecimento verdadeiro. Resumimos com as nossas palavras essas quatro regras que, se bem observadas, conduzirão, de acordo com Descartes, ao conhecimento verdadeiro do que se pode conhecer:

1ª regra – **Da evidência racional**: Jamais acolher alguma coisa como verdadeira sem conhecê-la como tal pela evidência. Com isso, Descartes pretende fornecer critérios para conhecer proposições verdadeiras como verdadeiras. Deve-se evitar a precipitação e a prevenção, que consiste na adesão acrítica de opiniões prévias. A evidência é o princípio fundamental do método. A evidência consiste na clareza e na distinção, como sinais da verdade das coisas, obtida por um ato intuitivo. Somente a intuição de uma mente pura é capaz de nos fornecer um conceito claro.
O objetivo das outras três regras consistirá em proporcionar a conquista dessa evidência.

2ª regra – **Da análise**: Dividir cada problema de estudo em tantas partes quantas forem necessárias para melhor resolvê-lo. O método analítico, por fragmentar o todo em partes, permitiria ao intelecto, na visão de Descartes, afastar-se das ambiguidades. Com essa estratégia de analisar passo a passo, parte por parte, evitam-se generalizações apressadas. A criação dessa estratégia de Descartes está fundamentada na concepção segundo a qual o verdadeiro está misturado com o falso. Por isso, é preciso fazer o desmembramento em tantas partes quanto possível. Essa decomposição do conjunto em partes elementares será uma mediação fundamental para proporcionar a intuição, condição necessária para a evidência, que é indicativa da certeza.

3ª regra – **Da síntese**: Uma vez feita a fragmentação, torna-se fundamental reordenar as partes, reordenar os pensamentos, começando pelos mais simples e fáceis de conhecer, para progressivamente subir, degrau por degrau, até o conhecimento mais complexo. Será dessa reordenação que nascerá a síntese. No percurso dessa síntese, o ponto de partida agora será recompor a ordem. Esse movimento do simples ao complexo torna-se passo necessário para chegar à evidência.

4ª regra – **Do controle ou da enumeração**: Tendo sido feita a divisão em partes e a reordenação dessas partes, é preciso proceder a constantes e completas enumerações e revisões, para ter certeza de não haver omitido nada. É preciso evitar a precipitação. Nessa regra, Descartes propõe a verificação de cada passagem realizada. As duas palavras que bem expressam essa regra são: "enumeração", pois verifica a completude da análise, e "revisão", pois verificará se a síntese está correta.

Com essas regras, Descartes nos apresenta o caminho de uma pesquisa rigorosa capaz de evitar as generalizações apressadas, as precipitações e as prevenções, e nos proporcionar a clareza e distinção.

Uma vez estabelecidas as regras, Descartes as aplica sobre tudo o que recebeu da tradição para verificar se há alguma verdade tão clara e distinta que não admita a dúvida. Vejamos, então, a dúvida como método.

A dúvida metódica

Embora não fosse cético, Descartes considerava o ceticismo muito importante, devido às questões que colocava sobre a possibilidade de um conhecimento seguro. Para ele, o esforço consistirá em refutar o ceticismo. Inicialmente, assume o ceticismo, levando-o às últimas consequências. Descartes estabelece a dúvida como seu método, a serviço de algo maior: a busca pela verdade. Não se trata da dúvida pela dúvida, da dúvida como princípio e fim. Tampouco se trata de suspender qualquer juízo. Trata-se de uma árdua tarefa, de buscar clareza e evidência. Assim, a argumentação de Descartes começa com a dúvida metódica, mediante a qual coloca em questão todo o conhecimento adquirido da tradição, a ciência clássica e as opiniões tidas como certas até então. Se uma proposição admitir a dúvida, não deverá ser aceita como verdade. A tarefa consistirá em examinar os fundamentos ou os princípios sobre os quais ela foi construída. Se os fundamentos não resistirem à dúvida, todo o edifício sobre ele construído irá desmoronar.

Seguiremos o percurso que Descartes fez em sua obra *Meditações*. Na primeira meditação, Descartes estabelece os argumentos para refutar o ceticismo e buscar a verdade que supera qualquer dúvida. No primeiro argumento, contra a ilusão dos sentidos, Descartes inicia o caminho na busca pelo conhecimento verdadeiro.

Considerando a maneira como o saber que herdamos da tradição foi construído, Descartes explicita a consciência de que boa parte do saber que ele herdou em momento algum foi por ele problematizado, aceitando opiniões como verdadeiras sem testar seus fundamentos. Por isso, ele adota a dúvida como método para alcançar verdades indubitáveis, ideias claras e distintas. No excerto a seguir, Descartes reflete sobre isso.

Das coisas que se podem colocar em dúvida

Há já algum tempo eu me apercebi de que, desde meus primeiros anos, recebera muitas falsas opiniões como verdadeiras, e de que aquilo que depois eu fundei em princípios tão mal assegurados não podia ser senão mui duvidoso e incerto; de modo que me era necessário tentar seriamente, uma vez em minha vida, desfazer-me de todas as opiniões a que até então dera crédito, e começar tudo novamente desde os fundamentos, se quisesse estabelecer algo de firme e de constante nas ciências. Mas parecendo-me ser muito grande essa empresa, aguardei atingir uma idade que fosse tão madura que não pudesse esperar outra após ela, na qual eu estivesse mais apto para executá-la; o que me fez diferi-la por longo tempo que doravante acreditaria cometer falta se empregasse ainda em deliberar o tempo que me resta para agir.

Agora, pois, que meu espírito está livre de todos os cuidados, e que consegui um repouso assegurado numa pacífica solidão, aplicar-me-ei seriamente e com liberdade em destruir em geral todas as minhas antigas opiniões. Ora, não será necessário, para alcançar esse desígnio, provar que todas elas são falsas, o que talvez nunca levasse a cabo; mas, uma vez que a razão já me persuade de que não devo menos cuidadosamente impedir-me de dar crédito às coisas que não são inteiramente certas e indubitáveis, do que às que nos parecem manifestamente ser falsas, o menor motivo de dúvida que eu nelas encontrar bastará para me levar a rejeitar todas. E, para isso, não é necessário que examine cada uma em particular, o que seria um trabalho infinito; mas, visto que a ruína dos alicerces carrega necessariamente consigo todo o resto do edifício, dedicar-me-ei inicialmente aos princípios sobre os quais todas as minhas antigas dúvidas estavam apoiadas.

Tudo o que recebi, até presentemente, como mais verdadeiro e seguro, aprendi-o dos sentidos ou pelos sentidos. Ora, experimentei algumas vezes que esses sentidos eram enganosos, e que é de prudência nunca se fiar inteiramente em quem já nos enganou uma vez.

DESCARTES, René. *Meditação primeira*. Trad. Jacob Guinsburg e Bento Prado Júnior. São Paulo: Abril Cultural, 1991. p. 167-168. (Os pensadores).

No segundo argumento da obra *Meditações*, Descartes considera a inexistência de um critério seguro para distinguir o sono da vigília. Tudo o que ele acreditou perceber claramente poderia ser apenas expressão de um sonho no qual ele se encontrara. Por esse argumento, nada há na realidade que lhe garanta não se tratar de uma ilusão como num sonho, no qual ele vê as coisas de modo tão nítido que parece estar acordado.

Esse argumento, contudo, se apresenta ainda insuficiente. Embora o sonho não seja real, todo o conteúdo sonhado foi construído sobre bases bem reais, sobre formas, cores, extensões, quantidades, durações, lugares etc.

Levando a dúvida às últimas consequências, Descartes estabelece o terceiro argumento. No final do segundo argumento, Descartes inicialmente havia livrado da dúvida hiperbólica a aritmética e a geometria, devido à natureza de seu saber, pois, quer estejamos acordados ou dormindo, dois mais três sempre será cinco. Disso não se poderá duvidar. Contudo, Descartes se recorda de um aspecto fundamental: as distrações que sempre estão presentes em nossa mente.

Descartes pensa a hipótese de Deus ser um enganador: se Deus tudo pode, se ele me criou, ele poderia estar me enganando o tempo todo, fazendo com que eu afirme algo como, por exemplo, que um triângulo tem três lados. Mas essa representação poderia ser falsa se o onipotente Deus está me enganando.

Mas, caindo em si, Descartes percebe que esse argumento não se sustenta, pois sendo Deus essencialmente perfeito e perfeição implica acabamento, o ato de enganar seria uma imperfeição, que não poderia ser predicado de um ser perfeito. Esse argumento (Deus ser um enganador) poderia ser refutado como contradição. Portanto, ele conclui, Deus não pode ser enganador.

E como Descartes resolve isso, para continuar o processo da dúvida? Ele reformula o seu argumento recorrendo à figura do gênio maligno. Tendo afirmado a impossibilidade de Deus nos enganar por ser perfeito, de onde vem, então, a fonte de nosso engano, uma vez que nós de fato nos enganamos? Descartes lança a hipótese de, então, não haver um Deus ótimo, bom, verdadeiro, mas um gênio maligno e muito poderoso, que trabalha para nos enganar.

Trata-se de um artifício psicológico para evitar lançar sobre Deus a dúvida, lançando a dúvida sobre o gênio maligno, como fonte de engano. Com isso, Descartes estende e universaliza a sua dúvida.

Descartes termina a primeira meditação com a dúvida universalizada. Será, então, que existe algo verdadeiro, que não admita a dúvida?

Na segunda meditação, Descartes retoma o caminho da dúvida com a seguinte argumentação: se eu aceitar que estou sendo enganado, se eu penso que o enganador está me enganando, devo também pensar que o enganador só pode enganar a alguém que existe. Há aqui uma evidência. Enquanto eu duvido, o que implica ato de pensar, se estou sendo enganado ou não, eu, efetivamente, sou. Então, enquanto penso, eu existo. Disso eu não posso duvidar.

Com base nesse raciocínio, Descartes conclui:

> A proposição "Eu sou, eu existo" é necessariamente verdadeira todas as vezes que eu a enuncie ou a conceba em meu espírito.
>
> DESCARTES, René. *Meditações*. Trad. Jacob Guinsburg e Bento Prado Júnior. São Paulo: Nova Cultural, 1991. p. 174. (Os pensadores).

PROBLEMATIZANDO

1. A dúvida metódica de René Descartes apresenta uma diferença fundamental em relação à suspensão de juízo dos céticos.
   - Quais são os papéis que a dúvida desempenha nessas duas visões, no que se refere à possibilidade de conhecimento da verdade?
   - Discuta sua resposta com os colegas, procurando justificá-la.

As ideias inatas, as ideias adventícias e as ideias factícias

Servindo-se das regras do método, Descartes alcança a primeira certeza fundamental, a consciência de si como ser pensante. Mas esse ser pensante é um sujeito que tem muitas ideias. E essas ideias devem todas elas ser examinadas com muito rigor. Será que alguma outra ideia pode ser autoevidente, como é autoevidente a ideia do *cogito* (penso)?

Descartes classifica as ideias em três tipos: inatas, adventícias e factícias. As ideias inatas seriam as que nascem em minha consciência. As ideias adventícias seriam as que se originam fora de mim e me remetem a realidades completamente diferentes de mim mesmo. O que se pensa sobre algo, no senso comum. Isso chega até mim. As ideias factícias seriam as ideias feitas, construídas, inventadas por mim mesmo.

Todas essas classes de ideias são atos mentais, dos quais tenho imediata percepção. Elas divergem quanto ao conteúdo. Qual dessas três classes de ideias poderá ser concebida como objetiva? Qual resistirá ao princípio da clareza e da distinção?

No atual estágio de sua investigação, em sua busca por conhecimento, Descartes considera as ideias factícias, construídas arbitrariamente por ele, também merecedoras de receberem a dúvida. E as ideias que vêm dos sentidos, sendo os sentidos fonte de engano, como poderão conduzir à clareza e à evidência?

Na busca pela evidência, Descartes chega à ideia de Deus como ideia inata. A conclusão à qual chega é que a ideia de Deus (um ser perfeito) não pode ser causada por um ser imperfeito (o homem), uma vez que o efeito de uma coisa não pode ser mais ou maior do que sua causa. E essa ideia de Deus é uma ideia inata, que nasce com a pessoa, é "a marca do criador em sua obra". Ora, isso significa que Deus existe. Dessa forma, com a prova da existência de Deus, Descartes chega à segunda verdade:

> Pelo nome de Deus entendo uma substância infinita, eterna, imutável, independente, onisciente, onipotente e pela qual eu próprio e as coisas que são (se é verdade que há coisas que existem) foram criadas e produzidas.
>
> DESCARTES, René. *Meditações*. Trad. Jacob Guinsburg e Bento Prado Júnior. São Paulo: Nova Cultural, 1991. p. 189. (Os pensadores).

Para Descartes, essa ideia de Deus está em nós mas não é nossa. Ela é como a marca do artesão impressa em sua obra.

PRODUÇÃO DE TEXTO

1. Descartes é um representante do racionalismo moderno. Com base nessa afirmação, redija um parágrafo que a justifique. Para isso, você deverá caracterizar o pensamento racionalista.

6. O EMPIRISMO DE DAVID HUME

O vocábulo grego *empeiria* significa "experiência". Assim, o empirismo é a doutrina filosófica moderna que se opõe ao racionalismo e que afirma que o conhecimento procede da experiência. Os principais representantes são filósofos ingleses que viveram entre os séculos XVI e XVIII. Entre eles, destacam-se John Locke e David Hume. Para compreender o pensamento empirista, vamos abordar o pensamento de David Hume (1711-1776), no qual o empirismo alcançou sua maior expressão.

Retrato de David Hume (1766), de Allan Ramsay. Óleo sobre tela, 76,2 cm × 63,5 cm.

Os sentidos: fonte do conhecimento

Na busca de caracterização do empirismo, diremos que é uma corrente de pensamento vinculada ao tema do conhecimento segundo a qual não são possíveis as ideias inatas, uma vez que todo o nosso conhecimento resulta da experiência.

Hume centra sua filosofia na busca dos limites do conhecimento humano, e estabelece a experiência como sendo esse limite. Um dos princípios mais importantes de sua filosofia afirma que o conhecimento do mundo tem como base as percepções. As percepções são fenômenos que acontecem dentro da mente, dentro do espírito humano, formando as impressões e as ideias. As impressões são a dimensão mais vívida, mais forte, advinda da experiência, como as emoções e paixões internas, quando vemos ou ouvimos algo.

Para David Hume, nossos sentidos seriam excitados pelos objetos exteriores, com os quais entramos em relação: vemos cores, degustamos sabores, sentimos odores, ouvimos sons, tocamos objetos. Essa percepção seria dividida em duas categorias: ela é primeiramente sentida (de modo vívido) como impressão e é pensada (de modo mais fraco) como ideia. Assim, a impressão é originária e a ideia é dependente.

Como uma criança chega à ideia de que o fogo queima? David Hume dirá que é a partir dos seus sentidos, seja por ter visto, seja por ter ouvido alguém falar, seja por ter encostado a mão, seja por ter sentido o calor intenso do fogo. Somente após a impressão, que resulta dos sentidos, é que se formaria a ideia. Igualmente, nós não podemos perceber uma cor simplesmente pensando-a. As impressões, então, são a causa das ideias.

Dessa maneira, a primeira conclusão de Hume é que todas as ideias simples provêm de suas correspondentes impressões. Com isso, Hume encerra a questão das ideias inatas, conforme concebidas no racionalismo de Descartes. Como consequência dessa primeira conclusão, impõe-se a segunda, segundo a qual para provar a validade de cada ideia que se discute é necessário apresentar sua impressão relativa.

A partir dos nossos sentidos, com base na experiência empírica, formam-se em nossa mente as percepções, que são as impressões e as ideias. E as impressões são divididas em sensações, desejos, paixões e emoções.

Da origem das ideias

No trecho da obra *Investigações sobre o entendimento humano*, David Hume elabora sua reflexão sobre a origem das ideias. Acompanhe.

> Nada, à primeira vista, pode parecer mais ilimitado que o pensamento humano, que não apenas escapa a todo poder e autoridade dos homens, mas está livre até mesmo dos limites da natureza e da realidade. [...] Mas, embora nosso pensamento pareça possuir essa liberdade ilimitada, um exame mais cuidadoso nos mostrará que ele está, na verdade, confinado a limites bastante estreitos, e que todo esse poder criador da mente consiste meramente na capacidade de compor, transpor, aumentar ou diminuir os materiais que os sentidos e a experiência nos fornecem. Quando pensamos em uma montanha de ouro, estamos apenas juntando duas ideias consistentes, ouro e montanha, com as quais estávamos anteriormente familiarizados. [...] Em suma, todos os materiais do pensamento são derivados da sensação externa ou interna, e à mente e à vontade compete apenas misturar e compor esses materiais. Ou, para expressar-me em linguagem filosófica, todas as nossas ideias, ou percepções mais tênues, são cópias de nossas impressões, ou percepções mais vívidas.
>
> HUME, David. *Investigações sobre o entendimento humano*. Seção 2: Da origem das ideias. Trad. Oscar de A. Marques. São Paulo: Unesp, 1999. p. 25-26.

Sendo cada ideia cópia de uma impressão, e sendo a impressão necessariamente particular, segue-se também que as ideias devem ser determinadas do mesmo modo, individual e particular. Muitas vezes pensamos estar diante de ideias gerais ou universais, mas essas nada mais seriam do que ideias particulares, conjugadas a outras particulares. Devido ao fato de notarmos certa semelhança entre as ideias de coisas que nos aparecem, pelo hábito da associação mental que fazemos, parece-nos que estamos diante de uma ideia universal. Com o hábito de associar experiências, palavras, sons, nasce em nós uma crença de estarmos diante de algo universal.

Do nexo causal

Ao olharmos para o alto e perceber que as nuvens estão escuras, carregadas de água, dizemos: "Vai chover, e muito!". Essa nossa fala provém do hábito de perceber que, no passado, todas as vezes que nuvens assim se formaram, choveu. Contudo, para o empirismo, nenhuma certeza é possível em afirmações dessa natureza.

David Hume critica as ideias de universalidade e de necessidade. Essa crítica o leva a problematizar a noção de relação necessária entre causa e efeito. Sobre isso, leiamos o texto a seguir:

> Todos os raciocínios referentes a questões de fato parecem fundar-se na relação de causa e efeito. É somente por meio dessa relação que podemos ir além da evidência de nossa memória e nossos sentidos. [...] Um homem que encontra um relógio ou qualquer outra máquina em uma ilha deserta concluirá que homens estiveram anteriormente nessa ilha. Todos os nossos raciocínios relativos a fatos são da mesma natureza. E aqui se supõe invariavelmente que há uma conexão entre o fato presente e o fato que dele se infere. [...]
>
> Assim, se quisermos nos convencer quanto à natureza dessa evidência que nos assegura quanto a questões de fato, devemos investigar como chegamos ao conhecimento de causas e efeitos. Arrisco-me a afirmar, a título de uma proposta geral que não admite exceções, que o conhecimento dessa relação não é, em nenhum caso, alcançado por meio de raciocínios *a priori*, mas provém inteiramente da experiência, ao descobrirmos que certos objetos particulares acham-se constantemente conjugados uns aos outros. [...] Nenhum objeto jamais revela, pelas qualidades que aparecem aos sentidos, nem as causas que o produziram, nem os efeitos que dele provirão. E tampouco nossa razão é capaz de extrair, sem auxílio da experiência, qualquer conclusão referente à existência efetiva de coisas ou questões de fato. [...] Tal é a influência do hábito: quando ele é mais forte, não apenas encobre nossa ignorância, mas chega a ocultar a si próprio, e parece não estar presente simplesmente porque existe no mais alto grau.
>
> Todo efeito é um acontecimento distinto de sua causa. Ele não poderá, por isso mesmo, ser descoberto na causa, e sua primeira invenção ou concepção *a priori* deve ser inteiramente arbitrária. E mesmo após ter sido sugerido, sua conjunção com a causa deve parecer igualmente arbitrária, pois há sempre muitos outros efeitos que, para a razão, surgem como tão perfeitamente consistentes e naturais quanto o primeiro. Em vão, portanto, pretenderíamos determinar qualquer ocorrência individual, ou inferir qualquer causa ou efeito, sem a assistência da observação e da experiência.
>
> HUME, David. *Investigações sobre o entendimento humano*. Seção 4: Dúvidas céticas sobre as operações do entendimento. Trad. Oscar de A. Marques. São Paulo: Unesp, 1999. p. 44-49.

Portanto, a experiência, que é o critério de conhecimento, não nos fornece elementos para afirmar a conexão necessária, que é apenas inferida pela nossa mente.

Da força do hábito

No trecho a seguir, Hume explicita essa ideia referente ao hábito como o guia das ações humanas.

> Sempre que a repetição de algum ato ou operação particulares produz uma propensão a realizar novamente esse mesmo ato ou operação, sem que se esteja sendo impelido por nenhum raciocínio ou processo do entendimento, dizemos invariavelmente que essa propensão é o efeito do hábito. [...]
>
> Nenhum homem, tendo visto apenas um único corpo mover-se após ter sido impelido por outro, poderia inferir que todos os outros corpos mover-se-iam após um impulso semelhante. Todas as inferências da experiência são, pois, efeitos do hábito, não do raciocínio. O hábito é, assim, o grande guia da vida humana. É só esse princípio que torna nossa experiência útil para nós, e faz-nos esperar, no futuro, uma cadeia de acontecimentos semelhante às que ocorreram no passado. Sem a influência do hábito seríamos inteiramente ignorantes de toda questão de fato que extrapole o que está imediatamente presente à memória e aos sentidos.
>
> HUME, David. *Investigações sobre o entendimento humano*. Seção 5: Solução cética dessas dúvidas. Trad. Oscar de A. Marques. São Paulo: Unesp, 1999. p. 64-67.

Uma vez formado, esse costume gera em nós uma crença que nos dá a impressão de que estamos diante de uma "conexão necessária" e infunde em nós a convicção de que, dado aquilo que nós chamamos "causa", deve se seguir aquilo que nós chamamos "efeito" (e vice-versa). Essa crença não nos permite afirmar com fundamento algo seguro sobre o futuro.

> Considere uma jogada de sinuca. Imagine que você esteja treinando uma jogada. Após nove tentativas com êxito, vai tentar mais uma vez. Será que haverá sucesso mais uma vez? Pode ser! Não há certeza. É preciso fazer a experiência mais uma vez.

Em uma tentativa de síntese, diremos que o empirismo é uma corrente de pensamento vinculada ao tema do conhecimento, segundo a qual não há ideias inatas, nem conceitos abstratos, pois o conhecimento se reduz a impressões sensíveis, particulares. Considerando que as ideias são cópias derivadas e enfraquecidas das impressões, não será possível afirmar princípios de causalidade e conceitos abstratos, como se fazia na metafísica.

O empirismo moderno recebeu a crítica de Immanuel Kant que, em sua *Crítica da razão pura* (1781), estabeleceu uma clara distinção entre a experiência enquanto passo inicial do conhecimento e enquanto dado absoluto do conhecimento.

PROBLEMATIZANDO

1. Empirismo ou racionalismo? A verdade é possível pela experiência ou somente pela razão?
   - Converse com os colegas sobre esse tema, buscando justificar seu posicionamento.

PRODUÇÃO DE TEXTO

1. Leia outro trecho de *Investigação acerca do entendimento humano*, a seguir.

> Todos os materiais do pensamento derivam de nossas sensações externas ou internas; mas a mistura e composição deles dependem do espírito e da vontade. [...] Todas as nossas ideias ou percepções mais fracas são cópias de nossas impressões ou percepções mais vivas.
>
> HUME, David. *Investigação acerca do entendimento humano*. Trad. Anoar Aiex. São Paulo: Nova Cultural, 1992. p. 70.

- Com base nesse trecho e outras informações, identifique e apresente ao menos três características da concepção filosófica de conhecimento de David Hume.

7. NEM RACIONALISMO, NEM EMPIRISMO: O RACIONALISMO CRÍTICO EM KANT

Immanuel Kant (1724-1804) é, seguramente, um dos mais destacados filósofos da época moderna. Ele nasceu e viveu seus 80 anos em Königsberg, localizada na Prússia Oriental (atualmente a cidade se chama Kaliningrado e pertence à Rússia). Dedicou metade de sua vida ao magistério na universidade, em sua cidade.

Suas reflexões críticas direcionaram o pensamento filosófico num sentido novo e original. Partindo do pressuposto antropológico de que os constituintes fundamentais do ser humano são a razão e a liberdade, a filosofia kantiana buscará devolver o homem a si mesmo, devolvê-lo a si naquelas dimensões de universalidade que o constituem.

Em seu texto *O que é o esclarecimento?*, Kant revela todo o otimismo iluminista acerca das possibilidades de o ser humano, por meio de sua razão, passar a construir o próprio destino, guiando a própria vida com autonomia, superando a velha dependência, em relação às crenças, opiniões e decisões alheias.

Retrato de Immanuel Kant (séc. XVIII), de autoria desconhecida.

A filosofia kantiana: o racionalismo crítico

Seguindo uma tradição interpretativa do pensamento kantiano, podemos dividi-lo em dois momentos distintos: a fase pré-crítica e a fase crítica. Em sua primeira fase, seu pensamento pode ser classificado como racionalismo dogmático. Contudo, após ler e estudar as obras de David Hume, Kant percebeu fundamentos no posicionamento dos empiristas. Esses estudos despertaram Kant do sono dogmático, como ele mesmo gostava de afirmar. E será com esse despertar do dogmatismo que se inicia o que podemos chamar de fase crítica.

No prefácio à edição de 1781 da *Crítica da razão pura*, Kant afirma aquilo que poderíamos colocar como sendo sua grande intenção e projeto de trabalho: fazer uma consistente avaliação dos poderes e limites da razão, colocar a razão diante de um tribunal que lhe assegurasse as pretensões legítimas e, em contrapartida, pudesse condenar todas as suas presunções infundadas.

Com esse exercício de crítica, Kant faz com que a razão, antes de querer lançar-se ao mundo para conhecê-lo, volte-se a si mesma e verifique suas possibilidades e seus limites de conhecer. Para Kant, a filosofia é a ciência da relação de todo o pensamento e de todo uso da razão com o fim último da razão humana. A partir dessa concepção, Kant estabelece as quatro questões essenciais ao ser humano:

1. Tema do conhecimento (metafísica), com a pergunta: O que posso saber?
2. Tema da ética e da moral, com a pergunta: O que devo fazer?
3. Tema da religião, com a pergunta: O que posso esperar?
4. Tema da antropologia, com a pergunta: O que é o ser humano?

A filosofia de Kant recebeu o nome de criticismo, pois entre seus grandes objetivos constava submeter a razão a uma grande e profunda crítica, em busca de um conhecimento bem fundamentado. Ele faz uma síntese entre o empirismo e o racionalismo, articulando essas duas visões que eram vistas como antagônicas, contrárias, irreconciliáveis.

Nessa síntese entre empirismo e racionalismo, Kant afirma que a matéria de nosso conhecimento vem da experiência, do mundo exterior, por meio de nossos sentidos. O ponto de partida do conhecimento estaria na experiência, no *a posteriori*.

Para Kant, nenhum conhecimento precede a experiência. Para falar em conhecimentos, Kant usa a expressão *a posteriori*. Contudo, o fato de o conhecimento ter se iniciado com a experiência não significa que dela dependa. Assim, Kant fala em conhecimento *a priori*, referindo-se a todo o conhecimento adquirido independentemente de qualquer experiência. Em outras palavras, o conhecimento *a priori* mesmo tendo origem na experiência, não é dependente dela.

Encontramos a teoria do conhecimento de Kant em sua obra *Crítica da razão pura*. Nessa obra, ele elabora a filosofia transcendental, onde considera as condições de possibilidade que o ser humano tem de conhecer o mundo, sem ilusões, com conhecimento verdadeiro e confiável. Esse conhecimento será possível por meio da ciência e não por especulações vazias e infundadas.

Juízos analíticos e juízos sintéticos

Por "juízo" entendemos os julgamentos que emitimos e as afirmações que fazemos sobre uma realidade. Em busca de um conhecimento científico, Kant percebe a necessidade de distinguir juízos analíticos, juízos sintéticos *a posteriori* e juízos sintéticos *a priori*.

O juízo analítico é aquele no qual o predicado já está contido no sujeito, não acrescentando nenhum conhecimento novo. Por isso, trata-se de um juízo universal e necessário. Esse tipo de conhecimento é *a priori*, que independe e antecede qualquer experiência. Por exemplo: "todo corpo é extenso". A ciência se serve desse juízo para esclarecer ou para explicar alguma coisa. Mas esse juízo *a priori* nada acrescenta. Por isso, a ciência não recorre a esse tipo de juízo quando ela amplia o seu conhecimento.

No juízo sintético *a posteriori*, construído depois da experiência, o predicado traz algo novo, que não está presente imediatamente no sujeito. Por isso, esse juízo produz um conhecimento novo. O juízo é sintético porque o predicado acrescenta algo ao sujeito, que dele não é extraível pela mera análise. Por exemplo: a rua está enfeitada. Entretanto, a ciência também não pode se basear nesse tipo de juízo, pois, devido ao fato de dependerem da experiência, não são universais nem necessários.

A ciência se baseia em um tipo de juízo que une as exigências da universalidade, da necessidade e da fecundidade. Kant denomina esses juízos de sintéticos *a priori*. São exemplos: as operações aritméticas, os juízos da geometria, as proposições fundamentais da física. Quando se afirma que 6 + 7 = 13 não estamos fazendo um juízo analítico, mas um juízo sintético. Como se chega a esse resultado? Efetuando o cálculo, intuitivamente ou não. Assim, sinteticamente, surge um novo número.

Uma nova "revolução copernicana"

No âmbito do conhecimento, para que fosse possível alcançar os juízos sintéticos *a priori*, Kant realizou uma nova "revolução copernicana". Conforme já mencionamos, Kant insiste em um aspecto radicalmente novo: antes de se lançar ao conhecimento do mundo, a razão precisa conhecer as condições de possibilidade e os limites para conhecer.

Ao chamar sua nova concepção pelo nome de "revolução copernicana", Kant faz referência à mudança de paradigma que Copérnico realizou na ciência, ao substituir o modelo geocêntrico pelo heliocêntrico. Kant propõe uma inversão na forma tradicional de compreender a dinâmica do conhecimento. O centro de gravidade não estará mais no objeto. Não será mais a razão que deverá se adequar aos objetos, mas os objetos teriam de se regular pelo sujeito, pois é ele que dispõe das formas do conhecimento. É o sujeito que possui as condições de possibilidade de conhecer. As regras do conhecimento não devem ser buscadas no mundo exterior, no mundo das coisas, mas no sujeito transcendental. Dessa forma, o sentido das coisas não está nelas, ou no mundo, mas é o sujeito que atribui sentido a elas.

> Até agora se supôs que todo o nosso conhecimento tinha que se regular pelos objetos; porém todas as tentativas de mediante conceitos estabelecer algo *a priori* sobre os mesmos, através do que ampliaria o nosso conhecimento, fracassaram sob esta pressuposição. Por isso tente-se ver uma vez se não progredimos melhor nas tarefas da metafísica admitindo que os objetos têm que se regular pelo nosso conhecimento, o que assim já concorda melhor com a requerida possibilidade de um conhecimento *a priori* dos mesmos que deve estabelecer algo sobre os objetos antes de nos serem dados. O mesmo aconteceu com os primeiros pensamentos de Copérnico [...]
>
> KANT, Immanuel. *Crítica da razão pura*. Prefácio à 2ª edição. São Paulo: Abril Cultural, 1991. p. 14. (Os pensadores).

Se até agora as teorias afirmavam que a razão humana teria de se adequar aos objetos, Kant realiza a inversão ao propor que os objetos teriam de se regular pelo sujeito. Para Kant, o sujeito possui as condições de possibilidade de conhecer os fenômenos; ele possui as regras pelas quais os objetos podem ser reconhecidos. Assim, o que conhecemos é profundamente marcado pela maneira como conhecemos, indo até os objetos com as nossas perguntas, fazendo os objetos falarem de acordo com os nossos questionamentos.

Vejamos outro fragmento de Kant sobre esse mesmo aspecto:

> Quando Galileu deixou suas esferas rolar sobre o plano inclinado por um peso por ele mesmo escolhido [...] acendeu-se uma luz para todos os pesquisadores da natureza. Compreenderam que a razão só discerne o que ela mesmo produz segundo seu projeto, que ela tem de ir à frente com princípios dos seus juízos segundo leis constantes e obrigar a natureza a responder às suas perguntas, mas sem ter de deixar-se conduzir somente por ela como se estivesse presa a um laço [...].
>
> A razão tem de ir à natureza tendo numa das mãos os princípios unicamente segundo os quais fenômenos concordantes entre si podem valer como leis, e na outra o experimento que ela imaginou segundo aqueles princípios.
>
> KANT, Immanuel. *Crítica da razão pura*. Prefácio à 2ª edição. São Paulo: Abril Cultural, 1991. p. 13. (Os pensadores).

PROBLEMATIZANDO

1. Considerando a relação entre sujeito e objeto, será que a mente humana poderá chegar ao conhecimento da verdade de um objeto?

• Converse com os colegas sobre essa questão e apresente as justificativas de seu posicionamento.

Formas da sensibilidade e do entendimento

Para Kant é fundamental juntar os sentidos e a razão, a sensibilidade e o entendimento. Ao se perguntar sobre as condições que o sujeito tem para conhecer, Kant percebeu que existem no ser humano faculdades ou capacidades inerentes, que fazem parte de sua natureza de ser. Assim, constatou que o ser humano pode experimentar algo e refletir sobre o que experimentou. Isso não é algo particular ou subjetivo. Mas está presente em todos os seres humanos.

Formas *a priori* da sensibilidade

Quais são as condições de possibilidade que temos para fazer alguma experiência, para conhecer algum objeto? O que permite a alguém afirmar que a bola de futebol é maior do que a bola de sinuca ou que a chave está em cima da mesa ou, ainda, descrever um objeto? Para Kant, a resposta está nas formas tempo e espaço. Essas são as formas *a priori* da sensibilidade, que não existem como realidades em si mesmas, mas são as condições que nos permitem perceber os objetos. Sem o tempo e o espaço não seria possível ao ser humano experimentar algo.

Formas *a priori* do entendimento

Quais são as condições de possibilidade de o nosso entendimento julgar algo? As ferramentas que o ser humano dispõe para pensar sobre aquilo que experimentou com base nos sentidos são as categorias. Elas são as ferramentas do intelecto, os conceitos puros. Com eles, o ser humano consegue criar relações entre as informações que vêm dos sentidos. Com isso, o ser humano consegue chegar ao conhecimento, ao juízo. Assim o sujeito transcendental, que reúne as condições de possibilidade do conhecimento, é constituído por categorias e pelas formas tempo e espaço. Para Kant, existiriam doze categorias. São elas:

TABELA DAS CATEGORIAS			
QUANTIDADE	QUALIDADE	RELAÇÃO	MODALIDADE
Unidade	Realidade	Substância e acidente	Possibilidade ou impossibilidade
Pluralidade	Negação	Causa e efeito	Existência ou inexistência
Totalidade	Totalidade	Reciprocidade	Necessidade ou contingência

Considerando que o ser humano possui em si as formas *a priori* da sensibilidade e as faculdades de tempo e de espaço, que lhe permitem obter os dados da experiência e dispor das formas *a priori* do entendimento, torna-se possível, então, alcançar verdades que ampliem o conhecimento humano e, ao mesmo tempo, sejam universais e necessárias.

Resta saber, afirma Kant, o que podemos verdadeiramente conhecer. Será possível conhecer a essência de algo ou será possível ter conhecimento somente daquilo que pode ser experimentado?

O fenômeno e o *noumenon*

Como vimos, de acordo com Kant, o conhecimento inicia pela experiência. Por isso, só poderá haver ciência verdadeira, com conhecimento universal e necessário, a partir do fenômeno. Ele concluiu que é impossível conhecer as coisas tais como elas são em si mesmas (*noumenon*), em sua imaterialidade. Podemos conhecer apenas a forma como a nós as coisas aparecem, isto é, o fenômeno, a aparência. Ao referirmo-nos a realidades metafísicas, tais como existência de Deus e imortalidade da alma, nada podemos afirmar, pois não são objetos de experiência, apenas de pensamento. É o limite da razão.

Aqui podemos entender a crítica que Kant realiza à metafísica tradicional, que busca conhecer para além da experiência, sem qualquer tipo de vínculo com a experiência. A verdadeira metafísica seria aquela que não teria a pretensão de conhecer o *noumenon*, o ser enquanto ser, mas concentrar-se nos modos possíveis de conhecimento, nas condições de possibilidade do conhecimento e da experiência humana.

O espelho falso (1928), de René Magritte. Óleo sobre tela, 54 cm × 80,9 cm.

Essa obra de Magritte propõe uma questão: é possível conhecer a essência ou apenas a aparência?

PRODUÇÃO DE TEXTO

1. Leia o fragmento a seguir, extraído de *Crítica da razão pura*, de Kant.

> Até agora se supôs que todo o nosso conhecimento tinha que se regular pelos objetos [...]. Tente-se ver uma vez se não progredimos melhor nas tarefas da metafísica admitindo que os objetos têm que se regular pelo nosso conhecimento.
>
> KANT, Immanuel. *Crítica da razão pura*. Prefácio à 2ª edição. São Paulo: Abril Cultural, 1991. p. 14. (Os pensadores).

- Com base nesse fragmento, redija um texto conceituando e caracterizando a "revolução copernicana" de Kant.

Eixo Temático 3
ÉTICA E POLÍTICA

Você vai aprender sobre:

- O afastamento do pensamento e do fazer político moderno em relação à ética cristã.
- A metáfora do leão e da raposa e sua relação com a virtude política em Maquiavel.
- A idealização de uma sociedade sem desigualdades em Thomas Morus.
- A diferença entre a transitoriedade do governo e a permanência da soberania do Estado em Jean Bodin.
- A relação entre direito positivo e direito natural.
- As diferentes hipóteses sobre o estado natural do ser humano e o contrato social em Hobbes, Locke e Rousseau.
- A articulação entre os poderes Legislativo, Executivo e Judiciário em Montesquieu.
- As reflexões sobre as questões morais e éticas em Kant.

Temas:

1. Autonomia da política em Maquiavel
2. A utopia política em Thomas Morus
3. A soberania política em Jean Bodin
4. O direito natural e o direito positivo
5. A hipótese do estado natural
6. Do estado natural ao corpo político
7. As três espécies de governo em Montesquieu
8. A filosofia moral em Kant

1. AUTONOMIA DA POLÍTICA EM MAQUIAVEL

O pensamento político de Nicolau Maquiavel (1469-1527) inaugura a política moderna: seu pensamento se afasta da forma de fazer política predominante até então. A política que se praticava era atrelada à dimensão religiosa, vinculada à ética cristã. Por isso, em Maquiavel encontraremos uma autonomia da política, pois não haverá outros critérios acima da política como referência para as ações.

Essa nova realidade ficou conhecida com a expressão "laicização do Estado", como uma mentalidade em um processo de secularização da consciência; ou seja, a forma de pensar afasta-se da dimensão sagrada, divina e eterna e se desloca para o âmbito secular, histórico, temporal.

Para compreender o pensamento de Maquiavel, especialmente de suas ideias desenvolvidas na obra *O príncipe*, será preciso considerar o contexto histórico em que seu posicionamento surgiu.

No tempo de Maquiavel, a Itália encontrava-se dividida. Os principais Estados eram: o Reino de Nápoles, os Estados Pontifícios, O Estado Florentino, o Ducado de Milão e a República de Veneza. Eram constantes os conflitos. Nesse contexto, Maquiavel alimentou a esperança e o projeto de unificar a Itália, para fortalecê-la contra ameaças externas e construir a paz interna.

Retrato de Maquiavel (séc. XVI), de Santi di Tito. Óleo sobre tela.

O realismo e a verdade efetiva

Ao ler *O príncipe*, é importante observar que essa obra não deve ser entendida sob a perspectiva de uma ética universalista, mas sob a óptica de uma situação histórica na qual a Itália se encontrava, e para a qual se faziam necessárias algumas orientações efetivas.

A natureza dos textos de Maquiavel considera a necessidade que a cena política solicitava. O que muda radicalmente em Maquiavel é o fundamento da política, do poder, do governo e do Estado.

A ITÁLIA NO TEMPO DE MAQUIAVEL (SÉC. XV-XVI)

A Itália no tempo de Maquiavel era uma península fragmentada, geográfica e politicamente.

Fonte: MAQUIAVEL, Nicolau. *O príncipe*. Trad. Maurício Santana Dias. São Paulo: Penguin Classics; Companhia das Letras, 2010. p. 10.

> Mas, como a minha intenção é escrever algo útil para quem entender, pareceu-me mais conveniente ir diretamente à verdadeira realidade das coisas, do que me ater a representações imaginárias. E muitos imaginaram repúblicas e principados que nunca se viu nem se soube que tivessem realmente existido, pois há grande diferença entre como se vive e como se deveria viver, que aquele que abandona o que faz pelo que deveria fazer encontra antes a sua ruína, em vez de sua salvação. Pois é inevitável que um homem disposto a ser bom em tudo fracasse entre tantos que não são bons.
> Por isso, é preciso que um príncipe, para se manter, aprenda a poder não ser bom, e a sê-lo ou não, segundo a necessidade.
>
> MAQUIAVEL, Nicolau. *O príncipe*: com comentários de Napoleão Bonaparte. Trad. Mônica Baña Álvares. Rio de Janeiro: Elsevier, 2003. p. 73-74.

Maquiavel insiste que será o olhar atento à circunstância que conseguirá pensar na melhor ação para o momento. Haverá momentos em que as ações deverão ser mais suaves e marcadas pela bondade. Em contrapartida, haverá situações que exigirão ações enérgicas, como "remédios amargos para males amargos".

Nesse realismo político, toda escolha do príncipe deve submeter-se ao critério da funcionalidade, tendo em vista a eficácia do seu governo, a estabilidade do Estado, na preservação da ordem e da paz social. Maquiavel reforça a concepção de soberania do poder do Estado e nunca da pessoa do príncipe, ou do governante, que é passageira.

A metodologia que Maquiavel escolheu para escrever *O príncipe* consistiu em recolher exemplos de governos e governantes extraídos da história, mostrando exemplos que deram certo e outros que fracassaram. Com esse recurso, ele reforça seu posicionamento, segundo o qual a realidade concreta seria fundamento para a escolha das ações políticas.

Para Maquiavel, as cidades são marcadas pela disputa pelo poder. Em termos genéricos, existiriam três grupos humanos: os que estão no poder e nele querem manter-se; os que não estão no poder, mas querem lá estar; e o povo que não quer ser oprimido. De modo mais resumido, diria Maquiavel que são dois os grupos: os poderosos que querem dominar, e o povo que não quer ser oprimido.

Com esse conhecimento da realidade política como efetivamente se dá, o príncipe que pretende manter o poder, perceberá que uma das ações políticas mais importantes será conseguir limitar a realização do desejo de opressão dos poderosos contra o povo, pois o ódio que resulta da opressão desmedida levaria o governante à ruína. Para Maquiavel, o príncipe deve antes procurar se aliar ao povo, que não quer ser oprimido, do que aos nobres, que sempre desejam tomar o poder. Esse é um elemento fundamental na filosofia política de Maquiavel, que deve ser levado em conta na escolha da melhor ação.

A virtude política

Em Maquiavel, a virtude do príncipe nada tem a ver com a virtude cristã. Ao contrário, será marcada por uma habilidade política muito especial, a competência de saber adaptar-se às situações e agir para o bem do povo, para a ordem social. Assim, a virtude é uma forma de astúcia política, que implica saber separar o que vale na esfera privada, nas convicções pessoais, e o que vale na esfera pública, sob a ética da responsabilidade.

No trecho a seguir de *O príncipe*, Maquiavel esclarece quais são os critérios que orientam a ação de um príncipe virtuoso.

> Cada príncipe deve desejar ser tido como piedoso e não como cruel: apesar disso, deve cuidar de empregar convenientemente essa piedade. [...] Não deve, portanto, importar ao príncipe a qualificação de cruel para manter seus súditos unidos e leais, porque, com raras exceções, é ele mais piedoso do que aqueles que por muita clemência deixam acontecer desordens, das quais podem nascer assassínios ou rapinagem.
>
> MAQUIAVEL, Nicolau. *O príncipe*. Cap. XVII. Trad. Lívio Xavier. São Paulo: Publifolha, 2010. p. 38.

Com base nesse fragmento, percebemos que a virtude é mediação para a manutenção do poder a serviço da ordem social, preservando o Estado, aliando-se ao povo e combatendo o desejo de dominação e opressão que caracteriza os poderosos. Dessa forma, mesmo que seja possível alcançar o poder por outros meios, como a fortuna ou a força, somente a virtude mantém o poder. Nessa concepção, terá *virtù* o governo que reunir a capacidade de agir de acordo com as circunstâncias. Assim, a flexibilidade será uma das marcas da virtude política.

A relação entre *virtù* e fortuna

Na teoria política maquiaveliana, é fundamental compreender bem a relação entre *virtù* e fortuna. Nessa abordagem, Maquiavel demonstra que a vida de um Estado ou de uma pessoa está sujeita a mudanças inesperadas, pois há uma imprevisibilidade na história do ser humano. E a relação entre virtude e fortuna acontece nesse contexto.

A fortuna representaria a mudança dos tempos e a *virtù* seria a capacidade e a habilidade racional e estratégica do ser humano em agir, ao perceber a mudança em curso. Com isso, ele não ficaria submisso ou sujeito à fortuna, mas garantiria a estabilidade no exercício do poder.

Diante dessa realidade, Maquiavel entende que a vida das pessoas está em parte em suas próprias mãos, nas mãos da virtude, e em parte depende das eventualidades. A fortuna pode provocar eventos imutáveis contra os quais fica estéril qualquer ação. Nesse caso, a virtude solicitaria a adaptabilidade para, reconhecendo as exigências da nova situação, pensar nas melhores estratégias de ação.

E como uma pessoa pode atingir a *virtù*? Maquiavel responde indicando o estudo da história dos povos antigos, pois desde o início dos tempos as mesmas paixões dos seres humanos estariam presentes. Leia o fragmento no qual Maquiavel se refere a isso.

> Quem considere as coisas presentes e as antigas verá facilmente que são sempre os mesmos desejos e os humores em todas as cidades e todos os povos, e que eles sempre existiram. De tal modo que quem examinar com diligência as coisas passadas facilmente preverá as futuras, em qualquer república, prescrevendo os remédios que foram usados pelos antigos, pensará em novos, devido à semelhança dos acontecimentos.
>
> MAQUIAVEL, Nicolau. *Discursos sobre a primeira década de Tito Lívio*. São Paulo: Martins Fontes, 2007. p. 121.

A virtude política implica as possibilidades de recurso à astúcia e à força, para a manutenção do Estado. No texto a seguir, Maquiavel usa a metáfora do leão e da raposa, para simbolizar duas estratégias diferentes de ação, quando a ação com base na lei não é suficiente.

> Deveis saber, portanto, que existem duas formas de se combater: uma, pelas leis; outra, pela força. A primeira é própria do homem; a segunda, dos animais. Como, porém, muitas vezes, a primeira não é suficiente, é preciso recorrer à segunda. Ao príncipe torna-se necessário, porém, saber empregar convenientemente o animal e o homem. [...] E uma sem a outra é a origem da instabilidade. Sendo, portanto, um príncipe obrigado a bem servir-se da natureza da besta, deve dela tirar as qualidades da raposa e do leão, pois este não tem defesa alguma contra os laços, e a raposa, contra os lobos. Precisa, pois, ser raposa para conhecer os laços e leão para aterrorizar os lobos. Os que se fazem unicamente de leões não entendem de Estado. Por isso, um príncipe prudente não pode nem deve guardar a palavra dada quando isso se lhe torne prejudicial e quando as causas que o determinaram cessem de existir. Se os homens todos fossem bons, esse preceito seria mau. Mas, dado que são maus, e que não a observariam a teu respeito, também não és obrigado a cumpri-la para com eles.
>
> MAQUIAVEL, Nicolau. *O príncipe*. Cap. XVIII. Trad. Lívio Xavier. São Paulo: Publifolha, 2010. p. 40.

A virtude política consiste em saber agir com a força de um leão e a esperteza de uma raposa.

A liberdade republicana

Pensando na melhor forma de governo, Maquiavel afirma que há três espécies de governos e os que pretendem estabelecer a ordem em uma cidade devem escolher, entre essas três espécies, a que melhor convém a seus objetivos: o monárquico (podendo degenerar no despotismo); o aristocrático (podendo degenerar na oligarquia); e o popular (podendo degenerar na permissividade). As constituições simples sucedem-se muito rapidamente. Seu defeito é a instabilidade. As constituições das três formas de governo "boas" se corrompem com tal facilidade que "podem também tornar-se perniciosas".

Para Maquiavel, somente os regimes que contam com a efetiva participação do povo em suas instituições são virtuosos. Sem o apoio do povo, não há poder que dure. Com base nessas reflexões, tornou-se hoje consenso entre os estudiosos inserir o pensamento de Maquiavel na tradição republicana, que envolve a presença da liberdade cívica, sob o regime da lei. Esse seria o bem comum.

O cidadão não deve apenas não ser oprimido, ele deve ter assegurada a sua liberdade. É essa necessidade de garantia da liberdade que vincula Maquiavel ao republicanismo. A liberdade republicana pressupõe a possibilidade de participação na vida pública, nas instituições públicas. Trata-se, portanto, de uma ideia de liberdade positiva, uma vez que o povo, livre das opressões, poderá se envolver diretamente na governabilidade da cidade.

Nessa reflexão sobre a liberdade positiva, percebe-se a ênfase na valorização da vida ativa, em contraposição ao ideal da vida contemplativa, que predominou durante muito tempo, especialmente no contexto medieval. O foco agora está na liberdade de manifestação na esfera pública.

PROBLEMATIZANDO

1. As reflexões precedentes permitem-nos afirmar que a separação da política em relação à esfera religiosa se faz necessária para uma eficaz administração da cidade.
- Como você se posiciona diante dessa afirmação?

PRODUÇÃO DE TEXTO

1. Leia o fragmento a seguir:

> Mas, como a minha intenção é escrever algo útil para quem entender, pareceu-me mais conveniente ir diretamente à verdadeira realidade das coisas, do que me ater a representações imaginárias.
>
> MAQUIAVEL, Nicolau. *O príncipe*: com comentários de Napoleão Bonaparte. Trad. Mônica Baña Álvares. Rio de Janeiro: Elsevier, 2003. p. 73-74.

- Com base nesse texto e em outras informações, explique a novidade política inaugurada por Maquiavel.

2. Leia este trecho de *O príncipe*, de Maquiavel.

> Para exemplo dos que foram príncipes pelo seu valor e não por boa sorte, cito como maiores Moisés, Ciro, Rômulo, Teseu [...]. E examinando-lhes a vida e as ações, conclui-se que eles não receberam da fortuna mais do que a ocasião de poder amoldar as coisas como melhor lhes aprouve. Sem aquela ocasião, suas qualidades pessoais se teriam apagado, e sem essas virtudes a ocasião lhes teria sido vã.
>
> MAQUIAVEL, Nicolau. *O príncipe*. Trad. Lívio Xavier. São Paulo: Publifolha, 2010.

- Com base nesse fragmento e em outras informações sobre o pensamento de Maquiavel, conceitue virtude.

3. Leia o fragmento a seguir.

> Será melhor ser amado que temido ou vice-versa? Responder-se-á que se desejaria ser uma e outra coisa; mas como é difícil reunir ao mesmo tempo as qualidades que dão aqueles resultados, é muito mais seguro ser temido que amado, quando se tenha que falhar numa das duas. É que os homens geralmente são ingratos, volúveis, simuladores, covardes e ambiciosos de dinheiro, e, enquanto lhes fizeres bem, todos estão contigo, oferecem-te sangue, bens, vida, filhos [...], desde que a necessidade esteja longe de ti. Mas, quando ela se avizinha, voltam-se para a outra parte. E o príncipe, se confiou plenamente em palavras e não tomou outras precauções, estará arruinado.
>
> MAQUIAVEL, Nicolau. *O príncipe*. Cap. XVII. Trad. Lívio Xavier. São Paulo: Publifolha, 2010. p. 38.

- Com base nesse fragmento e em outras informações, redija um texto sobre a concepção maquiaveliana de poder.

2. A UTOPIA POLÍTICA EM THOMAS MORUS

Thomas Morus (1478-1535) é o autor de uma das mais conhecidas obras da Renascença: *Utopia*. O livro foi publicado em 1516, duas décadas após a chegada dos europeus à América. Seu livro nos permite pensar em muitos temas políticos, como a justiça, a paz interna e entre os povos, a guerra, as finanças, o comércio, a colonização.

Morus narra a viagem do personagem Rafael à ilha Utopia e descreve a sociedade que conheceu. Trata-se da projeção de um ideal da mente humana, de uma sociedade que não existe historicamente. A palavra "utopia" provém do grego, significando a ausência de lugar, o não lugar, o que não existe.

Nessa sociedade idealizada, a capital chama-se Amauroto, que se refere àquilo que se esvai, que se perde. Em Utopia existe um rio chamado Anidro, sem água. E é muito sugestivo o nome do príncipe da cidade: Ademo, que significa ausência de povo, príncipe sem povo. Com essas expressões, Thomas Morus revela em sua obra a busca por algo completamente diferente do que ocorria na sociedade em que viveu: a ausência de desigualdades, miséria, concentração de renda etc.

Retrato de Thomas Morus (1527), de Hans Holbein (o Jovem). Óleo sobre madeira, 74,9 cm × 60,3 cm.

Em suas últimas palavras em Utopia, Morus confessa que há nessa república muitas coisas que desejaria ver em "nossas cidades". E conclui, afirmando ser "coisa que mais desejo do que espero". Ou seja, não apenas Utopia não existe, como Morus não espera que venha a existir.

Essa obra de Morus nos faz pensar a respeito da ação de Estados e governos. Contudo, o livro não é um ideário, embora sirva como farol para orientar e alimentar as ações humanas.

Vejamos alguns fragmentos de *Utopia*.

Utopia

Na Utopia... não se veem nem pobres nem mendigos, e ainda que ninguém tenha nada de seu, no entanto todo mundo é rico. Existe, na realidade, mais bela riqueza do que viver alegre e tranquilo, sem inquietações nem cuidados? [...]

É justo que um nobre, um ourives, um usurário, um homem que não produz senão objetos de luxo, inúteis ao Estado, é justo que tais indivíduos levem uma vida caprichosa e esplêndida por entre ociosidade e ocupações frívolas, enquanto que um trabalhador, um carreteiro, um artesão ou um lavrador vivam na negra miséria, mal podendo alimentar-se? E, no entanto, os últimos estão amarrados a um trabalho tão pesado e tão penoso que as bestas de carga mal suportariam. [...]

Na Utopia a avareza é impossível, porque o dinheiro ali não é de uso algum, e, por isso mesmo, que abundante fonte de males não estancou? Que enorme seara de crimes não cortou pela raiz? [...] A própria pobreza, que parece ser a única a carecer de dinheiro, diminuiria no instante mesmo, caso o dinheiro fosse completamente abolido.

E veja-se esta prova evidente: Suponde que venha um ano mau e estéril, durante o qual uma horrível fome roube muitos milhares de vidas. Sustento que, ao fim da calamidade, se fossem pesquisados os celeiros dos ricos, neles se encontrariam imensas provisões de grãos. De sorte que, se essas provisões tivessem sido distribuídas em tempo, nenhum dos infelizes que morreram de fraqueza e debilidade teria sido tocado pela inclemência do céu e a avareza da terra. Vedes, pois, que, sem o dinheiro, a existência teria podido e poderá ser assegurada a todos; e que a chave de ouro, esta bem-aventurada invenção que nos devia abrir as portas da felicidade, no-las fecha impiedosamente. [...]

MORUS, Thomas. *Utopia*. Trad. Luís de Andrade. São Paulo: Nova Cultural, 1972. p. 308-311. (Os pensadores).

PROBLEMATIZANDO

1. Embora a utopia refira-se a algo que não tem lugar, que não existe, ela exerce um importante papel na história da humanidade.
   - Você conhece algumas realidades que hoje já dão sinais de existência e que no passado não passavam de utopia?
   - Quais utopias você julga que nós deveríamos cultivar, no presente, pensando em sua progressiva realização histórica?

3. A SOBERANIA POLÍTICA EM JEAN BODIN

Jean Bodin (1529-1596), jurista e escritor cristão, situa-se entre o realismo político de Maquiavel e o utopismo de Thomas Morus. É considerado o teórico da soberania. Em sua obra *Seis livros sobre a República*, Bodin defende a necessidade de uma forte soberania para a existência do Estado, que manterá os membros sociais unidos em um só corpo.

Considerando o conceito de soberania como "poder supremo", verificamos que, na escala dos poderes, o poder inferior é subordinado ao superior, que, por sua vez, se subordina a outro poder superior, o *summa potestas*, que é o poder soberano. Dessa maneira, onde há um poder soberano encontramos um Estado. É o que podemos verificar na definição do próprio Bodin: "Por soberania se entende o poder absoluto e perpétuo de uma República [que é próprio do Estado]" (Livro I, cap.VIII).

O adjetivo "absoluto", que Bodin atribui à soberania do Estado, refere-se ao que não tem outros limites senão os da lei divina e da lei natural. Dessa forma, entre as características da soberania se encontra o fato de ela ser absoluta, perpétua e indivisível. O adjetivo "perpétuo" refere-se ao fato de que a soberania não se identifica com a figura do governante, pois o governo passa. A soberania não é transitória, não se transmite. Ela pertence ao Estado, que permanece. Quem estabeleceria a lei seria o soberano, mas quem a administraria seria o governo. E a justiça teria relação com a administração da lei. Portanto, cabe ao governo administrar a justiça, distribuir a cada um o que lhe é próprio.

Jean Bodin afirma a permanência ou a continuidade da República. Para ele, essa soberania deve ser obtida mediante a justiça, fruto de um governo com base na razão. A soberania seria, assim, o verdadeiro fundamento sobre o qual se constrói toda a estrutura do Estado e da qual dependem todas as leis, normas e magistraturas. O Estado seria, então, o corpo perfeito no qual todas as famílias e corporações se encontrariam vinculadas e unidas.

Jean Bodin.

PROBLEMATIZANDO

1. Considerando o conceito de soberania, que implicações poderiam surgir se julgássemos como soberano o governante e não o Estado?

PRODUÇÃO DE TEXTO

1. Explique o conceito de soberania, em Bodin, explicitando o seu caráter absoluto, indivisível e perpétuo.

4. O DIREITO NATURAL E O DIREITO POSITIVO

No início do séc. XVII, a cultura ocidental vivia a formação da teoria do direito natural. Os principais representantes dessa teoria, também chamada de jusnaturalismo, são Alberico Gentili (1552-1608) e Hugo Grotius (1583-1645).

Recordando a teoria do direito de Tomás de Aquino, na Idade Média, podemos encontrar os elementos que formarão a base do jusnaturalismo, na Renascença. De acordo com essa teoria, os homens teriam direitos naturais.

Para alguns pensadores, esses direitos viriam de Deus que, no ato da criação, teria inscrito nas criaturas a sua lei. Nessa concepção, a lei natural teria sido instituída por Deus, no coração de suas criaturas.

Sendo o direito natural de ordem divina, ele traria a marca da universalidade e da imutabilidade, pois a perfeição divina teria deixado sua marca nele.

Outros autores leem a lei natural sem referência a uma divindade, a um criador. Os indivíduos, por meio da razão, teriam condições para conhecer os princípios dessa lei natural. Assim, natureza e razão seriam os fundamentos do direito natural.

Retrato de Hugo Grotius (1631), de Michiel Janz van Mierevelt. Óleo sobre painel, 63 cm × 55 cm.

Entre os direitos naturais, costumam ser destacados os direitos à vida, à felicidade, à propriedade, à liberdade, à dignidade. Com esse reconhecimento, estaria estabelecida a natural igualdade de todos os seres humanos. Todos teriam os mesmos direitos. Seriam livres e iguais.

Dessa maneira, notamos que, historicamente, o jusnaturalismo apresenta diferentes visões, mas todas reconhecem um elemento comum: normas logicamente anteriores e eticamente superiores às leis criadas pelos seres humanos em sociedade.

> O jusnaturalismo, que reivindica a existência de uma lei natural, eterna e imutável, distinta do sistema normativo fixado por um poder institucionalizado (Direito Positivo), engloba as mais amplas manifestações do idealismo que se traduzem na crença de um preceito superior advindo da vontade divina, da ordem natural das coisas, do instinto social, ou mesmo da consciência e da razão do homem.
>
> WOLKMER, Antônio Carlos. *Ideologia, Estado e Direito*. São Paulo: Revista dos Tribunais, 1989. p. 124.

A existência da igualdade natural seria a condição fundamental para haver um possível pacto ou contrato entre os indivíduos. Assim, o jusnaturalismo estaria na base do contratualismo moderno. Este direito natural, que antecede o direito criado pelos seres humanos, conhecido como direito positivo, teria validade em si mesmo: seria anterior e superior ao direito positivo e, em caso de conflito, é ele que deveria prevalecer. Assim, o jusnaturalismo é uma doutrina que não deve ser confundida com o atual "positivismo jurídico", para o qual só há um direito, aquele estabelecido pelo Estado.

PRODUÇÃO DE TEXTO

1. Somente a passagem do jusnaturalismo para o direito positivo é capaz de garantir vida justa em sociedade. Elabore um texto que justifique essa afirmativa.

5. A HIPÓTESE DO ESTADO NATURAL

O estado natural em Hobbes

Thomas Hobbes (1588-1679) nasceu em uma aldeia inglesa, Westport. Sua mãe, devido ao terror que lhe causou a notícia da chegada da Invencível Armada Espanhola, deu-o à luz prematuramente. Esse acontecimento vai marcar toda a trajetória de Hobbes.

Derrota da Armada Espanhola (1796), de Philip James de Loutherbourg. Óleo sobre tela, 214,6 cm × 278,1 cm.

A tela representa a batalha naval de Gravelines, no Canal da Mancha, em 29 de julho de 1588. Esse foi o principal enfrentamento daquela que ficou conhecida como Guerra Anglo-Espanhola. O objetivo do rei Filipe II era eliminar a influência inglesa nos Países Baixos (atual Holanda) e consolidar o domínio marítimo espanhol. A Invencível Armada, composta por 130 navios com forte artilharia, tripulados por 8 000 marinheiros que transportavam 18 000 soldados, foi vencida pelos ingleses, que impediram o desembarque das tropas espanholas, impondo uma grave derrota política e estratégica ao Reino da Espanha.

O contexto da vida política de Hobbes é marcado por movimentos revolucionários. A título de exemplo, encontramos a Guerra dos Trinta Anos (1618-1648), envolvendo várias nações europeias; na Inglaterra, Cromwell comandou a revolução puritana que destronou e executou o rei Carlos I (1649).

A partir do século XVI, as monarquias absolutistas constituíam um regime político difundido por toda a Europa. No campo intelectual, buscava-se fundamentar e justificar esse poder ilimitado dos monarcas. Uma resposta tradicional era: o poder real havia sido concedido pelo próprio Deus. Por isso, a autoridade real seria perpétua e absoluta, não havendo necessidade de justificar suas atitudes. Se o rei morresse, seu poder, oriundo de Deus, continuaria para além do corpo do monarca. O poder seria transmitido ao seu sucessor.

Em meados da década de 1640, havia um fervoroso debate entre realistas, parlamentaristas e radicais sobre o conceito de soberania. De acordo com a principal doutrina dos parlamentaristas, o sujeito da soberania é o povo. Ao criticar a tese da soberania popular, Hobbes estabelece uma importante distinção entre os poderes da soberania e os poderes do povo.

Conforme veremos adiante, o verdadeiro detentor da soberania para Hobbes não seria nem o povo, nem a pessoa natural do rei, mas uma pessoa jurídica e abstrata, conhecida como Estado. Em suas críticas aos parlamentaristas, Hobbes fazia frente também às posições de determinadas correntes radicais, principalmente as que afirmavam a soberania popular e seu direito de resistência.

Antes de enveredarmos no horizonte da política, da sociedade civil, vamos considerar a hipótese de um estado natural no qual os seres humanos teriam vivido. Com enfoques diferentes, tanto Hobbes como Locke e Rousseau desenvolveram essa hipótese.

Thomas Hobbes (1670), de John Michael Wright. Óleo sobre tela, 66 cm × 54,6 cm.

> O ser humano, em seu estado natural, buscando a sua preservação, tem a liberdade de usar seu próprio poder da maneira que quiser. Por isso, seguindo a luz de sua própria razão, fará tudo aquilo que seu julgamento racional lhe indicar ser o modo adequado de ação, tendo em vista o objetivo primeiro, que é a defesa de sua vida. E nisso os indivíduos são, naturalmente, iguais. Trata-se de seu direito de natureza.

> Que ninguém se engane: os homens não são irmãos. Ao contrário, são inimigos, capazes de matar um ao outro. O homem, na verdade, é o lobo do homem. Nem por isso, porém, a humanidade, obrigatoriamente, exterminará a si mesma. Há uma alternativa que pode instituir a paz e mantê-la. E é precisamente essa saída que se desenha na obra de Thomas Hobbes.
>
> ABRÃO, Bernadette Siqueira (Org.). *História da filosofia*. São Paulo: Nova Cultural, 1999. p. 233. (Os pensadores).

Para Hobbes, todos os homens são iguais em suas paixões, em seus amores e em suas aversões, em seus apetites ou desejos; ou seja, todos são movidos pelos mesmos fins: a aproximação do objeto desejado e o afastamento daquilo que é indesejável. Nesse estado natural, Hobbes denomina como "bom" aquilo que se busca e como "mau" aquilo a que se tem aversão. Não são portanto juízos morais, nem descrições de algo que seja "bom" ou "mau" em si mesmo, mas apenas nomes dados aos nossos anseios e às nossas aversões.

Vamos considerar o fragmento a seguir:

Da condição natural da humanidade relativamente à sua felicidade e miséria

A natureza fez os homens tão iguais quanto às faculdades do corpo e do espírito que, embora por vezes se encontre um homem manifestamente mais forte de corpo, ou de espírito mais vivo do que outro, mesmo assim, quando se considera tudo isso em conjunto, a diferença entre um e outro homem não é suficientemente considerável para que qualquer um possa, com base nela, reclamar qualquer benefício a que outro não possa também aspirar, tal como ele. Porque quanto à força corporal, o mais fraco tem força suficiente para matar o mais forte, quer por secreta maquinação, quer unindo-se com outros que se encontram ameaçados pelo mesmo perigo.

Quanto às faculdades do espírito [...] encontro entre os homens uma igualdade ainda maior do que a igualdade de força. [...]

Dessa igualdade quanto à capacidade deriva a igualdade quanto à esperança de atingirmos nossos fins. Portanto, se dois homens desejam a mesma coisa, ao mesmo tempo em que é impossível ela ser gozada por ambos, eles tornam-se inimigos. E no caminho para seu fim (que é principalmente sua própria conservação, e às vezes apenas seu deleite) esforçam-se por se destruir ou subjugar um ao outro. [...]

Na natureza do homem encontramos três causas principais de discórdia. Primeiro, a competição; segundo, a desconfiança; e terceiro, a glória. A primeira leva os homens a atacar os outros tendo em vista o lucro; a segunda, a segurança; e a terceira, a reputação. [...]

Com isto se torna manifesto que, durante o tempo em que os homens vivem sem um poder comum capaz de os manter a todos em respeito, eles se encontram naquela condição a que se chama guerra; e uma guerra que é de todos os homens contra todos os homens. [...]

Numa tal situação não há espaço para a indústria, pois seu fruto é incerto; consequentemente, não há cultivo da terra, nem navegação, nem uso das mercadorias que podem ser importadas pelo mar; [...], não há sociedade; e, o que é pior do que tudo, um constante temor e perigo de morte violenta. E a vida do homem é solitária, pobre, sórdida, embrutecida e curta. [...]

Desta guerra de todos os homens contra todos também isto é consequência: que nada pode ser injusto. As noções de bem e de mal, de justiça e injustiça, não podem aí ter lugar. Onde não há poder comum não há lei, e onde não há lei não há injustiça. Na guerra, a força e a fraude são as duas virtudes cardeais. [...]. Outra consequência da mesma condição é que não há propriedade, nem domínio, nem distinção entre o meu e o teu; só pertence a cada homem aquilo que ele é capaz de conseguir, e apenas enquanto for capaz de conservá-lo. É, pois, esta a miserável condição em que o homem realmente se encontra, por obra da simples natureza.

HOBBES, Thomas. *O Leviatã*. Cap. XIII. Trad. João Paulo Monteiro e Maria Beatriz Nizza da Silva. São Paulo: Nova Cultural, 1999. p. 107-111. (Os pensadores).

PROBLEMATIZANDO

1. Converse com os colegas sobre as questões a seguir e apresente os argumentos em defesa de sua posição:
    - Com base nesse texto, como Hobbes percebe e descreve a natural igualdade dos seres humanos?
    - Para Hobbes, quais são as causas da discórdia entre as pessoas e como elas se manifestam na história?
    - Os indivíduos são movidos pelo interesse. O motivo da união em sociedade não é um interesse particular? O que leva as pessoas a se unirem e a estabelecerem contratos?
    - É possível falar em justiça ou em injustiça natural?

Direito de natureza e lei de natureza

Hobbes distingue direito de natureza e lei de natureza. No direito de natureza estaria a liberdade de usar o próprio poder da maneira que melhor julgar para garantir sua preservação. Na lei de natureza constaria o preceito racional que proibiria qualquer pessoa de atentar contra a própria vida. No âmbito do direito está a liberdade; no âmbito da lei está a obrigação. É muito importante percebermos que o critério fundamental de ação no estado natural deve atender ao princípio de autopreservação. Sendo ele natural, ele é conforme a razão, conforme a lei de natureza. Considere o texto a seguir.

> O direito de natureza, que os autores geralmente chamam *jus naturale*, é a liberdade que cada homem possui de usar seu próprio poder, da maneira que quiser, para a preservação de sua própria natureza, ou seja, de sua vida; e, consequentemente de fazer tudo aquilo que seu próprio julgamento e razão lhe indiquem como meios adequados a esse fim.
>
> Por liberdade entende-se, conforme a significação própria da palavra, a ausência de impedimentos externos, impedimentos que muitas vezes tiram parte do poder que cada um tem de fazer o que quer, mas não podem obstar a que use o poder que lhe resta, conforme o que seu julgamento e razão lhe ditarem.
>
> Uma lei de natureza (*lex naturalis*) é um preceito ou regra geral estabelecido pela razão, mediante o qual se proíbe a um homem fazer tudo o que possa destruir sua vida ou privá-lo dos meios necessários para preservá-la, ou omitir aquilo que pense poder contribuir melhor para preservá-la. Porque embora os que têm tratado deste assunto costumam confundir *jus* e *lex*, o direito e a lei, é necessário distingui-los um do outro. Pois o direito consiste na liberdade de fazer ou de omitir, ao passo que a lei determina ou obriga a uma dessas duas coisas. De modo que a lei e o direito se distinguem tanto como a obrigação e a liberdade, as quais são incompatíveis quando se referem à mesma matéria. [...]
>
> Desta lei fundamental de natureza, mediante a qual se ordena a todos os homens que procurem a paz, deriva esta segunda lei: que um homem concorde, quando outros também o façam, e na medida em que tal considere necessário para a paz e para a defesa de si mesmo, em renunciar a seu direito a todas as coisas, contentando-se, em relação aos outros homens, com a mesma liberdade que aos outros homens permite em relação a si mesmo. Porque enquanto cada homem detiver seu direito de fazer tudo quanto queira todos os homens se encontrarão numa condição de guerra. [...]
>
> Esta é a lei do Evangelho: Faz aos outros o que queres que te façam a ti. E esta é a lei de todos os homens: *Quod tibi fieri non vis, alteri ne feceris* [Não faça aos outros o que não queira que façam a ti].
>
> HOBBES, Thomas. *O Leviatã*. Cap. XIV. Trad. João Paulo Monteiro e Maria Beatriz Nizza da Silva. São Paulo: Nova Cultural, 1999. p. 113-121. (Os pensadores).

PRODUÇÃO DE TEXTO

1. Considere o texto:

> E a vida do homem é solitária, pobre, sórdida, embrutecida e curta. [...] Desta guerra de todos os homens contra todos os homens também isto é consequência: que nada pode ser injusto. [...] É esta pois a miserável condição em que o homem realmente se encontra por obra da simples natureza.
>
> HOBBES, Thomas. *O Leviatã*. Cap. XIII. Trad. João Paulo Monteiro e Maria Beatriz Nizza da Silva. São Paulo: Nova Cultural, 1999. p. 107-111. (Os pensadores).

- Com base na concepção de Hobbes, redija um texto sobre o estado de natureza do ser humano e justifique a necessidade da busca pelo pacto.

PROBLEMATIZANDO

1. Explique a afirmativa a seguir, extraída da obra *O Leviatã*, de Hobbes: "[...] a lei e o direito se distinguem tanto como a obrigação e a liberdade."

O estado natural em Locke

Diferentemente de Hobbes, John Locke (1636-1704) não descreve o estado natural como um estado de guerra de todos contra todos. Afirma que existe uma natural sociabilidade, na dimensão pré-civil.

Esse estado natural no qual o ser humano se encontra, embora seja um estado pré-político, ou pré-civil, não é um estado pré-social, pois há uma convivência inicial, em liberdade e igualdade: cada indivíduo, dotado das mesmas faculdades por Deus, tem tanto poder quanto o outro e está submetido apenas à lei natural, que lhe ordena conservar-se e, tanto quanto possível, preservar a humanidade.

Entrada de uma vila (c. 1665), de Meyndert Hobbema. Óleo sobre madeira, 75 cm × 110 cm.

Essa preservação implica a subsistência e a propriedade de si e de seus bens. No estado de natureza, os homens têm a liberdade de dispor de sua pessoa e de suas propriedades, dentro dos limites da lei natural. Sobre a lei natural, devemos observar os princípios que a definem: liberdade, disposição da pessoa e propriedade.

> Para Locke, por natureza, os homens seriam livres, iguais e independentes. Mas liberdade não é licenciosidade, pois todos estão sujeitos à lei de natureza, isto é, à razão: cada um é livre para dispor de seu corpo, mas ninguém deve abusar dessa liberdade para prejudicar os demais. Nem há por que atentar contra a liberdade dos outros, pois, no estado de natureza, a terra e seus frutos são abundantes e suficientes para a sobrevivência de cada um. Se a todos está assegurada a preservação, como alguém pode cobiçar o que é dos outros?
>
> ABRÃO, Bernadette Siqueira (Org.). *História da filosofia*. São Paulo: Nova Cultural, 1999. p. 242. (Os pensadores).

Locke afirma que o estado de guerra se inicia quando se corrompe a natureza humana, quando o ser humano se degenera e passa a exercer a agressão contra seus semelhantes. Quem prejudica o outro transgride a lei de natureza. E sobre ele pode ser exercido o direito de castigo.

Para Locke, o direito à propriedade pertence à natureza do ser humano. Todos têm o direito natural de possuir bens, conquistados pelo trabalho. Contudo, no decorrer histórico, com a complexificação das relações e diante da finitude dos bens, surgiram conflitos, especialmente relacionados à questão da propriedade. No estado natural não existe um juiz imparcial que possa cuidar da resolução desses conflitos. Será dessa necessidade que virá a livre decisão do ser humano por associação formal, pela construção de um pacto.

Vejamos o texto no qual Locke reflete sobre a fragilidade do estado natural.

> Se o homem é tão livre no estado de natureza como se tem dito, se ele é o senhor absoluto de sua própria pessoa e de seus bens, igual aos maiores e súdito de ninguém, por que renunciaria à sua liberdade, a este império, para sujeitar-se à dominação e ao controle de qualquer outro poder? A resposta é evidente: ainda que no estado de natureza ele tenha tantos direitos, o gozo deles é muito precário e constantemente exposto às invasões dos outros. [...]
>
> Por isso, o objetivo capital e principal da união dos homens em comunidades e de sua submissão a governos é a preservação de sua propriedade. O estado de natureza é carente de muitas condições. Em primeiro lugar, ele carece de uma lei estabelecida, fixada, conhecida, aceita e reconhecida pelo consentimento geral, para ser o padrão do certo e do errado e também a medida comum para decidir todas as controvérsias entre os homens. [...]
>
> Em segundo lugar, falta no estado de natureza um juiz conhecido e imparcial, com autoridade para dirimir todas as diferenças segundo a lei estabelecida. [...]
>
> Em terceiro lugar, no estado de natureza, frequentemente, falta poder para apoiar e manter a sentença quando ela é justa, assim como para impor sua devida execução.
>
> LOCKE, John. *Segundo tratado sobre o governo*. Trad. Magda Lopes e Marisa Lobo da Costa. Petrópolis: Vozes, 2006. p. 156-157.

PROBLEMATIZANDO

1. Quais são as diferenças fundamentais da visão de Locke em relação à de Hobbes no que se refere ao estado natural?
2. Considerando a visão de Locke, o que falta no estado natural, que faz com que os homens decidam fazer um pacto? O que motiva os indivíduos a buscarem uma associação?

O estado natural em Rousseau

Rousseau (1712-1778), inspirado na vivacidade e na riqueza da natureza, levantou a hipótese do homem natural, originalmente íntegro, biologicamente sadio e moralmente justo. Dessa forma, a maldade e a injustiça não são naturais no indivíduo, mas derivadas da cultura que instituiu a propriedade privada, de onde derivam todos os males da vida em sociedade: as discórdias, as guerras, a pobreza, a miséria etc.

No texto a seguir, Rousseau mostra sua concepção de ser humano no estado natural. Ele sempre agiria pelo instinto selvagem, incapaz de abstrair-se do instante presente. Os seres humanos seriam movidos exclusivamente por seus instintos e por suas percepções sensíveis imediatas. A expressão "bom selvagem" traduz bem isso. Embora ele seja "bom", ele é "selvagem".

> Concluamos que, errando pelas florestas, sem indústria, sem palavra, sem domicílio, sem guerra e sem ligação, sem qualquer necessidade de seus semelhantes, bem como sem qualquer desejo de prejudicá-los [...], o homem selvagem, sujeito a poucas paixões e bastando-se a si mesmo, não possuía senão os sentimentos e as luzes próprias desse estado, no qual só sentia suas verdadeiras necessidades [...]. Se, por acaso, descobria qualquer coisa, era tanto mais incapaz de comunicá-la quanto nem mesmo reconhecia os próprios filhos. A arte perecia com o inventor. Então não havia

nem educação, nem progresso; as gerações se multiplicavam inutilmente e, partindo cada uma do mesmo ponto, desenrolavam-se os séculos com toda a grosseria das primeiras épocas; a espécie humana já era velha e o homem continuava sempre criança. [...]

O verdadeiro fundador da sociedade civil foi o primeiro que, depois de ter cercado um terreno, pensou em dizer "este é meu" e encontrou pessoas que nele acreditaram, foi o primeiro fundador da sociedade civil. Quantos crimes, conflitos e homicídios, misérias e horrores teria poupado ao gênero humano aquele que, arrancando a cerca ou tapando o fosso, houvesse gritado a seus semelhantes: "não deis ouvido a este impostor, estareis perdidos se esquecerdes que os frutos são de todos e a terra não é de ninguém!".

ROUSSEAU, Jean-Jacques. *Discurso sobre a origem e os fundamentos da desigualdade entre os homens.* Trad. Lourdes Santos Machado. São Paulo: Nova Cultural, 1991. p. 256, 257 e 259.

PROBLEMATIZANDO

1. Qual é a tese que Rousseau usa para justificar a origem da sociedade civil e das misérias no mundo da cultura?
- Como você se posiciona diante dessa argumentação de Rousseau?

6. DO ESTADO NATURAL AO CORPO POLÍTICO

O pacto social em Hobbes

Vimos que, no estado natural, a igualdade dos seres humanos também está em serem eles inimigos, uma vez que buscam a satisfação pessoal em tudo, o que implica na destruição de qualquer ameaça. Esse estado natural de guerra de todos contra todos, que estaria na raiz da busca por segurança, por autopreservação, seria também fonte de muita insegurança.

Segundo a concepção de Hobbes, buscando a mesma autopreservação, os seres humanos teriam seguido a lei de natureza, obedecido à razão e buscado uma solução para afastar o medo da morte violenta e garantir a segurança e a autopreservação. Dessa forma, nascem as regras racionais fundamentais para a vida em sociedade.

Regras fundamentais para a vida em sociedade

Na obra *O Leviatã*, Hobbes evidencia o quanto o pacto implica e significa uma renúncia, uma transferência de direito natural, com o objetivo de garantir algo que falta no estado natural. Essa transferência ou renúncia ao direito de tudo poder fazer só terá condições de assegurar a autopreservação e a paz se houver um poder impessoal, comum a todos e acima de todos.

A Justiça (1961), escultura de Alfredo Ceschiatti localizada em frente ao prédio do Supremo Tribunal Federal, em Brasília (DF).

No fragmento a seguir, Hobbes descreve a natureza desse pacto entre os súditos.

> Quando alguém transfere seu direito, ou a ele renuncia, fá-lo em consideração a outro direito que reciprocamente lhe foi transferido, ou a qualquer outro bem que daí espera. Pois é um ato voluntário, e o objetivo de todos os atos voluntários dos homens é algum bem para si mesmos. [...] A transferência mútua de direitos é aquilo a que se chama contrato. [...] Quando se faz um pacto em que ninguém cumpre imediatamente sua parte, e uns confiam nos outros, na condição de simples natureza (que é uma condição de guerra de todos os homens contra todos os homens), a menor suspeita razoável torna nulo esse pacto. Mas se houver um poder comum situado acima dos contratantes, com direito e força suficiente para impor seu consentimento, ele não é nulo.
>
> HOBBES, Thomas. *O Leviatã*. Cap. XIV. Trad. João Paulo Monteiro e Maria Beatriz Nizza da Silva. São Paulo: Nova Cultural, 1999. p. 115. (Os pensadores).

Considerando o instinto de autoconservação, Hobbes, na obra *O Leviatã*, cita 19 leis fundamentais para a vida social. Habitualmente, são recordadas somente as primeiras três, que são as principais. Essas regras não são de Hobbes, mas são as que ele reconhece na natureza humana, e as defende, pois percebe que são coerentes e fundamentadas na lei natural, permeadas por racionalidade. Considerando que tornam a vida em sociedade possível, elas adquirem um valor moral e político.

A lei primeira e fundamental ordena que o ser humano se esforce por buscar a paz. "É preceito ou regra geral da razão que cada homem deva se esforçar pela paz quando tem esperança de obtê-la e, quando não puder obtê-la, procure e use todos os recursos e benefícios da guerra." Assim, temos, em primeiro lugar, a busca da paz, e, em segundo lugar, a síntese do direito natural, que é defender-se com todos os meios possíveis.

Para garantir a paz é preciso que exista uma renúncia. E essa renúncia se faz a um direito natural. Trata-se do direito natural a todas as coisas. Se não houver essa renúncia, não haverá garantia de paz. Por isso a segunda lei assim determina: que se renuncie ao direito sobre tudo, ou seja, àquele direito que se tem no estado natural, que é precisamente o direito que desencadeia todos os conflitos.

A terceira lei impõe, uma vez que se tenha renunciado ao direito a tudo, que se cumpram os acordos feitos. E daí nascem a justiça e a injustiça (justiça é manter os acordos firmados; injustiça é transgredi-los). A quarta lei prescreve que se restituam os benefícios recebidos, de modo que os outros não se arrependam de tê-los feito e continuem a fazê-los. Daí nascem a gratidão e a ingratidão. A quinta prescreve que cada homem deve tender a se adaptar aos outros. Daí nascem a sociabilidade e o seu contrário. A sexta lei prescreve que, quando se tiver as devidas garantias, deve-se perdoar àqueles que, arrependendo-se, assim o desejem. A sétima prescreve que nas vinganças (ou punições) não se deve olhar para o mal passado recebido, mas sim para o bem futuro. A não observância desta lei dá lugar à crueldade. A oitava lei prescreve que não se deve declarar ódio ou desprezo pelos outros com palavras, gestos ou atos. A infração a essa lei é chamada injúria. A nona lei prescreve que cada homem deve reconhecer o outro como igual a si por natureza. A infração a essa lei é o orgulho. A décima lei prescreve que ninguém deve pretender que seja reservado para si qualquer direito que lhe agrade e não seja reservado a algum outro homem. A infração a essa lei faz nascerem a modéstia e a arrogância. A décima primeira lei prescreve ao homem a quem é confiada a função de julgar entre um homem e outro, que se comporte com equidade entre os dois. Daí nascem a equidade e a parcialidade.

Themis é uma divindade grega, símbolo da justiça. Os símbolos da justiça buscam a imparcialidade, a equidade, a garantia dos acordos e a repressão às ações violentas e agressivas que possam vir das paixões humanas.

> Em si mesmas, essas leis não bastam para constituir a sociedade, uma vez que também é necessário um poder que obrigue os homens a respeitá-las: sem a espada que lhes imponha o respeito, os acordos não servem para atingir o objetivo a que se propõem.

O Estado absolutista

A busca pela paz não pode estar motivada apenas pelo medo da morte. Pois esse é um sentimento instável. É preciso uma instância de poder que esteja acima dessas instabilidades, que seja mais forte que os homens. Isso implicará na criação de um ser artificial, resultado de uma escolha, de um pacto entre os indivíduos. Em favor desse ser novo e artificial, o Estado soberano, todos os súditos renunciam e transferem o seu direito de autogoverno.

Na teoria de Hobbes, o soberano ou o Estado é o depositário dos direitos que lhe são transferidos para que cumpra uma função específica que lhe cabe a partir do pacto: a de proteger os súditos. Esse será o dever daqueles que exercem o poder soberano, seja apenas uma pessoa, seja uma assembleia.

Ele está acima da justiça (ver a 3ª lei, que vale sempre para os cidadãos e não para o soberano). O absolutismo desse estado é verdadeiramente total. Todos os âmbitos ficam submetidos ao Estado, inclusive a Igreja, questões religiosas e de dogmática bíblica. Por isso, Hobbes adota o nome Leviatã para designar o Estado e também como título simbólico que sintetiza todo o seu pensamento. Na imagem do Leviatã, seu corpo é formado pela reunião dos indivíduos, com a ideia de que o pacto dos indivíduos dá origem ao poder absoluto do soberano.

Página de rosto da primeira edição da obra *Leviatã* (1651), de Thomas Hobbes.

Para fazer referência a essa soberania indestrutível do Estado, com poder absoluto sobre seus súditos, que assim o autorizam por meio do pacto social, Hobbes recorre à imagem do monstro marinho Leviatã, cuja origem remonta à mitologia fenícia, aparecendo também no Livro de Jó, da Bíblia.

É sempre importante lembrar que a figura do soberano em Hobbes refere-se a uma função política e não a uma pessoa. Embora possa o governante ser uma pessoa ou uma assembleia que exerce coletivamente o poder, a soberania é uma função política que pertence ao Estado.

Considerando esse conceito de soberania, qual será a melhor forma de governo para Hobbes? No texto a seguir, o autor de *O Leviatã* responde a essa questão.

Das causas, geração e definição de um Estado

O único caminho para erigir um poder comum que possa estar em condições de defender os homens da agressão estrangeira e das injúrias recíprocas e, assim, tranquilizá-los de tal modo que possam se nutrir e viver satisfeitos com sua própria indústria e com os frutos da terra, é o de conferir todos os seus poderes e toda a sua força a um homem ou a uma assembleia de homens que possa reduzir todas as suas vontades, por meio da pluralidade das vozes, a uma só vontade. [...]

Isso é mais do que o consenso ou a concórdia; é uma unidade real de todos em uma só pessoa, feita pelo pacto de cada homem com todo outro homem, de tal modo que, se cada homem dissesse a todo outro homem: eu autorizo e cedo o meu direito de governar-me a mim mesmo a esse homem ou a essa assembleia de homens, com a condição que tu lhe cedas o teu direito e autorizes todas as suas ações da mesma forma. Feito isso, a multidão assim unida em uma só pessoa é chamada de Estado, em latim *civitas*. [...] Àquele que é portador dessa pessoa se chama soberano, e dele se diz que possui poder soberano. Todos os restantes são súditos.

HOBBES, Thomas. *O Leviatã*. Cap. XVII. Trad. João Paulo Monteiro e Maria Beatriz Nizza da Silva. São Paulo: Nova Cultural, 1999. p. 141-143. (Os pensadores).

No texto a seguir, Hobbes fala sobre a soberania do governante ou da assembleia. Vejamos os elementos dessa reflexão.

Dos direitos dos soberanos por instituição

É desta instituição do Estado que derivam todos os direitos e faculdades daquele ou daqueles a quem o poder soberano é conferido mediante o consentimento do povo reunido. Em primeiro lugar, [...] aqueles que estão submetidos a um monarca não podem, sem licença deste, renunciar à monarquia, voltando à confusão de uma multidão desunida. [...]. Assim, a dissensão de alguém levaria todos os restantes a romper o pacto feito com esse alguém, o que constitui injustiça. Por outro lado, cada homem conferiu a soberania àquele que é portador de sua pessoa; portanto, se o depuserem estarão tirando-lhe o que é seu, o que também constitui uma injustiça. Além do mais, se aquele que tentar depor seu soberano for morto, ou por ele castigado devido a essa tentativa, será o autor de seu próprio castigo, dado que por instituição é autor de tudo quanto seu soberano fizer.

Em segundo lugar, dado que o direito de representar a pessoa de todos é conferido ao que é tornado soberano mediante um pacto celebrado apenas entre cada um e cada um, e não entre o soberano e cada um, não pode haver quebra de pacto por parte do soberano. Portanto, nenhum dos súditos pode livrar-se da sujeição, sob qualquer pretexto de infração. [...]

Visto que o fim da instituição é a paz e a defesa de todos, e visto que quem tem o direito a um fim tem direito aos meios, constitui direito de qualquer homem ou assembleia que detenha a soberania o de ser juiz tanto dos meios para a paz e a defesa quanto de tudo o que possa perturbar ou dificultar estas últimas.

HOBBES, Thomas. *O Leviatã*. Cap. XVIII. Trad. João Paulo Monteiro e Maria Beatriz Nizza da Silva. São Paulo: Nova Cultural, 1999. p. 145-148. (Os pensadores).

PROBLEMATIZANDO

1. No texto anterior, Hobbes caracteriza a soberania. Quais são os traços fundamentais da soberania no pensamento de Hobbes?

O pacto social em Locke: constitucionalismo liberal

Retomando as ideias de John Locke (1632-1704), no estado natural, no qual todos são juízes e executores da lei em causa própria, ficaria inviável uma julgamento imparcial e justo. Considerando as limitações desse estado natural para assegurar o direito à propriedade, os seres humanos decidiram abrir mão do direito natural de executar a lei de natureza. Com essa renúncia, cria-se o pacto e com ele a sociedade civil, o corpo político.

Locke foi médico e pertencia a uma família de burgueses comerciantes, tendo ocupado diversos cargos políticos e opondo-se à monarquia absolutista. Tornou-se conhecido como teórico do liberalismo.

No campo da política, sua principal obra é *Dois tratados sobre o governo*, escrita entre o final de 1679 e agosto de 1689. Essa obra evidencia uma concepção de poder soberano do povo e a busca por um governo compatível com essa ideia, na qual o povo tenha garantidos os seus direitos, especialmente a liberdade e a propriedade.

O que dá origem à sociedade civil é a busca pela defesa da propriedade privada, considerada direito natural anterior à sociedade civil. Esse direito, contudo, deve ser atualizado ou conquistado por meio do trabalho, que transforma a coisa bruta em propriedade.

O Estado, que nasce da delegação de função representativa, tem o poder de fazer as leis (Poder Legislativo) e de impô-las e fazer com que sejam cumpridas (Poder Executivo). Os limites do poder do Estado são estabelecidos por aqueles mesmos direitos dos cidadãos para cuja defesa nasceu.

Portanto, os cidadãos mantêm o direito de rebelarem-se contra o poder estatal quando este atua contrariamente às finalidades para as quais foi instituído. E os governantes estão sempre sujeitos ao julgamento do povo.

Essa reflexão política de Locke se encaminha para o constitucionalismo liberal que se concretizou na Inglaterra, com a Revolução de 1688. Nessa dinâmica, considerando a soberania popular, na origem do governo encontra-se a representação, a delegação, que recebe a função de representar e realizar os direitos da população. Por isso, a legitimidade do governo provém do acordo entre os homens, que mantêm o poder e o direito de resistência e insurreição, uma vez que a soberania pertence ao povo, que delega função representativa ao governante.

Retrato de John Locke (1697), de Godfrey Kneller. Óleo sobre tela, 76 cm × 64 cm.

No texto a seguir, Locke reflete sobre a relação entre governante e povo (e vice-versa) e sobre a situação que permitiria destituir o governante de sua função política.

Da hierarquia dos poderes da comunidade civil

Pode-se questionar aqui o que acontecerá se o Poder Executivo, que detém a força da comunidade civil, se utilizar dessa força para impedir que o Poder Legislativo se reúna e atue, quando a constituição fundamental ou as necessidades da vida pública o requererem? Eu respondo que o fato de se servir da força contra o povo sem autoridade e indo de encontro à confiança depositada no autor de ato equivale, por si só, a entrar em guerra contra o povo, que tem o direito de restaurar seu poder legislativo no exercício de seu poder. [...]. Em todos os estados e em todas as condições, o verdadeiro recurso contra a força exercida sem autoridade é opor-se a ela pela força. O uso da força sem autoridade sempre coloca quem a usa em estado de guerra, como o agressor, o que lhe permite receber como resposta o mesmo tratamento.

LOCKE, John. *Segundo tratado sobre o governo civil*. Cap. CXIII. Trad. Magda Lopes e Marisa L. Costa. Petrópolis: Vozes, 1973. p. 176-177. (Os pensadores).

Da divisão dos poderes

Vamos acompanhar a reflexão de Locke sobre a divisão dos poderes Executivo e Legislativo.

> Como pode ser muito grande para a fragilidade humana a tentação de ascender ao poder, não convém que as mesmas pessoas que detêm o poder de legislar tenham também em suas mãos o poder de executar as leis, pois elas poderiam se isentar da obediência às leis que fizeram, e adequar a lei à sua vontade, tanto no momento de fazê-la quanto no ato de sua execução, e ela teria interesses distintos daqueles do resto da comunidade, contrários à finalidade da sociedade e do governo. Por isso, nas comunidades civis bem organizadas, onde se atribui ao bem comum a importância que ele merece, confia-se o Poder Legislativo a várias pessoas, que se reúnem como se deve e estão habilitadas para legislar, seja exclusivamente, seja em conjunto com outras, mas em seguida se separam, uma vez realizada a sua tarefa, ficando elas mesmas sujeitas às leis que fizeram; isto estabelece um vínculo novo e próximo entre elas, o que garante que elas façam as leis visando o bem público.
>
> LOCKE, John. *Segundo tratado sobre o governo civil*. Cap. XII. Trad. Magda Lopes e Marisa L. Costa. Petrópolis: Vozes, 1973. (Os pensadores).

PROBLEMATIZANDO

1. Quais são as principais razões que Locke aponta em favor da separação dos poderes?
2. A divisão dos poderes, quando efetiva, é eficaz contra a corrupção e demais desvios do poder. Explique essa afirmação.

O contrato social em Rousseau: o ideal da democracia

Jean-Jacques Rousseau (1712-1778) nasceu em Genebra, na Suíça. Por ter perdido a mãe no momento do parto, recebeu uma educação infantil desordenada. Em 1728, deixou Genebra e em 1741 fixou estadia em Paris, onde estabeleceu amizade com Diderot e outros enciclopedistas, como D'Alembert, Grimm e D'Holbach.

A formação de Rousseau e sua linha de pensamento difere muito daquela que encontramos em Hobbes e em Locke. Para ele, os homens jamais deveriam ter aceitado um contrato ilegítimo como aquele proposto por Hobbes e por Locke, uma vez que nesse tipo de contrato os pobres só têm a perder a liberdade. Ao conceder voluntariamente a liberdade, nenhum outro bem lhes restou.

Nessa lógica, ele não concorda com a ideia de que, por meio do contrato, se encerre o estado de guerra e se alcance a segurança, conforme afirmado por Hobbes; muito menos com Locke, por associar o contrato à garantia da propriedade privada. O que esses pensadores teriam feito, na visão de Rousseau, foi transportar para o estado de natureza as degenerações e os vícios do homem civilizado. Lembrando que, para Rousseau, o ser humano é naturalmente bom e selvagem.

Retrato de Jean-Jacques Rousseau (séc. XVIII), de Maurice Quentin de La Tour. Pastel sobre papel, 45 cm × 35,5 cm.

Rousseau reflete sobre a essencial liberdade humana, dizendo que é impossível alguém renunciar à liberdade e permanecer humano. Rousseau não abre mão do maior valor da humanidade, a liberdade. Por isso, nenhuma forma de escravização é legítima. Com efeito, a vida em sociedade deverá estar fundamentada no direito, que não autorizará a escravização.

Vejamos o fragmento a seguir, no qual ele explicita essa ideia.

> **Da escravidão**
>
> Visto que homem algum tem autoridade natural sobre seus semelhantes e que a força não produz qualquer direito, só restam as convenções como base de toda autoridade legítima existente entre os homens. [...] Ora, um homem que se faz escravo de um outro, não se dá; quando muito, vende-se pela subsistência. Mas um povo, por que se venderia? [...].
>
> Renunciar à liberdade é renunciar à qualidade de homem, aos direitos da humanidade e até aos próprios deveres.
>
> ROUSSEAU, Jean-Jacques. *O contrato social.* Livro I. Cap. IV. Trad. Lourdes S. Machado. São Paulo: Nova Cultural, 1991. p. 26-27. (Os pensadores).

O contrato, para ser legítimo, precisa assegurar a vontade geral, que é o fundamento da soberania e se expressa nas leis, para poder verdadeiramente assegurar a liberdade de cada um. Mas como fazer isso? Como garantir uma forma de associação que defenda e proteja cada associado, garantindo-lhe a liberdade?

Por meio do contrato social, ele passará por uma mudança radical. Vejamos o fragmento a seguir, no qual Rousseau descreve e caracteriza essa mudança, suas perdas e o que ele ganha com isso.

Escreve Rousseau:

> A passagem do estado de natureza para o estado civil determina ao homem uma mudança muito notável, substituindo na sua conduta o instinto pela justiça e dando às suas ações a moralidade que antes lhes faltava. É só então que, tomando a voz do dever o lugar do impulso físico, e o direito o lugar do apetite, o homem, até aí levando em consideração apenas a sua pessoa, vê-se forçado a agir baseando-se em outros princípios e a consultar a razão antes de ouvir suas inclinações. Embora nesse estado se prive de muitas vantagens que fruem da natureza, ganha outras de igual monta: suas faculdades se exercem e se desenvolvem, suas ideias se alargam, seus sentimentos se enobrecem, toda a sua alma se eleva a tal ponto que, se os abusos dessa nova condição não o degradassem frequentemente a uma condição inferior àquela donde saiu, deveria sem cessar bendizer o instante feliz que dela o arrancou para sempre e fez, de um animal estúpido e limitado, um ser inteligente e um homem. [...]
>
> O que o homem perde pelo contrato social é a liberdade natural e um direito ilimitado a tudo quanto aventura e pode alcançar. O que com ele ganha é a liberdade civil e a propriedade de tudo o que possui.
>
> ROUSSEAU, Jean-Jacques. *O contrato social.* Livro I. Cap. VIII. Trad. Lourdes S. Machado. São Paulo: Nova Cultural, 1991. p. 36. (Os pensadores).

Na reflexão sobre a natureza do contrato social, Rousseau dá muito valor à legislação, pois serão as leis que vão assegurar a liberdade e não o legislador. O legislador fica restrito a ação no interior do Estado. Ele não participaria da soberania. O contrato precisa assegurar ao corpo político a soberania.

A soberania pertenceria ao corpo político. Dessa forma, cada indivíduo seria membro da soberania. Onde existe o corpo político não haveria necessidade de qualquer justificativa ou garantia, pois esse corpo não poderia agir contra si mesmo. Por essa razão, diz Rousseau:

> O soberano, sendo formado tão só pelos particulares que o compõem, não visa nem pode visar a interesse contrário ao deles, e, consequentemente, o poder soberano não necessita de qualquer garantia em face de seus súditos, por ser impossível ao corpo desejar prejudicar a todos os seus membros.
>
> ROUSSEAU, Jean-Jacques. *O contrato social.* Livro I. Cap. VIII. Trad. Lourdes S. Machado. São Paulo: Nova Cultural, 1991. p. 35-36. (Os pensadores).

Sendo a vontade geral a igual obediência de todos à lei, livremente elaborada pela comunidade, ninguém obedece ao outro, mas sim todos à lei, pois é fruto e expressão da vontade geral. Em sua obra *O contrato social*, Rousseau escreve:

> [...] Só a vontade geral pode dirigir as forças do Estado segundo o fim de sua instituição, que é o bem comum, porque, se a oposição dos interesses particulares tornou necessário o estabelecimento das sociedades, foi o acordo desses mesmos interesses que o possibilitou.
> ROUSSEAU, Jean-Jacques. *O contrato social*. Livro II. Cap. I. Trad. Lourdes S. Machado. São Paulo: Nova Cultural, 1991. p. 43. (Os pensadores).

Rousseau era um pensador profundamente sensibilizado pelo tema da desigualdade social. A existência crescente da desigualdade, em seus diferentes níveis de manifestação, é a maior ameaça à democracia, uma vez que vai na contramão da soberania do corpo político, que é a vontade geral e não a vontade de alguns ou da maioria, que é apenas quantitativa, não atendendo ao critério qualitativo. Consideremos essa reflexão de Rousseau:

> A vontade geral é sempre certa e tende sempre à utilidade pública. [...] Há comumente muita diferença entre a vontade de todos e a vontade geral. Esta se prende somente ao interesse comum; a outra, ao interesse privado e não passa de uma soma das vontades particulares. [...] Deve-se compreender, nesse sentido, que, menos do que o número de votos, aquilo que generaliza a vontade é o interesse comum que os une, pois nessa instituição cada um necessariamente se submete às condições que impõe aos outros. [...]
> O pacto social estabelece entre os cidadãos tal igualdade, que eles se comprometem todos nas mesmas condições e devem todos gozar dos mesmos direitos. Igualmente, devido à natureza do pacto, todo ato de soberania, isto é, todo ato autêntico da vontade geral obriga ou favorece igualmente todos os cidadãos, de modo que o soberano conhece unicamente o corpo da nação e não distingue nenhum que a compõe. [...]. Enquanto os súditos só estiverem submetidos a tais convenções, não obedecem a ninguém, mas somente à própria vontade. [...]
> O povo, por si, sempre quer o bem, mas por si nem sempre o encontra. A vontade geral é sempre certa, mas o julgamento que a orienta nem sempre é esclarecido. [...] Os particulares discernem o bem que rejeitam; o público quer o bem que não discerne. Todos necessitam, igualmente, de guias. A uns é preciso obrigar a conformar a vontade à razão, e ao outro, ensinar a conhecer o que quer. Então, das luzes públicas resulta a união do entendimento e da vontade no corpo social, daí o perfeito concurso das partes e, enfim, a maior força do todo. Eis donde nasce a necessidade de um Legislador.
> ROUSSEAU, Jean-Jacques. *O contrato social*. Livro II. Cap. III e IV. Trad. Lourdes S. Machado. São Paulo: Nova Cultural, 1991. p. 46-50. (Os pensadores).

A substituição da vontade individual pela vontade geral é o princípio e o critério que torna possível a vida social. É a vontade geral que garante a liberdade e promove a perfeita igualdade entre as pessoas. A pergunta que Rousseau faz é sobre a forma de conseguir essa conversão para o bem comum. Como educar os homens para a vontade geral, em uma sociedade que cultiva a propriedade privada, fonte de desigualdades e violências?

O itinerário pedagógico que Rousseau elabora, que se encontra em sua obra *Emílio*, mostra que a educação é um problema político e moral, problema relacionado à formação de um novo ser humano. Essa educação buscará bloquear, desde a infância, toda forma de egoísmo, especialmente o desejo pela propriedade privada, garantindo a nova orientação humana na vida social.

PROBLEMATIZANDO

1. Se a vontade da maioria é quantitativa, não passando da soma das vontades individuais, e se a vontade geral, expressa na lei, é qualitativa, pois busca o bem comum, por que devemos decidir com base na vontade da maioria?

2. Entre os pressupostos dos filósofos contratualistas, existe a ideia da necessidade de um pacto entre os seres humanos, de natureza artificial. Essa ideia alimenta uma concepção muito comum, segundo a qual a natureza humana seria individualista e passional. Nessa mesma direção, o sociólogo Émile Durkheim afirma que o papel da educação é preparar o homem para aprender a viver em sociedade.

   • Você concorda com essa ideia? Apresente alguns exemplos para embasar seu posicionamento.

PRODUÇÃO DE TEXTO

1. Leia o texto a seguir.

> O que o homem perde pelo contrato social é a liberdade natural e um direito ilimitado a tudo quanto aventura e pode alcançar. O que com ele ganha é a liberdade civil e a propriedade de tudo o que possui.
>
> ROUSSEAU, Jean-Jacques. *O contrato social*. Livro I. Cap. VIII. Trad. Lourdes S. Machado. São Paulo: Nova Cultural, 1991. p. 36. (Os pensadores).

• Com base nesse fragmento, diferencie liberdade natural de liberdade civil.

7. AS TRÊS ESPÉCIES DE GOVERNO EM MONTESQUIEU

Filósofo, cientista político e escritor francês, Charles-Louis Secondat, conhecido como Charles Montesquieu ou barão de Montesquieu (1689-1755), construiu um pensamento político centrado na especificidade ou singularidade do aspecto político e social do ser humano.

Nessa reflexão, que busca demarcar o horizonte e o domínio da política e da sua ciência, Montesquieu afirmou que as ações humanas em sociedade não devem ser regidas por leis divinas, mas por leis humanas. Insistiu, portanto, na necessidade da separação entre política e religião. E foi no domínio da política que ele afirmou a natureza da liberdade, entendida como o direito de fazer tudo o que as leis permitem.

Lançando o olhar sobre os sistemas políticos, o importante, para Montesquieu, não é julgar as espécies de governos, mas compreender os princípios que regem cada uma das formas de governo, analisar a natureza de cada uma delas.

Quanto à república, afirmou que o que distingue a natureza da república de outras espécies de governo está no fato de o poder soberano pertencer ao povo

Charles de Secondat, barão de Montesquieu (1783), de Claude Michel (Clodion). Escultura em mármore, 1,64 m × 1,22 m × 1,22 m.

como um todo ou a uma parcela dele. No primeiro caso, teremos a democracia; no segundo, a aristocracia. Para Montesquieu, o princípio republicano é a virtude, concebida como amor à pátria, como busca do bem comum. Por essa razão, torna-se fundamental o investimento na educação política, para que haja cidadãos virtuosos.

O que identifica e diferencia a monarquia está no fato de que um só governa, em conformidade com as leis fixas e estabelecidas. O princípio monárquico é a honra, compreendida como amor pelo Estado.

Bem diferente é o despotismo. Segundo Montesquieu, nesse tipo de governo exercido por uma só pessoa, não há obediência a leis e regras. O princípio despótico é o medo, e a população vive uma forma de escravização.

Em qualquer forma de Estado, diz Montesquieu, há três tipos de poder: o Legislativo, o Executivo e o Judiciário, que correspondem a diferentes funções do Estado. O que Montesquieu propõe é que haja uma articulação entre esses poderes, de modo que possa haver uma limitação recíproca ou mútua. Deve-se evitar os extremos da independência e da fusão total, para poder combater e impedir as arbitrariedades.

No texto a seguir, Montesquieu trata das três espécies de governo e das virtudes de que elas dependem, faz uma distinção das diferentes formas de soberania, distingue entre a força, a lei e a virtude. Trata-se de um texto clássico, que merece a atenção de nosso olhar.

Existem três espécies de governo: o republicano, o monárquico e o despótico. [...] O governo republicano é aquele em que o povo incorporado, ou somente uma parte do povo, exerce o poder soberano; o monárquico, aquele em que um só governa, de acordo, porém, com as leis fixas e estabelecidas; enquanto que no despótico, um só indivíduo, sem lei e sem regra, submete tudo à sua vontade e a seus caprichos [...].

Quando, na república, o povo incorporado exerce o poder soberano, isto significa uma democracia. Quando o poder se acha entre as mãos de uma parte do povo, dá-se lhe o nome de aristocracia [...].

A força da lei no primeiro, no segundo o braço do príncipe sempre erguido, regulam e abrangem tudo. Mas num Estado popular, torna-se necessário um dispositivo a mais, que é a virtude. [...]

Nas monarquias, o Estado subsiste independente do amor pela Pátria. [...] As leis ocupam o lugar de todas essas virtudes. [...] A virtude não representa a mola desse governo. [...]

Assim como é preciso que exista virtude numa república, e honra numa monarquia, é preciso também que exista temor num governo despótico; quanto à virtude, ela não é neste necessária, e a honra ali seria perigosa [...]. Nos Estados despóticos a natureza do governo requer uma obediência extrema. [...].

Tais são os princípios dos três governos. O que não significa, no entanto, que, numa república, seja-se virtuoso, mas sim que se deveria sê-lo. Isto também não prova que, numa certa democracia, se possua honra, e que num Estado despótico particular se possua temor; mas sim que seria necessário que se possuísse; sem o que o governo seria imperfeito.

MONTESQUIEU, Charles. *O espírito das leis*. Livros II e III. Trad. Gabriela Barbosa. Rio de Janeiro: Nova Fronteira, 2012. p. 32-55.

PROBLEMATIZANDO

1. Com base na leitura desse texto de Montesquieu, quais são os pontos fortes e frágeis de cada forma de governo?
2. Por que Montesquieu afirma que a república requer virtude e educação?
   - Converse com os colegas sobre isso e apresente os argumentos que sustentam o seu posicionamento.

PRODUÇÃO DE TEXTO

1. Leia o texto a seguir, extraído da obra *O espírito das leis*, de Charles de Montesquieu.

> Os políticos gregos [...] não reconheciam outra força que os pudesse sustentar, a não ser a virtude. Os de hoje não nos falam senão em manufaturas, em comércio, em finanças, em riqueza e mesmo em luxo. Quando essa virtude desaparece, a ambição entra nos corações que a podem receber, e a avareza penetra em todos eles. Os desejos mudam de objeto; aquilo que antes se amava não mais se ama; o indivíduo era livre vivendo de acordo com as leis; hoje, cada qual quer ser livre trabalhando contra elas. Cada cidadão é tal qual um escravo fugido da casa de seu senhor; aquilo que outrora era máxima chama-se hoje rigor; o que era regra chama-se opressão; o que era atenção chama-se temor [...]
>
> MONTESQUIEU, Charles. *O espírito das leis*. Livro III. Trad. Gabriela Barbosa. Rio de Janeiro: Nova Fronteira, 2012. p. 46-47.

- Com base nesse texto de Montesquieu, em sintonia com o pensamento contratualista, redija um texto justificando a seguinte afirmação: Sem lei não há liberdade.

8. A FILOSOFIA MORAL EM KANT

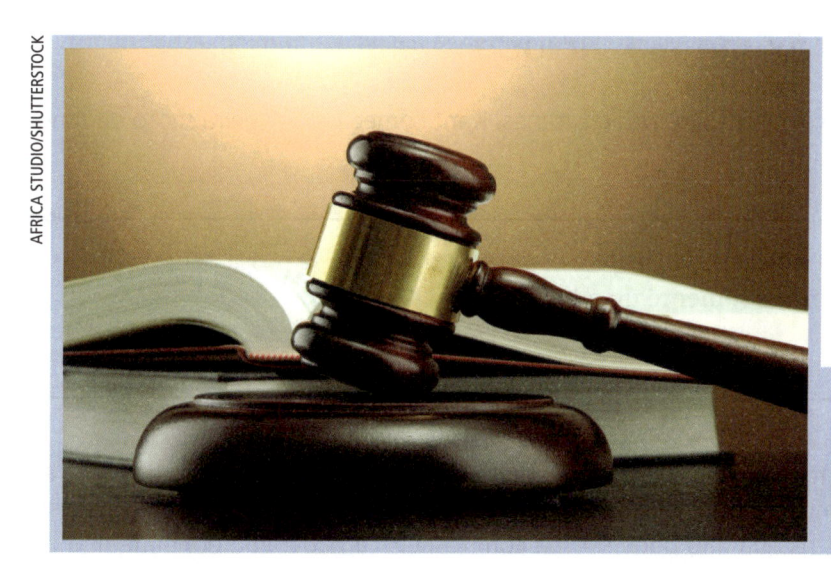

> O que deve motivar as nossas ações é a ação por dever, livre e racional, e não somente em conformidade com o dever.

Natureza e liberdade

Kant reflete sobre as questões éticas e morais principalmente nas obras *Fundamentação da metafísica dos costumes* e *Crítica da razão prática*. As questões éticas não estão no domínio da razão teórica, mas no campo da razão prática. Nessas reflexões, a ênfase, portanto, não estará no campo do conhecimento, mas no campo da ação, como sujeito agente, racional e livre.

Se no mundo natural tudo gira em torno da relação causa e efeito, no universo da moral, o terreno da razão e da liberdade, o homem se torna sujeito submetido aos princípios que nascem da razão. Portanto, existe uma radical separação entre o mundo dos fenômenos naturais e o universo da moral. É no campo da moral que encontraremos a liberdade. Será no terreno do "dever ser" que nos concentraremos e não no campo do conhecimento teórico.

No campo da moral, Kant tem um grande objetivo: estabelecer os princípios *a priori* da moral, ou seja, os princípios racionais, universais e imutáveis, que solicitam a ação por dever.

No campo da razão prática, Kant parte de uma evidência, de um fato que se impõe: a consciência do dever. O ser humano se sente responsável.

> Tudo na natureza age segundo leis. Só um ser racional tem a capacidade de agir segundo a representação das leis, isto é, segundo princípios, ou: só ele tem uma vontade. Como para derivar as ações das leis é necessária a razão, a vontade não é outra coisa senão razão prática. Se a razão determina infalivelmente a vontade, as ações de um tal ser, que são conhecidas como objetivamente necessárias, são também subjetivamente necessárias, isto é, a vontade é a faculdade de escolher só aquilo que a razão, independentemente da inclinação, reconhece como praticamente necessário, quer dizer, bom.
>
> KANT, Immanuel. *Fundamentação da metafísica dos costumes.* Trad. Paulo Quintela. Lisboa: Edições 70, 1995. p. 47.

Enquanto as leis da necessidade descrevem, as leis da liberdade prescrevem. As leis que se referem ao mundo natural descrevem o funcionamento das coisas naturais, segundo sua necessidade. Em contrapartida, as leis que se referem à livre conduta humana são leis que prescrevem, tornam-se preceitos, orientações da vontade, para a liberdade humana.

A boa vontade, a máxima e a virtude

Em sua obra *Fundamentação da metafísica dos costumes*, Kant começa a "Primeira seção da fundamentação" com a seguinte declaração:

> Não há nada em lugar algum, no mundo e até mesmo fora dele, que se possa pensar como sendo irrestritamente bom, a não ser tão somente uma boa vontade.
>
> KANT, Immanuel. *Fundamentação da metafísica dos costumes.* Trad. Guido Antônio de Almeida. São Paulo: Barcarolla, 2009. p. 102.

A noção kantiana de boa vontade implica pensar em uma vontade incondicionalmente boa, boa sem restrição alguma. Certamente há muitas coisas boas, como a saúde e a felicidade, por exemplo; mas, somente a boa vontade é boa em si mesma. Ela não pode ser má com respeito a nada. Sua bondade não pode ser diminuída nem mesmo se ela não alcançar os bons fins que almeja ou mesmo ocasionar uma decorrência não boa. Assim, diferentes combinações não conseguem tirar a essencial bondade de uma boa vontade; mesmo assim, afirma Kant, ela brilharia por si mesma como algo que tem seu pleno valor em si mesmo.

Diferentemente dessa bondade, a bondade de outros bens fica diminuída quando esses bens são combinados com uma vontade que não é boa, podendo inclusive ser transformada em mal.

Para Kant, a moralidade começa no agir por dever, que é a necessidade de uma ação por respeito à lei. Contudo, Kant não equipara o dever à boa vontade. O conceito de dever contém o de boa vontade, mas sob certas restrições, pois o conceito de "boa vontade" é mais do que uma vontade que age por dever. O conceito de agir por dever é mais restrito do que o de boa vontade.

Uma boa vontade, diz Kant, é boa apenas pelo seu querer, isto é, é boa em si mesma. O querer é uma atividade dirigida para um fim e também para a escolha dos meios para eles. Quem quer o fim também quer, na medida em que a razão tem influência decisiva sobre suas ações, o meio necessário para isso, que está em seu poder.

A máxima é o princípio subjetivo do querer. Uma má vontade também regula sua conduta por máximas, mas essas máximas não estão de acordo com leis morais universais. Com essa reflexão, Kant afirma que uma boa vontade é algo inteiramente diferente da virtude, pois a virtude é concebida como a força do caráter de alguém ao agir de acordo com suas máximas boas. Assim, alguém pode ter uma boa vontade, mas não ser virtuoso, não apresentar a força de caráter para resistir às inclinações que são contrárias à orientação para agir bem. Portanto, a falta de virtude pode coexistir com a boa vontade.

Além disso, pode acontecer também que alguém seja motivado por máximas más e, em decorrência, pratique ações más. Mas, segundo Kant, a boa vontade, que é boa sem restrição e não perde nada de sua bondade, não seria em nada afetada, mesmo que a ação tenha sido má, por falta de virtude.

A vida racional e a ética do dever

É da racionalidade humana que derivam os princípios éticos. É da razão prática que brotam os princípios éticos, as leis universais que definem os deveres das ações humanas, de todos os homens, em qualquer circunstância. Nesse sentido, é correto afirmar que a ética kantiana é uma ética do dever.

> O dever é uma necessidade de ação por respeito à lei. Ao objeto enquanto efeito da ação que me proponho fazer posso ter, é verdade, inclinação, mas jamais respeito, exatamente porque ele é meramente um efeito e não uma atividade de uma vontade. Do mesmo modo, não posso ter respeito pela inclinação em geral, seja a minha seja a de outrem. [...] Ora, uma ação por dever deve pôr à parte toda influência da inclinação e com ela todo objeto da vontade, logo nada resta para a vontade que possa determiná-la senão, objetivamente, a lei e, subjetivamente, puro respeito a essa lei prática, por conseguinte, a máxima.
>
> KANT, Immanuel. *Fundamentação da metafísica dos costumes.* Trad. Guido Antônio de Almeida. São Paulo: Barcarolla, 2009. p. 127-129.

Dessa forma, a razão prática, por estar relacionada à nossa vontade, é razão legisladora, capaz de elaborar normas universais que servirão de guia para a vida humana em sociedade. Ainda segundo Kant, é por estar relacionada à vontade que essa razão é capaz de elaborar leis morais, isto é, tem força normativa para o próprio agente, que é essencialmente livre.

Para a construção dessas leis morais, Kant parte de um pressuposto que poderia parecer estranho para muitos: todos nós nascemos com um dom natural relacionado com a capacidade de distinguir o certo do errado. Contudo, esse pressuposto é plenamente compreensível quando lemos a tese de Kant, segundo a qual o ser humano é um ser moral, isto é, capaz de distinguir o certo e o errado, com o poder de agir moralmente. Apenas isso não significa que ele o fará em todas as circunstâncias necessariamente. Mas não poderíamos agir moralmente se não tivéssemos uma vontade naturalmente orientada a agir por dever, ou seja, pelo amor à lei.

> A moralidade consiste, pois, na relação de toda a ação com a legislação, através da qual somente se torna possível um reino dos fins. Esta legislação tem de poder encontrar-se em cada ser racional mesmo e brotar da sua vontade, cujo princípio é: nunca praticar uma ação senão em acordo com uma máxima que se saiba poder ser uma lei universal, quer dizer, só de tal maneira que a vontade pela sua máxima se possa considerar a si mesma ao mesmo tempo como legisladora universal.
>
> KANT, Immanuel. *Fundamentação da metafísica dos costumes.* Trad. Paulo Quintela. Lisboa: Edições 70, 1995. p. 76.

O sujeito autônomo

Kant determina a autonomia como princípio supremo da moralidade. Para ele, a autonomia da vontade é aquela na qual ela é para si mesma a lei, independentemente da natureza dos objetos do querer.

Em sua obra *Fundamentação da metafísica dos costumes*, Kant escreve:

> Se lançarmos um olhar para trás sobre todos os esforços até agora empreendidos para descobrir o princípio da moralidade, não nos admiraremos ao ver que todos eles tinham necessariamente de falhar. Via-se o homem ligado a leis pelo seu dever, mas não vinha à ideia de ninguém que ele estava sujeito só a sua própria legislação, embora esta legislação seja universal, e que ele estava somente obrigado a agir conforme a sua própria vontade, mas que, segundo o fim natural, essa vontade era legisladora universal. Porque, se nos limitávamos a conceber o homem como submetido a uma lei (qualquer que ela fosse), esta lei devia ter em si qualquer interesse que o estimulasse ou o constrangesse, uma vez que, como lei, ela não emanava da sua vontade, mas sim que a vontade era legalmente obrigada por qualquer outra coisa a agir de certa maneira. Em virtude desta consequência inevitável, porém, todo o trabalho para encontrar um princípio supremo do dever era irremediavelmente perdido; pois o que se obtinha não era nunca o dever, mas sim a necessidade da ação partindo de um determinado interesse, interesse esse que ora podia ser próprio, ora alheio. Mas então o imperativo tinha que resultar sempre condicionado e não podia servir como mandamento moral. Chamarei, pois, a este princípio, princípio da autonomia da vontade, por oposição a qualquer outro que por isso atribuo à heteronomia.
>
> KANT, Immanuel. *Fundamentação da metafísica dos costumes*. Trad.: Valério Rohden. São Paulo: Abril Cultural, 1974. p. 138-139.

Na ação realizada por dever está contida a noção de autonomia e a ideia de liberdade. O sujeito racional, sujeito de moralidade, é capaz de conhecer, com base na razão pura, o que deve ser feito, sem precisar recorrer à experiência. Ele percebe que a obrigatoriedade da ação procede daquilo que deve ser feito. Assim, a obrigatoriedade vem de dentro da razão, e não de uma imposição externa. A partir desse princípio da autonomia, o sujeito autônomo age por dever e não somente conforme o dever. Vejamos essa reflexão.

Agir de acordo com o dever e agir por dever

A vontade humana pode agir de acordo com o dever, mas isso ainda não nos garante a moralidade da ação. Kant usa o termo "dever" para referir-se às ações que se dão por uma coerção interna, por um constrangimento moral interno, por respeito à lei moral. Mas quando, para realizar a ação, o agente tiver incentivos diferentes do incentivo do dever, não se faz necessária nenhuma autocoerção racional. Nesses casos, a ação não é nem pode ser realizada por dever.

Existe uma orientação da vida em sociedade que diz que não se deve mentir. E se essa ação de não mentir for resultado de uma decisão pessoal que resulta de uma conveniência? Para que o meu nome seja bem aceito é melhor eu não mentir. Nesse caso, embora seja uma ação de acordo com o dever, não é uma ação por dever, em obediência à lei moral, pois o dever é a necessidade de uma ação por respeito à lei, com a autocoerção interna. Dito de outra maneira, por um exemplo, um homem que não rouba porque tem medo, não pode ser chamado de moralmente honesto.

Convém ficar atento a um aspecto muito importante. Kant não está falando de obediência a qualquer lei, mas à lei moral. Que lei é essa? Onde ela se encontra? Resumidamente, para Kant, a única lei que rege a moralidade, sintetizada no imperativo categórico, afirma: devo proceder sempre de maneira que eu possa querer também que a minha máxima se torne uma lei universal.

O dever tem um caráter formal e desinteressado, ou seja, ele não depende de algum conteúdo específico ou de alguma consequência que se queira. Ele não está baseado em nada. Ao contrário, é dele que depende a moralidade de nossas ações. Ele é categórico. Tu deves, simplesmente. A consciência dessa lei é um fato da razão, que se impõe por si mesma.

Assim, o que leva alguém a agir, sua motivação, a razão de onde brota a ação, vem de um imperativo hipotético ou procede verdadeiramente de um imperativo categórico, absoluto?

Agir por dever é coagir-se a si mesmo, por meio da razão, a agir como alguém age quando o fundamento dessa autocoerção é o respeito que se tem pelo valor objetivo representado pela lei moral. Esse autogoverno racional é a adoção de máximas, de princípios corretos e de ação em conformidade com os princípios adotados.

Um dos aspectos fundamentais nessa análise é perceber que, para Kant, uma ação por dever tem seu valor moral não no intuito prático a ser alcançado por meio dela, mas, sim, na máxima que motiva a decisão do sujeito autônomo. Portanto, não depende da realidade efetiva do objeto da ação, mas tão somente do princípio do querer.

Imperativos hipotéticos e categóricos

O problema da ética é o problema do bem supremo. E os bens podem ser bons por alguma outra coisa ou por si mesmos. A única coisa que é boa em si mesma, sem restrições, é a boa vontade. Com isso, o problema moral se desloca das ações para a vontade que as produz. O objetivo de Kant consiste em realizar uma ética do "dever ser", que obrigue categórica ou absolutamente e não hipoteticamente, pois esses últimos dependem de alguma condição.

De acordo com Kant, os imperativos dizem que seria bom praticar ou deixar de praticar qualquer coisa, mas dizem isso a uma vontade que nem sempre faz qualquer coisa só porque lhe é representado que seria bom fazê-la. Normalmente, as pessoas são guiadas por imperativos hipotéticos. Por exemplo: "se você quiser ter boa saúde, é preciso que busque uma alimentação saudável". Este imperativo só tem valor na hipótese de que haja o desejo por uma vida saudável. Caso contrário, ele não tem valor.

Kant busca um imperativo para fundamentar a vida ética. Por isso, ele precisa de um imperativo categórico, que obrigue absolutamente, sem condições, que solicite o dever. Não se trata, então, de fazer algo por que se goste ou devido a algum outro sentimento. O que se busca é um princípio racional.

> Ora, todos os imperativos comandam hipotética ou categoricamente. Os imperativos hipotéticos representam a necessidade prática de uma ação possível, considerada como meio de chegar a alguma outra coisa que se quer (ou, pelo menos, que é possível que se queira). O imperativo categórico seria o que representaria uma ação como necessária por si mesma [...]. Este imperativo pode ser chamado de imperativo da moralidade.
>
> KANT, Immanuel. *Fundamentação da metafísica de costumes*. In: *Os filósofos através dos textos*: de Platão a Sartre. Trad. Constança Terezinha M. César. São Paulo: Paulus, 1997. p. 174.

O que garante que uma ação conforme o dever tenha sido praticada por dever e não por outro motivo? A dedução do imperativo categórico acontece de modo *a priori*, com base na razão.

> Age apenas segundo uma máxima tal que possas ao mesmo tempo querer que ela se torne lei universal.
>
> KANT, Immanuel. *Fundamentação da metafísica dos costumes*. Trad. Paulo Quintela. Lisboa: Edições 70, 1995. p. 59.

Não é possível pela experiência saber se uma ação foi moral. Pois o critério da moralidade é a ação com base no dever. Assim, nunca se saberá, pela experiência, se uma ação, mesmo que esteja conforme o dever, tenha tido a verdadeira motivação moral, o motivo racional do dever ou se a motivação obedeceu a algum sentimento. Assim, para Kant, nunca se conseguirá esclarecer empiricamente a máxima que orientou a ação.

Reino dos fins

"Age de tal modo que trates a humanidade, tanto na tua pessoa, como na de qualquer outro, sempre como um fim e jamais unicamente como um meio." Assim Kant exprime toda a dignidade do homem como ser racional e, por isso, distinto do mundo dos objetos. Assim, o ser humano é dotado de uma dignidade intocável.

Com essa ideia de reino dos fins, Kant afirma, idealmente, que os seres humanos vivem em um reino, o reino da razão e da liberdade, onde criam as leis. Ora, as leis determinam os fins segundo a sua validade universal. E, nessa orientação universal, as leis estabelecem que os seres humanos devem sempre ser vistos como fins. Para que esse ideal se concretize, é preciso que cada indivíduo particular se assuma como membro e como chefe desse reino.

> Um ser racional pertence ao reino dos fins como seu membro quando é nele em verdade legislador universal, estando porém também submetido a estas leis. Pertence-lhe como chefe quando, como legislador, não está submetido à vontade de um outro.
>
> KANT, Immanuel. *Fundamentação da metafísica dos costumes*. Trad. Paulo Quintela. Lisboa: Edições 70, 1995. p. 76.

PROBLEMATIZANDO

1. Em conformidade com o pensamento de Immanuel Kant, viver o espírito da lei não deve ser uma questão de obrigação (exigência externa), mas de dever (exigência interna). Considerando que os seres humanos, em termos gerais, não vivem na maturidade moral, mas fazem algo somente porque são obrigados ou por medo da punição ou, ainda, por outros sentimentos e paixões, quais seriam as estratégias possíveis e necessárias para se chegar a uma maturidade moral?

   • Converse com os colegas sobre isso, apresentando as justificativas do seu raciocínio.

PRODUÇÃO DE TEXTO

1. Leia os trechos a seguir.

> Age apenas segundo uma máxima tal que possas ao mesmo tempo querer que ela se torne lei universal. [...]
> Age de tal maneira que uses a humanidade, tanto na tua pessoa como na pessoa de qualquer outro, sempre e simultaneamente como fim e nunca simplesmente como meio.
>
> KANT, Immanuel. *Fundamentação da metafísica dos costumes*. Trad. Paulo Quintela. Lisboa: Edições 70, 1995. p. 59 e 69.

   • Com base nesse trecho e em outras informações, justifique a afirmação: A ética kantiana é uma ética formalista e não conteudista.

Eixo Temático 4
ARTE E ESTÉTICA

Você vai aprender sobre:

- Cosmologia renascentista e criações artísticas.
- As características da arte renascentista: valorização da razão, da liberdade e da corporeidade.
- Conceito de beleza herdado da tradição clássica: harmonia e proporção.
- A emancipação da arte do período moderno em relação ao conteúdo religioso.
- A tese da existência ou não de um padrão de gosto.
- A arte como dimensão particular do conhecimento.
- Condições da sensibilidade e avaliação estética.
- Experiência estética como experiência contemplativa desinteressada.
- Juízo estético e sentimento subjetivo.
- A arte, a religião e a filosofia como etapas da realização do espírito humano.
- A estética como recurso de humanização.

Temas:

1. O Renascimento artístico
2. Arte e consciência moderna
3. O padrão do gosto em David Hume
4. A estética kantiana
5. Educação estética e moralidade em Schiller
6. A superação da arte em Hegel

1. O RENASCIMENTO ARTÍSTICO

Monalisa (1505), de Leonardo da Vinci. Óleo sobre painel, 76,8 cm × 53 cm.

Nesta obra, como um todo, percebemos as ideias de movimento e de inconstância, desde o curso sinuoso das águas do rio até a expressão de Monalisa, conhecida também como *Gioconda*, que em italiano significa "a sorridente". Na técnica do *sfumato*, utilizada na obra, de variação de luz e cor, transparece a indeterminação, ideia também muito valorizada no humanismo da Renascença, que se relaciona com o indivíduo racional e livre, sujeito de autodeterminação.

Na passagem da Idade Média para a Renascença, encontramos a era do gótico, que marcou um novo período na história da arte. A arte gótica, conhecida como "arte das catedrais" ou "arte das ogivas", surge na França, em fins do século XII. Com um realismo muito alegre e colorido, os pintores góticos, em seus afrescos e painéis, superam a rigidez dos quadros medievais e concentram-se mais na ideia de movimento, um dos traços muito valorizados na estética renascentista.

Um dos traços do realismo gótico será a observação e a descrição de cenas do cotidiano. O pintor gótico ainda trazia forte sentimento religioso, presente em sua expressão artística.

O casal Arnolfini (1434), de Jan van Eyck. Óleo sobre painel, 57 cm × 83,7 cm.
O pintor holandês Jan van Eyck (1390–1441) apresenta especial sensibilidade para representar os aspectos da cor, da perspectiva, do movimento, características da arte gótica.

Diferentemente da arte medieval, na qual predominava o traçado reto, a arte renascentista, com os conhecimentos da matemática, valorizava a harmonia, o equilíbrio e a perspectiva. Destacamos, aqui, a noção de perspectiva como uma marca característica da Renascença, não somente da arte, mas da cultura, da visão sobre a vida. Com a noção de Universo infinito, com o ideal de vida ativa, o ser humano deparou-se com novas perspectivas.

A Renascença costuma ser qualificada como o período histórico que marcou a civilização europeia por aproximadamente duzentos anos, entre fins do século XIV e o fim do século XVI, aproximadamente. O traço fundamental dessa mentalidade está no resgate do humanismo, que já havia marcado a civilização ocidental, na Grécia Clássica.

Realizou-se o movimento de passagem da esfera do sagrado, do eterno e do divino para a esfera do humano, do temporal e do histórico, conhecido como processo de secularização, no qual se buscaram explicações racionais e científicas para os fenômenos naturais e os acontecimentos. Nessa concepção, o ser humano buscou compreender as leis que regem esse universo. Dessa forma, diferentemente da visão contemplativa, predominante na Idade Média, surgiu o ideal da vida ativa e investigativa.

Entre os acontecimentos ou descobertas mais importantes desse período, decisivos para a formação de uma nova mentalidade, destacamos as grandes navegações, entre os séculos XV e XVI, e o desenvolvimento da imprensa, a partir de 1440, iniciado por Johannes Gutenberg (1398-1468). Esses dois fatores possibilitaram um melhor e maior intercâmbio de ideias e valores, o que foi determinante para a formação de uma nova consciência.

Gutenberg, em sua oficina, exibe a primeira prova de sua prensa (s/d), de autoria desconhecida. Gravura.

O nascimento de Vênus (1485), de Sandro Botticelli. Têmpera sobre tela, 172,5 cm × 278,5 cm.

Sandro Botticelli tem muitas obras consagradas e conhecidas, entre elas destacamos *O nascimento de Vênus*. Vênus é a deusa do amor e da beleza, do panteão romano, equivalente a Afrodite, no panteão grego. A história do seu nascimento recebeu diferentes versões; em uma delas, teria nascido das espumas do mar.

Não faltam nomes de consagrados artistas renascentistas. Entre eles, citamos Donatello (1386-1466), Sandro Botticelli (1445-1510), Leonardo da Vinci (1452-1519), Michelangelo Buonarroti (1475-1564) e Rafael Sanzio (1483-1520).

A ciência influenciou a arte e a arte abriu novas perspectivas para a ciência. A exatidão do cálculo inspirou o projeto estético do artista renascentista, que conseguiu maior realismo em suas expressões. Sendo assim, entre as características singulares da arte renascentista, encontramos a busca da perfeição, que já se fazia presente na estética da cultura greco-romana. Esse traço é expressão do humanismo, da valorização do ser humano, que se tornou o centro das referências.

Homem vitruviano (1492), de Leonardo da Vinci. Lápis, tinta e aquarela sobre papel, 24,5 cm × 34,3 cm.

Uma das imagens mais consagradas da Renascença é a obra *Homem vitruviano*, de Leonardo da Vinci (o nome é derivado de Marcus Vitruvius, arquiteto romano que viveu no séc. I a.C., estudioso das proporções). Nessa representação do corpo, a harmonia é formada por sistemas de medidas em um círculo e um quadrado perfeitos. As proporções desse homem encontram-se no interior desse espaço geométrico perfeito. E no centro dessa representação do ser humano está o umbigo, o centro gravitacional.

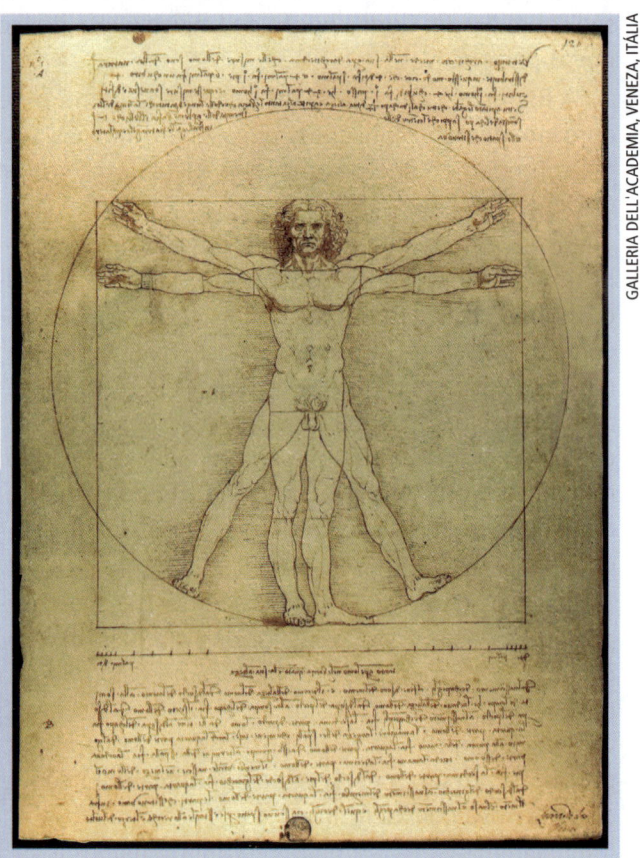

Princípios da estética renascentista

A passagem do teocentrismo para o humanismo implicou também a mudança de cosmologia, de visão de mundo. E nessa mudança, mudam os princípios da arte, da estética, da ciência.

O texto a seguir expressa muito bem essa passagem do teocentrismo para o humanismo.

> Antes do movimento renascentista, a cosmologia medieval dividia o universo em dois mundos diferentes: o sublunar e o supralunar. Eles eram incomunicáveis e as leis que valiam em um mundo não valiam no outro. A pintura dessa época também procedia da mesma forma, representando um céu que não tinha continuidade com a Terra. Em várias pinturas o céu é dourado, simbolizando o sagrado que não estava acessível ao mundo terrestre, mundano e corruptível.
>
> Já a pintura renascentista inventa a perspectiva e, com isso, a possibilidade de pensar e representar a infinitude do espaço. Percebemos uma mudança radical da concepção espacial. A partir do Renascimento, o espaço é infinito. A criação da perspectiva possibilitou representar essa infinitude, não sendo mais possível distinguir claramente o limite entre Terra e céu, porque esses mundos não parecem mais incomunicáveis como eram na cosmologia medieval-aristotélica.
>
> REIS, J. C.; GUERRA, A.; BRAGA, M. *Ciência e arte*: relações improváveis? História, Ciências, Saúde: Manguinhos, Rio de Janeiro, v. 13, out. 2006, p. 72. Disponível em: <http://www.scielo.br/pdf/hcsm/v13s0/04.pdf>. Acesso em: 3 maio 2016.

Percebe-se assim que a arte favoreceu inclusive o caminho das ciências, estimulando a busca por conhecimento das leis do mundo natural. Realizou-se a passagem da esfera religiosa para a dimensão secular. Nesse movimento, ocorreu uma mistura de temas que ligam mitologia, religião e vida cotidiana. Nessa integração de dimensões e elementos, a estética renascentista caracterizou-se pela clareza, pela precisão, pelo recurso à matemática e à ordem.

Assim, o renascimento cultural foi muito mais do que uma volta à herança clássica. Muitos foram os progressos realizados na arte, na literatura, nas ciências, na filosofia etc. Em todas as formas de expressão artística, seja na arquitetura, na pintura, na escultura, os artistas exaltam a racionalidade, a liberdade e a dignidade humanas. Dessa forma, o recurso à exatidão matemática, à perspectiva e ao uso do contraste claro-escuro dá muito realismo a todas as obras.

Com isso, o mundo é visto como uma realidade a ser investigada e compreendida, e não mais simplesmente como uma obra da criação divina, a ser contemplada.

A sagrada família Canigiani (1507), de Rafael Sanzio. Óleo sobre madeira, 131 cm × 107 cm.

Nesta obra, Rafael retrata Isabel, mãe de São João Batista, Maria, mãe de Jesus, duas crianças e São José, esposo de Maria. A estrutura das figuras representadas mostra a composição utilizada por Rafael: a forma piramidal. Assim, verificam-se traços da arte renascentista como clareza, perspectiva e precisão matemática conjugados com o ideal de serenidade.

PROBLEMATIZANDO

1. A arte, a ciência, a filosofia e a espiritualidade renascentista permitem-nos uma leitura do espírito de época que caracteriza a Renascença.
    - Como a ideia de perspectiva sintetiza a passagem da idade medieval para a Renascentista e a Moderna?

2. ARTE E CONSCIÊNCIA MODERNA

Cena do filme *Tempos modernos* (1936), de Charles Chaplin.

A arte moderna sofreu influências da Revolução Industrial: rompeu com a rigidez das regras tradicionais e buscou um novo estilo que expressasse o modo de vida moderno.

A modernidade refere-se ao que é "novo" nos séculos XVII e XVIII. Em primeiro lugar, essa novidade está na forma de ver a vida, o mundo, a sociedade e as relações. Assim, a modernidade, mais do que um período histórico, é compreendida como uma visão de mundo, que tem seu início ainda no contexto do Renascimento cultural. Contudo, costuma-se situar o início histórico no século XVII. Entre suas características mais expressivas, que se iniciaram na Renascença, estão a racionalidade, a historicidade, a subjetividade, a autonomia do sujeito e o individualismo.

O ser humano passa a ser visto como o sujeito, o agente livre de seu destino. Não se aceita a ideia de destino ou de alguma instituição que tenha poder de controle sobre a vida das pessoas. Assim, o espírito moderno é marcado tanto pela liberdade como pelo individualismo.

Por modernidade, entendemos uma nova atitude, relacionada ao contexto de grandes transformações, em diferentes âmbitos da vida. Os elementos centrais da modernidade são a ascensão da burguesia, a revolução industrial e o processo de industrialização, o mercado mundial, o livre comércio e as novas tecnologias que afetam profundamente a sociedade. A arte moderna insere-se nesse contexto de crise e de mudanças.

A modernidade é marcada pelo desenvolvimento científico e tecnológico. No campo do conhecimento científico, a verdade necessita passar pela experiência, pela comprovação empírica, pelos critérios da objetividade e da universalidade. Nesse novo contexto, a experiência desempenha papel de autoridade.

O romantismo e o realismo

Considerando a história da arte moderna, existem muitos estilos, escolas, movimentos e técnicas. Somente a título de exemplo, os artistas românticos adotam uma postura crítica em relação aos costumes e às ideias predominantes. Contra a ênfase na precisão do desenho, os românticos passam a produzir pinturas relacionadas a temas concretos e à história vivida, servindo-se das cores com mais liberdade.

A Liberdade guiando o povo (1830), de Eugène Delacroix. Óleo sobre tela, 260 cm × 325 cm.

Eugène Delacroix (1798-1863) representou a liberdade como sendo uma mulher robusta, uma espécie de deusa guiando o povo. O rosto dessa mulher tornou-se também a alegoria da república brasileira, desde a proclamação, em 1889.

Diferentemente dos românticos, os artistas vinculados ao realismo trazem um novo olhar, focado na descrição do objeto, de forma sóbria e detalhista. Na representação da realidade, o artista busca objetividade, como um pesquisador em busca de um documento, de um dado real, sem maquiagem. No realismo, a arte serve como protesto ou denúncia das desigualdades, expondo o abismo entre pobres e ricos.

Os quebradores de pedra, (1849), de Gustave Coubert. Óleo sobre tela, 165 cm × 257 cm.

Gustave Courbet (1819-1877) foi um artista que se posicionou contra o idealismo e a pintura de imaginação das tradições anteriores. Em seu realismo, pintava o que via, cenas do cotidiano.

3. O PADRÃO DO GOSTO EM DAVID HUME

Uma das primeiras concepções filosóficas a combater a visão metafísica, dogmática e medieval será o empirismo. Alguns pensadores dessa corrente filosófica também realizam reflexões em torno da objetividade do juízo do gosto. Vamos nos concentrar no pensamento de David Hume (1711-1776), que considera a experiência como fundamento do conhecimento. Partindo da experiência como critério de conhecimento, Hume nega a possibilidade de um conhecimento das essências ou de ideias universais.

Hume parte de uma constatação: há uma variedade de gostos existentes no mundo, que apresenta inconsistência e contraditoriedade. As pessoas, em geral, são capazes de perceber que existem diferenças de gosto, mesmo entre aquelas que receberam a mesma educação.

Vamos acompanhar a reflexão de Hume.

> É natural que procuremos encontrar um padrão do gosto, uma regra capaz de conciliar as várias opiniões dos homens; ou pelo menos uma decisão reconhecida, aprovando uma opinião e condenando outra.
>
> A beleza não é uma qualidade das próprias coisas, existe apenas no espírito que a contempla e cada espírito percebe uma beleza diferente. É possível até uma pessoa encontrar deformidade onde outra vê apenas beleza e qualquer indivíduo deve concordar com o seu próprio sentimento, sem ter a pretensão de regular o dos outros. Procurar estabelecer uma beleza real ou uma deformidade real é uma investigação tão infrutífera como procurar uma doçura real ou um amargor real. Conforme a disposição dos órgãos do corpo, o mesmo objeto tanto pode ser doce ou amargo e o provérbio popular afirma, com muita razão, que gostos não se discutem. É muito natural e mesmo absolutamente necessário aplicar este axioma ao gosto mental, além do gosto corpóreo e assim o senso comum, que tão frequentemente diverge da filosofia, neste caso, está de acordo com esta decisão.
>
> HUME, David. Do padrão do gosto. In: *Ensaios morais, políticos e literários*. Trad. João Paulo Gomes Monteiro e Armando Mora D'Oliveira. São Paulo: Abril Cultural, 1992. p. 261-271. (Os pensadores).

O reconhecimento dessa multiplicidade de percepções e afecções que existem nos diferentes indivíduos faz com que Hume afirme que a experiência do gosto passa, inicialmente, pela percepção. Inicialmente, cada indivíduo percebe determinadas propriedades que existem nos objetos. Em seguida, ocorre a afecção, a dimensão afetiva, ou seja, surge o sentimento de prazer ou desprazer, conectado com a percepção.

Para Hume, há propriedades que pertencem ao objeto externo. E para perceber essas propriedades é preciso que o indivíduo tenha sensibilidade, serenidade, concentração em sua mente e muita atenção ao objeto. Com isso, parece que fica evidenciada a existência, na estrutura da mente humana, de princípios de gosto, que poderão ser descobertos e deverão ser cultivados.

> [...] há certos princípios gerais de aprovação ou de censura, cuja influência um olhar cuidadoso pode verificar em todas as operações do espírito. Há determinadas formas ou qualidades que, devido à estrutura original da constituição do espírito, estão destinadas a agradar, e outras a desagradar. Se em algum caso particular elas deixam de ter efeito, é devido a qualquer evidente deficiência ou imperfeição do órgão. [...] Para todas as criaturas há um estado de saúde e um estado de enfermidade, e só do primeiro podemos esperar receber um verdadeiro padrão do gosto e do sentimento.
>
> HUME, David. Do padrão do gosto. In: *Ensaios morais, políticos e literários*. Trad. João Paulo Gomes Monteiro e Armando Mora D'Oliveira. São Paulo: Abril Cultural, 1992. p. 261-271. (Os pensadores).

Embora Hume se recuse a aceitar um suposto conceito universal de beleza, ele parece propor um novo fundamento para a objetividade do juízo do gosto, associado às condições sociais de formação de padrões de gosto.

> São muitos e frequentes os defeitos dos órgãos internos que evitam ou enfraquecem a influência daqueles princípios gerais de que depende nosso sentimento da beleza ou da deformidade. Embora alguns objetos estejam naturalmente destinados a provocar prazer, devido à estrutura do espírito, não é de esperar que em todos os indivíduos o prazer seja igualmente sentido. Podem ocorrer determinados incidentes e situações que, ou lançam sobre os objetos uma falsa luz, ou impedem a luz verdadeira de levar à imaginação o devido sentimento e percepção.
>
> HUME, David. Do padrão do gosto. In: *Ensaios morais, políticos e literários*. Trad. João Paulo Gomes Monteiro e Armando Mora D'Oliveira. São Paulo: Abril Cultural, 1992. p. 261-271. (Os pensadores).

Hume apresenta uma bela síntese de seu pensamento ao refletir sobre a necessidade de uma perfeita serenidade de espírito, concentração do pensamento e devida atenção ao objeto. Mas a combinação dessas habilidades comumente falta no espírito humano, caracterizando uma imperfeição.

> [...] a maioria dos homens sofre de uma ou outra dessas imperfeições, e por isso acontece que o verdadeiro juiz das belas artes, mesmo nas épocas mais cultas, seja uma personalidade tão rara. Só o bom senso, ligado à delicadeza do sentimento, melhorado pela prática, aperfeiçoado pela comparação, e liberto de todo preconceito, é capaz de conferir aos críticos esta valiosa personalidade, e o veredicto conjunto dos que a possuem, seja onde for que se encontrem, é o verdadeiro padrão do gosto e da beleza.
>
> HUME, David. Do padrão do gosto. In: *Ensaios morais, políticos e literários*. Trad. João Paulo Gomes Monteiro e Armando Mora D'Oliveira. São Paulo: Abril Cultural, 1992. p. 261-271. (Os pensadores).

PROBLEMATIZANDO

1. Sendo empirista, Hume negava a possibilidade de um conceito universal de beleza. Embora não se possa chegar a um conceito universal, é possível reconhecer um padrão de gosto que seja cultural? Como você se posiciona diante desse questionamento?
2. Com base na argumentação de David Hume, considerando a saúde da vida corporal e espiritual, posicione-se a favor ou contra a afirmativa do senso comum: "Gosto não se discute".

4. A ESTÉTICA KANTIANA

Immanuel Kant admite três tipos de experiência: a cognitiva (na área do conhecimento), a moral (no campo da prática) e a estética.

Kant, recorrendo ao nosso cotidiano, lembra-nos de que vivemos experiências estéticas a todo momento. Comumente, estamos diante de uma tela, de um quadro, de um poema, de uma peça musical, de uma escultura, de um filme ou assistimos a uma representação teatral. Nessas vivências, há sentimentos de prazer que vão além da dimensão física ou sensorial. Diante de um objeto, surge em nós uma emoção, um sentimento. Assim, o objeto externo é a ocasião, por meio da qual acontece algo em nosso interior.

Retrato de Immanuel Kant (c. 1790), de autoria desconhecida. Óleo sobre tela, 33,9 cm × 42 cm.

> Nosso conhecimento surge de duas fontes principais do ânimo, cuja primeira é a de receber as representações (a receptividade das impressões) e a segunda, a faculdade de conhecer um objeto por essas representações (espontaneidade dos conceitos); pela primeira, um objeto nos é dado, pela segunda é pensado em relação com essa representação (como simples determinação do ânimo). Intuição e conceitos constituem, pois, os elementos de todo o nosso conhecimento, de tal modo que nem conceitos sem uma intuição de certa maneira correspondente a eles nem intuição sem conceitos podem fornecer um conhecimento. [...] A nossa natureza é constituída de um tal modo que a intuição não pode ser senão sensível, ou seja, contém somente o modo como somos afetados por objetos. Frente a isso, o entendimento é a faculdade de pensar o objeto da intuição sensível. Nenhuma dessas propriedades deve ser preferida à outra. Sem sensibilidade, nenhum objeto nos seria dado, e, sem entendimento, nenhum objeto seria pensado. Pensamentos sem conteúdo são vazios, intuições sem conceitos são cegas.
>
> KANT, Immanuel. *Crítica da razão pura*. Lisboa: Fundação Calouste Gulbenkian, 1989. p. 89.

A experiência estética está relacionada à intuição, com base nos objetos. O sentimento estético é despertado pelo contato com o objeto. É preciso que haja um objeto que suscite o sentimento. Mas, rigorosamente falando, o objeto não é a causa do sentimento. Ao contrário, a essência do juízo estético está na percepção do sujeito.

Ao observar o céu estrelado acima de nós, podemos ter duas sensações diferentes, uma objetiva e outra subjetiva. Objetivamente, no terreno da ciência, temos o conhecimento dessa realidade. Subjetivamente, temos o sentimento de prazer, na contemplação da aparente harmonia e ordem no céu estrelado (dado objetivo), proporcionando o sentimento de beleza.

A atitude estética contemplativa

A experiência estética não se relaciona ao tema do conhecimento ou da orientação prática em nossas vidas. Trata-se de uma experiência gratuita, desinteressada, contemplativa. Por exemplo: uma flor, a tulipa, tida por bela, sem essa beleza estar voltada para nenhum fim prático. Ela não está no terreno do útil, mas da gratuidade. Assim, a beleza tem relação com a forma, e não com o conteúdo ou matéria do objeto.

Com efeito, o que caracteriza essa atitude estética é a gratuidade, o desinteresse. Quando nosso olhar não for movido pela busca da utilidade do objeto contemplado ou por interesses econômicos e comerciais, então o caminho está aberto para uma experiência estética, pois estaremos contemplando o objeto em si mesmo.

Com efeito, a experiência estética pressupõe liberdade de espírito. Por isso, não se deve dizer: "Este quadro vai ficar muito bonito lá na minha sala. Ele combina com os móveis". Nesse caso, não há gratuidade, desinteresse ou contemplação da beleza do quadro em si.

Tulipas.

Em segundo lugar, a atitude estética não se localiza no campo do conhecimento ou do estudo teórico. Embora possamos verificar nosso conhecimento artístico visitando museus e identificando traços de movimentos artísticos presentes em objetos de arte, a experiência estética não consiste nessa atitude cognitiva, mas na contemplação pura, desvinculada de interesses cognitivos ou morais.

O juízo estético

Ao contemplar o objeto, o sujeito emite um juízo: "ele é belo, sublime!" ou "ele é horrível!". O ato de avaliar ou de julgar resulta em um juízo estético.

[...] o sentimento de prazer e desprazer é somente a receptividade de uma determinação do sujeito, de tal modo que, se o Juízo deve, em alguma parte, determinar algo por si mesmo, isso não poderia ser nada outro do que o sentimento de prazer e, inversamente, se este deve ter em alguma parte um princípio *a priori*, este só será encontrável no Juízo.

KANT, Immanuel. *Primeira introdução à crítica do juízo*. São Paulo: Abril, 1980. p. 174.

A experiência estética pressupõe desinteresse do olhar, capaz de deixar-se afetar, sensibilidade para ver e sentir gratuitamente.

Para Kant, no juízo estético, encontramos uma experiência de satisfação desinteressada. Por isso, não se trata de buscar sua utilidade, agradabilidade ou sua validade no campo da moral.

Embora Kant defenda que os juízos de gosto estejam associados a sentimentos de prazer, ele especifica que se trata de um tipo especial de prazer que é desinteressado e isso significa, justamente, um prazer que não é associado a desejos que são, por definição, interessados em obter os objetos de desejo.

A beleza resulta de uma contemplação gratuita, centrada no objeto. Por isso, a dimensão estética tem tanto uma dimensão emocional e racional, sem ser puramente intelectual, como sensível, sem ser simplesmente sensorial.

Pela denominação de um Juízo estético sobre um objeto, está indicado [...] que uma representação dada é referida, por certo, a um objeto, mas, no Juízo não é entendida a determinação do objeto, mas sim a do sujeito e de seu sentimento.

KANT, Immanuel. *Primeira introdução à crítica do juízo*. São Paulo: Abril, 1980. p. 184.

O suicídio (1881), de Édouard Manet. Óleo sobre tela, 38 cm × 46 cm.

A obra de arte pode representar a mediação de uma experiência estética, que vai depender da atitude estética, da forma como o sujeito se volta para o objeto.

Morte no quarto da doente (1893), de Edvard Munch. Óleo sobre tela, 160 cm × 134,5 cm.

A universalidade do juízo estético

Considerando que o juízo estético é desinteressado e não afetado por desejos, inclinações, vontades ou interesses, Kant considera legítimo que possamos esperar que outras pessoas, agindo dessa forma, também possam ter a mesma experiência estética. Essa pretensão de esperar dos outros o mesmo juízo é legítima.

Ao falar que um objeto é belo, após contemplação gratuita desse objeto, estamos afirmando sua beleza, embora seja um sentimento subjetivo. Teoricamente, devo poder esperar de outras pessoas a mesma percepção, uma vez que ela não está vinculada à dimensão corporal ou passional dos indivíduos.

> Portanto, o belo é o que satisfaz universalmente, embora não possamos conceituá-lo, uma vez que não se trata de uma operação do intelecto, ou do cognitivo. Há uma universalidade subjetiva presente no sentido do gosto, em nosso juízo estético, comum a todos os homens e, por isso, comunicável, partilhável.
>
> Belo é o que apraz universalmente. [...]. O objeto chama-se então belo e a faculdade de julgar mediante o prazer suscitado chama-se gosto.
>
> KANT, Immanuel. *Crítica da faculdade do juízo*. Rio de Janeiro: Forense Universitária, 1993, p. 64.

O juízo de gosto é um sentimento de prazer, que requer ser válido para toda gente. Em todos os seres humanos o que provoca prazer tem relação com "a coordenação, a composição interior, a harmônica relação interna entre as partes. É disso que resulta o juízo sobre a beleza.

Portanto, embora subjetiva, a experiência estética não é uma opinião pessoal arbitrária, pois ela pode ser compartilhada universalmente, uma vez que se trata de contemplação gratuita e pura de um sujeito que se volta para um objeto e se deixa afetar por ele. Existe, portanto, uma atitude de admiração, de olhar de perto, na qual acontece algo não trivial, corriqueiro, mas excepcional, diferente, estético.

Em suma, na experiência estética acontece uma transfiguração, uma transformação em nossa forma corriqueira de ver. A atitude contemplativa traz uma nova noção de tempo, retira-nos da agitação e da fugacidade do cotidiano e nos remete a uma experiência de eternidade, de suspensão do tempo.

Na visita a uma exposição de arte, é possível verificar a comunicabilidade da experiência estética?

PROBLEMATIZANDO

1. Devido à dimensão gratuita e desinteressada da contemplação estética, Kant considera legítimo que possamos esperar dos outros o mesmo juízo estético.
   - Como você se posiciona diante dessa concepção?

5. EDUCAÇÃO ESTÉTICA E MORALIDADE EM SCHILLER

De origem alemã, Friedrich Schiller (1759-1805) era poeta, ensaísta, dramaturgo e filósofo. Foi amigo de Goethe (1749-1832), também poeta, romancista, dramaturgo, teórico de arte e funcionário público. Schiller exerceu profunda influência na formação do movimento filosófico, artístico, político conhecido como Romantismo, que apresentava uma visão crítica em relação ao Iluminismo e ao racionalismo, dando ênfase na dimensão da subjetividade e da emoção.

Em fins do século XVIII ele escreveu a obra *Educação estética do homem*. Na verdade, trata-se de uma série de cartas, nas quais Schiller revela seu desencanto com a Revolução Francesa que, em vez de liberdade e fraternidade, degenerou em múltiplas violências. Enquanto as pessoas olham para a política, acreditando que é nela que se decide o destino da humanidade, Schiller afirma:

Friedrich Schiller (1809), de Gerhard van Kügelgen. Óleo sobre tela, 73 cm × 61 cm.

> Resisto a essa amável tentação deixando que a beleza preceda a liberdade, e penso poder não apenas desculpá-lo mediante minha inclinação, mas justificá-lo mediante princípios. [...] E mostrarei que para resolver na experiência o problema político é necessário caminhar através do estético, pois é pela beleza que se vai à liberdade.
>
> SCHILLER, Friedrich. *A educação estética do homem*. Trad. Roberto Schwarz e Márcio Suzuki. São Paulo: Iluminuras, 1990. p. 26.

Para Schiller, a arte é a grande educadora para a liberdade. É por meio da arte que os homens podem vivenciar a liberdade e ser preparados para lutar por ela nos domínios da moral e da política. Assim, Schiller concentra-se na estética como caminho da humanização do ser humano.

Um dos grandes méritos da arte está no fato de ela proporcionar a unificação do ser humano, a integração das dimensões que a modernidade fragmentou.

Monumento a Goethe e Schiller (1857), de Ernst Rietschel, em Weimar, Alemanha. Escultura em bronze, 3,7 m.

Sobre essa fragmentação realizada pela modernidade, Schiller escreve:

> Divorciaram-se o Estado e a Igreja, as leis e os costumes; a fruição foi separada do trabalho; o meio, do fim; o esforço, da recompensa. Eternamente acorrentado a um pequeno fragmento; ouvindo eternamente o mesmo ruído monótono da roda que ele aciona, [o ser humano] não desenvolve a harmonia de seu ser e, em lugar de imprimir a humanidade em sua natureza, torna-se mera reprodução de sua ocupação, de sua ciência [...].
>
> Vai-se aniquilando assim, pouco a pouco, a vida concreta individual, para que o abstrato do todo prolongue sua existência precária, e o Estado continua eternamente estranho a seus cidadãos, pois que o sentimento não pode encontrá-lo em parte alguma. Forçada a simplificar a multiplicidade dos homens pela classificação e recebendo a humanidade somente por representações de segunda mão, a parte governante acaba por perdê-la completamente de vista, já que a mistura a um mero produto do entendimento, e a parte governada não pode receber senão com frieza as leis que são tão pouco endereçadas a ela.
>
> SCHILLER, Friedrich. *A educação estética do homem.* Trad. Roberto Schwarz e Márcio Suzuki. São Paulo: Iluminuras, 1990. p. 41-42.

A superação da cisão do homem interior e a constituição de uma nova humanidade não virá do Estado ou da política, mas da estética, da arte. É nela que se forma o espírito humano. Aqui se reconhece a afinidade que existe entre Schiller e o Romantismo, no desejo pela unidade, pelo resgate do afeto, na recuperação do sentimento na vida cotidiana. A experiência estética articula emoção e razão. Para Schiller, o reequilíbrio desses dois princípios, do sentimento e do entendimento, será fundamental para podermos chegar tanto ao conceito de beleza como à harmonia da vida humana.

No trecho a seguir, é possível inferir a grande contribuição da estética para a humanidade.

> Pois, se lembramos que justamente essa liberdade lhe havia sido tomada pela coerção unilateral da natureza na sensação e pela legislação exclusiva da razão no pensamento, temos de considerar a capacidade que lhe é devolvida na disposição estética como a suprema de todas dádivas, a dádiva da humanidade.
>
> SCHILLER, Friedrich. *A educação estética do homem.* Trad. Roberto Schwarz e Márcio Suzuki. São Paulo: Iluminuras, 1990. p. 110.

PROBLEMATIZANDO

1. Em que sentido Schiller afirma que a arte educa para a liberdade?

PRODUÇÃO DE TEXTO

1. Redija um texto justificando, com base na reflexão de Schiller, a afirmativa a seguir:
Sem a educação estética, não é possível uma educação harmônica do ser humano.

6. A SUPERAÇÃO DA ARTE EM HEGEL

Georg Wilhelm Friedrich Hegel (1770-1831), filósofo alemão, foi um dos fundadores da escola filosófica conhecida como idealismo alemão.

Sob a ótica de Hegel, a história é marcada pelo movimento de mudança. E será a compreensão do sentido do decorrer da história que constituirá o grande objetivo de sua vida. Como transcorre esse processo? Há algo que evolui nele? Existe algum sentido ou alguma dinâmica específica nesse processo histórico de mudança?

Para Hegel, trata-se da trajetória do espírito, que passará por várias etapas. A obra na qual Hegel expõe essa trajetória é *Fenomenologia do espírito* (1807).

Nessa obra, ele tem por objetivo compreender as etapas pelas quais a consciência passa, desde a apreensão inicial do mundo até encontrar-se em si mesma, em uma totalidade final, envolvendo sujeito e objeto.

Georg Wilhelm Friedrich Hegel (1831), de Jacob Schlesinger. Óleo sobre tela.

As realizações do espírito: arte, religião e filosofia

No sistema de Hegel, o espírito se realiza na filosofia, passando pela arte e pela religião. Há, portanto, uma hierarquia composta por arte, religião e filosofia, respectivamente. São etapas para a realização do espírito, até chegar à dimensão do espírito absoluto.

Para Hegel, a trajetória do espírito começa em um ponto marcado pela indiferenciação, no qual a consciência humana se encontra confundida com os objetos. Seria o ponto inicial da indistinção. Aqui se iniciaria a primeira etapa de uma longa trajetória da consciência. E o primeiro momento seria a afirmação da própria consciência diante do todo. Ela tomaria uma primeira distância do objeto. Seria uma primeira objetivação. Esse seria o nível da percepção, no qual a consciência percebe o objeto como objeto. Nessa primeira etapa já existe, portanto, uma negação e uma afirmação. Afirmar-se como a consciência implica negar a indiferenciação, a difusão da consciência em um todo indiferenciado.

Uma das características da percepção é a fugacidade ou transitoriedade. No campo das percepções sensíveis tudo passa muito rapidamente. Isso impossibilita identificar algo. Na sequência da trajetória da consciência, chegará o momento de representar intelectualmente o que for percebido. Trata-se da etapa do entendimento, marcada pela elaboração das leis que regem os fenômenos. O espírito evolui para a etapa das ciências naturais. Nessa etapa verifica-se mais uma vez uma negação e uma afirmação. Acontece a negação dos dados sensíveis, no sentido de serem ultrapassados ou superados na afirmação das leis gerais. Dentro dos limites da consciência nessa etapa de sua trajetória, constitui-se um primeiro conhecimento possível. Nesse momento, a consciência passa a ser consciência de si, que se sabe como diferente do objeto e que estabelece as leis de funcionamento do objeto.

Em todo o processo histórico, o espírito se manifesta progressivamente, tornando-se presente no pensamento e nas ações dos seres humanos e operando realizações, tendo passado por diferentes negações, afirmações e sínteses até chegar ao momento absoluto, a síntese final.

O momento da arte como momento da exterioridade sensível

Nesse percurso evolutivo do espírito, o momento da arte é o momento da exterioridade sensível, apreendida pela intuição. A especificidade da arte está nessa manifestação sensível. O espírito já se encontra livre de sua sujeição à natureza e tem condições de criar. A arte é pensada por Hegel como um momento constitutivo do movimento dialético no qual o espírito começa a tomar consciência de si.

Orquestra de Câmara da Ucrânia apresenta-se na Rússia, em 2015.

Na arte, Hegel percebe diferentes graus. E esses graus são indicados pela maior ou menor dependência da matéria. Nesse sentido, a liberdade do espírito é maior na palavra e na música do que na escultura e na arquitetura, onde está presa à matéria bruta. Quanto mais o espírito puder abstrair, maior será a variedade de expressões.

A arte será, portanto, um momento do espírito, no qual ele se adapta à matéria, ao elemento sensível. Assim entende-se a arte como exterioridade, pois o espírito ainda não está em si mesmo, sua realização ainda está vinculada à matéria. Sendo manifestação do espírito, a arte tem como tarefa realizar a consciência em sua representação sensível, ou seja, expor sensivelmente uma realidade superior.

> A bela arte é [...] um modo de trazer à consciência e de exprimir o divino, os interesses mais profundos do ser humano, as verdades mais abrangentes do espírito.
>
> HEGEL, Georg Wilhelm Friedrich. *Cursos de Estética*. v. 1. Trad. Marco Aurélio Werle. São Paulo: Edusp, 2001. p. 32. (Clássicos).

Nas diversas culturas, a arte tem sido expressão do divino, das necessidades e exigências do espírito. Dessa forma, pode-se compreender a religião de um povo por meio de sua arte. O que, então, difere a arte da filosofia e da religião? Principalmente, o fato de somente ela ser capaz de fazer uma representação sensível das ideias mais elevadas. E aqui está todo o seu valor e sua função primordial.

É por essa razão que a arte supera a imitação, supera o imediatismo da cópia natural. Ela é manifestação da totalidade da vida. Na manifestação artística, a poesia ocupa o lugar mais nobre, é o mais alto grau da expressão espiritual, uma vez que ela é manifestação da arte absoluta, da liberdade e da autonomia do espírito.

Assim, o conteúdo da arte é o espírito em sua expressão sensível. Esse momento deverá ser superado pela religião, momento da interioridade, apreendida pela representação e, finalmente, pelo pensamento filosófico, de natureza reflexiva e conceitual, como união e realização final das etapas anteriores, da objetividade da arte e da subjetividade da religião.

A necessidade do fim da arte

Considerando o pensamento de Hegel, os momentos ou estágios vão sendo superados dialeticamente. O termo "dialética" havia sido empregado por Platão e Aristóteles e também foi empregado na Idade Média. Em Platão, a dialética almejava chegar à verdade, por um procedimento de comparação de opiniões contrárias, por meio do diálogo. Diferentemente, em Aristóteles, a dialética estava presente no procedimento indutivo, no qual formas particulares sensíveis eram comparadas até que fosse possível chegar a uma verdade geral. A dialética significava essa elevação ou a ascensão do sensível ao inteligível. Na Idade Média, a dialética tornou-se presente nas disputas, nas questões, no confronto das opiniões.

Em Hegel, a grande diferença consistiu em apresentar a dialética não somente como um método ou uma forma de pensar a realidade. Dialética é a própria estrutura do ser, dialético é o próprio espírito que chega à síntese final, tendo passado por várias afirmações e negações.

Considerando essa concepção hegeliana de dialética, pensar em fim da arte é pensar na trajetória evolutiva do espírito. Assim, o que existe de grande e nobre na arte não é só o fato de ela ser produto do espírito, mas o fato de nela o espírito reconhecer-se em uma de suas manifestações.

> O fato é que a arte não mais proporciona aquela satisfação das necessidades espirituais que épocas e povos do passado nela procuravam e só nela encontraram. [...]. Os belos dias de arte grega, assim como a época de ouro da baixa Idade Média, passaram. A cultura da reflexão, própria de nossa vida contemporânea, faz com que a nossa carência esteja, ao mesmo tempo, em manter pontos de vista universais e em regular o particular segundo eles, seja no que se refere à vontade, seja no que se refere ao juízo, de tal modo que para nós, as formas, leis, deveres, direitos e máximas, enquanto universais, devem valer como razões de determinação e ser o principal governante.
>
> HEGEL, Georg Wilhelm Friedrich. *Cursos de Estética*. v. 1. Trad. Marco Aurélio Werle. São Paulo: Edusp, 2001. p. 24-25. (Clássicos).

Na arte, o espírito se revela no particular, no sensível. Mas, em sua evolução, o particular terá que ser superado, em nome de um universal, puro, eterno. Assim, a arte teve uma trajetória de ascensão, vitalidade e declínio. Nessa trajetória evolutiva, Hegel afirma que a arte cumpriu muito bem o seu papel de mediação, enquanto era necessário.

Na trajetória evolutiva do espírito, surge uma nova etapa, o momento da representação do divino. Essa representação não tem mais que acontecer por referência à natureza ou ao sensível. Essa é a etapa da religião, momento da interioridade, apreendida pela representação. A religião, ao contrário da exterioridade da arte, corresponde à subjetividade, à dimensão do sujeito em sua relação com a divindade.

Para Hegel, a concepção cristã de verdade superou o estágio no qual a arte era vista como o modo mais elevado de manifestação do absoluto. É nesse sentido que ele fala em fim da arte, ou melhor, na finalidade de uma concepção de arte. Essa ideia está presente no fragmento a seguir:

> Há uma versão mais profunda da verdade, na qual ela não é mais tão aparentada e simpática ao sensível para poder ser recebida e expressa adequadamente por meio deste material. A concepção cristã de verdade é desse tipo, e, sobretudo, o espírito do mundo atual, ou melhor, o espírito de nossa religião e de nossa formação racional se mostra como tendo ultrapassado o estágio no qual a arte constitui o modo mais elevado de o absoluto se tornar consciente. A maneira peculiar da produção artística e de suas obras já não satisfaz nossa mais elevada necessidade. Nós nos elevamos sobre o nível de poder venerar e adorar obras de arte divinamente.
>
> HEGEL, Georg Wilhelm Friedrich. *Cursos de Estética*. v. 1. Trad. Marco Aurélio Werle. São Paulo: Edusp, 2001. p. 34. (Clássicos).

A promessa (1950), de René Magritte. Óleo sobre tela, 42 cm × 30 cm.

Na reflexão sobre a religião, Hegel afirma que o desenvolvimento histórico do espírito também se mostra aqui. A religião é, essencialmente, uma experiência pessoal de comunicação com o transcendente. É por essa razão que Hegel se refere inicialmente ao judaísmo, pois nessa religião não há representação de Deus sob a forma de imagens. No cristianismo, essa presença da subjetividade em sua relação com a divindade estaria melhor expressa no protestantismo, por se despir do excesso de ritualismo e da veneração de imagens, dimensões ainda muito ligadas à matéria sensível.

> A obra de arte é então incapaz de satisfazer nossa necessidade última de sentido. Hoje, não se venera mais uma obra de arte, e nossa atitude em relação às criações da arte é muito mais fria e intelectual. [...] Respeitamos a arte, a admiramos; apenas não vemos mais nela alguma coisa que não poderia ser ultrapassada, a manifestação íntima do absoluto; a submetemos à análise de nosso pensamento, e isto não com a intenção de provocar a criação das obras de arte novas, mas bem mais com o objetivo de reconhecer a função da arte e seu lugar no todo de nossa vida.
>
> HEGEL, Georg Wilhelm Friedrich. *Cursos de Estética*. v. 1. Trad. Marco Aurélio Werle. São Paulo: Edusp, 2001. p. 23-24. (Clássicos).

Sendo expressão muito limitada do absoluto, o conhecimento que a arte nos proporciona é superado pela religião e pela filosofia; nesse último nível, o espírito encontra-se na consciência de si, liberto da necessidade de representação sensível.

Sobre o modo de compreender a necessidade do fim da arte, em Hegel, Rodrigo Duarte assim se expressa:

> [...] a arte clássica é superada pela "arte romântica", que significa, para Hegel, aquela produzida a partir do início da era cristã e que se caracteriza por um "excesso" de espiritualidade, implícito na nova ideia de interioridade que adveio com o cristianismo, o qual começa a extrapolar suas manifestações sensíveis até transbordar e não caber mais na "limitação da esfera da arte". Esse é um modo de compreender a "necessidade" do fim da arte na estética de Hegel.
>
> DUARTE, Rodrigo. A desartificação da arte segundo Adorno: antecedentes e ressonâncias. *Artefilosofia*, Ouro Preto, n. 2, p. 19-34, jan. 2007. Disponível em: <http://www.raf.ifac.ufop.br/pdf/artefilosofia_02/artefilosofia_02_02_filosofia_01_rodrigo_duarte.pdf>. Acesso em: 4 set. 2017.

A religião, contudo, também será etapa a ser superada pelo espírito, por ela ser somente o momento do para si, da subjetividade, e nela o absoluto buscado permanecer transcendente. O absoluto que Hegel busca deve ser realizável na história, como realidade total, fazendo a síntese perfeita entre o "em si", que é a exterioridade, campo da arte, e o "para si", a subjetividade, campo da religião. Essa presença da síntese final, da história em sua totalidade, acontecerá, para Hegel, na filosofia.

> A história é, segundo o conceito da sua liberdade, o desenvolvimento necessário dos momentos da razão, da consciência de si e da liberdade do espírito, a interpretação e a realização do espírito universal.
>
> HEGEL, Georg Wilhelm Friedrich. *Princípios da filosofia do direito*. São Paulo: Ícone, 1997. p. 274.

Toda a reflexão de Hegel tem como tese uma concepção de história como trajetória de realização do espírito. Assim, a história não é uma cega irracionalidade, que caminha imprevisivelmente.

La Pietà (1499), de Michelangelo. Escultura em mármore, 174 cm × 195 cm.

A arte é uma manifestação do espiritual, por meio do sensível. Gradativamente, o espírito vai transcender essa forma de expressão, passando pela religião, até realizar-se na filosofia, no pensamento puro, reflexivo-conceitual.

> O belo artístico é superior ao belo natural, por ser um produto do espírito que, superior à natureza, comunica esta superioridade aos seus produtos e, por conseguinte, à arte; por isso é o belo artístico superior ao belo natural. Tudo quanto provém do espírito é superior ao que existe na natureza, a pior das ideias que perpassa pelo espírito de um homem é melhor e mais elevada do que a mais grandiosa produção da natureza – justamente porque essa ideia participa do espírito, porque o espiritual é superior ao natural.
>
> HEGEL, Georg Wilhelm Friedrich. *Cursos de Estética*. v. 1. Trad. Marco Aurélio Werle. São Paulo: Edusp, 2001. p. 4. (Clássicos).

Percorrendo sua trajetória, que é sua história, o espírito se realiza plenamente na filosofia. Torna-se espírito absoluto. Assim, o absoluto é o resultado de um processo histórico que passou por várias contradições, negações, sínteses. Considerando o início do processo, compreendemos que a consciência tinha de sair de si para encontrar-se com o espírito absoluto.

O absoluto é, então, o autoconceber-se do espírito, sua identidade, no qual não existe mais separação entre sujeito e objeto, entre conceito e substância. O sujeito não está mais exterior ao objeto. O espírito alcança sua máxima expressão, realizando a síntese entre objetividade e subjetividade.

PROBLEMATIZANDO

1. Vejamos o texto a seguir, no qual Hegel reflete sobre a relação da arte com o desenvolvimento do espírito.

> Pode-se inicialmente postular que o espírito tem a capacidade de se observar, de ter uma consciência e, na verdade, de ter uma consciência pensante sobre si mesmo e sobre tudo o que dele recorre. Pois é justamente o pensar que constitui a natureza mais íntima e essencial do espírito. Este somente se comporta segundo sua natureza essencial quando está verdadeiramente presente nesta consciência pensante de si e de seus produtos, não importando o grau de liberdade e de arbítrio que ainda possam ter. [...] A arte já está mais próxima do espírito e de seu pensar do que a natureza apenas exterior e destituída de espírito. [...]. A verdadeira tarefa da arte consiste em levar os mais altos interesses do espírito à consciência.
>
> HEGEL, Georg Wilhelm Friedrich. *Cursos de Estética*. v. 1. Trad. Marco Aurélio Werle. São Paulo: Edusp, 2001. p. 36-37. (Clássicos).

- Qual é a relação entre arte e espírito em Hegel?
- Explique o momento que a arte representa na trajetória do espírito e apresente a justificativa da necessidade de a arte ser superada.

PARA CONTINUAR O ESTUDO E A APRENDIZAGEM

SUGESTÃO DE LEITURAS

ARGAN, Giulio Carlo. *Arte moderna*: do iluminismo aos movimentos contemporâneos. São Paulo: Companhia das Letras, 1992.

BIGNOTTO, Newton. *As origens do republicanismo moderno*. Belo Horizonte: UFMG, 2001.

BRONOWSKI, Jacob. *O olho visionário*: ensaios sobre arte, literatura e ciência. Brasília: UnB, 1998.

BURKHARDT, Jacob. *A cultura do Renascimento na Itália*: um ensaio. São Paulo: Companhia das Letras, 2009.

BURTT, Edwin Arthur. *As bases metafísicas da ciência moderna*. Brasília: UnB, 1983.

CASSIRER, Ernst. *A filosofia do Iluminismo*. Campinas: Unicamp, 1992.

DE MICHELLI, Mario. *As vanguardas artísticas do século XX*. São Paulo: Martins Fontes, 1991.

FOUREZ, Gérard. *A construção das ciências*: introdução à filosofia e à ética das ciências. São Paulo: Unesp, 1995.

FRANCASTEL, Pierre. *Pintura e sociedade*. São Paulo: Martins Fontes. 1990.

FRASCINA, Francis; BLAKE, Nigel; FER, Briony. *Modernidade e modernismo*: a pintura francesa no século XIX. São Paulo: Cosac & Naify, 1998.

GOMBRICH, Ernst. *A história da arte*. Rio de Janeiro: Guanabara Koogan, 1993.

GREENBERG, Clement. *Arte e cultura*: ensaios críticos. São Paulo: Ática, 1996.

JAPIASSÚ, Hilton. *A revolução científica moderna*. Rio de Janeiro: Imago, 1985.

KNELLER, George. *A ciência como atividade humana*. São Paulo: Edusp; Rio de Janeiro: Zahar, 1980.

KOYRÉ, Alexandre. *Do mundo fechado ao universo infinito*. Rio de Janeiro: Forense Universitária, 2001.

_____. *Estudos de história do pensamento científico*. Rio de Janeiro: Forense, 1982.

MACPHERSON, Crawford. *A teoria política do individualismo possessivo*: de Hobbes a Locke. Rio de Janeiro: Paz e Terra, 1979.

OSTROWER, Fayga. *Universos da arte*. Rio de Janeiro: Campus, 1991.

_____. *A sensibilidade do intelecto*. Rio de Janeiro: Campus. 1998.

PINZANI, Alessandro. *Maquiavel e o príncipe*. Rio de Janeiro: Zahar, 2005.

REALE, Giovani; ANTISERI, Dario. *História da filosofia*: do humanismo a Descartes. São Paulo: Paulus, 2004.

ROSSI, Paolo. *A ciência e a filosofia dos modernos*. São Paulo: Unesp, 1992.

ROUANET, Sérgio Paulo. *As razões do Iluminismo*. São Paulo: Companhia das Letras, 1987.

SANTOS, Francisco de Araújo. *A emergência da modernidade*. Petrópolis: Vozes, 1990.

SKINNER, Quentin. *As fundações do pensamento político moderno*. São Paulo: Companhia das Letras, 1996.

STANGOS, Nikos. *Conceitos de arte moderna*. Rio de Janeiro: Zahar, 1991.

TORRES FILHO, Rubens Rodrigues. *Ensaio de filosofia ilustrada*. São Paulo: Brasiliense, 1987.

FILOSOFIA CONTEMPORÂNEA: DA CRISE E DA POSSIBILIDADE

Unidade 5

Eixo Temático 1

CONDIÇÃO HUMANA

Você vai aprender sobre:

- O pensamento contemporâneo como crítica ao idealismo hegeliano.
- O princípio da vontade na filosofia de Arthur Schopenhauer.
- A imprevisibilidade da existência humana em Soren Kierkegaard.
- O impulso passional e a luta contra o destino em Nietzsche.
- Os conceitos de "super-homem" e de "eterno retorno".
- A crítica à moral tradicional proposta por Nietzsche.
- Liberdade, consciência e indeterminação na visão existencialista.
- A concepção fisicalista do ser humano na perspectiva da neurociência.

Temas:

1. Olhares contemporâneos
2. Schopenhauer e o princípio da vontade
3. Kierkegaard: a existência humana
4. Nietzsche: ser humano como paixão e vontade de potência
5. O existencialismo e a afirmação da liberdade
6. O ser humano sob o olhar da neurociência

1. OLHARES CONTEMPORÂNEOS

Quando, onde, com que ou com quem se inicia a filosofia contemporânea? Delimitar um ponto a partir do qual ela teria começado é uma questão insolúvel. Para muitos, a Revolução Francesa seria um dos marcos do início da época contemporânea.

Por convenção, estabelecemos como contemporâneos os pensadores cuja vida e pensamento são desenvolvidos a partir de meados do século do XIX, durante o século XX e no século XXI. Agrega-se também a isso uma forma de pensar que apresenta uma mudança de perspectiva em relação ao modo moderno de pensar. Esse é o terreno de um pensamento insurgente, um pensar que se faz crítico, especialmente em relação ao idealismo de Hegel, que propunha um saber absoluto acima da arte, da religião e da ciência. Surgem pensadores como Arthur Schopenhauer, Soren Kierkeggard, Friederich Nietzsche, Sigmund Freud, Wilhelm Dilthey, entre outros, que refletem sobre a irracionalidade, sobre a força da vontade ou da vitalidade da paixão humana, sobre a liberdade. No mesmo terreno de crítica ao idealismo encontramos Max Stirner, Ludwig Feuerbach, Karl Marx, Friederich Engels, sob a denominação de materialistas. Igualmente, encontraremos ainda pensadores no campo da epistemologia, da política e da estética.

Qual é o lugar da filosofia na sociedade contemporânea? Se lançarmos o olhar para o lugar que ela ocupava na Grécia Clássica, facilmente perceberemos que ela era a expressão máxima do saber. Durante a Idade Média, ela se torna subordinada à teologia. Durante os séculos XVI e XVII, a filosofia volta a adquirir grande visibilidade com o resgate de um pensamento mais focado no ser humano e em suas potencialidades. Após a revolução científica moderna, do século XVII, podemos afirmar que a física e a engenharia passam a ocupar uma posição de destaque. E, na atualidade, na passagem do século XX para o XXI, o campo do saber que está no centro é a biologia, particularmente a genética.

Pesquisador em laboratório de engenharia genética.

Vivemos no terreno das tecnociências, das biotecnologias, das ciências aplicadas, em uma cultura na qual predominam o olhar pragmático e do saber aplicado à produção, à utilidade. A ciência, a tecnologia e a indústria fundem-se em uma série de produções tecnológicas, em um processo cada vez mais acelerado.

Partilhamos da ideia de que a filosofia não deverá jamais ficar alheia às grandes questões de seu tempo. Nesse sentido, devemos considerar os resultados alcançados pelas investigações das neurociências, que atualmente ocupam posição de destaque. Sendo saber reflexivo e crítico, a filosofia deverá ocupa seu lugar e refletir sobre o pensamento de nossa época, retomando o que afirmava Aristóteles ao reconhecer no espanto a origem da filosofia. A filosofia deve manter viva sua capacidade de estranhamento.

2. SCHOPENHAUER E O PRINCÍPIO DA VONTADE

A obra mais importante do filósofo alemão Arthur Schopenhauer (1788-1860) foi publicada em 1819: *O mundo como vontade e como representação*. O título da obra já traduz bem a intuição ou o pressuposto fundamental de sua reflexão.

Schopenhauer parte da experiência concreta da humanidade para demonstrar a irracionalidade do mundo, a falta de sentido, de racionalidade ou de espírito que conduza a história. O que vemos são os horrores das guerras, as crueldades e os males decorrentes do ódio, da vingança. De onde viriam todas essas misérias? Schopenhauer não hesita em responder: a fonte dessas catástrofes é o domínio da vontade cega, inflexível e cruel.

Retrato de Arthur Schopenhauer (1818), de Ludwig Sigismund Ruhl. Óleo sobre tela.

> Tal palavra se chama vontade. Esta, e tão-somente esta, fornece-lhe a chave para seu próprio fenômeno, manifesta-lhe a significação, mostra-lhe a engrenagem interior de seu ser, de seu agir, de seus movimentos.
>
> SCHOPENHAUER, Arthur. *O mundo como vontade e como representação*. Trad. Jair Barboza. São Paulo: Unesp, 2005. p.156-157.

Acima de tudo estaria a vontade cega. E por que essa vontade seria cega? Ela não teria conexão com o conhecimento, sendo radicalmente distinta e independente dele. A vontade existe, age e se exprime sem depender de qualquer tipo de conhecimento. É ela que confere a todas as coisas a força por meio da qual existem. Se houve pensadores que deram grande valor à vontade, a originalidade de Schopenhauer reside em caracterizá-la como força cega da qual derivam as outras realidades.

> O apego à vida é irracional e cego: só é explicável pelo fato de que todo nosso ser em si mesmo já é vontade de vida [...] e pelo fato de que a vontade em si é originalmente destituída de conhecimento e cega. O conhecimento, ao contrário, bem longe de ser a origem do apego à vida, atua contra este, na medida em que desvela a ausência de valor da mesma e, assim, combate o temor da morte.
>
> SCHOPENHAUER, Arthur. *Metafísica do amor, metafísica da morte*. Trad. Jair Barboza. São Paulo: Martins Fontes, 2004, p. 64.

A vida é vontade, é desejo, é permanente mudança. No texto a seguir, Schopenhauer reflete sobre aquilo que lhe parece ser a dinâmica da vida.

Eterno vir-a-ser, fluxo sem fim, pertence à manifestação da essência da vontade. O mesmo também se mostra, por fim, nas aspirações e nos desejos humanos, cujo preenchimento sempre nos acena como o fim último do querer; porém, assim que são alcançados, não mais se parecem com os mesmos e, portanto, logo são esquecidos, tornam-se caducos e, propriamente dizendo, embora não se admita, são sempre postos de lado como ilusões desfeitas. Suficientemente feliz é quem ainda tem algo a desejar, pelo qual se empenha, pois assim o jogo da passagem contínua entre o desejo e a satisfação e entre esta e um novo desejo – cujo transcurso, quando é rápido, se chama felicidade, e quando é lento se chama sofrimento – é mantido, evitando-se aquela lassidão que se mostra como tédio terrível, paralisante, apatia cinza sem objeto definido. [...] A vontade sempre sabe o que quer aqui e agora, mas nunca o que quer em geral. Todo ato isolado tem um fim. O querer completo não.

SCHOPENHAUER, Arthur. *O mundo como vontade e como representação*. Trad. Jair Barboza. São Paulo: Unesp, 2005. p. 231.

Aniversário (1915), de Marc Chagall. Óleo sobre cartão, 80,6 cm × 99,7 cm.

Para Schopenhauer, a felicidade consiste no jogo rápido e contínuo das passagens entre desejo, satisfação e novo desejo.

Pensar que a vida seja guiada por uma racionalidade, afirmar que o real é racional, que haja uma individualidade, um sujeito que defina o sentido, seria cair em profunda ilusão, seria engano. E qual seria o resultado da descoberta dessa ilusão? Seria a angústia. Descobrir que o nosso mundo não é o melhor dos mundos possíveis, mas o pior deles, dá origem à angústia desesperada.

A negação da vontade: arte, compaixão e ascese

Como escapar dos sofrimentos que vêm dessa vontade cega? O caminho parece consistir na negação da vontade, na supressão do desejo, na renúncia à individualidade.

A vida moral, a vida em sociedade consistiria nessa libertação da individualidade por meio da compaixão, da arte e da ascese. Essas seriam as três vias da negação de si. Inicialmente, a compaixão nasce em nós quando tomamos consciência de que o outro é igual a nós. Quando o ser humano deixa de seguir a impulsividade egoísta que nasce naturalmente dentro dele e se abre para uma ação na qual pensa no outro, ele se coloca sob a dinâmica da compaixão.

A negação da vontade pode acontecer também pela mediação da arte, na qual se aprende a contemplação desapaixonada ou desinteressada, quando acontece o consolo dos tormentos impostos pela vontade. Nessa fusão do indivíduo e do objeto artístico, eles deixariam de existir separados, formando uma mesma realidade. Seria a contemplação da vontade em si mesma, uma forma de libertação em relação a todo querer.

> [...] a alegria estética no belo consiste em grande parte no fato de que nós, ao entrarmos no estado de pura contemplação, somos por instante libertos de todo querer, isto é, de todos os desejos e preocupações: por assim dizer, livramo-nos de nós mesmos.
>
> SCHOPENHAUER, Arthur. *O mundo como vontade e como representação*.
> Trad. Jair Barboza. São Paulo: Unesp, 2005. p. 494.

Na ascese, na negação dos impulsos do próprio corpo, aconteceria a mais completa superação e renúncia a tudo aquilo para o qual a vontade naturalmente orientaria.

> Sob o termo [...] ascese, entendo no seu sentido estrito essa quebra proposital da vontade pela recusa do agradável e a procura do desagradável, mediante o modo de vida penitente voluntariamente escolhido e a autocastidade, tendo em vista a mortificação contínua da vontade.
>
> SCHOPENHAUER, Arthur. *O mundo como vontade e como representação*.
> Trad. Jair Barboza. São Paulo: Unesp, 2005. p. 496.

PROBLEMATIZANDO

1. Tendo como referência a reflexão de Schopenhauer, a moral vigente na vida em comunidade ou na sociedade é uma forma de freio à vontade? Poderia não ser assim?
2. Qual é a concepção de ser humano que Schopenhauer apresenta? E como essa concepção se relaciona com a vida moral?
   - Discuta esse tema com os colegas e expresse seus argumentos.

PRODUÇÃO DE TEXTO

1. Com base nas reflexões e na leitura dos fragmentos de Schopenhauer, qual é a concepção de felicidade que ele apresenta e por que ela não pode ser sinônimo de repouso?
   - Redija um texto explicitando sua reflexão a esse respeito.

3. KIERKEGAARD: A EXISTÊNCIA HUMANA

O dinamarquês Soren Kierkegaard (1813-1855), ao lado de Schopenhauer, está entre os maiores críticos do idealismo de Hegel. Seu pensamento ficou conhecido especialmente depois da Primeira Guerra Mundial, quando foi traduzido e lido em todo o mundo.

Sua crítica a Hegel se deve, especialmente, ao fato de o filósofo alemão pretender formular um sistema completo da realidade, descrevendo as trajetórias do espírito até chegar ao absoluto, à síntese final.

Para Kierkegaard, isso seria impossível para um ser humano cujo modo de ser é a existência, e existir significa projetar-se de modo imprevisível, estar em permanente devir, ser mutabilidade permanente.

Como poderia um ser contingente, finito, limitado estabelecer uma verdade como identidade do pensamento e do ser? Isso seria muita abstração de um pensamento lógico.

Retrato de Soren Kierkegaard (1840), de Christian Kierkegaard.

> A noção de verdade como identidade do pensamento e do ser é quimera da abstração [...] não porque de fato não exista essa identidade, mas porque o cognoscente é indivíduo existente, e para ele a verdade não pode ser identidade deste tipo enquanto ele vive no tempo.
> KIERKEGAARD, Soren. Apostila conclusiva não científica, 107. In: MONDIN, Battista. *Curso de Filosofia*. v. 3. Trad. Benôni Lemos. São Paulo: Paulus, 2014. p. 80.

Para Kierkegaard, o ser humano em seu percurso passa por diferentes etapas, denominadas estágios, da infância à vida adulta. O primeiro estágio é o do divertimento, da vida sem preocupações. Nesse período na vida, que ele denomina estágio estético, o que predomina é a fantasia, no qual o indivíduo sai de si mesmo e se lança na exterioridade sem compromissos.

O segundo estágio seria o ético, no qual predomina o compromisso e, com ele, a estabilidade de um indivíduo que segue princípios. A maior expressão desse momento da vida seria o matrimônio (casamento).

O terceiro estágio seria o religioso, no qual o indivíduo transcende as obrigações civis, vai além das exigências da lei, pois a fé lhe solicitaria mais exigências, que poderão inclusive entrar em conflito com a lei da sociedade. Ele cita a figura bíblica, o patriarca Abraão, como sendo o pai da fé.

> Enquanto a existência estética é essencialmente divertimento, a existência ética, luta e vitória, a existência religiosa é essencialmente sofrimento, e isso não por um momento, mas para sempre.
> KIERKEGAARD, Soren. Apostila conclusiva não científica, 256. In: MONDIN, Battista. *Curso de Filosofia*. v. 3. Trad. Benôni Lemos. São Paulo: Paulus, 2014. p. 80

O tema da fé é recorrente nas reflexões de Kierkegaard. Contudo, a fé é concebida não como crença em dogmas, adesão intelectual a elementos da doutrina da religião, mas como interioridade, subjetividade. Por essa razão, Kierkegaard desenvolve reflexões teológicas muito críticas em relação ao formalismo no qual o cristianismo teria se transformado, especialmente o protestantismo que presenciou em seu país, a Dinamarca.

De acordo com Kierkegaard, a vida autêntica passa pela interioridade, pela subjetividade, é o terreno das apostas, dos saltos da fé e, por isso mesmo, é tempo de angústia, na qual o indivíduo vive a experiência da culpa e do distanciamento em relação a Deus.

Para Kierkegaard, essa abordagem filosófica e teológica da temática da fé é plenamente legítima, uma vez que a reflexão filosófica precisa estar enraizada na vida, na existência dos indivíduos, onde se processam as decisões humanas.

PROBLEMATIZANDO

1. Como você avalia a crítica que Kierkegaard faz da pretensão humana, representada no idealismo de Hegel, de criar um sistema no qual se apreenda a verdade da realidade?
2. Como você se posiciona diante da teoria dos três estágios do ser humano?

4. NIETZSCHE: SER HUMANO COMO PAIXÃO E VONTADE DE POTÊNCIA

Friedrich Nietzsche (1844-1900) nasceu na Alemanha. Em sua juventude leu a obra de Schopenhauer *O mundo como vontade e como representação*, obra que orientou seu pensamento. Aos 25 anos já era professor na universidade. Nesse período de sua vida, conheceu Richard Wagner, com quem desenvolveu grande amizade. Contudo, a diferença de mentalidade e de princípios de vida provocou a ruptura entre os dois.

Aos 34 anos escreveu *Humano, demasiado humano*. Devido à saúde frágil, abandonou o trabalho na universidade. Entregou-se a uma peregrinação pela Suíça e pela Itália, especialmente. Aos 36 anos escreveu *Aurora*. No ano seguinte, escreveu *A gaia ciência*; com 39 anos, escreveu *Assim falou Zaratustra*; aos 42 anos, publicou *Para além de bem e mal*. No ano seguinte, escreveu *Para a genealogia da moral* e, a seguir, *O crepúsculo dos ídolos*, *O anticristo* e *Ecce homo*. Sua última obra, *A vontade de poder*, começou a escrevê-la em Turim, na Itália, mas não conseguiu concluí-la, devido a perturbações mentais.

Com base na leitura da obra de Schopenhauer, *O mundo como vontade e como representação*, Nietzsche desenvolveu uma reflexão antropológica na qual encontrou profunda identificação pessoal. Em conformidade com essa visão, para Nietzsche a vida é impulso passional. Em decorrência, não é possível pensar em previsibilidade humana, pois a paixão é irracional.

Friedrich Nietzsche em 1869.

O resgate dos valores da tragédia grega

Com essa tese, na qual definiu o ser humano como paixão, Nietzsche se colocou em posição diametralmente oposta ao racionalismo grego, especialmente o pensamento socrático-platônico, que concebe o ser humano como essencialmente racional. Por isso, o projeto de Nietzsche envolveu o resgate de valores e ideais de vida anteriores a esse racionalismo.

Esses valores e ideais ele encontrou na tragédia grega, retrato de um período no qual a excelência humana estava vinculada à força, à coragem, à honra, à astúcia. Na tragédia, a *areté*, ou virtude, tinha matriz aristocrática, na qual se almejava a superação de si e o destacar-se em relação aos comuns.

A tragédia que interessou a Nietzsche é a tragédia ática, a de Ésquilo e de Sófocles, na qual a música exerceu papel fundamental, sendo expressão da dimensão dionisíaca. Dessa forma, ele não se referia ao espetáculo trágico de Eurípedes, que excluía a música e privilegiava a dimensão do diálogo racional.

Na tragédia grega, buscava-se a harmonia entre humanidade e natureza. Os símbolos dessa harmonia são retirados de duas divindades ligadas à arte: a integração das forças de Dioniso e de Apolo, da embriaguez e da ordem, da paixão e da racionalidade. Nietzsche se concentrou nessa visão dionisíaca de mundo que ele atribuiu aos gregos do século V a.C. Essa visão está presente em sua obra *O nascimento da tragédia*, escrita em Leipzig, em 1872.

Há uma característica que se sobressai na visão de mundo específica da tragédia grega, sob a perspectiva do dionisíaco, que Nietzsche considera o "pessimismo da força", entendido não em sentido negativo, mas como uma tendência em concentrar-se na dimensão problemática da existência, que luta contra o destino até ser vencida por ele.

Vida autêntica: o ser humano como fim

No texto *Da utilidade e desvantagem da história para a vida*, Nietzsche desafia o indivíduo para que acorde, deixe de ser massa disforme e assuma sua história e a refaça. Essa luta contra o destino vem expressa na existência legítima do ser humano que se propõe como fim. Vejamos o fragmento:

> Tenta apenas uma vez legitimar o sentido de tua existência como que *a posteriori*, propondo tu a ti mesmo um fim, um alvo, um "para quê", um alto e nobre "para quê". Morre por ele – não conheço nenhuma finalidade melhor para a vida do que morrer pelo grandioso e pelo impossível [...].
>
> NIETZSCHE, Friedrich. Considerações extemporâneas: Da utilidade e desvantagem da história para a vida. In: *Obras incompletas*. Trad. Rubens Rodrigues Torres Filho. São Paulo: Nova Cultural, 1999. p. 286. (Os pensadores).

No texto *Schopenhauer como educador*, Nietzsche reflete sobre a autenticidade da vida que implica nadar contra a corrente. Somente assim, indo contra o fluxo da massa, contra o seu tempo, o indivíduo poderá encontrar-se a si mesmo. Ainda nesse texto, Nietzsche destaca a necessidade de fazer-se crítico dos valores culturais impostos e assumir o desafio de construir a própria vida com autenticidade. Indo contra o seu tempo, contra o fluxo da massa, de um "povo sem consciência", de um "povo rebanho", o indivíduo poderá ser livre. Vejamos o fragmento:

> Se todo grande homem chega a ser considerado, acima de tudo, precisamente como o filho autêntico de seu tempo e, em todo caso, sofre de todas as suas mazelas com mais força e mais sensibilidade do que todos os homens menores, então o combate de um tal grande *contra* o seu tempo é, ao que parece, apenas um combate sem sentido e destrutivo contra si mesmo. Mas, justamente, apenas ao que parece: pois o que ele combate em seu tempo é aquilo que o impede de ser grande, e isto para ele significa apenas: ser livre e inteiramente ele mesmo. Disso se segue que sua hostilidade, no fundo, está dirigida precisamente contra aquilo que, por certo, está nele mesmo, mas não é propriamente ele mesmo [...].
>
> NIETZSCHE, Friedrich. Considerações extemporâneas: Schopenhauer como educador. In: *Obras incompletas*. Trad. Rubens Rodrigues Torres Filho. São Paulo: Nova Cultural, 1999. p. 291. (Os pensadores).

O indivíduo soberano e a crítica à moral tradicional

Tendo como referência as obras *Para a genealogia da moral* e *Para além de bem e mal*, podemos identificar o ponto central da crítica nietzschiana à moral tradicional: o estilo racionalista da vida moral foi erguido com finalidade repressora, e não para garantir o exercício da liberdade, uma vez que impôs, com os nomes de virtude e dever, tudo o que oprime a natureza humana. Assim, em termos morais, seu objetivo será o nascimento de um ser humano destacado, elevado em relação ao indivíduo comum.

Com a palavra *Übermensch*, traduzida do alemão como "super-homem" ou ainda "além-do-homem", Nietzsche faz menção a um tipo mais elevado de ser humano. Embora esse termo não expresse uma ideia única em seu pensamento, a tônica está relacionada ao indivíduo que possui uma alma profunda, capaz de ser fiel à Terra, que tenha fé em si mesmo, que se saiba destacado, nobre, separado do comum, que não reproduza a cultura que recebeu, sendo capaz de digerir a experiência do eterno retorno. A esse respeito, leiamos um fragmento de *Assim falou Zaratustra*:

> Tudo vai, tudo volta; eternamente gira a roda do ser. Tudo morre, tudo refloresce, eternamente transcorre o ano do ser. Tudo se desfaz, tudo é refeito; eternamente constrói-se a mesma casa do ser. Tudo separa-se, tudo volta a encontrar-se; eternamente fiel a si mesmo permanece o anel do ser. Em cada instante começa o ser.[...] O meio está em toda parte. Curvo é o caminho da eternidade.
>
> NIETZSCHE, Friedrich. *Assim falou Zaratustra*: um livro para todos e para ninguém. Trad. Mário da Silva. Rio de Janeiro: Civilização Brasileira, 2000. p. 259-260.

Ao refletir sobre o significado atualizado de ser "destacado", Nietzsche fala em disposição para o conflito, para a vivência de uma tensão, na qual o indivíduo de grande espírito se contrapõe e se eleva em relação ao último homem, ao homem rebanho (da massa, do povo sem consciência). O texto no qual se encontra essa descrição de um tipo mais elevado de ser humano é o capítulo IX de *Para além de bem e mal*, sob o título "O que é nobre?".

Um elemento que merece ser destacado aqui é o fato de o homem comum e o homem destacado nascerem do mesmo terreno. Assim, a velha moral tradicional não necessariamente terá que dar luz ao homem rebanho. Dela poderá brotar um indivíduo soberano, cuja força retira da própria moral e dela se afasta.

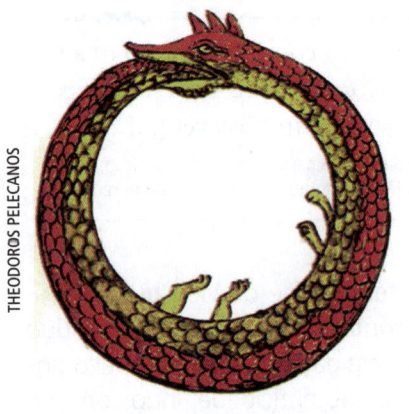

Ouroboros, a serpente que morde a cauda, é um símbolo do eterno retorno.

PROBLEMATIZANDO

1. Releia as afirmações de Nietzsche extraídas de *Assim falou Zaratustra*:

> [...] eternamente constrói-se a mesma casa do ser. [...] eternamente fiel a si mesmo permanece o anel do ser. [...] Curvo é o caminho da eternidade.
>
> NIETZSCHE, Friedrich. *Assim falou Zaratustra*: um livro para todos e para ninguém. Trad. Mário da Silva. Rio de Janeiro: Civilização Brasileira, 2000. p. 259-260.

- Como você interpreta essas afirmações?

2. No texto a seguir, Nietzsche constrói sua crítica ao ideal ascético. Vamos mergulhar nessa crítica.

> Pois uma vida ascética é uma autocontradição; aqui domina um ressentimento raro, o de um insaciado instinto e vontade de potência, que gostaria de se tornar senhor, não sobre algo na vida, mas sobre a própria vida, sobre suas mais profundas, mas fortes, mais básicas condições; aqui, é feito um ensaio de usar a força para estancar as fontes da força; aqui se dirige o olhar, verde e maligno, contra o próprio prosperar fisiológico, em particular contra sua expressão, a beleza, a alegria [...].
>
> Uma autocontradição tal como parece apresentar-se no asceta, "vida *contra* vida", é – isto pelo menos já está claro como a palma da mão –, considerada fisiologicamente, e não mais psicologicamente, simplesmente insensatez. [...]
>
> [...] o homem prefere ainda querer o *nada*, a *não* querer...
>
> NIETZSCHE, Friedrich. Para a genealogia da moral. In: *Obras incompletas*. Trad. Rubens Rodrigues Torres Filho. São Paulo: Nova Cultural, 1999. p. 358-370. (Os pensadores).

a. Por que a vida ascética é uma autocontradição? Qual é o pressuposto que move o pensamento de Nietzsche?

b. Qual é "a força" que a cultura tem usado para "estancar as fontes da força" do sujeito?

c. "[...] o homem prefere ainda querer o *nada*, a *não* querer." Como você interpreta essa afirmativa?

d. Esse texto pode ser interpretado como um convite à vida autêntica?

- Converse com os colegas, apresentando os argumentos que sustentam o seu posicionamento.

As três metamorfoses do espírito

No texto a seguir, Nietzsche apresenta metamorfoses pelas quais o espírito humano deverá passar para chegar a uma vida autêntica, para assumir-se como ser destacado, indivíduo soberano.

> Vou dizer-vos as três metamorfoses do espírito: como o espírito se muda em camelo, e o camelo em leão, e o leão, finalmente, em criança.
>
> Há muitas coisas que parecem pesadas ao espírito, ao espírito robusto e paciente, e todo imbuído de respeito; a sua força reclama fardos pesados, os mais pesados que existam no mundo. "O que é que há de mais pesado para transportar?" – pergunta o espírito transformado em besta de carga, e ajoelha-se como o camelo que pede que o carreguem bem. [...]
>
> Mas o espírito transformado em besta de carga toma sobre si todos estes pesados fardos; semelhante ao camelo carregado que se apressa a ganhar o deserto, assim ele se apressa a ganhar o seu deserto. E aí, naquela extrema solidão, produz-se a segunda metamorfose; o espírito torna-se leão. Entende conquistar a sua liberdade e ser o rei do seu próprio deserto. Procura então o seu último senhor; será o inimigo deste último senhor e do seu último Deus; quer lutar com o grande dragão, e vencê-lo.
>
> Qual é este grande dragão a que o espírito já não quer chamar nem senhor, nem Deus? O nome do grande dragão é "Tu deves". Mas o espírito do leão diz: "Eu quero." O "tu deves" impede-lhe o caminho [...].
>
> Criar valores novos é coisa para que o próprio leão não está apto; mas libertar-se a fim de ficar apto a criar valores novos, eis o que pode fazer a força do leão. Para conquistar a sua própria liberdade e o direito sagrado de dizer não, mesmo ao dever, para isso meus irmãos, é preciso ser leão. Conquistar o direito a valores novos, é a tarefa mais temível para um espírito paciente e laborioso. [...] Precisa agora de descobrir a ilusão e o arbitrário mesmo no fundo do que há de mais sagrado

no mundo, a fim de conquistar depois de um rude combate o direito de se libertar deste laço; para exercer semelhante violência, é preciso ser leão.

Dizei-me, porém, irmãos, que poderá fazer a criança, de que o próprio leão tenha sido incapaz? Para que será preciso que o altivo leão tenha de se mudar ainda em criança? É que a criança é inocência e esquecimento, um novo começar, um brinquedo, uma roda que gira por si própria, primeiro móbil, afirmação santa. Na verdade, irmãos, para jogar o jogo dos criadores é preciso ser uma santa afirmação; o espírito quer agora a sua própria vontade; tendo perdido o mundo, conquista o seu próprio mundo. Disse-vos as três metamorfoses do espírito: como o espírito se mudou em camelo, o camelo em leão, e finalmente o leão em criança.

NIETZSCHE, Friedrich. *Assim falou Zaratustra*: um livro para todos e para ninguém.
Trad. Mário da Silva. Rio de Janeiro: Civilização Brasileira, 2000. p. 51-53.

PRODUÇÃO DE TEXTO

1. Leia a afirmação:
A existência autêntica ou legítima defendida por Nietzsche implica o movimento em duas direções opostas, como expressão de uma mesma convicção: uma direção contra e uma direção a favor.
- Como você explica essa afirmação na constituição do "super-homem"?

5. O EXISTENCIALISMO E A AFIRMAÇÃO DA LIBERDADE

O contexto e a realidade das duas grandes guerras mundiais (1914-1918 e 1939-1945) faz-nos pensar no poder e na capacidade de devastação das nações imperialistas e industriais. Diante dessa realidade de tragédias, de quem é a responsabilidade? É correto definir o ser humano como ser racional? O que move o ser humano?

Nesse contexto, em meio a profundas crises políticas, acentua-se uma reflexão sobre a identidade humana, especialmente com base nos sentimentos de melancolia e de angústia. Surgem pensadores que irão se concentrar no tema da existência humana. Que valor tem a existência humana? É possível compreender o mistério da liberdade humana?

O contexto é o de uma Europa marcada pela destruição física e moral, pela experiência da perda da liberdade e, fundamentalmente, pela violência dos regimes totalitários. Esse contexto é, assim, de profunda crise e pessimismo. As consequências das duas grandes guerras jogaram por terra os ideais humanitários e a ideia de um progresso linear e infinito. Os principais representantes dessa filosofia da existência serão Heidegger e Jean-Paul Sartre.

Explosão da bomba atômica lançada pelos Estados Unidos sobre a cidade japonesa de Nagasaki, em 9 de agosto de 1945.

Heidegger: vida autêntica e vida inautêntica

O filósofo alemão Martin Heidegger (1889-1976) dedicou-se, prioritariamente, ao problema do sentido da existência humana. Em 1927, publicou sua obra mais importante: *Ser e tempo*. Seu objeto de estudo é o ser. Mas como chegar ao ser? A única maneira é por meio dos entes individuais. Assim, Heidegger suspende todas as informações gerais que tenha sobre o ser, para partir do homem concreto, desde o princípio de sua existência.

Esse procedimento é característico do método fenomenológico: parte do homem concreto, suspende o juízo em relação a verdades e certezas já afirmadas, deixa que a própria existência do ser fale por ele mesmo e estuda o ser com base em suas manifestações concretas.

Entre as características do ser humano, Heidegger destaca em primeiro lugar o ser-no-mundo, a condição situacional. O indivíduo sempre se encontra inserido em um contexto sociocultural, marcado por afetos, sentimentos, conhecimentos prévios. O termo, em alemão, que Heidegger usa para falar desse aspecto é *Dasein*, que significa "existência" e pode ser traduzido por "ser-em-situação".

Contudo, esse caráter situacional traz uma segunda dimensão humana, de abertura, de inacabamento, de vir-a-ser, de poder tornar-se algo novo. Para expressar essa realidade, Heidegger trabalha o conceito de projetar-se para fora de si, para frente, para fazer-se.

Esse fazer-se acontece no tempo. Assim, a temporalidade constitui a terceira característica do ser humano. Com essa noção de tempo, Heidegger se refere à dinâmica da vida, da permanente construção, do não repouso. Daí resulta a expressão "o homem é o futuro do homem". Na síntese dos três tempos, o indivíduo parte de uma situação (passado), serve-se da realidade concreta (presente) e se constrói (futuro).

O filósofo Martin Heidegger em 1960.

Ficar preso especialmente ao passado ou ao presente implicaria em vida inautêntica, que se traduz nas expressões: veste-se como a massa se veste, diverte-se como a massa se diverte, comporta-se como a massa se comporta.

Em contrapartida, a vida autêntica resulta de um olhar para o futuro, para as possibilidades, para o novo que poderá vir. Na última das possibilidades a considerar está a morte, que pertence à estrutura da vida, com a qual cessa a existência.

Na conclusão de suas reflexões sobre a verdade ou a essência do ser, Heidegger retoma as críticas já feitas a Hegel e afirma que é impossível expressar o que seja o absoluto. O máximo que nos seria possível é buscar conhecer o ente individual por meio de suas manifestações no cotidiano da existência.

PROBLEMATIZANDO

1. De acordo com Heidegger, quais são os principais atributos do ser?
2. Quais são as decorrências desses três atributos para nossas vidas?

OUTROS OLHARES

1. O texto a seguir, de Clarice Lispector, pode ser interpretado como expressão de um pensamento existencialista.

Água viva

Tenho um pouco de medo: medo ainda de me entregar, pois o próximo instante é desconhecido. Eu te digo: estou tentando captar a quarta dimensão do instante-já que de tão fugidio não é mais porque agora tornou-se um novo instante-já que também não é mais. Cada coisa tem um instante no qual ela é. Quero apossar-me do é da coisa. Esses instantes que decorrem no ar que respiro:

em fogos de artifício eles espocam mudos no espaço. Quero possuir os átomos do tempo. E quero capturar o presente que pela sua própria natureza me é interdito: o presente me foge, a atualidade me escapa, a atualidade sou eu sempre no já. Só no ato do amor – pela límpida abstração de estrela do que se sente – capta-se a incógnita do instante, maior que o acontecimento em si: no amor o instante de impessoal joia refulge no ar, glória estranha de corpo, matéria sensibilizada pelo arrepio dos instantes. [...]

E no instante está o é dele mesmo. Quero captar o meu é. E canto aleluia para o ar assim como faz o pássaro. E meu canto é de ninguém. Mas não há paixão sofrida e dor e amor a que não se siga uma aleluia.

Meu tema é o instante? Meu tema de vida. Procuro estar a par dele, divido-me milhares de vezes em tantas vezes quanto os instantes que decorrem, fragmentária que sou e precários os momentos – só me comprometo com a vida que nasça com o tempo e com ele cresça: só no tempo há espaço para mim.

Fogos de artifício.

LISPECTOR, Clarice. *Água viva*. Rio de Janeiro: Rocco, 1998. p. 9-10.

a. Em que sentido esse texto pode ser classificado como pertencente ao existencialismo? Que elementos dele remetem aos temas centrais do pensamento existencialista?

b. Em que medida a consciência da finitude é condição prévia necessária para uma vida autêntica?

• Converse com os colegas sobre a dificuldade em viver a autenticidade da vida humana expressa na angústia.

Sartre: a consciência e a náusea

O filósofo Jean-Paul Sartre e a filósofa Simone de Beauvoir (1908-1986) em 1970.

O filósofo francês Jean-Paul Sartre (1905-1980) é uma das maiores expressões do existencialismo. Seu principal postulado ou convicção filosófica é a liberdade humana, na qual o indivíduo determina a direção de sua existência.

A sua obra *O ser e o nada*, de 1943, tornou-se referência fundamental da teoria existencialista. Porém, Sartre apresentou o seu existencialismo de uma forma muito mais clara e breve em *O existencialismo é um Humanismo*, uma conferência ministrada em Paris em 1945.

Outros pensadores muito expressivos do existencialismo, além de Heidegger e Sartre, são Gabriel Marcel, Karl Jaspers, Maurice Merleau-Ponty e Albert Camus.

A consciência, a liberdade e a indeterminação humana

Sartre destaca no ser humano quatro dimensões. Na primeira, ele é um ser-em-si, uma massa inerte, alguma coisa. Em segundo lugar, ele é contingência, ou seja, algo não necessário, um ser que está aí, mas poderia não estar. Na terceira dimensão, a existência humana é marcada pelo absurdo, pela ausência de um sentido, de uma explicação.

Em quarto lugar, a grande diferença do ser humano em relação aos demais seres está na consciência. Nela, o indivíduo é para-si. E é a partir da consciência que o ser humano se reconhece como ser de possibilidade, como não sendo ainda o que pode vir a ser, como um ser em falta, ou como uma falta de ser. Nesse sentido, a consciência teria uma função anuladora, pois a própria existência revelaria o vazio ou o nada que é a vida. Na consciência, o ser humano perceberia seus desejos. E os desejos mostrariam o que lhe falta, a sua deficiência.

Dessa consciência da falta, nasceriam a náusea, o tédio, o sentimento de constante desgosto das coisas que o cercam. Sartre desenvolve a reflexão sobre esse sentimento na obra *A náusea*.

Para o existencialismo, o que define inicialmente a existência humana é a sua indeterminação. Diferentemente dos demais seres, o ser humano encontra-se no mundo com a responsabilidade de construir sua existência. E onde há liberdade há imprevisibilidade.

Dessa forma, para o existencialismo de Sartre, a existência humana precede qualquer noção de finalidade, de essência, de valor, de destinação prévia. Conjugando essa falta de sentido da realidade com a essencial liberdade humana, chamada a atribuir sentido ao existir, o ser humano encontraria a angústia. Esse sentimento é expressão de vida autêntica, de quem assume o seu viver, na incerteza implicada em todo projeto e decisão.

O grito (1893), de Edvard Munch. Óleo, pastel e têmpera sobre cartão, 91 cm × 73,5 cm.

Essa tela do norueguês Edvard Munch representa a angústia do ser humano em profunda crise existencial, expressando desespero. A imagem de fundo nos permite pensar no pôr do sol, e com ele a ideia do anoitecer da vida. As cores quentes do céu contrastam com as águas frias. Essa obra está inserida no movimento expressionista, focado na expressão dos sentimentos e das ideias e não no retrato de uma realidade exterior. Ao fundo, à esquerda, dois homens eretos podem ser vistos como a ausência de angústia. Somente eles e a ponte permanecem retos, todo o resto encontra-se contorcido.

Vejamos alguns textos da corrente existencialista que abordam o tema da angústia e da responsabilidade humana por suas ações e pelas decorrências de suas decisões e escolhas.

O texto a seguir, de Jean-Paul Sartre, traz como reflexão central a ideia de que não há uma essência humana, o que traria como consequência uma necessidade.

> [...] se Deus não existe, há pelo menos um ser no qual a existência precede a essência, um ser que existe antes de poder ser definido por qualquer conceito: este ser é o homem, ou, como diz Heidegger, a realidade humana. O que significa, aqui, dizer que a existência precede a essência? Significa que, em primeira instância, o homem existe, encontra a si mesmo, surge no mundo e só posteriormente se define. O homem, tal como o existencialista o concebe, só não é passível de uma definição porque, de início, não é nada: só posteriormente será alguma coisa e será aquilo que ele fizer de si mesmo. Assim, não existe natureza humana, já que não existe um Deus para concebê-la. O homem é tão-somente, não apenas como ele se concebe, mas também como ele se quer; como ele se concebe após a existência, como ele se quer após esse impulso para a existência.
>
> O homem nada mais é do que aquilo que ele faz de si mesmo: é esse o primeiro princípio do existencialismo. É também a isso que chamamos de subjetividade [...]. Porém, nada mais queremos dizer senão que a dignidade do homem é maior do que a da pedra ou da mesa. Pois queremos dizer que o homem, antes de mais nada, existe, ou seja, o homem é, antes de mais nada, aquilo que se projeta num futuro, e que tem consciência de estar se projetando no futuro. [...]
>
> Porém, se realmente a existência precede a essência, o homem é responsável pelo que é. Desse modo, o primeiro passo do existencialismo é o de pôr todo homem na posse do que ele é, de submetê-lo à responsabilidade total de sua existência. Assim, quando dizemos que o homem é responsável por si mesmo, não queremos dizer que o homem é apenas responsável pela sua estrita individualidade, mas que ele é responsável por todos os homens.
>
> SARTRE, Jean-Paul. *O existencialismo é um Humanismo.* Trad. Rita Correia Guedes. São Paulo: Abril Cultural, 1984. p. 11-12. (Os pensadores).

PROBLEMATIZANDO

1. Leia a afirmação a seguir: Se Deus não existe, não há natureza humana.
   - Nessa afirmação, qual seria um sinônimo para "natureza"?
   - Estabeleça a relação entre essa ideia e a expressão: A existência precede a essência.

2. Para que haja natureza humana é preciso que haja um Deus criador? Mas, se houver um Deus criador de todas as coisas, o homem perde, por isso, a liberdade?

PRODUÇÃO DE TEXTO

1. Leia as afirmações a seguir.
   a. O caráter essencial da existência é a subjetividade.
   b. A realidade é irracional por ser singular.
   c. O homem é um produto de si mesmo.
   - Com base nelas, redija um texto destacando três características do existencialismo.

6. O SER HUMANO SOB O OLHAR DA NEUROCIÊNCIA

A sociedade contemporânea está fortemente marcada por uma busca de superação da fragmentação provocada pela ciência moderna. No ambiente das ciências, busca-se uma visão de mundo que seja um todo. A cosmologia contemporânea apresenta o universo como uma rede de relações que inclui todos os seus elementos. Tudo parece ser um fragmento do mundo físico.

Nesse horizonte, no qual as neurociências aparecem como saber central, como o ser humano é visto? Ele faria parte de um todo físico. E os processos e os estados mentais, o que são? Seriam manifestações físicas complexas, explicáveis fisicamente. Nesse contexto do pensamento contemporâneo, uma nova área ocupa espaço na filosofia, a filosofia da mente.

A neurociência envolve os estudos relacionados ao cérebro, ao comportamento, suas funções sensoriais e motoras. Na foto, estudantes praticam o *brainstorming*, técnica de discussão em grupo que se vale da contribuição espontânea de ideias por parte de todos os participantes, com o objetivo de resolver algum problema ou de conceber um trabalho criativo.

Retomando o tema da relação mente e corpo, abordado no primeiro eixo da primeira unidade, conhecemos a visão dualista que encontrou em Descartes sua máxima expressão. Em termos essenciais, o argumento com o qual Descartes conclui que a mente é distinta do corpo é o seguinte: "Eu posso duvidar que o meu corpo existe, mas não posso duvidar que eu existo". Portanto, para Descartes, o ser é uma coisa distinta de seu corpo. Com isso, Descartes afirmava a existência de duas substâncias. A mente seria uma substância que existe independentemente do corpo.

A partir dos anos 30 do século XX, contra a visão dualista, posicionou-se o behaviorismo analítico dos positivistas vienenses. Desde 1949, Gilbert Ryle tem sido uma das maiores referências contrárias à visão dualista, no contexto das novas descobertas das ciências contemporâneas, que já não aceitam mais o argumento cartesiano.

Com a publicação do livro *O conceito de mente*, de Gilbert Ryle, as descobertas e as transformações no campo da filosofia da mente têm sido cada vez mais rápidas e abrangentes, como reflexos das descobertas científicas em neurofisiologia, psicologia cognitiva e inteligência artificial. Falar em mente, a partir de então, equivale a referir-se a estados mentais.

Em sua obra *Filosofia da mente,* Claudio Costa apresenta uma classificação das várias espécies de estados mentais: 1. Sensações (dores, calafrios etc.); 2. Percepções (ver, ouvir, tocar, cheirar etc.); 3. Estados quase-perceptuais (sonhar, imaginar, alucinar etc.); 4. Emoções (amor, ódio, alegria, medo etc.); 5. Cognições (pensar, raciocinar, crer etc.); 6. Estados conativos (desejar, querer, intencionar etc.).

Na consideração desses estados mentais, a pergunta fundamental foi elaborada nestes termos: De que natureza são eles? São meramente biológicos? A neurociência, como ciência do cérebro, está apenas começando a dar os primeiros passos, mas não se sustenta mais a ideia de que algo que acontece no corpo não chegaria a afetar a mente.

O desenvolvimento da ciência biológica pôs termo à necessidade de explicar a vida por meio de forças não-físicas. A vida é hoje naturalmente entendida como uma realidade puramente física que emerge da matéria orgânica, envolvendo processos bioquímicos e biofísicos extraordinariamente complexos e sendo em sua totalidade redutível aos mesmos. Ora, tendo em vista tal história, podemos prever que o mesmo que aconteceu com a vida acontecerá com a consciência, no dia em que dispusermos de uma neurociência desenvolvida. Quando a neurociência for capaz de explicar como o cérebro funciona [...], a consciência passará a ser naturalmente entendida como uma propriedade física emergente da matéria biológica e completamente redutível a ela. Nesse dia, o que hoje se chama de o mistério da consciência se desvanecerá como a bruma da manhã.

COSTA, Claudio. *Filosofia da mente.* Rio de Janeiro: Zahar, 2005. p. 14-15. (Passo-a-passo).

PROBLEMATIZANDO

1. Como você se posiciona diante da concepção contemporânea segundo a qual o ser humano é somente um complexo físico, uma única substância?

PARA CONTINUAR O ESTUDO E A APRENDIZAGEM

SUGESTÃO DE FILMES

Temática: Liberdade, sentido e condição humana
Filme: *Menina de ouro* (Estados Unidos, 2004). Direção: Clint Eastwood. Um treinador de boxe, após haver rompido com sua filha, se isola e não mais se envolve com ninguém. Contudo, certo dia, entra em seu ginásio a boxeadora Maggie Fitzgerald. Os dois iniciam uma trágica história de amor, em meio à força e a fragilidade da vida.

Filme: *A liberdade é azul* (França, 1993). Direção: Krzysztof Kieslowski. Após um trágico acidente, em que morrem seu marido e sua filha, uma famosa modelo (interpretada por Juliette Binoche) decide renunciar à vida, lançando-se ao suicídio. Após uma tentativa fracassada, ela volta a se interessar pela existência, ao se envolver com a obra musical inacabada de seu marido.

SUGESTÃO DE LEITURAS

LISPECTOR, Clarice. *Água viva.* Rio de Janeiro: Rocco, 1998.
NIETZSCHE, Friedrich. *Obras incompletas.* São Paulo: Nova Cultural, 1999. (Os pensadores).

SARTRE, Jean-Paul. *O existencialismo é um Humanismo.* São Paulo: Abril Cultural, 1984.
SCHOPENHAUER, Arthur. *O mundo como vontade e como representação.* São Paulo: Unesp, 2005.

Eixo Temático 2
EXPERIÊNCIA E RACIONALIDADE

Você vai aprender sobre:

- A filosofia como ordenadora e classificadora do saber consolidado na ciência em Augusto Comte.
- Os estágios da humanidade segundo Comte.
- A atitude cientificista.
- O papel da filosofia no positivismo lógico do Círculo de Viena.
- Os conectivos, a tabela-verdade e as formas de enunciado na lógica simbólica.
- A distinção entre ciência e outros campos do conhecimento e a crítica ao procedimento indutivo em Karl Popper.
- As mudanças no pensamento crítico da Escola de Frankfurt.
- A crítica à razão iluminista e a interferência da técnica em diferentes campos do saber nos pensadores frankfurtianos.
- Os limites éticos para os procedimentos científicos e tecnológicos.

Temas:

1. O positivismo e o progresso do espírito humano
2. A filosofia da linguagem e o positivismo lógico
3. A lógica simbólica
4. A filosofia da ciência de Karl Popper
5. A crise da razão: a Escola de Frankfurt
6. Bioética: princípios e fundamentos

1. O POSITIVISMO E O PROGRESSO DO ESPÍRITO HUMANO

Vista de Paris do bairro de Montmartre (1886), de Vincent Van Gogh. Óleo sobre tela, 39 cm × 62 cm.

A Revolução Industrial e o otimismo moderno

Embora Augusto Comte (1798-1857) tenha sido um pensador moderno, a nossa opção pela abordagem do tema do positivismo dentro da filosofia contemporânea deve-se, especialmente, ao fato de ele ter representado um novo espírito de época, no qual o conhecimento estava vinculado ao universo técnico e científico. E, nesse horizonte, a filosofia se deslocou para uma nova função, de classificação e de ordenação de um saber consolidado na ciência.

> Movido pelo otimismo que decorre da crença no progresso tecnológico, o positivismo desenvolveu um gigantesco esforço para tornar o homem consciente de seu destino histórico, profundamente comprometido com a vocação tecnocientífica do mundo moderno. Nesse sentido, Comte representa a sobrevivência e a afirmação do ideal iluminista adaptado à era industrial. [...] Para Comte, a filosofia não deve ser uma doutrina no sentido tradicional, isto é, não deve apresentar um corpo próprio de saber. Deve conter muito mais um sentido e uma orientação, e atuar como coordenadora do sistema geral de conhecimento.
>
> ABRÃO, Bernadette Siqueira (Org.) *História da filosofia.* São Paulo: Nova Cultural, 1999. p. 397. (Os pensadores).

Na primeira metade do século XIX, a cidade de Paris, local em que Augusto Comte passou grande parte da vida, estava inserida em um ambiente de muitos conflitos. Segundo Comte, o contexto da Europa desde o século XIV pode ser caracterizado como um período de crise, com dois movimentos fundamentais: um de destruição e superação de uma visão de mundo, e outro de construção de um novo horizonte.

Por um lado, buscava-se a superação da ordem feudal e dos princípios do catolicismo que norteavam a vida. Por outro lado, a nova sociedade solicitava um saber científico, empírico, voltado para a indústria e para a técnica.

Apesar do contexto de conflitos, um dos elementos centrais do novo momento histórico foi o desenvolvimento de uma visão otimista, que buscaria uma sociedade pacífica, baseada nos valores da liberdade e da cooperação, e não da violência entre povos. Por isso, o conceito de humanidade foi central na visão positivista de Augusto Comte, que buscou um projeto de reorganização da sociedade por meio de uma reforma intelectual. Acompanhe.

Retrato de Augusto Comte.

> O núcleo da filosofia de Comte radica na ideia de que a sociedade só pode ser convenientemente reorganizada através de uma completa reforma intelectual do homem. Com isso, distingue-se de outros filósofos de sua época, como Saint-Simon e Fourier, preocupados também com a reforma das instituições, mas que prescreviam modos mais diretos para efetivá-la. Enquanto esses pensadores pregavam a ação prática imediata, Comte achava que antes disso seria necessário fornecer aos homens novos hábitos de pensar de acordo com o estado das ciências de seu tempo.
>
> GIANNOTTI, José Arthur (Org.) *Comte*. Trad. José Arthur Giannotti e Miguel Lemos. São Paulo: Nova Cultural, 1991. p. IX-X. (Os pensadores).

Em tal contexto de valorização da humanidade que os estudos científicos deveriam ser realizados, buscava-se não o saber pelo saber, mas a aplicabilidade desse saber para o progresso da humanidade. Comte indica isso ao se referir à dimensão subjetiva da investigação do mundo físico.

> O universo deve ser estudado não por si mesmo, mas para o homem, ou melhor, para a humanidade. Qualquer outro desígnio seria no fundo tão pouco racional quanto moral. Pois é somente como subjetivas, nunca como puramente objetivas, que nossas especulações reais podem ser verdadeiramente satisfatórias, quando se limitam a descobrir na economia natural as leis que, duma maneira mais ou menos direta, influenciam com efeito nossos destinos.
>
> COMTE, Augusto. Discurso preliminar sobre o conjunto do positivismo. In: GIANNOTTI, José Arthur (Org.) *Comte*. Trad. José Arthur Giannotti e Miguel Lemos. São Paulo: Abril Cultural, 1978. p. 113. (Os pensadores).

O progresso do espírito humano

Para chegar à reorganização da sociedade, mediante uma completa reforma intelectual do ser humano, Comte partiu de uma filosofia da história na qual mostra a evolução do espírito humano. Encontramos essa reflexão em sua "lei dos três estados", que indica o caminho que o espírito humano e as ciências fizeram para chegar ao estágio positivo.

Nessa perspectiva, o primeiro estado, que corresponderia à infância da humanidade, referia-se ao estágio teológico, voltado à busca de soluções absolutas para os problemas humanos a partir da imaginação, da fé e do dogmatismo.

> A filosofia teológica foi, durante a infância da humanidade, a única adequada para sistematizar a sociedade, unicamente porque era então a fonte exclusiva duma certa harmonia mental.
>
> COMTE, Augusto. Discurso sobre o espírito positivo. In: GIANNOTTI, José Arthur (Org.) *Comte*. Trad. José Arthur Giannotti e Miguel Lemos. São Paulo: Abril Cultural, 1978. p. 54. (Os pensadores).

O segundo estado da humanidade, que caracterizaria o idealismo juvenil, referia-se ao estágio metafísico, no qual o espírito humano ainda estaria voltado para a busca da natureza íntima das coisas, sua origem e seu destino, por meio da argumentação abstrata.

> A existência humana não podia, pois, sistematizar-se plenamente, enquanto o regime teológico prevalecesse, porque nossos sentimentos e nossos atos imprimiam então a nossos pensamentos dois impulsos essencialmente inconciliáveis. Seria ademais supérfluo apreciar aqui a inanidade necessária da coordenação metafísica que, a despeito de suas pretensões absolutas, nunca pôde retirar da teologia o domínio afetivo, sendo sempre menos própria a abarcar a vida ativa.
>
> COMTE, Augusto. Discurso preliminar sobre o conjunto do positivismo. In: GIANNOTTI, José Arthur (Org.) *Comte*. Trad. José Arthur Giannotti e Miguel Lemos. São Paulo: Abril Cultural, 1978. p. 101. (Os pensadores).

Finalmente, o terceiro e último estado da humanidade constituiria o estágio mais evoluído, do homem adulto, que superou as crenças e superstições da infância e as idealizações da juventude. Tratava-se do estágio positivo ou físico, no qual a imaginação e a argumentação estariam subordinadas à observação.

> Enfim, no estado positivo, o espírito humano, reconhecendo a impossibilidade de obter noções absolutas, renuncia a procurar a origem e o destino do universo, a conhecer as causas íntimas dos fenômenos, para preocupar-se unicamente em descobrir, graças ao uso bem combinado do raciocínio e da observação, suas leis efetivas, a saber, suas relações invariáveis de sucessão e similitude. A explicação dos fatos, reduzida então a seus termos reais, se resume de agora em diante na ligação estabelecida entre os diversos fenômenos particulares e alguns fatos gerais, cujo número o progresso da ciência tende cada vez mais a diminuir.
>
> COMTE, Augusto. Curso de filosofia positiva. In: GIANNOTTI, José Arthur (Org.) *Comte*. Trad. José Arthur Giannotti e Miguel Lemos. São Paulo: Abril Cultural, 1978. p. 15-17. (Os pensadores).

A revolução moderna, segundo Comte, consistiria nessa gradual passagem do dogmatismo teológico-filosófico para o humanismo e o positivismo da ciência. Ele estava convencido de que a inteligência humana não conseguiria ter acesso às causas essenciais ou primeiras e finais da vida. Seria preciso renunciar a tal pretensão e concentrar-se na observação e na percepção das relações que existem entre os fenômenos naturais e sociais.

Dessa forma, o conhecimento seguro viria com o método científico, o único capaz de compreender as leis da natureza e colaborar para o efetivo progresso da humanidade, não só científico, mas também moral.

Contudo, para que isso acontecesse, o progresso moral precisaria considerar as origens e as motivações do agir humano. Segundo Comte, as ações humanas brotariam de dez instintos, sendo a maior parte deles de natureza individualista ou egoísta, e apenas alguns de natureza altruísta, voltados para a dimensão política ou coletiva. Considerando que as dimensões mais cultivadas cresceriam e floresceriam, Comte afirmou que o desenvolvimento moral do ser humano dependeria do cultivo dos poucos impulsos políticos que o ser humano apresentava, ao mesmo tempo em que a sociedade deveria agir no sentido da contenção ou compressão dos impulsos egoístas.

> O Oriente e o Ocidente devem, pois, procurar, fora de toda teologia ou metafísica, as bases sistemáticas de sua comunhão intelectual e moral. Esta fusão tão esperada, e que deverá estender-se em seguida gradualmente à totalidade de nossa espécie, não pode evidentemente provir senão do positivismo, isto é, de uma doutrina caracterizada sempre pela combinação da realidade com a utilidade.
>
> COMTE, Augusto. Catecismo positivista. In: GIANNOTTI, José Arthur (Org.) *Comte*. Trad. José Arthur Giannotti e Miguel Lemos. São Paulo: Abril Cultural, 1978. p. 121. (Os pensadores)

No Brasil, o positivismo exerceu profunda influência no pensamento de muitos intelectuais e no movimento republicano, no final do século XIX. Uma de suas mais marcantes contribuições aconteceu na atuação de Benjamin Constant, um dos fundadores da sociedade positivista do Brasil, em 1876.

O lema do positivismo, que estabelece o amor à humanidade por princípio, a ordem por base e o progresso por fim, está presente na bandeira do Brasil na frase "Ordem e progresso". Dessa forma, na base motivacional das ações humanas estaria o amor. Com esse amor, se deveria conservar tudo o que é bom, belo e positivo, garantindo e preservando a ordem. Na preservação da positividade, a ação individual e coletiva contribuiria para o progresso da humanidade.

VOCÊ SABIA?

O cientificismo

É a tendência de considerar que as ciências, em particular as ciências exatas e da natureza, são portadoras do único modelo de conhecimento verdadeiro e seguro. É a atitude de quem atribui excessiva importância à ciência, em comparação com outras formas de conhecimento e atividades humanas. Nessa concepção, aqueles campos inatingíveis para a ciência serão considerados fantasiosos e irrelevantes, destituídos de sentido. Entre essas formas, estariam a religião, a arte, e toda forma de metafísica.

PROBLEMATIZANDO

1. O positivismo é a culminância, o ponto de chegada de todo o otimismo moderno. Nele se realiza uma concepção de ciência voltada para o progresso da humanidade, tanto moralmente quanto intelectualmente. Quais implicações essa concepção trouxe para a educação? O que seria uma educação de formatação positivista?

   - Converse com os colegas e apresente argumentos que justifiquem a sua percepção.

PRODUÇÃO DE TEXTO

1. Leia o trecho a seguir.

> A ciência é o único conhecimento possível, e o método da ciência é o único válido; portanto, o recurso a causas ou princípios não acessíveis ao método da ciência não dá origem a conhecimentos; a metafísica, que recorre a tal método, não tem nenhum valor. O método da ciência é puramente descritivo, no sentido de descrever os fatos e mostrar as relações constantes entre os fatos expressos pelas leis, que permitem a previsão dos próprios fatos.
>
> ABBAGNANO, Nicola. *Dicionário de filosofia.* Trad. Alfredo Bosi. São Paulo: Martins Fontes, 2007. p. 909.

   - Identifique e caracterize a concepção filosófica subjacente a este trecho, explicitando seus pressupostos e suas características.

2. De acordo com Augusto Comte, o espírito humano fez uma trajetória que se iniciou nas superstições e nas crenças, passando por idealismos para finalmente tornar-se espírito positivo. Redija um texto desenvolvendo essa ideia e caracterizando a teoria do progresso do espírito.

2. A FILOSOFIA DA LINGUAGEM E O POSITIVISMO LÓGICO

Bertrand Russell (1872-1970) foi um dos filósofos mais expressivos da crítica ao idealismo, embora tenha sido um idealista no começo de sua trajetória filosófica e na crítica dirigida à filosofia da linguagem. Para ele, uma nova forma de filosofia era necessária. Sua trajetória tradicional pertence ao empirismo inglês e ao realismo, sendo crítico da metafísica.

Para Russell, a filosofia enquanto metafísica seria estéril, sua fecundidade viria na medida do aprendizado da linguagem das ciências, especialmente da lógica matemática. Sob seu ponto de vista, a lógica e o empirismo fariam a melhor articulação existente. A lógica ofereceria as formas do raciocínio correto e o empirismo proporcionaria as premissas, as proposições, que podem ser verdadeiras ou falsas, conforme veremos no tema sobre lógica.

De acordo com o filósofo, em sintonia com Gottlob Frege (1848-1925), a matemática seria filha da lógica simbólica. Ela poderia ser reduzida a um ramo da lógica, afirmando que os procedimentos de cálculo e de derivação da matemática são puramente formais.

A preocupação central de Russell consistia na análise atenta da linguagem. E o crivo ou o funil dessa linguagem seria a lógica, atento à relação que a linguagem deveria ter com os fatos.

Suas maiores críticas foram dirigidas à filosofia analítica, por descuidar da linguagem técnica e não buscar o sentido das coisas e da realidade, mas ficar ocupada com o sentido das próprias palavras. O empirismo de Russell alimentou sua inquietude, no sentido de buscar a conexão da palavra com a realidade empírica.

O positivismo lógico do Círculo de Viena

Após a Primeira Guerra Mundial, de 1922 a 1936, um grupo de filósofos passou a se reunir semanalmente na Universidade de Viena. Esses filósofos tinham uma orientação antimetafísica, eram contrários ao idealismo alemão e tinham em comum uma perspectiva empírica, de orientação lógico-científica. Esse grupo ficou conhecido como o Círculo de Viena, e reuniu nomes como Hans Hahn, Philipp Frank, Otto Neurath, Rudolf Carnap, sob a coordenação de Moritz Schlick. Seu sistema ficou conhecido como positivismo lógico ou empirismo lógico.

Com a descoberta da teoria da relatividade de Einstein (1879-1955) e os grandes avanços na física, na lógica e na matemática, os filósofos do Círculo de Viena perceberam que a filosofia teria que assumir uma postura completamente diferente da tradicional. Ela deveria assumir o mesmo critério do rigor e da clareza que existiriam nas ciências matemáticas e naturais, além de ter que apresentar uma metodologia mais precisa.

A metafísica tradicional, sob a ótica do Círculo de Viena, não resistiria à análise lógica, pois seu conteúdo estaria distante de uma realidade empírica possível, sobre a qual se poderia aplicar o critério da correção.

Em 1929, o Círculo de Viena lançou um manifesto intitulado *A concepção científica do mundo*, no qual expressou as delimitações do trabalho da filosofia.

> O grupo negava ao trabalho filosófico o poder de construir teorias que exprimissem um conhecimento mais aprofundado ou elevado do que o das ciências particulares. A filosofia devia limitar-se a esclarecer logicamente problemas e enunciados.
> ABRÃO, Bernadette Siqueira (Org.). *História da filosofia*. São Paulo: Nova Cultural, 1999. p. 429. (Os pensadores).

Devido ao assassinato do coordenador do grupo, Moritz Schlick, por um de seus alunos, que era adepto do movimento nazista, os membros do grupo se dispersaram e o movimento filosófico se desintegrou em 1938, depois que a Alemanha anexou a Áustria.

3. A LÓGICA SIMBÓLICA

Entre os precursores e fundadores da lógica moderna, também conhecida como lógica simbólica ou lógica matemática, que nasceu no final do século XIX e início do século XX, merecem destaque George Boole, Augustus De Morgan, Gottlob Frege, Bertrand Russell e Alfred North Whitehead.

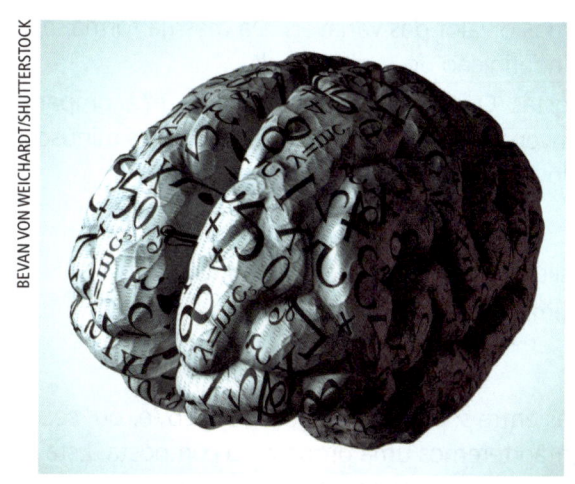

Gottlob Frege.

Contudo, foi com Gottlob Frege que tivemos acesso à criação de um sistema de representação simbólica da estrutura dos enunciados lógicos e das relações que existem entre eles. E com esse sistema temos maior precisão nas definições, notações e demonstrações.

Entre as diferentes maneiras com as quais podemos nos referir a essa lógica, diremos que se trata de conjuntos de regras de cálculo aplicáveis a combinações de símbolos exclusivamente em razão de sua forma de combinação, pela mediação dos operadores que os conectam, e não em razão de seus significados.

Proposição × paradoxo

Em conformidade com os princípios fundamentais da lógica aristotélica, para analisar a veracidade de uma sentença, existe o princípio do terceiro excluído, segundo o qual uma sentença é verdadeira ou falsa, não podendo haver outra possibilidade. E existe, também, o princípio da não contradição, segundo o qual uma mesma sentença não pode ser verdadeira e falsa simultaneamente.

Diante desses princípios da lógica clássica, vejamos como ficaria, em termos de verdade ou falsidade, por exemplo, a afirmativa "eu estou mentindo". Se a frase for verdadeira, então ela é falsa, pois vai contra o que está dizendo. Mas, se a frase for falsa, não é verdade o que ela enuncia; e se não for verdade que "eu estou mentindo", então isso não é uma mentira, e a frase é verdadeira. Assim, concluindo, se a frase for verdadeira, ela será falsa; e, se for falsa, será verdadeira. Isso contradiz os princípios da lógica clássica. Portanto, uma proposição jamais será um paradoxo e um paradoxo jamais será uma proposição.

Vejamos outro exemplo de paradoxo muito clássico, o paradoxo do barbeiro (barbeiro de Sevilha), derivado do paradoxo de Russell: "Havia em Sevilha um barbeiro que só cortava o cabelo de todas as pessoas que não cortavam o próprio cabelo". Assim, a clássica pergunta é: "O barbeiro de Sevilha cortava o próprio cabelo?". Se a resposta for sim, ele não poderá cortar o próprio cabelo, uma vez que só corta o cabelo de quem não corta o próprio cabelo. Se a resposta for não, ou seja, ele não corta o próprio cabelo, então ele deveria cortar, pela mesma razão.

Com isso, fica evidente que em nossa linguagem cotidiana nos deparamos com frases que trazem contradições internas. Certamente você já ouviu mais de uma vez a frase "nunca diga nunca". A mesma autocontradição encontramos na afirmativa "toda regra tem exceção", ou "não ouça o que os outros dizem", ou ainda "esta frase é falsa".

Proposições simples e compostas

Conforme já estudamos na lógica aristotélica, a proposição é uma sentença declarativa que pode ser verdadeira ou falsa. Nem toda sentença é uma proposição. Por exemplo, não podemos saber se a sentença $-x + y > 8$ é verdadeira ou falsa, pois não sabemos o valor das variáveis. Da mesma forma, a sentença *Ela é elegante* não é uma proposição, por causa da indefinição do pronome *ela*.

As proposições podem ser simples ou compostas. Quando a proposição não vem acompanhada de outra proposição, ela é classificada como simples. Convencionou-se representá-la por letras minúsculas do alfabeto latino, a partir da letra **p**. Assim, por exemplo:

> **p** – O Nordeste brasileiro é rico em recursos naturais.
> **q** – A corrupção é um problema do Brasil.

Quando há duas ou mais proposições ligadas entre si por um conectivo lógico (*e, ou, se..., então..., se e somente se*), formando uma única sentença, então teremos uma proposição composta. Esta é representada também por letras do alfabeto latino a partir do **p**, mas em letras maiúsculas. Por exemplo:

P – No Brasil há uma democracia *e* na Dinamarca há uma monarquia.
Q – A criança pode ir para a creche *ou* pode ficar em casa com alguém que tome conta dela.
R – *Ou* Alberto é mineiro *ou* é carioca.
S – *Se* você vier, *então* não sairei.
T – O Brasil vencerá a corrupção *se e somente se* combater a impunidade com rigor.

Os conectivos lógicos são representados conforme o quadro a seguir:

	CONECTIVO	REPRESENTAÇÃO SIMBÓLICA
NEGAÇÃO	"não"	"~" ou "¬"
CONJUNÇÃO	"e"	"." ou "∧"
DISJUNÇÃO	"ou"	"∨" (inclusiva), que admite duas alternativas. ou "⩡" (exclusiva), aceita apenas uma ou outra alternativa; uma exclui a outra.
IMPLICAÇÃO	Condicional: "se..., então..."	→
EQUIVALÊNCIA	Bicondicional, bi-implicação "...se e somente se".	↔

Para representar todos os valores lógicos possíveis de uma proposição, podemos usar as *tabelas-verdade*, como veremos a seguir.

Negação (símbolo ~ ou ¬)

Desde Aristóteles, a tabela-verdade que representa o valor lógico de uma proposição (**p**) e sua negação (**~p**) é:

p	~p
V	F
F	V

Para entender melhor, vamos a um exemplo:

p – Todos os gatos são brancos.
~p – Existe ao menos um gato não branco.

Observe a tabela: Se for verdade (V) que "todos os gatos são brancos" (**p**), então é falso (F) que "existe ao menos um gato não branco" (**~p**). Contudo, se for falso que "todos os gatos são brancos", é verdadeiro que "existe ao menos um gato não branco".

É importante notar que tanto a negação de "todos" como a de "nenhum" é "ao menos um" ou "algum". Voltando ao exemplo, para invalidar a proposição de que "todos os gatos são brancos", basta que exista "algum" ou "ao menos um" gato não branco. Vejamos mais exemplos:

Proposição	Negação
Todos os seres humanos são vegetarianos.	Algum ser humano não é vegetariano.
Nenhum ser humano é vegetariano.	Algum ser humano é vegetariano.
Alguns seres humanos são vegetarianos.	Nenhum ser humano é vegetariano.
Alguns seres humanos não são vegetarianos.	Todos os seres humanos são vegetarianos.

Conjunção (símbolo ∧)

O conectivo "e" é utilizado para unir duas proposições formando uma terceira, que se torna a *proposição composta*. O resultado dessa união somente será verdadeiro se as duas proposições (**p** e **q**) forem verdadeiras. Se pelo menos uma delas for falsa, o resultado será falso. **p ∧ q** é lido como "**p e q**" e é chamado de *conjunção de p e q*.

A tabela-verdade da conjunção (**p ∧ q**) será da seguinte forma:

p	q	p ∧ q
V	V	V
V	F	F
F	V	F
F	F	F

Perceba que a única situação em que **p ∧ q** será verdadeira é quando ambas as proposições forem verdadeiras.

Vejamos, por exemplo, o valor lógico (verdadeiro ou falso) da seguinte proposição:

> O gelo é quente e o açúcar é doce.

O valor lógico é falso, pois a primeira proposição é falsa e a segunda é verdadeira (3ª linha da tabela-verdade).

> O mercúrio é um líquido e o Brasil é dividido em 27 unidades federativas, sendo 26 estados e um Distrito Federal.

Tanto a primeira proposição como a segunda são verdadeiras, então o valor lógico dessa proposição é verdadeiro (1ª linha da tabela-verdade).

Disjunção (símbolo ∨)

Na língua portuguesa, podemos usar o conectivo "ou" de duas formas, por isso a disjunção pode ser inclusiva ou exclusiva.

Veja que é possível as duas proposições serem verdadeiras: "Hoje é segunda-feira" e "Hoje é um belo dia". Por isso, caso as duas proposições sejam verdadeiras, aceita-se como verdade.

Considerando duas proposições **p** e **q**, a disjunção dessas proposições será a proposição composta **p** ou **q** (**p ∨ q**) e será verdadeira quando pelo menos uma das proposições for verdadeira. Dizendo de outro modo, a disjunção só será falsa quando ambas as proposições forem falsas.

Vejamos como fica na tabela-verdade:

p	q	p ∨ q
V	V	V
V	F	V
F	V	V
F	F	F

- **Disjunção inclusiva:** havendo duas proposições, ambas podem ser verdadeiras (símbolo ∨).
Por exemplo:

> Hoje é segunda-feira (**p**) ou hoje é um belo dia (**q**).

- **Disjunção exclusiva:** havendo duas proposições, somente uma pode ser verdadeira, nunca ambas (símbolo ⩔).
Por exemplo:

> Ou hoje é segunda-feira (**p**) ou hoje é domingo (**q**).

Aqui, percebe-se que é impossível que ambas sejam verdadeiras ao mesmo tempo.
Vejamos como fica na tabela-verdade:

p	q	p ⩔ q
V	V	F
V	F	V
F	V	V
F	F	F

Repare na primeira linha a diferença entre as duas disjunções. Nesse caso, se os dois enunciados forem verdadeiros, o valor lógico na tabela-verdade será falso.

Condicional

"Se **p** então **q**" é representado simbolicamente por **p → q**, sendo **p** chamado de hipótese e **q** de conclusão.

A proposição condicional "se **p** então **q**" é uma proposição composta que, na maioria das vezes, tem valor lógico verdadeiro. Na proposição condicional, o **p** é condição suficiente para o **q**. E o **q** é condição necessária para o **p**. Portanto, a proposição só poderá ter valor lógico falso no caso em que a proposição **p** é verdadeira e a proposição **q** é falsa; em outras palavras, quando a hipótese é V e a conclusão é F.

Vejamos a tabela-verdade da proposição condicional:

p	q	p → q
V	V	V
V	F	F
F	V	V
F	F	V

Observe as proposições:

> **p** – Se Pedro nasceu em Belo Horizonte,
> **q** – então Pedro é mineiro.

Perceba que a verdade de **p** é suficiente para garantir a verdade de **q**. Igualmente, a condição **q** é necessária para a condição **p** ser verdadeira.

> Se Pedro for brasileiro menor de 18 anos, Pedro não poderá se candidatar ao cargo de deputado.

É considerada logicamente verdadeira (1ª linha da tabela-verdade).

> Se Pedro for brasileiro maior de 35 anos, então Pedro não poderá ser eleito presidente da República.

É considerada logicamente falsa, pois a primeira proposição é verdadeira e a segunda é falsa. Essa é a única possibilidade de uma condicional ser falsa (2ª linha da tabela-verdade.) Na proposição condicional, o **p** é condição suficiente para o **q**. E o **q** é condição necessária para o **p**. Mas, nesse caso, a condição suficiente não foi respeitada, ou seja, não existe a condicional.

> Se Pedro for brasileiro maior de 29 anos, ele poderá ser candidato a governador do seu Estado.

É considerada logicamente verdadeira (3ª linha da tabela-verdade).

> Se baleia é peixe, então peixe é mamífero.

É considerada logicamente verdadeira (4ª linha da tabela-verdade).

ATIVIDADES

1. A tabela a seguir apresenta uma retomada da disjunção inclusiva combinada com a proposição condicional.
   - Resolva:

p	q	~q	p ∨ ~q	~p	p ∨ ~q → ~p
V	V				
V	F				
F	V				
F	F				

- Observe que na quarta coluna foi resolvida a disjunção inclusiva conforme tabela-verdade da disjunção.
- Observe que na última coluna foi realizada a condicional entre a quarta e a quinta colunas, conforme tabela-verdade da proposição condicional.

2. Resolva:

p	q	r	p∨q	p→r	q→r	p∨q→r	(p→r)∧(q→r)
V	V	V					
V	V	F					
V	F	V					
V	F	F					
F	V	V					
F	V	F					
F	F	V					
F	F	F					

- Observe que a quarta coluna realiza a tabela-verdade da inclusão.
- Observe que a quinta e a sexta colunas realizam a tabela-verdade da condicional.
- Observe que a sétima coluna retoma o resultado da quarta coluna e faz a condicional com a terceira coluna.
- Observe que a última coluna retoma o resultado da condicional da quinta coluna e realiza a conjunção com o resultado da condicional da sexta coluna. Para essa resolução, veja a tabela-verdade da conjunção.

Equivalência (bicondicional)

Conectivo: "Se e somente se" (símbolo ↔)

Na equivalência, a relação é bicondicional e não mais somente em sentido único, como na sentença condicional. Ambas as proposições são condições suficientes e necessárias. Assim, se os enunciados forem ambos verdadeiros ou ambos falsos, eles tornam a sentença bicondicional de valor lógico verdadeiro.

Exemplos:

> Nessa via, Pedro iria bater de frente com outro carro *se e somente se* estivesse na contramão.
> A criança seria atropelada *se e somente se* ficasse na rua.
> O político 'x' seria cassado *se e somente se* não renunciasse.

Vejamos a tabela-verdade da proposição bicondicional:

p	q	p↔q
V	V	V
V	F	F
F	V	F
F	F	V

Repare na primeira e na quarta linhas. Na equivalência, a sentença bicondicional terá valor lógico de verdade somente se ambas forem verdadeiras ou falsas. Por isso, denomina-se equivalência.

Regras da proposição composta

Observe os dois quadros a seguir:

> **p** – O réu é culpado.
> **q** – O réu é condenado.
> **~p** – O réu não é culpado.
> **p ∨ q** – O réu é culpado ou o réu é condenado.
> **p ∧ q** – O réu é culpado e o réu é condenado.
> **p → q** – Se o réu é culpado, então o réu é condenado.
> **p ↔ q** – O réu é culpado se e somente se o réu é condenado.

Seja **p** – Virtude é conquista
q – Virtude é equilíbrio.

> **(p ∨ q)** – A virtude é uma conquista ou a virtude é equilíbrio.
> **(p ∧ q)** – A virtude é conquista e equilíbrio.
> **(p → q)** – Se a virtude é conquista, então é equilíbrio.
> **(~p ∧ ~q)** – A virtude não é conquista, nem equilíbrio.

Uma proposição, obedecendo ao princípio do terceiro excluído, poderá ser falsa ou verdadeira, não admitindo outro valor lógico. Igualmente, vimos que uma proposição não pode ser simultaneamente verdadeira e falsa.

Assim, a proposição composta "**p ∨ q**" será verdadeira ou falsa. Se **p** for verdadeiro e **q** for verdadeiro, então o valor lógico será verdadeiro. Agora, considere a proposição "**p ∧ q**". Nesse caso, se **p** for verdadeiro e **q** for falso, como ficará o valor-verdade? O que resulta da junção "verdade e falso"? O valor lógico será falso.

Assim, cada conectivo produz uma regra para a proposição composta, que deveremos sempre seguir.

Do que, então, deveremos sempre nos lembrar? Inicialmente, dos princípios do terceiro excluído e da não contradição e, agora, da regra de cada conectivo, a tabela-verdade.

Para a composição da tabela-verdade, consideram-se as proposições **p** e **q**. São quatro as possibilidades de combinação: V e V, V e F, F e V, F e F.

Vejamos:

p	q	~p	p ∨ q	p ∧ q	p → q	p ↔ q
V	V	F	V	V	V	V
V	F	F	V	F	F	F
F	V	V	V	F	V	F
F	F	V	F	F	V	V

Na terceira coluna, temos a regra da negação. Nesse caso, basta fazer a inversão da proposição original. Se for verdadeira, sua negação implicará na troca do valor, passando a ser falsa, e vice-versa.

Na quarta coluna, temos a regra da disjunção ("ou"), segundo a qual o valor será verdade quando, pelo menos uma das proposições **p** ou **q** for verdadeira. Em outros termos, o valor-verdade da proposição será falso somente se ambas as proposições forem falsas.

Na quinta coluna, temos a regra da conjunção ("e"), segundo a qual o resultado dessa união somente será verdadeiro se as duas proposições (**p** e **q**) forem verdadeiras. Se pelo menos uma delas for falsa, o resultado do valor lógico será falso.

Na sexta coluna, encontramos a regra da condicional ("se..., então"), segundo a qual o valor lógico só não será verdadeiro se a proposição **p** for verdadeira e a proposição **q** for falsa; nos demais casos, será sempre verdadeiro.

Na sétima coluna, temos a proposição bicondicional ("se e somente se"), segundo a qual se os enunciados forem ambos verdadeiros ou ambos falsos, eles tornam a sentença bicondicional de valor lógico verdadeiro.

ATIVIDADES

1. Faça a resolução, preenchendo cada coluna da tabela-verdade com o valor lógico.

p	q	~p	~q	p ∨ q	p ∧ q	~p ∧ ~q	~p ∨ ~q
V	V						
V	F						
F	V						
F	F						

- Observe a sétima coluna. Nela está sendo solicitada a conjunção ("e") de ~**p** e de ~**q**, resolvidas na terceira e quarta colunas. Recordando a regra da conjunção, o valor lógico será verdadeiro somente se ambas as proposições forem verdadeiras.
- Observe a oitava coluna. Nela vem solicitada a disjunção, cuja regra afirma que o valor lógico será falso somente se ambas as proposições forem falsas.

2. Determine o valor-verdade da sentença [p ∧ (~q → ~r)] ↔ [~p ∧ (q ∨ ~r)], tendo sido estabelecido que o valor lógico de (**p**) = V; o valor (**q**) = F e o valor (**r**) = V.

3. Determine o valor da sentença (p ∨ q) → [(~p ↔ r) ∧ (q ∨ r)], tendo sido estabelecido que o valor **p** = V, valor **q** = F, valor **r** = F.

4. Considere que as letras **p, q, r** e **t** representam proposições e que os símbolos ~, ∧, ∨ e → sejam operadores lógicos que constroem novas proposições e significam **não, e, ou** e **então**, respectivamente. Cada proposição assume um único valor (valor-verdade), que pode ser verdadeiro (V) ou falso (F), mas nunca ambos.
Com base nesse texto, julgue os itens a seguir:
   a. Se as proposições **p** e **q** são ambas verdadeiras, então a proposição (~**p**) ∨ (~**q**) também é verdadeira. Faça a resolução, para confirmar ou negar.
   b. Se a proposição **t** é verdadeira e a proposição **r** é falsa, então a proposição ~r → (~t) é falsa.
   c. A proposição simbólica [(**p** ∧ **q**) ∨ **r**], possui, no máximo, quatro avaliações V. Defina se isso está certo ou errado.
   d. Se as proposições **p** e **q** são verdadeiras e a proposição **r** é falsa, então a proposição (p ∧ r) → (~q) é verdadeira. Defina se isso está correto.

5. Verifique se as seguintes sentenças podem ser definidas como proposição:
3 + 7 > 10
x + 4 y > 12

6. Leia a frase a seguir e defina se ela pode ser uma proposição:
"Esta frase é falsa."

Tautologia

Por tautologia entendemos a proposição composta que é sempre verdadeira, independentemente dos valores lógicos das proposições simples que a compõem.

Por exemplo: "Você vai passar na prova ou não vai passar na prova". Percebe-se que o resultado será sempre verdadeiro.

Vejamos o exemplo: **p** ∨ **~p** é uma tautologia, pois é sempre verdadeira para qualquer valor lógico da proposição. Isso pode ser aplicado na expressão: "ser ou não ser".

Para verificar se uma proposição é uma tautologia, faremos a tabela-verdade de uma proposição composta.

p	~p	p ∨ ~p
V	F	V
F	V	V

Perceba que se **p** é V, então **~p** obrigatoriamente será F. Na coluna que verifica a tautologia, teremos **p** ou **~p**, sempre verdadeiro. Em outras palavras:

Verdadeiro ou falso = verdadeiro;

Falso ou verdadeiro = verdadeiro.

Vejamos outro exemplo de tautologia: A proposição (**p** → **p**) é uma tautologia, pois será sempre verdadeira, independentemente do valor lógico da proposição **p**.

p	p	p → p
V	V	V
F	F	V

Repare que na segunda linha temos a falsidade de **p**. Se **p** é falso, então **p** é falso, isso é verdadeiro, obviamente. Trata-se de uma tautologia, uma redundância.

A proposição (**p** → **q**) ↔ (**~p** ∨ **q**) é outro caso de tautologia. Vamos fazer a verificação na tabela-verdade.

p	q	(p → q)	~p	(~p ∨ q)	(p → q) ↔ (~p ∨ q)
V	V	V	F	V	V
V	F	F	F	F	V
F	V	V	V	V	V
F	F	V	V	V	V

Lembre-se: a proposição condicional "se **p** então **q**" é uma proposição composta que, na maioria das vezes, tem valor lógico verdadeiro. Ela só poderá ter valor lógico falso no caso em que a proposição **p** é verdadeira e a proposição **q** é falsa, uma vez que **p** é condição suficiente para o **q**, ou seja, a hipótese é V e a conclusão é F.

Atente para a segunda linha: se verdadeiro, então falso; resulta em falso.

Na terceira linha: se falso, então verdadeiro; resulta em verdadeiro.

Na quarta linha: se falso, então falso; resulta em verdadeiro.

Na última coluna, na qual se verifica a tautologia, observe:

Na primeira linha: se verdade (3ª coluna) então verdade (5ª coluna): resulta verdade.

Na segunda linha: se falso (3ª coluna) então falso (5ª coluna): resulta verdade.

Contradição

Uma contradição é uma proposição que é sempre falsa, independentemente dos valores-verdade das afirmações que compõem a proposição. Trata-se de proposição sempre falsa.

Façamos a verificação com "e":

p	~p	(p ∧ ~p)
V	F	F
F	V	F

Se fizermos a verificação com "ou", teremos uma tautologia sempre verdadeira.

Contingência

Por contingência entendemos a proposição composta que poderá ser verdadeira ou falsa, dependendo das proposições simples que a compõem. Ou seja, não será nem contradição nem tautologia.

p	q	~p	~p ∨ q
V	V	F	V
V	F	F	F
F	V	V	V
F	F	V	V

ATIVIDADES

1. A proposição simbólica (**p → ~p**) é uma contradição ou uma contingência? Faça a resolução construindo a tabela-verdade.

2. A proposição simbólica (**p ∧ ~q**) é uma contingência ou uma contradição? Faça a resolução construindo a tabela-verdade.

3. Leia o texto a seguir, que auxiliará na preparação para a reflexão filosófica sobre o tema do conhecimento científico.

4. A FILOSOFIA DA CIÊNCIA DE KARL POPPER

Karl Popper (1902-1994), filósofo austríaco, participou intensamente dos debates do Círculo de Viena. Contudo, sua declarada discordância de vários aspectos do pensamento do grupo fez com que ele fosse visto como opositor oficial, mas sempre muito admirado e respeitado pelos integrantes do grupo.

A originalidade da posição de Popper esteve no problema da demarcação do que seria ou não ciência, em distinguir a ciência empírica de outras formas de conhecimento, como a metafísica. Seria preciso fazer essa convenção: O que seria ciência? Quem pode ser considerado cientista?

Segundo Popper, a pesquisa científica seria iniciada pelos problemas, e não por puras observações. O saber começaria com a hipótese, que seria sempre arriscada e não passível de se submeter a regras.

Para Popper, a metodologia da ciência deveria buscar a formulação de hipóteses com o maior conteúdo empírico possível, pois isso as tornaria também mais falseáveis e, portanto, logicamente, menos prováveis. E quanto maior fosse a resistência da hipótese aos ataques da falseabilidade, mais ela estaria fortalecendo a teoria.

Karl Popper em cerimônia na Universidade Carolina de Praga, República Checa, em 1994.

> Uma hipótese será científica se excluir algumas possibilidades observáveis. Para testá-la, aplicamos a lógica dedutiva de modo a derivar dela enunciados de observação, cuja falsidade refutaria a hipótese. Um teste científico consiste, pois, na procura insistente dessas instâncias falseadoras. Algumas hipóteses são mais falseáveis que outras: elas excluem mais e desse modo têm maior probabilidade de ser refutadas. [...] Quanto mais falseável for uma hipótese, menos provável ela será, e, ao excluir mais, ela diz mais acerca do mundo, isto é, tem maior conteúdo empírico.
>
> ABRÃO, Bernadette Siqueira (Org.). *História da filosofia.* São Paulo: Nova Cultural, 1999. p. 431. (Os pensadores).

Essa perspectiva de Popper afastaria a ciência da dimensão dogmática e a aproximaria de um procedimento crítico, sempre aberto a reformulações, sem cair na tentação de ter chegado à verdade final.

> O método da ciência reside na procura de fatos que possam refutar a teoria. É a isso que chamamos comprovar uma teoria – ver se podemos ou não encontrar brechas nela. Mas embora os fatos sejam coligidos com vista à teoria, e a confirmem enquanto a teoria se mantiver de pé em face dessas comprovações, são eles mais do que simplesmente uma espécie de repetição vazia de uma teoria preconcebida. Apenas confirmarão a teoria se forem os resultados de tentativas malsucedidas para derrubar suas predições e, portanto, uma testemunha que fale em seu favor. Sustento, assim, que é a possibilidade de derrubá-la, ou sua falsificabilidade, o que constitui a possibilidade de pô-la à prova e, portanto, de comprovar o caráter científico de uma teoria; e o fato de que todas as provas de uma teoria são tentativas de desmentir as predições que se deduzem com sua ajuda fornece a chave do método científico. Essa concepção do método científico é confirmada pela história da ciência, que mostra que as teorias científicas são muitas vezes derrubadas por experimentações e que a derrubada da teoria é, na verdade, o veículo do progresso científico.
>
> POPPER, Karl. *A sociedade aberta e seus inimigos.* Tomo II. São Paulo: Itatiaia, 1998. p. 267-268.

O problema da indução

Um dos problemas clássicos da filosofia das ciências empíricas é o problema da indução. Já no século XVIII, o filósofo David Hume criticou a indução como procedimento científico. Essa crítica foi retomada por Popper.

A indução seria um procedimento generalizante, cuja conclusão seria extraída com base na combinação de determinado número de fatos particulares relacionados. Com esse procedimento, o conteúdo da conclusão excederia em muito o conteúdo das premissas. Por isso, a indução forneceria apenas probabilidades. Ora, a indução seria o procedimento normal das ciências experimentais. Por isso, Karl Popper, criticou a pretensão de verdade contida no caminho indutivo das ciências.

> É comum dizer-se "indutiva" uma inferência, caso ela conduza de enunciados singulares [...], tais como descrições dos resultados de observações ou experimentos, para enunciados universais, tais como hipóteses ou teorias. Ora, está longe de ser óbvio de um ponto de vista lógico, haver justificativa no inferir enunciados universais de enunciados singulares, independentemente de quão numerosos sejam estes; com efeito, qualquer conclusão colhida desse modo sempre pode revelar-se falsa; independentemente de quantos cisnes brancos possamos observar, isso não justifica a conclusão de que todos os cisnes são brancos.
>
> POPPER, Karl. *Lógica da pesquisa científica*. Trad. Leônidas Hegenberg e Octanny Silveira da Mota. São Paulo: Edusp, 1985. p. 27.

Para Popper, de um conjunto de fatos seria sempre possível formar diferentes generalizações. Conforme o exemplo citado no texto: a quantas conclusões poderíamos chegar a partir da premissa de que até o presente todos os cisnes observados são brancos? Assim, continuaria posto o problema da indução para as ciências empíricas.

PROBLEMATIZANDO

1. Leia os trechos a seguir:

Trecho 1

> Segundo uma concepção amplamente difundida, objetividade e neutralidade são características centrais do conhecimento científico. Opiniões, referências pessoais e suposições especulativas não têm lugar na ciência. As teorias científicas são neutras no sentido de não possuírem vínculo com ideologias, interesses pessoais ou de grupos, fatores políticos ou econômicos. O conhecimento científico é conhecimento confiável porque é neutro e provado objetivamente.
>
> WARBURTON, Nigel. *O básico da filosofia*. Trad. Eduardo F. Alves. Rio de Janeiro: José Olympio Editora, 2008. p. 167.

Trecho 2

> A ciência nos permitiu mandar homens à Lua, curar a tuberculose, inventar a bomba atômica, o automóvel, o avião, a televisão e inúmeros outros inventos que mudaram a natureza da nossa vida cotidiana. O método científico é geralmente reconhecido como o meio mais efetivo para descobrir e prever o comportamento do mundo natural. Nem todas as invenções científicas foram benéficas aos seres humanos – há progressos científicos que vieram a ser utilizados tanto para destruir como para melhorar a vida humana. Entretanto, seria difícil negar o sucesso das manipulações do mundo natural que a ciência tornou possíveis.
>
> WARBURTON, Nigel. *O básico da filosofia*. Trad. Eduardo F. Alves. Rio de Janeiro: José Olympio Editora, 2008. p. 167.

- Com base na leitura desses trechos converse com os colegas sobre:
a. O objeto, a motivação e a finalidade da investigação científica.
b. A possibilidade de existir neutralidade na ciência.

PRODUÇÃO DE TEXTO

1. Leia o trecho a seguir:

> O método da ciência reside na procura de fatos que possam refutar a teoria. [...] Sustento, assim, que é a possibilidade de derrubá-la, ou sua falsificabilidade, o que constitui a possibilidade de pô-la à prova e, portanto, de comprovar o caráter científico de uma teoria.
>
> POPPER, Karl. *A sociedade aberta e seus inimigos*. Tomo 2. Trad. Milton Amado. São Paulo: Itatiaia, 1998. p. 268.

- Para Popper, o princípio da falseabilidade é um critério científico. Com base nesse texto e em outras informações sobre o pensamento de Karl Popper, redija um texto sobre o critério científico da falseabilidade e sua aplicação no cotidiano das ciências experimentais.

SUGESTÃO DE FILMES

Temática: A interferência dos interesses econômicos na racionalidade científica
Filme: *Epidemia* (Estados Unidos, 1995). Direção: Wolfgang Petersen. Este filme aborda uma epidemia causada por um vírus letal e desconhecido que assola uma região da África. Uma equipe de médicos do exército norte-americano é designada para o caso. Contudo, além de descobrir o vírus causador da doença, a equipe precisa desmascarar a trama política que encobre a descoberta da doença. São bem visíveis os interesses econômicos nos quais a ciência está envolta e nos quais tropeça.

Temática: A verdade na ciência
Filme: *Frankenstein* (Estados Unidos, 1931). Direção: James Whale. Filme baseado no romance de Mary Shelley, *Frankenstein* ou *O Prometeu moderno*, de 1818, que realiza uma crítica romântica à pretensão de verdade da ciência, que no seu desenvolvimento poderá criar monstros.

5. A CRISE DA RAZÃO: A ESCOLA DE FRANKFURT

Instituto de pesquisa social em Frankfurt, Alemanha, 2007.

Na reflexão sobre o Iluminismo moderno, vimos que o século XVIII foi denominado como o Século das Luzes, do Esclarecimento, da confiança no potencial da razão, capaz de promover a emancipação do ser humano e o progresso ilimitado, a partir da ciência e da tecnologia. Acompanhamos, também, que essa visão trazia algo implícito: o período medieval teria sido uma época de trevas. Visão já descontruída por estudiosos contemporâneos.

Reconhecemos, dando continuidade ao otimismo característico do espírito moderno, que o idealismo de Hegel e o positivismo de Augusto Comte alimentaram a ideia de uma razão soberana, capaz de promover a harmonia entre os seres humanos, e curar os males da humanidade.

Estudamos também as frustrações das promessas do Iluminismo moderno ao refletirmos sobre o existencialismo, cuja reflexão se concentrava na existência humana, com base na desolação que se instaurou no espírito humano a partir dos horrores da Primeira Guerra Mundial.

As tragédias da Primeira Guerra abalaram a tradicional confiança em um tipo de racionalidade. Foi nesse contexto que se formou o Instituto de Pesquisa Social, em 1923, fundado pelo economista austríaco Carl Grumbert. O Instituto estava ligado à Universidade de Frankfurt, e seus membros tinham como fundamentação ideológica o pensamento de Karl Marx, e suas preocupações centrais estavam relacionadas à filosofia social.

Entre os acontecimentos que afetaram as reflexões desse grupo, denominado mais tarde Escola de Frankfurt, estavam o êxito da revolução bolchevique na Rússia, em 1917; a proclamação da República na Alemanha, em 1918; e as insurreições operárias alemãs, a primeira de1919 e a segunda de 1923.

Em 1931, Max Horkheimer (1895-1973) assumiu a direção do Instituto, com a colaboração de Theodor Adorno (1903-1969), Walter Benjamim (1892-1940) e Herbert Marcuse (1898-1979), entre outros.

A partir de 1932, eles passaram a publicar um periódico, a *Revista para a Pesquisa Social*, cuja temática girava em torno da exploração econômica e da dominação política. As reflexões eram publicadas normalmente em forma de ensaios ou resenhas.

Diferentes momentos do pensamento crítico da Escola de Frankfurt

Na década de 1930, os pensadores da Escola de Frankfurt, especialmente Adorno, Horkheimer e Marcuse concentraram sua reflexão em torno da economia, da teoria marxista, refletindo sobre a luta de classes. Seu pensamento era marcadamente materialista.

A partir da década de 1940, sob os fortes impactos do nazismo e da Segunda Guerra Mundial, a reflexão realizou uma mudança radical, com o fenômeno do totalitarismo virando objeto central dos estudos e, com ele, o tipo de racionalidade que governaria a sociedade ocidental.

É desse período a obra *Dialética do Esclarecimento* ou *Dialética do Iluminismo*, na qual Adorno e Horkheimer analisaram a sociedade tecnológica contemporânea. Eles conceberam o Iluminismo não somente como o Século das Luzes, mas, fundamentalmente, como o próprio caminho que a razão foi traçando na cultura ocidental. Esse caminho trouxe a marca da exploração, da manipulação, e da técnica que tudo buscou dominar.

> [...] o entendimento que vence a superstição deve imperar sobre a natureza desencantada. O saber que é poder não conhece barreira alguma, nem na escravização da criatura, nem na complacência em face dos senhores do mundo. Do mesmo modo que está a serviço de todos os fins da economia burguesa na fábrica e no campo de batalha, assim também está à disposição dos empresários, não importa sua origem. Os reis não controlam a técnica mais diretamente do que os comerciantes: ela é tão democrática quanto o sistema econômico com o qual se desenvolve. A técnica é a essência desse saber, que não visa conceitos e imagens, nem o prazer do discernimento, mas o método, a utilização do trabalho de outros, o capital. As múltiplas coisas que [...] ele ainda encerra nada mais são do que instrumentos: o rádio, que é a imprensa sublimada; o avião de caça, que é uma artilharia mais eficaz; o controle remoto, que é uma bússola mais confiável. O que os homens querem aprender da natureza é como empregá-la para dominar completamente a ela e aos homens. Nada mais importa.
>
> ADORNO, T. W.; HORKHEIMER, M. *Dialética do Esclarecimento*. Trad. Guido Antônio de Almeida. Rio de Janeiro: Zahar, 1985. p. 17-18.

Se, inicialmente, o Iluminismo queria libertar as pessoas, as transformou em reféns, escravizadas por uma razão técnica, manipuladora. Assim, a razão que historicamente foi filosófica e crítica teria se transformado em razão instrumental, na qual o pensamento humano não seria mais conduzido pela razão que fundamenta, propõe e discute a finalidade das ações e a destinação da vida humana, mas pela razão instrumental, uma razão técnica, fabricadora, que se reduzia à fabricação de instrumentos e meios adequados à realização dos fins previamente estabelecidos e controlados pelo sistema. Por meio de uma indústria cultural, tudo viraria mercadoria, objeto para o mercado consumidor, inclusive todas as formas de arte, música, pintura, escultura etc.

Outra dimensão da crítica que os filósofos da Escola de Frankfurt desenvolveram foi sobre a sociedade burguesa, caracterizada como unidimensional e administrada, na qual tudo se reduziria a números e obedeceria ao critério da calculabilidade, submetido a uma razão técnica.

[...] A sociedade burguesa é dominada pelo equivalente. Ela torna comparáveis as coisas que não têm denominador comum, quando as reduz a grandezas abstratas. O que não se pode desvanecer em números, e, em última análise, numa unidade, reduz-se, para o Iluminismo, à aparência e é desterrado, pelo positivismo moderno, para o domínio da poesia. De Parmênides a Russell, a senha é a unidade. Insiste-se na destruição dos deuses e das qualidades.

[...] O preço que os homens pagam pela multiplicação do seu poder é a sua alienação daquilo sobre o que exercem o poder. O Iluminismo se relaciona com as coisas assim como o ditador se relaciona com os homens. Ele os conhece, na medida em que os pode manipular. O homem de ciência conhece as coisas, na medida em que as pode produzir.

[...] O que poderia ser outro é feito igual. Tal é o veredito que estabelece criticamente os confins da experiência possível. A identidade de tudo com tudo é paga com o não haver nada podendo ser ao mesmo tempo idêntico a si mesmo. O Iluminismo dissolve a injustiça da antiga desigualdade, a dominação imediata, porém torna-a, ao mesmo tempo, eterna mediação universal, na relação de um ente qualquer a qualquer outro. [...] Não são só as qualidades que se dissolvem no pensamento, também os homens são coagidos à conformidade com o real. O mercado não questiona sobre o seu nascimento, mas o preço dessa vantagem, pago por quem fez a troca, foi o de ser obrigado a permitir que as suas possibilidades de nascença fossem modeladas pela produção das mercadorias que nele podem ser compradas.

[...] O pensar se coisifica no processo automático que transcorre por conta própria, competindo com a máquina que ele próprio produz para que esta possa finalmente substituí-lo. O Iluminismo deixou de lado a exigência clássica de pensar o pensamento. [...] A dominação da natureza delineia o círculo para o qual o pensar foi exilado [...].

Garota nascida sem mãe (1916), de Francis Picabia.

A Escola de Frankfurt aborda a coisificação do pensamento em um processo automático que se compara e compete com o processo produtivo da máquina. Nesta pintura, Francis Picabia utiliza a imagem da máquina para fazer uma representação irônica da vida e do pensamento humano no século XX, dominado pela impessoalidade dos instrumentos.

ADORNO, T. W.; HORKHEIMER, M. Conceito de Iluminismo. In: ARANTES, Paulo Eduardo (Cons.). *Theodor W. Adorno*: textos escolhidos. Trad. Zeljko Loparic. São Paulo: Nova Cultural, 1996. p. 22-42. (Os pensadores).

PROBLEMATIZANDO

1. Para Adorno e Horkheimer, representantes da Escola de Frankfurt, que realizaram forte crítica à ideologia capitalista, o projeto iluminista transformou, na prática, a razão filosófica em mero instrumento auxiliar do aparato econômico, que tudo invade. E por esse caminho, o progresso transformou-se em regresso.

   - Como você compreende esta ideia de uma razão refém e escravizada de um determinado modelo econômico?

PRODUÇÃO DE TEXTO

1. Considerando a leitura dos dois trechos apresentados no tema, redija um texto contendo a crítica da Escola de Frankfurt ao processo moderno de Esclarecimento.

6. BIOÉTICA: PRINCÍPIOS E FUNDAMENTOS

Entre 1932 e 1972, ocorreram várias experiências científicas realizadas em seres humanos, na Europa e nos Estados Unidos, que não tiveram a menor preocupação com a dignidade humana, especialmente durante o período da Segunda Guerra Mundial. Contudo, foi nos Estados Unidos que houve a maior mobilização da opinião pública, decorrente de três casos gravíssimos: células cancerosas vivas injetadas em idosos doentes; o vírus da hepatite injetado em crianças com deficiência mental e 400 afro-americanos com sífilis recrutados para uma pesquisa sobre a evolução da doença, que ficaram sem o tratamento de saúde prometido.

A partir da década de 1960, com os significativos avanços tecnológicos na área da saúde, milhares de indivíduos, sem que fossem consultados, foram usados como cobaias para pesquisas científicas. Foi nessa década que emergiram movimentos sociais, especialmente nos Estados Unidos, que levantaram vozes de protesto, afirmando que nem tudo devia ser feito: a ciência tinha de se submeter a limites éticos e morais.

O marco inicial da bioética foi a formação da Comissão nacional para proteção de sujeitos humanos na pesquisa biomédica e comportamental (*National commission for the protection of human subjects of biomedical and behavioral research*). Essa comissão foi criada pelo governo e pelo congresso norte-americanos, em 1974, com o objetivo de definir os princípios éticos fundamentais que deveriam estar na base da experimentação em seres humanos. O resultado do trabalho dessa comissão ficou conhecido como relatório Belmont, que fez referência a princípios da bioética, como um novo campo disciplinar.

Na busca por uma definição, sabendo da parcialidade dessa definição, podemos dizer que a bioética é um estudo interdisciplinar sistemático da conduta humana, voltada para as ciências da vida e da saúde, avaliada sob a ótica de princípios e valores éticos e morais, cujas questões estão relacionadas à genética, à reprodução humana, à clonagem, aos transplantes de órgãos, aos órgãos artificiais, às múltiplas formas de manipulação e de intervenção na vida, à proteção do patrimônio genético, à interrupção de gravidez e aborto, à qualidade de vida, ao direito à morte digna etc. E nesse campo complexo de temas não há unidade ideológica; existem múltiplas e conflitantes perspectivas. Por isso, a bioética é uma reflexão que parte do reconhecimento da pluralidade moral, de costumes, crenças e convicções da humanidade.

> [...] a Bioética representaria um processo (ou um movimento) de preocupação ética voltada aos fenômenos advindos da "nova Biologia", procurando-se criar mecanismos para coibir eventual mau uso e ao mesmo tempo fomentar a avaliação de tais fenômenos e desafios de forma integrada às demais ciências, sobretudo as ciências humanas [...].
>
> A Bioética, em síntese, buscaria, de um lado, cuidar do bem-estar (no sentido mais amplo da palavra) da humanidade e, de outro, impedir o surgimento de uma "bomba molecular".
>
> PESSINI, L.; BARCHIFONTAINE, C.P. *Problemas atuais de bioética*. São Paulo: Loyola, 2007. p. 12.

Cientista argentina segura sementes geneticamente modificadas de soja, em 2015.

O debate sobre o consumo de alimentos geneticamente modificados, os transgênicos, também está no campo da bioética. Os defensores desse consumo indicam que os transgênicos podem ajudar no combate à fome no mundo, já os opositores pontuam os riscos que tais alimentos podem causar à saúde, além do embate mercadológico desigual entre as grandes empresas de transgênicos e os pequenos agricultores de produtos orgânicos.

Princípios da bioética

Os princípios da bioética são conhecidos como a tríade bioética e referem-se tanto ao profissional da saúde quanto ao paciente e à sociedade. Esses princípios, respectivamente, são: beneficência (e seu correlato, o da não maleficência), autonomia e justiça.

O princípio da beneficência e o da não maleficência

O princípio da beneficência visa maximizar os benefícios e minimizar os riscos potenciais para o paciente. Esse princípio tem relação com a excelência do profissional da saúde. Trata-se de fazer o bem e mais do que isso, fazer o melhor, para o maior benefício do paciente, não só tecnicamente, mas humana e eticamente. É preciso buscar o tratamento adequado, dar a assistência que o momento pede.

O princípio de não maleficência, como correlato do princípio da beneficência, afirma que o profissional de saúde não deve, intencionalmente, causar mal e/ou danos a um paciente. Expressa um dever moral do profissional: não causar dano. Contudo, o risco do dano sempre existe. E quanto maior for o risco, mais justificada deve ser a finalidade do procedimento, pois o bem pretendido deve ser muito superior ao possível dano.

O princípio do respeito à autonomia

O princípio da autonomia é também conhecido como princípio do consentimento. O termo de consentimento informado é um documento que tem por finalidade registrar de modo juridicamente válido o consentimento do paciente. O princípio da autonomia afirma que o profissional da saúde deve ter consciência de que o paciente é sujeito portador de direitos, entre os quais: a liberdade de opinião e de julgamento e o direito à decisão autônoma. Para tanto, o paciente deverá ter ciência das opções de tratamento para poder se posicionar, com base em seus valores e convicções.

Filosoficamente, está pressuposto aqui o fundamento da dignidade, na qual a pessoa tem o direito e o dever de autodeterminação. Vale recordar aqui o imperativo categórico de Immanuel Kant: tratar a humanidade e todo ser humano sempre como fim e nunca como meio.

Assim, o consentimento do paciente para a realização de diagnósticos, procedimentos e tratamentos é condição fundamental, que deve vir precedida do acesso a todas as informações necessárias para uma decisão consciente sobre os benefícios e possíveis riscos ou consequências.

Obviamente, há situações em que o termo de consentimento informado pelo paciente não é possível, especialmente em situações de urgência que requerem abordagem imediata, sem tempo hábil para recolher o termo de consentimento. Quando se trata de crianças ou de pessoas com níveis de consciência muito reduzidos, cabe ao responsável legal por essas pessoas tomar a decisão e assumir a responsabilidade de dar ou não seu consentimento.

No Brasil, esse princípio da autonomia, relacionado à soberania e ao respeito à dignidade de pessoa vem assim expresso no artigo 1º da Constituição de 1988:

> Art. 1º. A República Federativa do Brasil, formada pela união indissolúvel dos Estados e Municípios e do Distrito Federal, constitui-se em Estado Democrático de Direito e tem como fundamentos:
>
> I - a soberania;
>
> II - a cidadania;
>
> III - a dignidade da pessoa humana;
>
> IV - os valores sociais do trabalho e da livre iniciativa;
>
> V - o pluralismo político.
>
> BRASIL. *Constituição da República Federativa do Brasil:* promulgada em 5 de outubro de 1988.

O princípio de justiça

Esse princípio refere-se ao dever de o Estado zelar por políticas de saúde que garantam a equidade, a igualdade de acesso aos melhores tratamentos. Aqui, servimo-nos do conceito de justiça construído por John Rawls, no qual a equidade recebe toda a atenção. A ética biomédica deve buscar a equidade na distribuição de bens e recursos, buscando igualar as oportunidades de acesso às tecnologias, às metodologias e aos cuidados que o tratamento da saúde requer.

Vejamos um trecho do juramento de Hipócrates:

> Eu juro, por Apolo médico, por Esculápio, Hígia e Panacea, e tomo por testemunhas todos os deuses e todas as deusas, cumprir, segundo meu poder e minha razão, a promessa que se segue: [...] Aplicarei os regimes para o bem do doente segundo o meu poder e entendimento, nunca para causar dano ou mal a alguém. A ninguém darei por comprazer, nem remédio mortal nem um conselho que induza a perda. [...] Conservarei imaculada minha vida e minha arte.
>
> CREMESP. Juramento de Hipócrates. Disponível em: <http://cremesp.org.br/?siteAcao=Historia&esc=3>. Acesso em: 20 abr. 2016.

Representação de Hipócrates, em gravura de Peter Paul Rubens.

Hipócrates é considerado o pai da medicina na cultura ocidental. Seu juramento, escrito no século V a.C., na Grécia, costuma ser feito pelos médicos na ocasião de sua formatura.

PROBLEMATIZANDO

1. Leia o texto a seguir:

> **Questões biojurídicas: o biodireito como ciência**
>
> Quando se faz menção a reprodução artificial, manipulação de genes, transplante de órgãos, clonagem, aborto, eutanásia, esterilização, experimentação em seres humanos, psicocirurgia, órgãos artificiais, pré-seleção, e tantas outras novidades biotecnológicas, logo vêm à lembrança o valor do ser humano e o respeito que lhe é devido.
>
> Essa reflexão de consciência, que delineia limites morais às investigações e práticas biocientíficas, sem dúvida é influente na informação e na formação do Direito. Existem, no entanto, questões essencialmente jurídicas, cuja solução não é possível limitar ao âmbito da consciência moral de cada um.
>
> Tomando-se por base a exemplificação já referida, problemas como determinação da maternidade e da paternidade ante as técnicas de reprodução humana medicamente assistida, ou sobre a proteção do patrimônio genético, ou a respeito da caracterização (ou não) dos embriões humanos como sujeitos de direitos, somente encontrarão resposta satisfatória no Direito, eis que ultrapassam a esfera individual, dizendo respeito a relações intersubjetivas e à coletividade.
>
> MEIRELLES, Jussara Maria Leal de. Biodireito e Constituição. *Revista do Direito Privado da UEL*, Londrina, v. 1, n. 1, 2010. Disponível em: <www.uel.br/revistas/direitoprivado/artigos/BiodireitoeConstitui%C3%A7%C3%A3oJussaraMeirelles.pdf>. Acesso em: 3 mar. 2016.

- Considerando a realidade brasileira, quais são, em seu entendimento, os avanços no campo do direito relacionados às questões presentes no texto?

PARA CONTINUAR O ESTUDO E A APRENDIZAGEM

SUGESTÃO DE LEITURAS

ADORNO, T. W.; HORKHEIMER, M. *Dialética do Esclarecimento*. Rio de Janeiro: Zahar, 1985.

ALVES, Rubem. *Filosofia da ciência*: introdução ao jogo e suas regras. São Paulo: Loyola, 2011.

DINIZ, D.; COSTA, S. *Ensaios*: bioética. São Paulo: Brasiliense; Brasília: Letras Livres, 2006.

GARRAFA, V. *Iniciação à bioética*. Brasília: Conselho Federal de Medicina, 1998.

MINISTÉRIO DA SAÚDE. Conselho Nacional de Saúde. *Diretrizes e normas regulamentadoras de pesquisa envolvendo seres humanos*. Brasília, 1997.

MORIN, Edgar. *Ciência com consciência*. Rio de Janeiro: Bertrand Brasil, 2002.

NEVES, M. do C. P. A fundamentação antropológica da bioética. *Revista de Bioética*, Brasília, v. 4, n. 1, 1996. Disponível em: <http://revistabioetica.cfm.org.br/index.php/revista_bioetica/article/view/392>. Acesso em: 5 maio 2016.

OLIVA, Alberto. *Filosofia da ciência*. Rio de Janeiro: Zahar, 2004.

OMNES, Roland. *Filosofia da ciência contemporânea*. São Paulo: Unesp, 1996.

SUGESTÃO DE FILMES

Temática: Lógica
Filme: *Quebrando a banca* (Estados Unidos, 2008). Direção: Robert Luketic. O filme narra a história de seis estudantes do MIT (Instituto de Tecnologia de Massachusetts), nos Estados Unidos, que se especializaram na contagem de cartas em jogos de 21. Dessa forma, conseguiram acumular milhões de dólares em vitórias pelos cassinos de Las Vegas. Os estudantes se utilizam da lógica no método de contar cartas e vencer em um jogo chamado de "sorte".

Temática: Massificação e perda da individualidade
Filme: *O doador de memórias* (Estados Unidos, 2014). Direção: Phillip Noyce. A narrativa se desenvolve em uma sociedade utópica, sem guerras e diferenças, em que um jovem começa a questionar o conformismo e a falta de liberdade dentro dessa comunidade massificada, que retira o poder de escolha de seus cidadãos. O controle social ocorre, entre outras "técnicas", pela restrição do vocabulário.

Eixo Temático 3

ÉTICA E POLÍTICA

Você vai aprender sobre:

- O materialismo histórico e dialético de Karl Marx e Friedrich Engels.
- O trabalho e a alienação no modo capitalista de produção.
- A crítica da ideologia.
- As características de um sistema totalitário.
- A banalidade do mal.
- A política como espaço da liberdade e da revolução em Hannah Arendt.
- O papel do Estado na vida em sociedade.
- A ética da racionalidade e do consenso na política.
- Princípios defendidos pelo liberalismo.
- Princípios defendidos pelo comunitarismo.
- A ação política.

Temas:

1. O materialismo histórico e dialético de Karl Marx e Friedrich Engels
2. O sentido da política em Hannah Arendt
3. Ética do discurso: da ação estratégica à ação comunicativa
4. Liberalismo e comunitarismo

1. O MATERIALISMO HISTÓRICO E DIALÉTICO DE KARL MARX E FRIEDRICH ENGELS

Embora Karl Marx (1818-1883) e Friedrich Engels (1820-1895) possam ser lidos e interpretados como pensadores modernos, optamos por considerar o pensamento desses filósofos a partir da perspectiva de uma crítica ao idealismo moderno, especialmente o de Hegel. O próprio Marx afirmava que seu projeto era inverter a visão hegeliana de ser humano e a concepção que esse filósofo tinha da história e do espírito.

Optamos por ler e interpretar o pensamento de Marx e Engels no campo da política e da economia, considerando as riquíssimas e centrais reflexões desses filósofos sobre a formação da consciência. Entre as principais razões para realizar essa leitura na esfera da política referimo-nos a Marx e Engels, ao falarem da necessidade de uma prática revolucionária que transformasse o mundo, não com base no idealismo tradicional, mas por meio de uma análise histórica, política, econômica e também sociológica.

A filosofia de Marx exerceu enorme influência e seu pensamento continua vivo nos dias atuais, não apenas na teoria, mas em desdobramentos políticos, especialmente em virtude das ideias defendidas pelo Partido Comunista russo, que durante o governo da União Soviética, de 1917 a 1990, se consolidou como fonte de inspiração e motivação para muitos movimentos políticos e sociais, no Brasil e no mundo.

Karl Marx nasceu em 1818, na Alemanha. Seus estudos concentraram-se em direito e filosofia. Sua mais importante atuação política foi como jornalista e redator-chefe. Em 1842, assumiu a chefia da redação do *Gazeta Renana*, um jornal da província de Colônia, na Alemanha. Contudo, no ano seguinte ele foi proibido de circular. Seu pensamento sofreu grande influência de Hegel, por meio de seus discípulos, conhecidos como "jovens hegelianos". Ele também foi influenciado pelo socialismo utópico de Pierre Joseph Proudhon (1809-1865), que mais tarde também seria duramente criticado. Seu pensamento ainda se desenvolveu sob a influência de Ludwig Feuerbach (1804-1872). Em 1844, foi para Paris, onde conheceu Friedrich Engels, que se tornou grande amigo, colaborador e interlocutor em todos os seus textos. Suas principais pesquisas concentraram-se em filosofia e em economia política.

Karl Marx por volta de 1870.

Em 1848, Marx e Engels escreveram o *Manifesto do Partido Comunista*. Em 1849, mudaram-se para a Inglaterra e estabeleceram-se em Londres. Lá, seguiram suas pesquisas nas áreas da economia, da política, da história e da sociologia. Desses estudos nasceu a obra *O capital*. O primeiro dos três volumes foi publicado em 1867. Marx faleceu em 1883. Após sua morte, Engels publicou os outros dois volumes de *O capital*, em 1885 e 1894, respectivamente.

Uma das realizações mais significativas de sua vivência política foi a organização do movimento operário. Dessa mobilização nasceu a Associação Internacional dos Trabalhadores, fundada por ele em 1864, em Londres.

No campo da economia, os textos de Marx que exerceram mais influência foram *Manuscritos econômico-filosóficos* (1844), *Crítica da economia política* (1859) e *O capital* (1867).

Friedrich Engels por volta de 1880.

Seus principais escritos especificamente filosóficos foram *A sagrada família* (1845), na qual critica a filosofia especulativa do idealismo alemão; *A ideologia alemã* (1845-1846); e *A miséria da filosofia* (1847), obra em que critica fortemente o socialismo utópico de Proudhon.

A crítica da ideologia

Na obra *A ideologia alemã*, Marx e Engels fazem uma análise crítica da tradição filosófica racionalista, tendo como referência especialmente o pensamento de Hegel e de Feuerbach. Em *A essência do cristianismo* (1842), Feuerbach critica a religião e a considera fonte de superstições, que impede a emancipação do ser humano. Marx critica essa visão afirmando que a religião é utilizada como um instrumento das classes dominantes para manter sua situação de dominação e seu poder político e econômico. Com isso, Marx apresentará uma nova concepção de ideologia. Ele afirma que a posição de Feuerbach acaba sendo ideológica à medida que não toca na raiz da questão e gera uma visão distorcida.

O conceito de ideologia, contudo, é anterior a Marx. Especialistas consideram que ele tenha surgido na obra de Antoine Destutt de Tracy (1754-1836), que fazia parte de um grupo de pensadores conhecidos como ideólogos, preocupados em formular uma ciência das ideias e em examinar a origem e a história delas. Em Marx e Engels, a ideologia adquire um sentido negativo, relacionado à falsa consciência, conforme estudamos na unidade 1.

Vejamos um fragmento no qual Marx e Engels refletem sobre a formação das ideias que vêm das relações sociais e estão na base da produção da existência e como criticam a ideologia por realizar uma inversão.

> A produção das ideias, das representações e da consciência está primeiro, direta e intimamente misturada à atividade material e ao comércio natural dos homens; ela é linguagem da vida real. As representações, o pensamento, o comércio intelectual dos homens aparecem aí ainda como a emanação direta de seu comportamento material. Dá-se o mesmo quanto à produção intelectual tal qual se apresenta na língua da política, das leis, da moral, da religião, da metafísica etc. de todo um povo. São os homens que são os produtores de suas representações, de suas ideias etc., mas os homens reais, atuantes, tais como são condicionados por um desenvolvimento determinado de suas forças positivas e das relações que lhes correspondem, inclusive as formas mais amplas que estes podem assumir. A consciência não pode nunca ser outra coisa senão o ser consciente e o ser dos homens é seu processo de vida real. E se, em toda ideologia, os homens e suas relações nos parecem postos de cabeça para baixo como numa câmera escura, este fenômeno decorre de seu processo de vida histórica, absolutamente como a inversão dos objetos na retina decorre de seu processo de vida diretamente física.
>
> MARX, Karl; ENGELS, Friedrich. A ideologia alemã. In: *Os filósofos através dos textos*: de Platão a Sartre. Trad. Constança Terezinha M. César. São Paulo: Paulus, 1997. p. 253-254.

Na sequência do mesmo texto, Marx e Engels afirmarão que a classe dominante tem à sua disposição os meios de produção material e espiritual. Com isso, a ideologia torna-se um instrumento dessas classes para criar uma aparência que não é a realidade, mas passa a ser vista assim. No capitalismo, o motor seria o interesse privado, e não o coletivo. Por isso, uma das funções da ideologia será fazer parecer como se os proprietários, em suas estratégias cotidianas, estivessem pensando no bem coletivo.

Ao estudarmos o contratualismo moderno, acompanhamos o pensamento de John Locke, segundo o qual os seres humanos têm direito natural à propriedade privada, a ser adquirida por meio do trabalho. Com o pensamento de Marx e de Engels, estamos diante de um processo de crítica da política liberal. O liberalismo acentuava uma concepção individualista da humanidade. Nessa visão, o ser humano era um indivíduo portador de direitos naturais, entre os quais à propriedade privada. Nessa concepção, o pressuposto subjacente é o de que a propriedade privada é um direito natural, socialmente útil e moralmente legítimo, uma vez que estimula o trabalho concorrencial e competitivo, combate o vício da preguiça e estimula o crescimento social.

Contudo, Marx parte de outro pressuposto. O ser humano é essencialmente histórico e social, marcado pela produção de sua existência em sociedade. Por isso, não pode ser entendido de forma abstrata e isolada. Marx e Engels escrevem em *A ideologia alemã*: "Nós conhecemos somente uma única ciência: a ciência da história". Para Marx e Engels, as relações históricas que se dão entre as pessoas determinam a forma de pensamento e as instituições políticas e sociais de um povo. Leia o fragmento a seguir.

> Não é a consciência dos homens que determina o seu ser, mas, ao contrário, é o seu ser social que determina a sua consciência.
>
> MARX, Karl; ENGELS, Friedrich. A ideologia alemã. In: *Os filósofos através dos textos*: de Platão a Sartre. Trad. Constança Terezinha M. César. São Paulo: Paulus, 1997. p. 254.

O materialismo histórico e dialético

Nosso modo de ser e de pensar é determinado pelas relações sociais de produção. Ou seja, a consciência humana é levada a pensar as ideias que brotam do meio social e das condições nas quais a existência se faz. Por isso, o materialismo se opõe ao idealismo, que se concentra nas ideias gerais e universais, capazes de moverem as ações humanas. Essa visão é ideológica, pois interpreta o mundo de cabeça para baixo.

De acordo com Marx e Engels, o que distingue os seres humanos dos animais é a capacidade de produzir a própria existência a partir de determinada situação. Os seres humanos serão resultado do modo como ocorrem as relações de produção de sua existência material e espiritual. Pelo fato de os seres humanos nascerem em determinada realidade ou situação, eles não a escolhem livremente. Sobre isso, Marx e Engels escrevem:

> Eis, pois, os fatos: indivíduos determinados que têm uma atividade produtiva segundo um modo determinado entram nas relações sociais e políticas determinadas. É preciso que em cada caso isolado a observação empírica mostre nos fatos, e sem nenhuma especulação nem mistificação, o laço entre a estrutura social e política e a produção. A estrutura social e o estado resultam constantemente do processo vital de indivíduos determinados; mas desses indivíduos, não tais como podem aparecer na sua própria representação ou na de outro, mas tais como são na realidade, isto é, tais como operam e produzem materialmente; logo, tais como agem nas bases e nas condições e limites materiais determinados e independentes de sua vontade.
>
> MARX, Karl; ENGELS, Friedrich. A ideologia alemã. In: *Os filósofos através dos textos*: de Platão a Sartre. Trad. Constança Terezinha M. César. São Paulo: Paulus, 1997. p. 253.

Para Marx e Engels, nossa consciência é determinada pelas condições históricas em que vivemos.

No pensamento de Marx e Engels, o trabalho é a mediação por excelência da produção e da reprodução das condições da existência. Conforme vimos na unidade 1 deste livro, o trabalho é uma das principais pontes da natureza para a cultura. Esse será um elemento central das reflexões de Marx e Engels, que reconhecem a existência de maior divisão social do trabalho nas sociedades mais complexas. Nessa concepção, o tipo de sociedade que se formará tem profunda relação com as formas de propriedade, com as formas de relação entre os meios de produção e as forças produtivas, bem como com as diferentes divisões sociais do trabalho. Assim, as formas produtivas e a própria sociedade são constituídas por esse conjunto de condições.

Para Marx e Engels, esse materialismo apresenta uma dimensão histórica, pois analisando os vários modos de produção, desde a tribal e escravista (na Antiguidade), passando pela feudal e, agora, capitalista, percebe-se que a consciência dos seres humanos foi mudando. Em cada época haveria uma forma de pensar e interpretar o mundo em que vivemos, que seria resultante dos modos de produção da época e da divisão social do trabalho. Dessa percepção, eles concluem que o que determina a consciência humana, molda a forma de pensar e, com isso, move a história são as relações e os modos de produção.

Dessa forma, ao mudar as condições materiais de produção e a divisão social do trabalho, mudaria também a história. Assim, denomina-se o materialismo de Marx de histórico, pois a consciência humana apresenta ideias cujas bases são as condições materiais e a divisão social de trabalho. O materialismo é histórico também pelo fato de a sociedade e a política não serem de instituição divina nem naturalmente dadas. Ao contrário, nascem e dependem da ação concreta dos seres humanos, que estão situados no tempo e fazem história. O materialismo histórico pretende explicar a história das sociedades humanas em todas as épocas por meio dos fatos materiais, essencialmente econômicos.

Para Marx e Engels, considerando os modos de produção no capitalismo industrial, a sociedade está marcada por contradições que podem ser percebidas nas classes sociais, as quais têm interesses contrários. É a luta dos contrários que move a história, como deixa bem claro a frase inicial do primeiro capítulo do *Manifesto Comunista*, "A história de toda sociedade passada é a história da luta de classes".

Apesar da dimensão conflitiva, os diversos modos históricos de produção, como escravidão, servidão e capitalismo seriam, essencialmente, etapas sucessivas de um processo único que caminharia para a etapa final: o comunismo.

Capitalismo: trabalho e alienação

Marx tentou demonstrar que no capitalismo sempre haveria injustiça social e a riqueza é resultante de um processo de exploração sobre o trabalhador. O capitalismo, de acordo com Marx e Engels, seria um modelo econômico fundamentado na mais-valia, que se relaciona à possibilidade de acúmulo de capital. Para esse acúmulo, os industriais e empresários construiriam as estratégias, nas quais se inclui como objetivo aumentar a margem de lucro. Uma estratégia para isso seria pagar um salário que representa uma ínfima parte da riqueza que o operário produz. Essa diferença entre o que o trabalhador custa e o que ele produz e rende ao patrão está implicada na noção de mais-valia.

Considerando esse modo de produzir riqueza, Marx associa o trabalho na economia capitalista à alienação sob dois aspectos: como produto do trabalho, que não permanece com o trabalhador; e como processo, no qual o próprio trabalho aparece como estranho ao trabalhador. Vejamos o fragmento a seguir.

Repressão policial à manifestação de trabalhadores em Haymarket, Chicago, em 1º de maio de 1886. A ilustração foi publicada na revista *Harper's Weekly* em 1886.

O trabalho alienado

Ora, em que consiste a espoliação do trabalho? Primeiro, no fato de que o trabalho é exterior ao operário, isto é, que não pertence ao seu ser; que, no seu trabalho, o operário não se afirma, mas se nega; que ele não se sente satisfeito aí, mas infeliz; que ele não desdobra aí uma livre energia física e intelectual, mas mortifica seu corpo e arruína seu espírito. É por isso que o operário não tem o sentimento de estar em si senão fora do trabalho; no trabalho, sente-se exterior a si mesmo. É ele quando não trabalha e, quando trabalha, não é ele. Seu trabalho não é voluntário, mas imposto. Trabalho forçado não é a satisfação de uma necessidade, mas somente um meio de satisfazer necessidades fora do trabalho.

A natureza alienada do trabalho aparece nitidamente no fato de que, desde que não exista imposição física ou outra, foge-se do trabalho como da peste. O trabalho alienado, o trabalho no qual o homem se espolia, é sacrifício de si, mortificação. Enfim, o operário ressente a natureza exterior do trabalho pelo fato de que não é seu bem próprio, mas o de outro, que não lhe pertence; que no trabalho o operário não pertence a si mesmo, mas a outro. [...]

Chega-se então a esse resultado, que o homem (o operário) só tem espontaneidade nas suas funções animais: o comer, o beber e a procriação, talvez ainda na habitação, o adorno etc.; e que nas suas funções humanas só sente a animalidade: o que é animal torna-se humano e o que é humano torna-se animal. Sem dúvida, comer, beber, procriar etc. são também funções autenticamente humanas. Contudo, separadas do conjunto das atividades humanas, erigidas em fins últimos e exclusivos, não são mais que funções animais.

MARX, Karl. O trabalho alienado. In: *Os filósofos através dos textos*: de Platão a Sartre. Trad. Constança Terezinha M. César. São Paulo: Paulus, 1997. p. 250-251.

Para Marx, no modo de produção capitalista o operário percebe que o trabalho é algo exterior e estranho, que ele não procura espontaneamente, pois não lhe proporciona satisfação. É o processo de objetificação, coisificação ou reificação. Trata-se, em um processo de alienação, da produção de mercadorias, por meio de um trabalhador que vende sua força de trabalho aos proprietários dos meios de produção.

Em virtude dessa alienação que está no modo capitalista de organizar o trabalho, Marx e Engels afirmam que não há outra saída senão uma práxis política revolucionária, criadora de algo novo e diferente, por meio da qual os trabalhadores conquistariam sua emancipação. Contudo, essa práxis pressupõe a consciência e a organização dos trabalhadores. A desalienação daí resultante deverá ser uma obra histórica dos próprios trabalhadores.

Trabalhadores de volta para casa (1913–1915), de Edvard Munch. Óleo sobre tela, 201 cm × 227 cm.

A crítica de Marx à exploração capitalista do trabalho reside na alienação e na coisificação do trabalhador.

PROBLEMATIZANDO

1. Há uma expressão muito utilizada em certos ambientes de trabalho: *happy hour*. Você já ouviu essa expressão? Ela costuma ser associada ao término do expediente de trabalho.
   - É possível estabelecer uma relação entre essa expressão e o texto de Marx sobre o trabalho alienado?

2. O tema e a realidade da alienação se fazem presentes não apenas no trabalho, mas em muitos outros âmbitos da vida, como no consumo e na religião.
   - Como você reconhece esse fenômeno nesses setores da vida?

3. Sabemos que o capitalismo está estruturado com base na mais-valia, na exploração dos recursos naturais e humanos. Você percebe alguma transformação na organização do capitalismo contemporâneo? É possível ser capitalista e zelar pela sustentabilidade?
   - Converse com os colegas sobre esses temas e apresente uma argumentação que sustente seu posicionamento.

PRODUÇÃO DE TEXTO

1. O pensamento marxista é caracterizado por três categorias filosóficas articuladas: ele é materialista, dialético e histórico. Redija um texto justificando essa afirmação.

2. Com base nos estudos realizados sobre o pensamento de Marx e Engels, identifique e justifique a função da ideologia na formação da consciência e do agir social.

PENSANDO CONCEITUALMENTE A **IDEOLOGIA** E A **ALIENAÇÃO**

O conceito de ideologia surgiu em 1801, no livro *Elementos de ideologia*, do filósofo francês Antoine Destutt de Tracy, designando o estudo científico das ideias, sua origem e seus desenvolvimentos. Contudo, em *A ideologia alemã* (1846), Marx e Engels trazem uma nova visão para esse termo. Surge o sentido negativo de ideologia, como ilusão e deformação de consciência.

Nessa visão, a ideologia é um instrumento da classe hegemônica para fazer uma inversão ou distorção da realidade e impedir que os dominados tenham consciência da dominação e da opressão. Essa consciência invertida da realidade compromete a leitura consciente dela, porque vê o que a ideologia quer que veja. Com isso, a ideologia, camuflando a divisão existente no interior da sociedade, "naturaliza" o real, fazendo com que os problemas sociais apareçam como dimensões naturais da vida. Dessa forma, a ideologia gera a alienação, tornando as pessoas estranhas a si mesmas e reféns de um pensar alheio.

Sob outro ponto de vista, é possível compreender o conceito de ideologia considerando a força mobilizadora que ela traz em si. Nessa perspectiva, é decisiva a contribuição do filósofo e cientista político italiano Antonio Gramsci (1891-1937), para quem a ideologia refere-se aos valores, princípios e ideais que identificam o grupo social. Nessa dimensão coletiva, muitas ideologias são necessárias por mobilizar a ação humana na construção e reconstrução da história.

Considerando a forma como as ideologias se relacionam com a dinâmica social, Karl Mannheim (1893-1947) distingue ideologia de utopia. Sob o ponto de vista ideológico, encontramos a óptica da situação, da permanência, da manutenção do *status quo*. Nesse sentido, aproxima-se da visão de Marx. Sob a perspectiva da utopia, encontramos a dimensão revolucionária que constitui o espírito dos grupos oprimidos, que se mobilizam para revolucionar a ordem dada.

2. O SENTIDO DA POLÍTICA EM HANNAH ARENDT

Cientista política e filósofa, Hannah Arendt nasceu em Hannover, na Alemanha, em 14 de outubro de 1906. Aos 7 anos, ela perdeu o pai. De sua mãe ela recebeu uma educação liberal, fundamentada em valores democráticos.

Na adolescência, mergulhou nos estudos filosóficos e teológicos. No começo da juventude, mudou-se para Berlim, onde estudou a filosofia e a teologia de Sören Kierkegaard, um dos fundadores do existencialismo. Em 1924, aos 22 anos, ingressou na universidade, onde teve aulas com o existencialista Martin Heidegger, entre outros filósofos e teólogos.

Em 1933, por ocasião da ascensão do nazismo ao poder, Hannah Arendt foi para Paris, onde conheceu muitos intelectuais, especialmente Walter Benjamin (1892-1940), da Escola de Frankfurt. Quando começou a Segunda Guerra Mundial (1939-1945), a França esteve sob ocupação alemã.

Nessa ocasião, Hannah Arendt, de origem judaica, foi enviada a um campo de concentração como estrangeira suspeita. Tendo conseguido fugir, chegou a Nova York em 1941. Ela perdeu a nacionalidade alemã. Na condição de apátrida e de exilada, ficou sem direitos políticos por dez anos. Em 1951, obteve a cidadania americana. Nos Estados Unidos, ela passou a escrever para revistas e desenvolveu carreira acadêmica. Faleceu em dezembro de 1975.

Hannah Arendt.

A banalidade do mal

Entre suas obras, merece destaque *Origens do totalitarismo*, de 1951. Nesse escrito, ela evidencia que nazismo e stalinismo são ideologias totalitárias que se firmaram mediante a manipulação das massas e pela banalização do terror.

Em 1963, lança o livro *Eichmann em Jerusalém*. Essa obra é uma coletânea de artigos que ela escreveu sobre o julgamento de Adolf Eichmann, ocorrido em Israel, em 1961. Ela foi enviada a Jerusalém como representante da revista *The New Yorker* para cobrir o julgamento. Eichmann foi acusado de crimes contra a humanidade, crimes contra o povo judeu e crimes de guerra durante a Segunda Guerra Mundial. Ele participou ativamente do Holocausto, que exterminou milhões de judeus.

Esse julgamento foi transmitido ao vivo em cadeia radiofônica para todo o mundo. Sobreviventes do Holocausto testemunharam contra ele. Julgado culpado, foi condenado à morte por enforcamento. Tendo acompanhado o julgamento, Hannah Arendt escreveu cinco artigos para a revista *The New Yorker*, que resultaram no livro *Eichmann em Jerusalém:* um relato sobre a banalidade do mal.

Um dos aspectos que chamou especial atenção de Hannah Arendt foram as palavras do acusado e sua declaração de inocência. Eichmann sentia-se culpado perante Deus, mas não em relação à lei humana, pois teria cumprido atos de Estado. Ele não deveria, por isso, ser condenado como um criminoso, pois teria cumprido ordens. De acordo com esse raciocínio, se entre os condenados estivesse o próprio pai, ele também teria cometido esses crimes, pois acreditaria estar agindo sob a força e o comando da lei.

Nessa apresentação dos argumentos de Eichmann, Hannah Arendt destaca a banalidade do mal. Eichmann seria, assim, um homem normal no interior do regime nazista.

> Eu quero dizer que o mal não é radical, indo até as raízes (*radix*), que não tem profundidade, e que por esta mesma razão é tão terrivelmente difícil pensarmos sobre ele, visto que a razão, por definição, quer alcançar as raízes. O mal é um fenômeno superficial, e em vez de radical é meramente extremo. Nós resistimos ao mal em não nos deixando ser levados pela superfície das coisas, em parando e começando a pensar, ou seja, em alcançando uma outra dimensão que não o horizonte de cada dia. Em outras palavras, quanto mais superficial alguém for, mais provável será que ele ceda ao mal. Uma indicação de tal superficialidade é o uso de clichês, e Eichmann, [...] era um exemplo perfeito.
>
> ARENDT, Hannah. Carta a Grafton, apud ASSY, Bethânia. Eichmann, banalidade do mal e pensamento em Hannah Arendt. In: MORAES, Eduardo Jardim; BIGNOTTO, Newton (Org.). *Hannah Arendt*: diálogos, reflexões, memórias. Belo Horizonte: UFMG, 2001. p. 145.

Nessa reflexão, Hannah Arendt associa a banalidade do mal à ausência de raízes e à superficialidade. Nesse sentido, essa banalidade não procede de algum mal profundo, não tem raízes e, por isso, espalha-se de modo rápido na superficialidade. A banalidade do mal seria uma espécie de mal que nasce da ausência de pensamento. E, por isso mesmo, não tendo a instância crítica, seria capaz de chegar a praticar horrores extremos jamais pensados. Tratar-se-ia não de um mal radical, pois não tem raízes, mas de um mal sem limites, por conta da ausência do pensamento crítico.

Em contrapartida, a filósofa afirma que o mal, que não tem raízes, será superado por uma atitude reflexiva e pela faculdade de pensar, as quais vão até as raízes e provocam perplexidade, percebendo contradições. Essa faculdade de pensar, para Hannah Arendt, coloca o indivíduo em diálogo consigo mesmo, explicita seus conflitos e poderia gerar obstáculos aos seus atos.

O sonho da razão produz monstros (1797–1799), de Francisco de Goya y Lucientes. Água-forte e água-tinta sobre papel, 30,6 cm × 20,1 cm.

O pintor espanhol Francisco de Goya representou nessa tela as decorrências possíveis do momento em que o ser humano tem anestesiada sua faculdade de juízo racional. O sono da razão é o despertar da irracionalidade, em suas múltiplas formas.

Em um de seus mais consagrados escritos, *Origens do totalitarismo*, Hannah Arendt reflete sobre o totalitarismo enquanto movimento que implica fanatismo e conformismo e que teria uma ideologia oficial no comando de tudo. Leia o fragmento a seguir:

> Dentro da estrutura organizacional do movimento [totalitário], enquanto ele permanece inteiro, os membros fanatizados são inatingíveis pela experiência e pelo argumento; a identificação com o movimento e o conformismo total parecem ter destruído a própria capacidade de sentir, mesmo que seja algo tão extremo como a tortura ou o medo da morte. [...]
>
> O totalitarismo que se preza deve chegar ao ponto em que tem de acabar com a existência autônoma de qualquer atividade que seja, mesmo que se trate de xadrez. [...]
>
> O totalitarismo jamais se contenta em governar por meios externos, ou seja, através do Estado e de uma máquina de violência; graças à sua ideologia peculiar e ao papel dessa ideologia no aparelho de coação, o totalitarismo descobriu um meio de subjugar e aterrorizar os seres humanos internamente.
>
> ARENDT, Hannah. *Origens do totalitarismo*. Trad. Roberto Raposo. São Paulo: Companhia das Letras, 2012. p. 436-455.

Para Hannah Arendt, o regime totalitário desmantela tanto os espaços públicos (de manifestação política) como os espaços da vida privada (nos quais há o mínimo de relações solidárias). No totalitarismo, o indivíduo se vê confrontado com a experiência mais devastadora que existe, que a filósofa denomina de desolação, pois nela o indivíduo tem a experiência do não pertencimento a qualquer coisa.

Por isso, o totalitarismo afasta o indivíduo da política, cujo horizonte é a liberdade. A impossibilidade de ação que existe no regime totalitário torna os indivíduos não livres.

PROBLEMATIZANDO

1. Leia o fragmento a seguir, de Hannah Arendt:

> Em contraposição tanto aos regimes tirânicos como aos autoritários, a imagem mais adequada de governo e organização totalitários parece-me ser a estrutura da cebola, em cujo centro, em uma espécie de espaço vazio, localiza-se o líder; o que quer que ele faça – integre ele o organismo político como em uma hierarquia autoritária, ou oprima seus súditos como um tirano –, ele o faz de dentro, e não de fora ou de cima.
>
> ARENDT, Hannah. *Entre o passado e o futuro*. 3. ed. Trad. Mauro W. Barbosa de Almeida. São Paulo: Perspectiva, 1992. p. 136.

- Hannah Arendt usa a metáfora da estrutura da cebola. Cebola tem núcleo? Como é o cerne de uma cebola?
- Como essa imagem ajuda a entender a presença do líder e do poder no totalitarismo?
- Converse com os colegas sobre esse tema e apresente os argumentos que sustentem sua posição.

PRODUÇÃO DE TEXTO

1. No fragmento a seguir, Hannah Arendt faz uma reflexão sobre as bases dos movimentos totalitários. Para a filósofa, manter os indivíduos atomizados e isolados é uma estratégia necessária para a perpetuação do totalitarismo:

> Os movimentos totalitários são organizações maciças de indivíduos atomizados e isolados. Distinguem-se dos outros partidos e movimentos pela exigência de lealdade total, irrestrita, incondicional e inalterável de cada membro individual.
>
> ARENDT, Hannah. *Origens do totalitarismo*. Trad. Roberto Raposo. São Paulo: Companhia das Letras, 2012. p. 446-453.

- Com base nessa afirmação e em outras informações, explique o fenômeno do totalitarismo, explicitando suas características fundamentais.

O agitador (1928), de George Grosz. Óleo sobre tela, 109 cm × 81 cm.

George Grosz (1893-1959) foi um dos principais representantes do dadaísmo na Alemanha, movimento artístico focado no tema da irracionalidade. Ele fez fortes críticas, por meio da arte, à Primeira Guerra Mundial. Grosz era pintor e desenhista caricaturista, focado na crítica e na condenação das muitas formas de corrupção e violência social e urbana presentes na sociedade alemã.

A ação política

Como pensar a política depois dos fenômenos totalitários? O que significa "política" após a experiência dos campos de concentração nazistas de Dachau e Auschwitz?

O campo de concentração de Dachau foi construído pelos nazistas em 1933, próximo à cidade alemã de Dachau, em uma antiga fábrica de pólvora. Estudos indicam que Dachau chegou a abrigar mais de 200 mil prisioneiros. Nele, foram exterminadas dezenas de milhares de pessoas.

Auschwitz II–Birkenau, o campo de extermínio do complexo de Auschwitz.

Auschwitz é o nome dado a um conjunto de campos de concentração e centros de confinamento militar localizados no sul da Polônia, em uma área anexada pela Alemanha nazista. Nessa área, havia um campo de extermínio. É o maior símbolo do nazismo e da Alemanha governada por Hitler a partir de 1940.

Em *A condição humana* (1958), Hannah Arendt define a política como ação e processo marcados pela conquista da liberdade. No primeiro capítulo, ela expressa essa ideia, fundamentada em uma visão grega da Antiguidade segundo a qual a vida aparece em três dimensões.

Nessa visão grega, a ética e a política estão na dimensão do agir, enquanto a arte se encontra na dimensão do fazer e do produzir, e a ciência, no âmbito do saber.

Para Hannah Arendt, a política nasceu como espaço da liberdade, dos livres acordos entre pessoas libertas da necessidade de lutar pela subsistência material e em condições de participar de discussões abertas e compartilhadas. Então, rigorosamente, o Holocausto não é política, é violência. Não há política totalitária, pois a política é o espaço da liberdade.

Na Grécia Clássica, o espaço doméstico era marcado pela hierarquia e, portanto, pela desigualdade, pela superioridade de uns sobre outros, pelo domínio do pai sobre a esposa e dos filhos sobre os escravizados. Em contrapartida, a *pólis* era o espaço da liberdade, do poder comum, da busca de consensos livres que construirão o destino da cidade. Assim, política significa ação conjunta. Nesse pensamento, o poder é concebido como relação. Ninguém possui o poder individualmente. Ele acontece na relação. E ninguém governa sem ter uma base de apoio, uma sustentação.

Da revolução

Em 1963, Hannah Arendt publica a obra *Da revolução*. Nela, a filósofa faz uma análise da Revolução Francesa e da Revolução Americana. Essa obra, em sua radicalidade, aborda a fundação da era moderna como resultado de um ato de liberdade. As revoluções que inauguram a era moderna foram motivadas pela liberdade. As instituições criadas após essas revoluções deverão garantir esse ideal.

Nos textos *Da revolução*, *Desobediência civil* e *Da violência*, Arendt faz um diagnóstico da crise da democracia representativa. Em sua percepção, isso se deve à excessiva burocratização, bem como à perda de poder das instituições, o que gerou a diminuição dos espaços de livre participação dos cidadãos. Para Arendt, a política se faz com debate e associação e por meio da participação ativa. Assim, a política é necessariamente o espaço da pluralidade.

Sendo o espaço da liberdade, a política é também o lugar do imprevisível e da criação do novo. Portanto, a política abre a perspectiva da esperança, uma vez que a história não tem um sentido previamente traçado, sendo fruto das livres interações humanas. Dessa forma, a política é o tempo e o espaço de revolução.

Diferentemente da educação, que precisa zelar pelos fundamentos que garantem a civilidade ao longo dos tempos, a política é o lugar da revolução. Para Hannah Arendt, revolução não é o mesmo que rebelião. Enquanto as rebeliões buscam remover certas peças do jogo, a revolução busca uma nova ordem, procura interromper um curso histórico e inaugurar um novo começo. Essa novidade é filha da liberdade, que, por sua vez, não é natural, mas política e, especificamente, republicana.

Não se deve confundir o reino da política com o da economia ou da administração, entendidas como a garantia do acesso à subsistência. A revolução política está assentada na garantia da liberdade, do convívio fundamentado na alteridade, na diferença e na pluralidade.

Hannah Arendt faz também a distinção entre liberdade e libertação. A libertação de um povo requer a conquista de direitos que promovam a eliminação da repressão e da arbitrariedade de governos. Mas essa libertação ainda não é a liberdade propriamente dita, que é de natureza política, pois implica a participação na coisa pública.

Por isso, para Hannah Arendt, a Revolução Americana (1776) teve mais êxito que a Revolução Francesa (1789), pois seu foco estava em criar instituições políticas capazes de garantir o espaço para que a liberdade se realizasse. De acordo com a filósofa, o sucesso da Revolução Americana foi a redação de uma Constituição, a qual possibilitou o começo de um regime republicano. Com isso, Arendt traz um elemento novo para se pensar a ideia e a realidade da soberania popular, vinculada à Carta Magna ou Constituição. Leia o fragmento a seguir:

> Nesse aspecto, o curso da Revolução Americana nos mostra um exemplo inesquecível e nos ensina uma lição sem precedentes, pois essa revolução não eclodiu simplesmente, mas foi antes conduzida por homens que tomaram juntos uma resolução, unidos pela força de compromissos mútuos. O princípio veio à luz durante os conturbados anos em que foram lançadas as fundações – não por determinação de um arquiteto, mas pelo poder combinado de muitos – foi o princípio interconexo da promessa mútua e da deliberação comum [...].
>
> ARENDT, Hannah. *Da revolução*. Trad. Leonel Vallandro e Gerd Bornheim. São Paulo: Ática, 1988. p. 171.

Declaração de Independência (1819), de John Trumbull. Óleo sobre tela, 3,7 m × 5,5 m.

A obra representa a entrega da primeira versão da Declaração de Indepência dos Estados Unidos ao Congresso, em 28 de junho de 1776. A independência dos Estados Unidos em relação ao Reino Unido ficou conhecida como Revolução Americana.

A concepção antropológica, ética e política de Hannah Arendt fica bem expressa na forma como ela conclui seu texto mais célebre sobre o fenômeno do totalitarismo:

> Mas permanece também a verdade de que todo fim na história constitui necessariamente um novo começo; esse começo é a promessa, a única mensagem que o fim pode produzir. Começo, antes de tornar-se evento histórico, é a suprema capacidade do homem; politicamente, equivale à liberdade do homem.
>
> ARENDT, Hannah. *Origens do totalitarismo.* Trad. Roberto Raposo. São Paulo: Companhia das Letras, 2012. p. 639.

OUTROS OLHARES

1. Leia o texto a seguir, escrito por Norberto Bobbio (1909-2004), filósofo político e historiador do pensamento político. Procure identificar, nesse fragmento, elementos comuns à reflexão que Hannah Arendt desenvolveu.

O futuro da democracia

Em primeiro lugar, se hoje existe uma ameaça à paz mundial, esta vem ainda uma vez do fanatismo, ou seja, da crença cega na própria verdade e na força capaz de impô-la. [...]

Em segundo lugar, temos o ideal da não violência: jamais me esqueci do ensinamento de Karl Popper segundo o qual o que distingue essencialmente um governo democrático de um não democrático é que apenas no primeiro os cidadãos podem livrar-se dos seus governantes sem derramamento de sangue.

As tão frequentemente ridicularizadas regras formais da democracia introduziram pela primeira vez na história as técnicas de convivência, destinadas a resolver conflitos sociais sem o recurso à violência. Apenas onde essas regras são respeitadas o adversário não é mais um inimigo (que deve ser destruído), mas um opositor que amanhã poderá ocupar o nosso lugar.

Em terceiro lugar: o ideal da renovação gradual da sociedade através do livre debate das ideias e da mudança das mentalidades e do modo de viver: apenas a democracia permite a formação e a expansão das revoluções silenciosas, como foi por exemplo nestas últimas décadas a transformação das relações entre os sexos (que talvez seja a maior revolução dos nossos tempos).

Por fim, o ideal da irmandade (a *fraternité* da Revolução Francesa). Grande parte da história humana é uma história de lutas fratricidas (*frater* = irmão). O método democrático não pode perdurar sem se tornar um costume. Mas pode tornar-se um costume sem o reconhecimento da irmandade que une todos os homens num destino comum? Um reconhecimento ainda mais necessário hoje, quando nos tornamos a cada dia mais conscientes deste destino comum e devemos procurar agir com coerência, através do pequeno lume de razão que ilumina nosso caminho.

BOBBIO, Norberto. *O futuro da democracia.* 4. ed. Rio de Janeiro: Paz e Terra, 1986. p. 38-40.

PROBLEMATIZANDO

1. Qual é a ideia de república presente nas reflexões de Hannah Arendt?
2. Como Hannah Arendt diferencia "libertação" de "liberdade"?
3. Norberto Bobbio diz que ainda hoje existe uma ameaça à paz mundial que vem do fanatismo, da crença cega na própria verdade e na força capaz de impô-la. Disso, parece que os fanatismos e os

preconceitos são de ordem afetiva e emocional e não racional. Parece não ser uma questão de inteligência, mas de predisposição afetiva.

- Como você se posiciona em relação a essas afirmativas? Como surge o preconceito? Do que ele se alimenta? O que ele produz? Quais caminhos você sugere para minimizá-lo ou superá-lo?

PRODUÇÃO DE TEXTO

1. Com base no pensamento político de Hannah Arendt, justifique a afirmação a seguir:
A revolução não é de natureza social, mas política.

PARA CONTINUAR O ESTUDO E A APRENDIZAGEM

SUGESTÃO DE LEITURAS

ARENDT, Hannah. *Da revolução*. São Paulo: Ática, 1988.

_____. *A condição humana*. 10. ed. Rio de Janeiro: Forense Universitária, 2005.

_____. *A dignidade da política*: ensaios e conferências. Rio de Janeiro: Relume Dumará, 1993.

_____. *A vida do espírito:* querer. v. 2. Lisboa: Instituto Piaget, 1999.

_____. *Crises da república*. 2. ed. São Paulo: Perspectiva, 2004.

_____. *Eichmann em Jerusalém*: um relato sobre a banalidade do mal. São Paulo: Companhia das Letras, 1999.

_____. *Entre o passado e o futuro*. 5. ed. São Paulo: Perspectiva, 2001.

_____. *Origens do totalitarismo*: antissemitismo, imperialismo e totalitarismo. São Paulo: Companhia das Letras, 2012.

_____. *Responsabilidade e julgamento*. São Paulo: Companhia das Letras, 2004.

3. ÉTICA DO DISCURSO: DA AÇÃO ESTRATÉGICA À AÇÃO COMUNICATIVA

Jürgen Habermas é um filósofo e sociólogo alemão nascido em Düsseldorf, em 18 de junho de 1929. Seu pensamento integra a tradição da teoria crítica, ligada à Escola de Frankfurt, especialmente em sintonia com Theodor Adorno e Herbert Marcuse. Da sociologia, herdou de Max Weber, especialmente, a influência de sua reflexão sobre racionalização da sociedade moderna.

Na dinâmica da reflexão da Escola de Frankfurt, seu pensamento situa-se no tema das relações humanas, da ética e da política em sociedades afetadas pelo capitalismo avançado, com sensibilidade especial para o tema da democracia, do qual provém sua reflexão sobre a ação humana orientada para o entendimento mútuo e a construção de consensos universais.

Recordando a crítica da Escola de Frankfurt, sobre a qual refletimos na unidade anterior, a razão filosófica, originalmente crítica, foi transformada, por meio do Iluminismo moderno, em razão instrumental, técnica e manipulatória. Colocada a serviço dos interesses do capital, tornou-se refém de um modelo econômico capitalista.

Nesse âmbito imperam a razão técnica e a ação estratégica, em uma sociedade profundamente individualista, na qual cada indivíduo é

Jürgen Habermas.

estimulado a realizar seus projetos individuais por meio de estratégias que influenciem ou manipulem outros indivíduos. Nesse espírito de época, vivemos o desmoronamento das grandes narrativas, de cosmovisões metafísicas e religiosas. Uma das maiores decorrências disso, para Habermas, verifica-se no horizonte das motivações pessoais.

Embora o ser humano, em sua racionalidade, seja capaz de deliberar e agir em função de interesses racionais e coletivos, para Habermas, estaríamos vivendo uma profunda crise na formação da vontade política e na motivação racional dos indivíduos para a construção de saídas políticas para a humanidade.

> Segundo Habermas, o maior desafio para os seres humanos na sociedade contemporânea é a passagem da ação estratégica para a comunicativa. E por "ação comunicativa" o filósofo entende as ações orientadas para o entendimento mútuo, superando a ênfase individualista da razão moderna. Ora, isso pressupõe a aprendizagem de uma nova habilidade, a do diálogo, da discussão, do debate público e da ética do discurso em busca de consensos.

Quando Habermas fala em ética do discurso, faz referência a uma forma de comunicação caracterizada pela argumentação, na qual se considera a validade das pretensões de cada membro participante da discussão. Por isso, os discursos conduzem ao entendimento, uma vez que são marcados pela reflexividade. Dessa forma, na ação comunicativa o foco está nos melhores objetivos a serem buscados coletivamente. As ações passarão a ser coordenadas em uma democracia deliberativa, na qual os cidadãos participam de forma crítica e argumentativa. Com o diálogo, acontecerá a construção dos consensos, não havendo necessidade de estratégias de repressão e censura, pois o entendimento mútuo, com base em uma razão livre e crítica, será suficiente para estabelecer os contornos da vida social.

Habermas é sensível ao pluralismo do mundo contemporâneo, que apresenta vários estilos de vida, todos igualmente legítimos e que deverão ter o espaço aberto à participação na construção dos consensos, os quais fortalecerão as identidades pessoais por meio do reconhecimento. Nesse encontro plural, a questão motivadora do diálogo será: "O que é bom para todos por igual?".

O filósofo concentra-se na dimensão da construção de consensos. Com isso, reconhecemos que seu pensamento está sendo guiado por uma preocupação política, que solicita dos indivíduos a participação pública nas discussões em busca das melhores decisões, e não somente de soluções simplistas e imediatistas.

Por isso, sua reflexão ética, muito mais do que pensar em um objeto ou conteúdo específico, está voltada para a formação de um jeito de ser e de viver no qual as soluções são buscadas de forma colegiada e racional.

MARCELO CAMARGO/AGÊNCIA BRASIL

Marcha pela vida e liberdade religiosa no Dia Nacional de Combate à Intolerância Religiosa em Porto Alegre (RS), 2016.

O que é bom para todos por igual? A ação comunicativa proposta por Habermas, orientada para o entendimento mútuo e a construção de consensos, pressupõe o desenvolvimento da habilidade do diálogo, da discussão, do debate público e da ética do discurso. Em defesa do pluralismo, toda forma de intolerância deve ser combatida por meio da argumentação e da reflexividade.

PROBLEMATIZANDO

1. Se considerarmos os programas televisivos e os conteúdos na internet que as pessoas mais buscam, de que natureza eles são? Talvez esse olhar nos ajude a captar o espírito da época. Que diagnóstico você faz dessa realidade?

PARA CONTINUAR O ESTUDO E A APRENDIZAGEM

SUGESTÃO DE LEITURAS

HABERMAS, Jürgen. *A inclusão do outro*: estudos de teoria política. Trad. George Sperber et al. São Paulo: Loyola, 2002.

_____. *Consciência moral e agir comunicativo*. 2. ed. Rio de Janeiro: Tempo Brasileiro, 2003.

_____. *Direito e democracia*: entre facticidade e validade. 2. ed. Rio de Janeiro: Tempo Brasileiro, 2003.

_____. *O discurso filosófico da modernidade*: doze lições. São Paulo: Martins Fontes, 2002.

_____. *Pensamento pós-metafísico*. Rio de Janeiro: Tempo Brasileiro, 2002.

_____. *Verdade e justificação*: ensaios filosóficos. São Paulo: Loyola, 2004.

4. LIBERALISMO E COMUNITARISMO

No terreno da filosofia política contemporânea, existe uma ampla discussão entre liberalismo e comunitarismo. Por um lado, os liberais consideram-se herdeiros de John Locke, Thomas Hobbes, Stuart Mill e Immanuel Kant. Por outro lado, os comunitaristas lançam suas raízes em Aristóteles e consideram-se fundados na tradição republicana inaugurada na Renascença por Maquiavel, em cujo pensamento o governante ou "o príncipe" deve subordinar sua conduta ao êxito político e à ordem social.

Os liberais defendem, acima de tudo, a liberdade individual, o respeito aos direitos individuais e a liberdade de consciência e alimentam uma profunda desconfiança em relação à interferência do Estado na vida social, econômica e política, pois isso limitaria as liberdades individuais. Podemos incluir entre os liberais John Rawls (1921-2002), Ronald Dworkin (1931-2013), Thomas Nagel (1937), Bruce Ackerman (1943) e Charles Larmone (1950).

Em sua crítica antiliberal, os comunitaristas denunciam a dimensão abstrata da moral liberal, por não contemplar a história das tradições culturais. Os comunitaristas defendem a ética das virtudes com base na perspectiva aristotélica. Recordando o conceito de virtude aristotélica, que estudamos na unidade 2, a virtude está ao alcance de cada um de nós por meio do desenvolvimento de habilidades relacionadas ao bem pensar, ao deliberar e ao escolher bem, visando sempre ao bem mais elevado, que é a justiça. Embora haja potencialidade natural para a virtude, ela resulta da educação, do conhecimento, do hábito de cultivar as potencialidades e da capacidade de lutar racionalmente contra as paixões e controlar as emoções. Assim, a vida virtuosa implica autodomínio para a vida em sociedade. Entre os comunitaristas, incluímos Alasdair MacIntyre (1929), Charles Taylor (1931), Michael Sandel (1953), Will Kymlicka (1962) e Michael Walzer (1935).

Os liberais argumentam que o Estado é um instrumento para assegurar a coexistência pacífica dos indivíduos em uma sociedade formada pelo contrato. De forma radical, a política deve assegurar e garantir a cada indivíduo, de maneira igualitária, a liberdade de escolher a melhor vida para si, sem ferir os direitos dos outros.

Em contrapartida, os comunitaristas concebem o ser humano como um animal político, afirmando que o indivíduo/cidadão deve empenhar-se e engajar-se social e politicamente na esfera pública, participando ativamente das questões que dizem respeito à vida em comunidade. Portanto, sobre o indivíduo pesam obrigações éticas e sociais para o aprimoramento do bem comum, que será também seu bem.

No fragmento a seguir, Hannah Arendt faz uma reflexão sobre a relação entre a sociedade competitiva de consumo, o individualismo e a apatia política:

> A sociedade competitiva de consumo criada pela burguesia gerou apatia, e até mesmo hostilidade, em relação à vida pública, não apenas entre as camadas sociais exploradas e excluídas da participação ativa no governo do país, mas acima de tudo entre a sua própria classe [...]. O sucesso ou o fracasso do indivíduo em acirrada competição era o supremo objetivo, de tal modo que o exercício dos deveres e responsabilidades do cidadão era tido como perda desnecessária do seu tempo e energia. Essas atitudes burguesas são muito úteis àquelas formas da ditadura nas quais um "homem forte" assume a incômoda responsabilidade de conduzir os negócios públicos [...].
>
> ARENDT, Hannah. *Origens do totalitarismo*. Trad. Roberto Raposo. São Paulo: Companhia das Letras, 2012. p. 441.

Em suma, o liberalismo e o comunitarismo pensam em uma sociedade regida por leis que garantam os direitos e promovam a justiça, embora tenham perspectivas distintas. Essas disputas são muito saudáveis para a vida democrática. Seguramente, o desafio consiste em buscar a construção de uma qualidade de vida social, na qual se realize a vida dos indivíduos em suas relações.

PROBLEMATIZANDO

1. Considerando essa reflexão de Hannah Arendt, você diria que há uma incompatibilidade natural entre os interesses particulares e o bem comum? Ou a apatia política e desinteresse pela coisa pública são dimensões construídas culturalmente?
   - Converse com os colegas e apresente sua argumentação para sustentar seu posicionamento em relação à questão proposta.

2. Na filosofia moderna, no eixo da ética e da política, estudamos a visão dos filósofos contratualistas. Agora, vimos alguns elementos da visão comunitarista. Vamos ler dois fragmentos de Alasdair MacIntyre, que resgata a visão aristotélica de ser humano e a confronta com a concepção antropológica e moral dos séculos XVII e XVIII. É muito importante considerarmos essa distinção fundamental, pois esses pressupostos nos levam a diferentes direções em nossas reflexões e atitudes.

> Foi nos séculos XVII e XVIII que a moralidade passou a ser entendida em geral como oferecendo uma solução para os problemas gerados pelo egoísmo e que o conteúdo da moralidade passou a ser igualado ao do altruísmo, pois foi nesse mesmo período que os homens passaram a ser vistos como se fossem, num grau perigoso, egoístas por natureza; e é só quando consideramos a humanidade perigosamente egoísta por natureza que o altruísmo se torna, de imediato, socialmente necessário, porém obviamente impossível e, se e quando ocorre, inexplicável. Na tese aristotélica tradicional, tais problemas não surgem, pois o que a educação em virtudes me ensina é que o meu bem como homem é o mesmo que o bem dos outros, a quem estou unido na comunidade humana. A minha busca do meu bem como um homem não é necessariamente antagônica à sua procura do seu, pois o bem não é meu bem nem seu – os bens não são propriedade privada. Consequentemente, a definição aristotélica de amizade, a forma fundamental de relacionamento humano, tem como fundamento os bens compartilhados. O egoísmo é, então, para os mundos antigo e medieval, sempre alguém que cometeu um erro fundamental com relação ao lugar do seu próprio bem, e alguém que, assim, excluiu a si mesmo dos relacionamentos humanos.
>
> MACINTYRE, Alasdair. *Depois da virtude*: um estudo em teoria moral. Trad. Jussara Simões. Bauru: Edusc, 2001. p. 383-384.

- Nesse fragmento, qual é a tese do autor sobre a dimensão constitutiva do ser humano? Aproxima-se da dimensão política ou, ao contrário, do individualismo?
- Como você se posiciona em relação a esse tema? Concorda com o autor? Tem algum exemplo para ilustrar seu posicionamento?

PRODUÇÃO DE TEXTO

1. Leia os trechos a seguir:

Trecho 1

> A natureza compele todos os homens a se associarem [...]. Se o homem, tendo atingido a sua perfeição, é o mais excelente entre os animais, também é o pior quando vive isolado, sem leis e preceitos [...]. A justiça é a virtude das virtudes. Na justiça estão compreendidas todas as virtudes, é a virtude completa. É completa porque aquele que a possui pode exercer sua virtude não só sobre si mesmo, mas também sobre seu próximo, já que muitos homens são capazes de exercer virtude em seus assuntos privados, mas não em suas relações com os outros [...]. Portanto, a justiça não é uma parte da virtude, mas a virtude inteira; nem seu contrário, a injustiça, uma parte do vício, mas o vício inteiro.
>
> ARISTÓTELES. *Ética a Nicômaco*. Livro V. Trad. Leonel Vallandro e Gerd Bornheim São Paulo: Nova Cultural, 1991. p. 81-83. (Os pensadores).

Trecho 2

> A unidade da vida humana se torna invisível para nós quando uma separação nítida é feita entre o indivíduo e os papéis sociais que ele ou ela desempenha [...] ou entre as realizações de diferentes papéis [no interior] da vida de um indivíduo, de modo que a vida aparece como nada mais do que uma série de episódios desconexos.
>
> MACINTYRE, Alasdair. *Depois da virtude*: um estudo em teoria moral. Trad. Jussara Simões. Bauru: Edusc, 2001. p. 344.

- Com base nesses trechos, redija um texto caracterizando a posição defendida pelos autores no que se refere à temática da relação indivíduo-comunidade.

PARA CONTINUAR O ESTUDO E A APRENDIZAGEM

SUGESTÃO DE FILMES

Temática: A alienação no trabalho
Filme: *Notícias da antiguidade ideológica: Marx, Eisenstein, O capital* (Alemanha, 2008). Direção: Alexander Kluge. Nesta obra, Kluge se utiliza de diversas linguagens (entrevistas, cartazes, dramatizações, poesia, músicas, reportagens, curta-metragens) para articular algumas das principais ideias do pensamento marxista. O homem na coisa, um dos curtas apresentados na película, apresenta, a partir de um momento cotidiano (uma mulher correndo em uma calçada), o processo de produção de cada objeto exibido na cena. Dessa forma, introduzindo a dimensão humana da mercadoria, o curta indica justamente aquilo que a produção capitalista "retira" do trabalhador: a identificação com o seu próprio trabalho.

Temática: Autoritarismo e totalitarismo
Filme: *A onda* (Alemanha, 2008). Direção: Dennis Gansel. O filme narra a história de um professor de uma escola que conduz um experimento com seus estudantes para demonstrar as formas de implantação de um governo autoritário e totalitário. A película aborda o fanatismo, o conformismo e a perda de identidade dentro da massa (demonstrada pela uniformidade das roupas, dos códigos de conduta, no ritual dos gestos) governada pelo totalitarismo.

Eixo Temático 4

ARTE E ESTÉTICA

Você vai aprender sobre:

- Arte como expressão da subjetividade e criação do sujeito.
- Diferença entre arte e cultura.
- A existência estética e a arte de bem viver em Nietzsche.
- Arte como retorno do reprimido e manifestação das fantasias em Freud.
- Arte como espaço da liberdade.
- Indústria cultural e manipulação da arte.
- Massificação e padronização da arte.

Temas:

1. Arte como intuição e criação subjetiva
2. Arte e cultura
3. A arte de viver em Nietzsche
4. Arte, fantasia e sublimação em Freud
5. Indústria cultural e cultura de massa

1. ARTE COMO INTUIÇÃO E CRIAÇÃO SUBJETIVA

Crianças geopolíticas assistindo ao nascimento do novo homem (1943), de Salvador Dalí. Óleo sobre tela, 45,72 cm × 52,7 cm.

Nesta obra, Salvador Dalí representa a esperança que havia no nascimento de um novo indivíduo após o período traumático das guerras. Contudo, o clima é mais de ameaça do que de otimismo. Percebe-se que no mundo, em forma de ovo, os continentes não estão sólidos. Uma gota de sangue escorre da abertura pela qual nasce o "novo homem".

Nas primeiras décadas do século XX, especialmente após a Primeira Guerra Mundial, são feitas fortes críticas à cultura tecnológica, capitalista e destrutiva que se encontrava fora do controle da razão crítica.

Na arte, o surrealismo surge como um movimento que dá ênfase à dimensão irracional do ser humano. Nessa época, Sigmund Freud (1856-1939) já havia construído sua teoria do subconsciente e do inconsciente na mente humana. Esse foi um tema muito explorado pelo surrealismo, que procurou expressar, na arte, a influência exercida pelas forças psíquicas quando não se encontram bloqueadas pela razão. Assim, sem os freios da razão crítica, estamos diante de criações que resultam da emoção e da espontaneidade humana.

Iniciaremos nossa reflexão sobre a arte com uma abordagem mais genérica, considerando-a como uma forma de conhecimento vinculada essencialmente à intuição, e não ao pensamento discursivo. Embora essa concepção possa ser aplicada a praticamente todos os períodos da história do pensamento, a partir da modernidade isso fica mais forte, uma vez que a subjetividade e a liberdade passam a estar no centro das reflexões filosóficas. No universo da arte, não tem sido diferente. Vejamos o fragmento a seguir, que expressa essa ideia:

> Pensar na arte como uma forma de conhecimento é retomarmos os caminhos do sentimento e da intuição que transcendem a lógica da argumentação racional e discursiva. Para além do que pode ser nomeado, o artista sente e intui o que não aparece e imagina e constrói símbolos que nos remetem à transcendência do real. A sensibilidade e a intuição do artista tornam-se mediações para um tratamento ou abordagem sempre novos e diferenciados do real. Essa nova forma de abordagem do real promove, em quem nela mergulha, um processo de desinstalação, inquietude e busca por um novo olhar, que faça sentido, que integre o atualmente presente com o potencialmente ainda ausente. Essa é a dimensão criativa que perpassa a obra de arte, através da qual instaura-se a possibilidade de ver o mundo com nova sensibilidade e com olhar mais complexo. [...]
>
> ARCHER, Michael. *Arte contemporânea*: uma história concisa. São Paulo: Martins Fontes, 2001. p. 9.

Na sociedade contemporânea, também chamada de "pós-moderna" por muitos pesquisadores (a expressão indicaria o que é "pós" ou "novo" em relação ao espírito moderno), uma das características mais marcantes é o abandono das grandes utopias que marcaram a modernidade e originaram revoluções em vários âmbitos da vida, como no conhecimento, na política, na economia e na sociedade. Com essa libertação em relação às grandes narrativas, uma das questões sobre as quais a arte contemporânea se dedicará é o próprio conceito de arte. O que faz algo ser arte?

TV Jardim (1974), instalação de Nam June Paik.

Nesta obra, o artista sul-coreano Nam June Paik (1932–2006) aborda o distanciamento dos ambientes naturais imposto às pessoas pela tecnologia no mundo urbano contemporâneo. Paik também exerce uma crítica, por meio da exibição da mesma programação em todos os aparelhos de TV, à forte presença da tecnologia em nosso cotidiano e à maneira como as pessoas assimilam informações de forma acrítica, por meio da televisão e de outras mídias.

[...] A pós-modernidade traz a marca da libertação em relação às instituições e às grandes narrativas ou utopias. Esse espírito também se manifesta no campo da arte, onde predomina a liberdade da criação do sujeito, sem vínculos. Por isso, as criações artísticas contemporâneas não trazem uma legenda ideológica específica, seja religiosa ou política. Uma das marcas da pós-modernidade é a metalinguagem, a reflexão que se volta sobre o próprio objeto ou sujeito de aprendizagem. Assim, pergunta-se sobre o que seja a arte, se tudo pode ser arte, o que faz a arte ser arte. Assim, a arte contemporânea não se encontra inscrita em limites muito precisos. O campo de atuação ultrapassa a dimensão material, da concretude dos objetos. Conceitos e atitudes também são objeto de criação artística. Assim, a arte chamada contemporânea provoca em nós a dúvida sobre o que seja ou deva ser arte. [...]

De início, parece que, quanto mais olhamos, menos certeza podemos ter quanto àquilo que, afinal, permite que as obras sejam qualificadas como "arte", pelo menos de um ponto de vista tradicional. Por um lado, não parece haver mais nenhum material particular que desfrute do privilégio de ser imediatamente reconhecível como material de arte: a arte recente tem utilizado não apenas tinta, metal e pedra, mas também ar, luz, som, palavras, pessoas, comida e muitas outras coisas. Hoje existem poucas técnicas e métodos de trabalho, se é que existem, que podem garantir ao objeto acabado a sua aceitação como arte.

ARCHER, Michael. *Arte contemporânea*: uma história concisa. São Paulo: Martins Fontes, 2001. p. 9.

PROBLEMATIZANDO

1. A intuição e a imaginação estão na raiz do conhecimento e da transformação de uma realidade. Com base nessa afirmação e nas reflexões que você fez no início deste tema, qual é a importância da arte no processo de educação do espírito humano?
2. Se você fosse convidado a falar sobre as características da arte contemporânea, quais aspectos destacaria?
3. Converse com os colegas sobre a necessidade da educação do espírito humano por meio da arte.

2. ARTE E CULTURA

Apresentação do grupo Samba de Roda do Quilombo no Encontro Cultural de Laranjeiras (SE), em 2013.

A manifestação artístico-cultural faz parte da construção da identidade e dos símbolos coletivos. Pode também ser um espaço de rememoração e de renovação de laços comunitários.

Vimos que a arte é expressão da intuição e da imaginação do sujeito. Toda obra de arte, embora seja subjetiva, surge no interior de uma cultura, que é sempre uma criação coletiva. Na cultura (espaço da comunidade), forma-se a identidade do grupo, no qual cada indivíduo encontra seu lugar. Falar em cultura é referir-se a símbolos coletivos, a um idioma, a valores, crenças, mitos e ritos. Igualmente, fazemos referência a uma série de proibições.

Esse complexo, que forma a tradição cultural, condiciona o comportamento dos indivíduos. Em contrapartida, sendo criação do sujeito, a arte traz uma dimensão subversiva, de protesto, de negação ou de crítica da cultura, de desejo de transformação. Com base em uma interpretação do mundo, o artista expressa-se produzindo, por exemplo, pinturas, canções, peças teatrais e obras carregadas de sentimentos e emoções. Por isso, é próprio da arte ser fonte de incômodo, inquietude e indignação, tanto no artista como na obra e no espectador. Assim, a arte tem uma dimensão problematizadora e transformadora. Sendo criação de um sujeito historicamente situado, a obra de arte é produzida no interior de uma dada cultura e lança luzes, críticas e protestos sobre ela.

No fragmento a seguir, encontramos elementos para continuar a reflexão sobre essas duas maneiras de conceber a arte e a cultura.

Para Proudhon, a arte alcança o seu grau de perfeição quando o artista se apaga, quando a obra deixa de levar o nome dele, quando é o produto de toda uma época, de uma nação, como a estatuária egípcia e a das nossas catedrais góticas. Quanto a mim, tenho por princípio que a obra de arte só vive pela originalidade. Uma obra de arte é um recanto da criação visto através de um temperamento. [...]

Não compreendestes que a arte é a livre expressão de um coração e de uma inteligência, e que ela é tanto maior quanto mais pessoal for. [...]

Se me perguntardes o que vim fazer neste mundo, eu, artista, vos responderei: "vim viver nas alturas" [....] Numa palavra, sou diametralmente oposto a Proudhon: ele quer que a arte seja o produto da nação, eu exijo que ela seja o produto do indivíduo. [...] Minha arte é uma negação da sociedade, uma afirmação do indivíduo, fora de todas as regras e de todas as necessidades sociais.

ZOLA, Émile. Proudhon e Courbet. In: PROUDHON, Pierre-Joseph. *Do princípio da arte e de sua destinação social.* Trad. Antônio de Pádua Danesi. Campinas: Armazém do Ipê, 2009.

PRODUÇÃO DE TEXTO

1. No trecho anterior, Émile Zola afirma: "Minha arte é uma negação da sociedade, uma afirmação do indivíduo, fora de todas as regras e de todas as necessidades sociais."

   • Com base nessa afirmação, redija um parágrafo sobre a relação entre arte e cultura.

Pomba à prova de balas (2007), de Banksy. Grafite em Belém, Palestina.

A manifestação artística é também um espaço de resistência que expressa crítica cultural e social que pode ajudar na transformação da sociedade. Nesta obra do artista de rua Banksy (1974), observe como a pomba branca está utilizando um colete à prova de balas enquanto um alvo vermelho se posiciona sobre seu peito. O grafite foi realizado em um muro da cidade de Belém, na Palestina, uma região de conturbadas relações políticas e religiosas entre israelenses e palestinos. A justaposição entre o conceito de paz, representado pela pomba branca, e o de violência, representado pelo colete e alvo, introduz uma contradição que manifesta uma crítica aos conflitos geopolíticos na região.

3. A ARTE DE VIVER EM NIETZSCHE

Do ponto de vista histórico, Friedrich Nietzsche (que estudamos no eixo temático dedicado à condição humana desta unidade) pode ser considerado um pensador moderno, como Hegel e Schiller (que abordamos no eixo temático dedicado à arte e à estética da unidade 4). No entanto, em Nietzsche encontramos um pensamento inovador para a época. Ele tece profundas críticas à modernidade. Por isso, optamos por trazer a reflexão para este momento, em razão da atualidade e da relevância que possui. Considerando a relação entre indivíduo e sociedade e entre arte e cultura, o pensamento de Nietzsche traz uma contribuição significativa.

No senso comum, costuma-se associar a palavra "arte" a uma obra de arte de algum artista específico. Para Nietzsche, a vida requer que todos sejamos artistas de nossa existência. Assim, cada um deve embelezar sua vida e dar-lhe sentido. Com isso, ele pede que deixemos a dimensão passiva e meramente contemplativa da vida e passemos a nos assumir como artistas e criadores de nós mesmos e de nossa vida.

Enquanto o conhecimento científico preocupa-se em organizar, calcular e normatizar por meio de regras, em uma busca pela verdade, a arte não tem essa preocupação. De acordo com Nietzsche, a estética mostra-se mais capaz de captar e compreender melhor toda a fluidez e complexidade da vida humana, algo que a perspectiva metafísica e racionalista mostrou ser incapaz de conseguir.

Nessa reflexão, Nietzsche critica o ser humano moderno, que necessita da arte para aliviar sua insatisfação com a vida e suportar o tédio de uma existência desprovida da dimensão estética. No fragmento a seguir, Nietzsche estabelece uma distinção entre a "arte" (a arte propriamente dita, considerada em sua essência ou dimensão fundamental) e as "obras de arte" (que ele considera um "apêndice" ou "anexo"):

> A arte deve antes de tudo e em primeiro lugar embelezar a vida, portanto, fazer com que nós próprios nos tornemos suportáveis e, se possível, agradáveis uns aos outros: com essa tarefa em vista, ela nos modera e nos refreia, cria formas de trato, [...] leis de conveniência, de limpeza, de cortesia, de falar e calar a tempo certo. Em seguida a arte deve esconder ou reinterpretar tudo o que é feio, aquele lado penoso, apavorante, repugnante que, a despeito de todo esforço, irrompe sempre de novo, de acordo com a condição da natureza humana: deve proceder desse modo especialmente em vista das paixões e das dores e angústias da alma e, no inevitável ou insuperavelmente feio, fazer transparecer o *significativo*.
>
> Depois dessa grande, e mesmo gigantesca tarefa da arte, a assim chamada arte propriamente dita, a das obras de arte, é somente um apêndice. Um homem que sente em si um excedente de tais forças para embelezar, esconder e reinterpretar procurará, por último, descarregar-se desse excedente também em obras de arte [...] – Mas, de hábito, agora começam a arte pelo fim, penduram-se à sua cauda e pensam que a arte das obras de arte é a arte propriamente dita, que a partir dela a vida deve ser melhorada e transformada – tolos de nós! Se começamos a refeição pela sobremesa e degustamos doces e mais doces, o que há de admirar, corrompemos o estômago e mesmo o apetite para a boa, forte, nutritiva refeição a que nos convida a arte!
>
> NIETZSCHE, Friedrich. Miscelânea de opiniões e sentenças. In: *Obras incompletas*. Trad. Rubens Rodrigues Torres Filho. São Paulo: Nova Cultural, 1999. p. 115. (Os pensadores).

Nietzsche afirma, nesse trecho, que considerar a arte das obras como arte propriamente dita é antecipar a sobremesa e desperdiçar a refeição. O alimento que será responsável pela emancipação do ser humano, para que o indivíduo torne-se soberano e destacado, será a atitude com a qual ele assume a vida.

As aventuras de Marco Polo, espetáculo teatral chinês em apresentação nos Estados Unidos, 2013.

O espetáculo conta as histórias de amor e de aventura vividas por Marco Polo em suas viagens à China durante a dinastia Yuan (1271–1368). Segundo Nietzsche, o teatro pode estimular o indivíduo a se colocar em cena, e dessa forma se transformar em seu potencial, naquilo que pode ser.

Em *A gaia ciência*, Nietzsche afirma que o ser humano pode aprender algo muito importante com os artistas do teatro: estimar e libertar o herói oculto, que se encontra escondido dentro de si mesmo e, com isso, "pôr-se em cena" para si mesmo. Precisamos aprender a conquistar e vencer nossos temores, como um herói.

Para Nietzsche, é fundamental que cada indivíduo se coloque em cena, isto é, assuma sua vida e sua potência e aprenda a tomar um distanciamento crítico e criativo em relação à cultura na qual vive. Assim, cada um pode tornar-se aquilo que é, ou seja, transformar-se naquilo que é capaz de ser, um "super-homem", um indivíduo único e destacado em relação ao ser humano comum.

Após empregarmos todos os nossos esforços na arte de construir nossa existência, caso sobre tempo e ainda tenhamos forças, então poderíamos nos ocupar com a arte das obras de arte. Mas essa arte específica é um anexo, um apêndice da arte de viver. Em primeiro lugar, é necessário e preferível não ter necessidade dessa ou daquela arte específica, mas focar no próprio e permanente aperfeiçoamento. Esse é o prato principal, a outra arte é a sobremesa.

PROBLEMATIZANDO

1. Nietzsche afirma que o ser humano pode aprender algo muito importante com os artistas do teatro: estimar e libertar o herói oculto que encontra-se escondido dentro de si mesmo e, com isso, "pôr-se em cena" para si mesmo. Como você interpreta essa reflexão de Nietzsche?

4. ARTE, FANTASIA E SUBLIMAÇÃO EM FREUD

O médico neurologista e criador da psicanálise Sigmund Freud (1856-1939) nasceu em uma família judaica na cidade de Pribor, na época pertencente ao Império Austríaco, atualmente na República Checa.

Para Freud, a mente humana pode ser interpretada como um *iceberg*. Ela é constituída por uma dimensão consciente, que é a parte menor. Contudo, a realidade mais significativa e forte encontra-se no subconsciente e no mais profundo do inconsciente.

Sigmund Freud.

O *iceberg* possui a maior parte de sua constituição submersa. Segundo Freud, o inconsciente seria a realidade submersa da mente humana.

De acordo com Freud, o ser humano é movido pelo princípio do prazer e por uma energia vital. Nesse sentido, ele recorda o que outros filósofos já haviam pensado, ou seja, que os seres humanos buscam naturalmente o prazer e fogem da dor.

Freud pressupõe, no ser humano, a existência de forças psíquicas em conflito – as pulsões –, que seriam a causa psíquica originária, a energia que impulsiona o indivíduo em determinada direção. Trata-se de uma ideia ou conceito que distingue a psicanálise das outras psicologias justamente por propor, em vez de descrever, uma explicação sobre a dinâmica que aconteceria no interior do ser humano.

Contudo, o ser humano não é apenas um ser natural, ele também é um ser cultural. E, de acordo com Freud, o indivíduo tem experiências frequentes de sofrimento, cuja origem encontra-se tanto na natureza como na cultura. Dessa forma, a felicidade seria sempre muito limitada para o ser humano e a infelicidade seria a experiência mais frequente.

O que o ser humano mais experimenta seria o sofrimento, que teria três fontes fundamentais: inicialmente, o sofrimento viria de nossa constituição física, de nosso corpo finito e frágil, condenado à decadência e à morte. Essa finitude que implica a morte traria ansiedades e sofrimentos. Em segundo lugar, relacionado à nossa finitude, a fonte de nosso sofrimento provém da percepção da superioridade da natureza que pode voltar-se contra nós de forma impiedosa. E, em terceiro lugar, a fonte de nossos permanentes sofrimentos viria da inadequação das regras culturais. A vida em sociedade implica restrições à impulsividade natural. E essas limitações impostas pela civilização produzem no ser humano um profundo sentimento de mal-estar.

Diante de tantas fontes de sofrimento, os seres humanos, em sua vida em sociedade, teriam criado medidas paliativas. Entre elas, Freud menciona as satisfações substitutivas, que diminuem os sofrimentos da realidade. Ao se referir às formas pelas quais os seres humanos buscam contornar os sofrimentos que a vida em sociedade lhes impõe, Freud fala da sublimação.

Nesse conceito de sublimação, Freud refere-se à satisfação de uma pulsão sexual em um objeto que não é de natureza sexual. A satisfação se realizaria em um objeto socialmente valorizado e estimado, de natureza não sexual. Assim, a pulsão sexual realiza-se na mudança de alvo, no desvio relacionado ao objeto de satisfação, no alvo diferente do original.

No texto a seguir, Freud fala dessas satisfações substitutivas que a arte proporciona:

> Como já descobrimos há muito tempo, a arte oferece satisfações substitutivas para as mais antigas e mais profundamente sentidas renúncias culturais, e, por esse motivo, ela serve, como nenhuma outra coisa, para reconciliar o homem com os sacrifícios que tem de fazer em benefício da civilização. Por outro lado, as criações da arte elevam seus sentimentos de identificação, de que toda unidade cultural carece tanto, proporcionando uma ocasião para a partilha de experiências emocionais altamente valorizadas. E quando essas criações retratam as realizações de sua cultura específica e lhe trazem à mente os ideais dela de maneira impressiva, contribuem também para sua satisfação narcísica.
>
> FREUD, Sigmund. *O futuro de uma ilusão*. Trad. José Octávio de Aguiar Abreu. Rio de Janeiro: Imago, 1974. p. 25.

Narciso (1596), de Caravaggio. Óleo sobre tela, 110 cm × 92 cm.

A arte poderá ser lida e interpretada, nesse contexto, como a expressão das fantasias do artista, um meio de sublimação e canalização de suas energias, de orientação de sua agressividade para algo que a cultura não reprima. Desse modo, na arte encontramos a materialidade da agressividade, das forças psíquicas e dos desejos reprimidos.

Nessa dinâmica, a arte poderia ser instrumento de catarse ou um processo terapêutico. Na psicologia, a catarse envolveria a liberação de sentimentos, a descarga emocional, a liberação de tensões reprimidas e de afetos ligados à lembrança de algum trauma etc. Na psicanálise, a catarse seria uma operação capaz de trazer à consciência do indivíduo memórias que estariam reprimidas no inconsciente. Na arte, poderia acontecer esse processo de descarga emocional.

As obras de arte, nessa perspectiva, tornam-se uma expressão material e cultural na qual estariam presentes desejos e pulsões da vida psíquica do ser humano como indivíduo e como coletividade. Leia o fragmento a seguir:

> [...] Freud destaca a fantasia como uma atividade mental que retém um elevado grau de liberdade, em relação ao princípio de realidade, mesmo na esfera da consciência desenvolvida. [...] A fantasia desempenha uma função das mais decisivas na estrutura mental total: liga as mais profundas camadas do inconsciente aos mais elevados produtos da consciência (arte), o sonho com a realidade; preserva os arquétipos do gênero, as perpétuas, mas reprimidas ideias da memória coletiva e individual, as imagens tabus da liberdade.
>
> MARCUSE, Herbert. *Eros e civilização*: uma interpretação filosófica do pensamento de Freud. Trad. Álvaro Cabral. Rio de Janeiro: Zahar, 1975. p. 131-132.

Para Freud, a arte surge da fantasia e seria uma forma de trazer à tona um conteúdo reprimido. Sendo a cultura um espaço de repressão e de falta de liberdade, a arte seria a negação dessa ausência de liberdade, o grito de protesto contra a repressão. Assim, a fantasia estaria na raiz de uma expressão artística, que busca uma vida sem o mal-estar que a vida em sociedade implica:

> A arte é, talvez, o mais visível "retorno do reprimido", não só no indivíduo, mas também no nível histórico-genérico. A imaginação artística modela a "memória inconsciente" da libertação que fracassou, da promessa que foi traída. Sob o domínio do princípio de desempenho, a arte opõe à repressão institucionalizada a "imagem do homem como um sujeito livre; mas num estado de não-liberdade, a arte só pode sustentar a imagem da liberdade na negação da não-liberdade". [...]
>
> Na sua recusa em aceitar como finais as limitações impostas à liberdade e à felicidade pelo princípio de realidade, na sua recusa em esquecer o que pode ser, reside a função crítica da fantasia:
>
> "Reduzir a imaginação à escravidão, mesmo que estivesse em jogo aquilo a que grosseiramente se chama felicidade, é privarmo-nos de tudo o que encontramos, no nosso íntimo mais profundo, de justiça suprema. Somente a imaginação me diz o que pode ser." André Breton [*Os manifestos do surrealismo*, 1924]. [...]
>
> Essa "grande recusa" é o protesto contra a repressão desnecessária, a luta pela forma suprema de liberdade – "viver sem angústia". Mas essa ideia só podia ser formulada sem punição na linguagem da arte. No contexto mais realista da teoria política ou mesmo da filosofia, foi quase universalmente difamada como utopia.
>
> MARCUSE, Herbert. *Eros e civilização*: uma interpretação filosófica do pensamento de Freud. Trad. Álvaro Cabral. Rio de Janeiro: Zahar, 1975. p. 134-138.

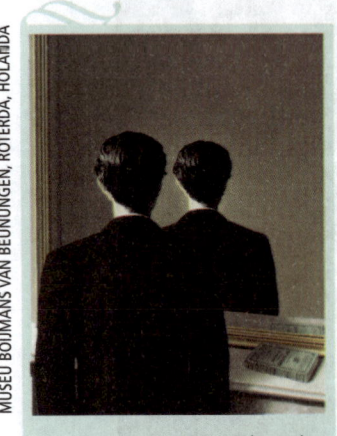

Reprodução proibida (1937), de René Magritte. Óleo sobre tela, 81,3 cm × 65 cm.

Para o surrealismo, movimento artístico e literário influenciado pelas teorias psicanalíticas de Freud, a arte deveria expressar o inconsciente e os sonhos, livre do controle da razão e de preocupações estéticas ou morais.

Preto e violeta (1923), de Wassily Kandinsky. Óleo sobre tela, 77,8 cm × 100,4 cm.

A arte abstrata começou a ser realizada no início do século XX, rompendo com a tradição europeia de imitação da realidade. A psicanálise de Freud influenciou os artistas modernos, entre eles o pintor russo Wassily Kandinsky (1866–1944), para quem a arte pertencia ao inconsciente.

OUTROS OLHARES

1. Leia um trecho de uma carta de Kandinsky ao compositor austríaco Arnold Schoenberg (1874-1951), em que ele destaca a importância do inconsciente em sua expressão artística.

> É preciso expressar a si mesmo! Expressar a si mesmo diretamente! Não o seu gosto, ou a sua formação, ou a sua inteligência, conhecimento ou habilidade. Nem todas essas características adquiridas, mas aquelas que são inatas, instintivas. E toda a fabricação-da-forma, toda aquela formação-forma consciente, está conectada com algum tipo de matemática ou geometria. Mas, apenas a fabricação-da-forma inconsciente, que estabelece a equação "forma = configuração externa visível" realmente cria formas.
>
> KANDINSKY. Carta a Arnold Schoenberg. In: BOLLAS, Christopher. Criatividade e psicanálise. *Jornal de Psicanálise*, São Paulo, v. 43, n. 78, 2010, p. 193-209.

2. Observe novamente a obra *Preto e violeta* de Wassily Kandinsky e responda.
   - Quais são as impressões que essa obra desperta em você? Em que ela te faz pensar, sentir ou lembrar?
3. Escreva um texto para estabelecer relações entre a arte abstrata e o inconsciente. Considere:
   - a obra *Preto e violeta*, de Wassily Kandinsky;
   - o trecho da carta de Kandinsky a Schoenberg;
   - o papel da arte na teoria psicanalítica de Freud.

PROBLEMATIZANDO

1. Segundo Freud, há uma dimensão crítica na fantasia que se manifesta na recusa em permanecer estagnado e aceitar a repressão desnecessária. No prazer estético, realizam-se as fantasias reprimidas. Por isso, a obra de arte fala alto, diz muito sobre a cultura e sobre o artista, revela e representa a luta entre elementos opostos que atuam no interior do ser humano.
   - Você concorda com essa visão? Teria algum exemplo para ilustrar seu posicionamento?
2. O incentivo à arte seria um excelente caminho para a diminuição das manifestações de violência.
   - Você concorda com essa afirmação? Quais argumentos você usaria para defender seu ponto de vista?

5. INDÚSTRIA CULTURAL E CULTURA DE MASSA

Com o desenvolvimento da sociedade industrial, a migração e a constituição das metrópoles surgiram, no mundo urbano, dois fenômenos muito distintos e ao mesmo tempo relacionados: nos bairros operários, por um lado, a constituição de uma nova cultura popular, motivada pelo abandono da cultura popular de origem. Por outro lado, cresceu o consumo dos produtos industrializados, nos quais está inserida a reprodução maciça e simplificada de obras de arte, dos produtos e das criações da cultura de elite.

No eixo temático 2 desta unidade, estudamos algumas reflexões feitas pela Escola de Frankfurt. Em *Dialética do Esclarecimento*, obra conjunta de Adorno e Horkheimer, abordamos a expressão "indústria cultural", que é essencialmente crítica. Em conformidade com a crítica desenvolvida pelos pensadores dessa escola, a indústria cultural é cúmplice da ideologia capitalista e está a serviço dela. Em nome do progresso tecnológico, ela cria um processo de mecanização da vida, no qual se verifica a alienação e a despersonalização do ser humano, transformado em mero consumidor de objetos, entre os quais os objetos da arte, reduzidos a mercadorias.

Para os pensadores da Escola de Frankfurt, o que caracterizaria a cultura de massa ou a massificação é o fato de consumir produtos ou bens culturais industrializados, diferentemente da cultura popular. Para Adorno e Horkheimer, a expressão "cultura de massa" é um engano, uma ilusão, pois o que existe de fato seria uma indústria cultural que cria massificação, pois uniformiza, reduz todos a consumidores destinados a consumir produtos criados e difundidos como se fossem necessários.

Latas de sopa Campbell (1962), de Andy Warhol. Tinta de polímero sintético sobre 32 telas. Cada tela: 50,8 cm × 40,6 cm.

Andy Warhol (1928–1987) fez parte de um movimento artístico conhecido como arte *pop*, em que recursos da publicidade eram levados para o universo da arte. Nesta obra, ele se apropriou da imagem de uma lata de sopa comum nos Estados Unidos, conectando a produção da indústria capitalista à arte, e fazendo uma crítica à arte massificada, da indústria cultural. A repetição exaustiva da mesma lata na obra representa justamente a produção de algo que deve ser consumido à exaustão, como ocorreria na cultura de massa.

Com a indústria cultural, a arte corre sério risco de perder sua força crítica, criativa, simbólica e transformadora do real, uma vez que passa a ser reprodutiva e repetitiva, voltada para o consumo, atendendo ao propósito da perpetuação do que é difundido e consagrado pelos meios de comunicação de massa. Dessa forma, a formação e divulgação cultural passam por um processo de vulgarização e banalização das obras de arte e do próprio pensamento. Quando o que chamamos de arte adquire essas características, deixa de ser, em sentido próprio, arte.

É preciso diferenciar a democratização da cultura e da arte do fenômeno da massificação e da indiferenciação, no qual a indústria cultural produz entretenimento, diversão e distração para o mercado de consumidores, vendendo "cultura" e agradando o espectador.

Em *Dialética do Esclarecimento*, ao falar da massificação da arte, Adorno e Horkheimer fazem uso de certas expressões bem significativas. Eles falam em "arte sem sonho" e em "atrofia da imaginação e da espontaneidade", fazendo referência à ausência da imaginação e da força criativa que estariam na raiz da verdadeira arte. São empregadas expressões como "arte para as massas", "conteúdo do espetáculo" e "produtos da indústria cultural alegremente consumidos em estado de distração", em uma alusão à massificação e à alienação, na qual há uma receptividade mecânica, passiva e irrefletida dos produtos culturais.

PROBLEMATIZANDO

1. Considerando as reflexões realizadas pela Escola de Frankfurt, como você percebe a manifestação da indústria cultural em nossa sociedade?
2. De que modo a indústria cultural "atrofiaria" a imaginação?
   - Apresente exemplos que justifiquem sua resposta.

PRODUÇÃO DE TEXTO

1. Leia o trecho a seguir:

> A violência da sociedade industrial instalou-se nos homens de uma vez por todas. Os produtos da indústria cultural podem ter a certeza de que até mesmo os distraídos vão consumi-los alertadamente. Cada qual é um modelo da gigantesca maquinaria econômica que, desde o início, não dá folga a ninguém, tanto no trabalho quanto no descanso, que tanto se assemelha ao trabalho.
>
> ADORNO, Theodor; HORKHEIMER, Max. A indústria cultural: o Esclarecimento como mistificação das massas. In: *Dialética do Esclarecimento*. Trad. Guido Antônio de Almeida. Rio de Janeiro: Zahar, 1985. p. 105.

- Com base nesse fragmento e considerando as reflexões realizadas, conceitue "indústria cultural" e explique seu processo de funcionamento.

PARA CONTINUAR O ESTUDO E A APRENDIZAGEM

SUGESTÃO DE FILMES

Temática: Surrealismo e inconsciente
Filme: *Tramas do entardecer* (Estados Unidos, 1943). Direção: Maya Deren e Alexander Hammid. O curta-metragem aborda uma tarde na vida de uma mulher que cai no sono embaixo de uma janela. A película experimental do começo da década de 1940 possui uma estética surrealista que distorce as fronteiras entre realidade e sonho, entre consciente e inconsciente.

Temática: Indústria cultural
Filme: *O desprezo* (França, 1963). Direção: Jean-Luc Godard. O filme aborda a trajetória de Paul Javalli (Michel Piccoli), um roteirista que está trabalhando em uma adaptação para o cinema da *Odisseia* de Homero. Godard fazia parte de um movimento artístico conhecido como *Nouvelle vague* (Nova onda) que pretendia realizar arte sem sucumbir aos "clichês" estabelecidos pela indústria cultural.

PARA NÃO CONCLUIR

O sobrevoo do pensamento criando conceitos

A filosofia é um saber e, também, uma atitude que busca criar conceitos. Nessa aventura do pensamento, a jornada não se encerra. Recolhendo os conceitos construídos, as criações da arte e os conhecimentos produzidos pelas ciências, o pensamento continua seus voos.

Para não concluir, escolhemos o pensamento de Gilles Deleuze (1925-1995), filósofo francês contemporâneo e historiador da filosofia. Filósofo da multiplicidade, Deleuze concentrou-se inicialmente no estudo dos filósofos que julgou mais significativos na história do pensamento, entre os quais Spinoza (1632-1677), Leibniz (1646-1716), David Hume (1711-1776), Kant (1724-1804), Nietzsche (1844-1900) e Henri Bergson (1859-1941).

Mas seu pensamento também conviveu de maneira muito forte com o cinema e a literatura, com destaque para os diálogos com Alfred Jarry (1873-1907), Franz Kafka (1883-1924), Samuel Beckett (1906-1989) e D. H. Lawrence (1885-1930). A vida e o pensamento de Deleuze se constroem nesses encontros múltiplos, interdisciplinares e transversais.

Com Deleuze, aprendemos um novo modo de fazer filosofia. A filosofia deve articular dois tempos integrados: primeiro, buscar no passado os fundamentos e as reflexões que estão na base da história do pensamento da cultura ocidental. Com esse retorno, o filósofo contemporâneo terá condições de realizar o diálogo entre tendências e escolas e o encontro de ideias. A partir disso, na solidão da interioridade, poderá criar um novo conceito, fruto de "roubos" criativos. Assim, a filosofia de Deleuze pode ser vista como um desvio ou uma descontinuidade, mas profundamente mergulhada na tradição. Desta maneira, Deleuze mostra-nos uma forma de fazer filosofia que atende às necessidades dos novos tempos.

Gilles Deleuze por volta de 1965.

Em sua profunda crítica ao platonismo, Deleuze concentra-se nos detalhes e na multiplicidade que caracterizam a vida. Sua filosofia é, assim, uma atenção ao mundo no tempo presente. Mas como fazer uma filosofia do múltiplo e diverso e não do universal e abstrato? Por coerência, seu procedimento será contrário ao método dialético de Platão e às dicotomias, separações e divisões em categorias, aos dualismos racionalistas.

O método de Deleuze é construído com base na concepção de que o ser se manifesta de modo plural e de múltiplas formas. Seu pensamento está em função da busca da multiplicidade e das variações que expressam o ser. Contudo, não se trata de reduzir ou de unificar a multiplicidade de manifestações em uma espécie de filosofia do uno.

Por isso, Deleuze se afasta da dialética platônica, busca articular diversos conceitos aos quais teve acesso e, por meio dessa articulação, intuir um novo conceito. Essa construção será permanente e em complexidade crescente. Essa forma de pensar é expressa na obra *O que é a filosofia?*, que Deleuze escreveu em parceria com Félix Guattari (1930-1992), filósofo e militante político francês.

Nessa obra, um ensaio em torno da definição da própria filosofia, eles recorrem inicialmente à etimologia grega presente na palavra "filosofia". Eles reconhecem em *philia* o termo "amizade" e, em *sophia*, a palavra "conceito". Definem, dessa forma, o filósofo como o "amigo do conceito" e afirmam que "a filosofia é a arte de formar, de inventar, de fabricar conceitos". Leia o fragmento a seguir:

Félix Guattari. França, 1987.

> O filósofo é o amigo do conceito, ele é conceito em potência. Quer dizer que a filosofia não é uma simples arte de formar, de inventar ou de fabricar conceitos, pois os conceitos não são necessariamente formas, achados ou produtos. A filosofia, mais rigorosamente, é a disciplina que consiste em criar conceitos [...]. Criar conceitos sempre novos é o objeto da filosofia. É porque o conceito deve ser criado que ele remete ao filósofo como àquele que o tem em potência, ou que tem sua potência e sua competência [...]. Que valeria um filósofo do qual se pudesse dizer: ele não criou um conceito, ele não criou seus conceitos?
>
> DELEUZE, Gilles; GUATTARI, Félix. *O que é a filosofia?* Trad. Bento Prado Júnior e Alberto Alonso Munhoz. São Paulo: Editora 34, 1992. p. 13-14.

Nessa reflexão de Deleuze e Guattari, percebe-se que a forma como a filosofia pode e deve intervir no mundo está relacionada com a criação dos conceitos, o que será fundamental para a permanente recriação do mundo. O conceito torna-se, assim, um instrumento de crítica, transformação e instauração de novos mundos, uma vez que surge da realidade e a torna compreensível. A filosofia não pode abrir mão dessa identidade e singularidade.

Considerando a dimensão crítica e essencialmente criativa da filosofia, Deleuze lança um novo olhar sobre ela, bem distinto da perspectiva platônica, voltada para a contemplação. Sendo criadora de conceitos, a singularidade da filosofia não reside no fato de ser reflexiva, pois a reflexão é possível em qualquer atividade. De acordo com Deleuze e Guattari:

> Ela não é reflexão, porque ninguém precisa de filosofia para refletir sobre o que quer que seja: acredita-se dar muito à filosofia fazendo dela a arte da reflexão, mas retira-se tudo dela, pois os matemáticos como tais não esperaram jamais os filósofos para refletir sobre a matemática, nem os artistas sobre a pintura ou a música; dizer que eles se tornam então filósofos é uma brincadeira de mau gosto, já que sua reflexão pertence à sua criação respectiva.
>
> DELEUZE, Gilles; GUATTARI, Félix. *O que é a filosofia?* Trad. Bento Prado Júnior e Alberto Alonso Munhoz. São Paulo: Editora 34, 1992. p. 14.

Embora a essência da filosofia não deva ser identificada com a simples reflexão, os conceitos que a filosofia cria possibilitam reflexões e comunicações entre os seres humanos na busca por consensos. Para Deleuze, a filosofia tampouco tem como característica fundamental a construção de consensos, conforme vimos em Habermas, com sua proposta de uma "razão comunicativa". Esses consensos poderão ser construídos em outra esfera com os conceitos que a filosofia criou.

Com essa reflexão, Deleuze volta-se novamente contra os universais e as unificações. A filosofia está vinculada ao dissenso, ao múltiplo e ao multiforme. Sendo construtora de conceitos, a filosofia implica a desconstrução de noções estabelecidas ou instituídas.

Mas o conceito que a filosofia tanto busca construir não é universal? É isso o que aprendemos com o pensamento de Platão, na filosofia clássica grega, ou de Kant, na filosofia moderna. Para Kant:

> Todos os conhecimentos, isto é, todas as representações conscientemente referidas a um objeto, são ou intuições ou conceitos. A intuição é uma representação singular; o conceito, uma representação universal ou representação refletida. [...] O conhecimento por conceitos chama-se pensar.
>
> KANT, Immanuel. *Manual dos cursos de lógica geral.* Trad. Fausto Castilho. 2. ed. Campinas: Unicamp; Uberlândia: UFU, 2003. p. 181.

Para Deleuze e Guattari, o conceito é resultado de uma aventura do pensamento, como se fosse o sobrevoo de um pássaro sobre algo vivido. E, por isso mesmo, o conceito não pode ser uma representação universal. Ele não é a coisa, nem diz o que ela é. Isso torna o conceito um acontecimento, um evento novo. O conceito institui alguma coisa, fruto de um pensar diferente. Por isso, ele indica a presença de uma atitude e de um saber filosófico. Disso resulta que o conceito é a marca que o pensamento coloca. Por isso, existem muitas marcas, fruto de várias vivências.

Portanto, o conceito não é inato, não surge "do nada". Ao contrário, resulta de um sobrevoo e tem uma história. E, nessa história, é construído do encontro com outros conceitos. Assim, o conceito é uma recriação.

Ao explicitar as multiplicidades, Deleuze atualiza a concepção de Nietzsche segundo a qual a filosofia não trabalha com verdades, mas com múltiplas e variadas formas de olhar, das quais poderá resultar um conhecimento mais complexo. Um conceito, sendo criado por meio de sobrevoos, tem a função de fazer pensar e de mobilizar o pensamento.

Após um percurso realizado, tendo feito muitos sobrevoos e criado um número significativo de obras, o artista define seu estilo. De modo similar, o filósofo cria seu estilo e aprende a viver no pensamento diverso.

Bem contrário a isso, muitas vezes, um pensamento único tenta se impor e lutar contra o caos, no qual existe a multiplicidade de possibilidades. O que a filosofia nos ensina é a conviver com o caos, mergulhar nele e criar o novo. A opinião quer vencer o caos, acredita ser possível um mundo de certezas inabaláveis e procura a ordem. Mas a vida se revela como caos. A arte, a ciência e a filosofia sabem disso e vivem da criação de sensações, conhecimentos e conceitos, respectivamente. Esses três saberes, cada um a seu modo, contribuem para a afirmação da multiplicidade.

A ave-símbolo da filosofia é a coruja.

> Pedimos somente um pouco de ordem para nos proteger do caos. Nada é mais doloroso, mais angustiante do que um pensamento que escapa a si mesmo, ideias que fogem, que desapareçem apenas esboçadas, já corroídas pelo esquecimento ou precipitadas em outras, que também não dominamos. [...] Perdemos sem cessar nossas ideias. É por isso que queremos agarrar-nos a opiniões prontas como um "guarda-sol" que nos protege do caos. [...]
>
> Mas a arte, a ciência e a filosofia exigem mais: traçam planos sobre o caos. Essas três disciplinas não são como as religiões, que invocam dinastias de deuses, ou a epifania [manifestação] de um Deus único, para pintar sobre o guarda-sol um firmamento, como as figuras de uma *urdoxa* [crença originária, certeza da crença] de onde derivariam nossas opiniões. A filosofia, a ciência e a arte querem que rasguemos o firmamento e que mergulhemos no caos. Só o venceremos a este preço.
>
> DELEUZE, Gilles; GUATTARI, Félix. *O que é a filosofia?* Trad. Bento Prado Júnior e Alberto Alonso Munhoz. São Paulo: Editora 34, 1992. p. 259-261.

Que essas reflexões possam lhe ajudar a encontrar pensamentos diversos e a alçar sobrevoos, a partir dos quais você poderá criar seu estilo.

Até um novo encontro!

REFERÊNCIAS BIBLIOGRÁFICAS

ABBAGNANO, Nicola. *Dicionário de Filosofia*. Trad. de Alfredo Bosi e Ivone Castilho Benedetti. São Paulo: Martins Fontes, 2007.

ABRÃO, Bernadette Siqueira (Org.). *História da filosofia*. São Paulo: Nova Cultural, 1999. (Os pensadores).

ADORNO, T. W.; HORKHEIMER, M. *Dialética do Esclarecimento*. Trad. Guido Antônio de Almeida. Rio de Janeiro: Zahar, 1985.

AGOSTINHO. *Confissões*. Trad. J. Oliveira e Ambrósio Pina. São Paulo: Nova Cultural, 1996. (Os pensadores).

ARANTES, Paulo Eduardo (Cons.). *Theodor W. Adorno*: textos escolhidos. Trad. Zeljko Loparic. São Paulo: Nova Cultural, 1996. (Os pensadores).

ARENDT, Hannah. *A condição humana*. Rio de Janeiro: Forense Universitária, 2005.

_____. *Eichmann em Jerusalém*: um relato sobre a banalidade do mal. São Paulo: Companhia das Letras, 1999.

_____. *Origens do totalitarismo*. Trad. Roberto Raposo. São Paulo: Companhia das Letras, 2012.

ARISTÓTELES. *A política*. Trad. Roberto Leal Ferreira. São Paulo: Martins Fontes, 2002.

_____. *Ética a Nicômaco*. Trad. Leonel Vallandro e Gerd Bornheim. São Paulo: Nova Cultural. 1991. (Os pensadores).

_____. *Metafísica*. Trad. Edson Bini. São Paulo: Edipro, 2012.

_____. *Poética*. Trad. Eudoro de Souza. São Paulo: Nova Cultural, 1991.

BACON, Francis. *Novum organum*. Trad. José Aluysio Reis de Andrade. São Paulo: Nova Cultural, 1999. (Os pensadores).

BARNES, Jonathan. *Filósofos pré-socráticos*. São Paulo: Martins Fontes, 1997.

BENOIT, Hector. *Sócrates, o nascimento da razão negativa*. São Paulo: Moderna, 2006.

BOBBIO, Norberto. *Teoria geral da política*: a filosofia política e as lições dos clássicos. Rio de Janeiro: Campus, 2000.

_____. *Elogio da serenidade e outros escritos morais*. Trad. Marco Aurélio Nogueira. São Paulo: Unesp, 2000.

_____. *O futuro da democracia*: uma defesa das regras do jogo. Rio de Janeiro: Paz e Terra, 2000.

BOEHNER, Philotheus; GILSON, Étienne. *História da filosofia cristã*. Petrópolis: Vozes, 1982.

BORNHEIM, Gerd A. *Introdução ao filosofar*: o pensamento filosófico em bases existenciais. São Paulo: Globo, 1998.

_____. *Os filósofos pré-socráticos*. São Paulo: Cultrix, 1994.

BURTT, Edwin Arthur. *As bases metafísicas da ciência moderna*. Brasília: UnB, 1983.

CALVINO, João. *A verdadeira vida cristã*. Trad. Daniel Costa. São Paulo: Novo Século, 2000.

CANTO-SPERBER, Monique (Org.). *Dicionário de ética e filosofia moral*. São Leopoldo: Unisinos, 2003.

CASSIN, Bárbara. *Ensaios sofísticos*. São Paulo: Siciliano, 1990.

CASSIRER, Ernst. *A filosofia do Iluminismo*. Campinas: Unicamp, 1992.

CHÂTELET, François. *História das ideias políticas*. Rio de Janeiro: Zahar, 1994.

CHAUI, Marilena. *Introdução à história da filosofia*: as escolas helenísticas. São Paulo: Companhia das Letras, 2010.

CHEVALIER, Jean-Jacques. *História do pensamento político*. Rio de Janeiro: Guanabara Koogan, 1983.

COMTE-SPONVILLE, André. *Apresentação da filosofia*. Trad. Eduardo Brandão. São Paulo: Martins Fontes, 2002.

COPI, Irving M. *Introdução à lógica*. São Paulo: Mestre Jou, 1978.

COSTA, Claudio. *Filosofia da mente*. Rio de Janeiro: Zahar, 2005. (Passo-a-passo).

DELEUZE, Gilles; GUATTARI, Félix. *O que é a filosofia?* Trad. Bento Prado Júnior e Alberto Alonso Munhoz. São Paulo: Editora 34, 1992.

DESCARTES, René. *Discurso do método*. Trad. Jacob Guinsburg e Bento Prado Júnior. São Paulo: Nova Cultural, 1991. (Os pensadores).

_____. *Meditações*. Trad. J. Guinsburg e Bento Prado Júnior. São Paulo: Nova Cultural, 1991. (Os pensadores).

DUVERNOY, Jean-Francois. *O epicurismo*. Rio de Janeiro: Zahar, 1993.

ELIADE, Mircea. *Mito e realidade*. Trad. Pola Civelli. São Paulo: Perspectiva, 1994.

ENGELHARDT JR., H. T. *Fundamentos de bioética*. São Paulo: Loyola, 1998.

EPICURO. *Carta sobre a felicidade (a Meneceu)*. Trad. Álvaro Lorencini e Enzo Del Carratore. São Paulo: Unesp, 2002.

FOUREZ, Gérard. *A construção das ciências*: introdução à filosofia e à ética das ciências. São Paulo: Unesp, 1995.

FREUD, Sigmund. *O futuro de uma ilusão*. Trad. José Octávio de Aguiar Abreu. Rio de Janeiro: Imago, 1974.

GALLO, Sílvio (Coord.). *Ética e cidadania*: caminhos da filosofia. Campinas: Papirus, 1997.

GIANNOTTI, José Arthur (Org.) *Comte*. Trad. José Arthur Giannotti e Miguel Lemos. São Paulo: Abril Cultural, 1978. (Os pensadores).

GILSON, Étienne. *O espírito da filosofia medieval*. Trad. Eduardo Brandão. São Paulo: Martins Fontes, 2006.

GOTTLIEB, Anthony. *Sócrates*. São Paulo: Unesp, 1997.

GRIMAL, Pierre. *A mitologia grega*. Trad. Carlos Coutinho. São Paulo: Brasiliense, 1982.

_____. *Dicionário da mitologia grega e romana*. Rio de Janeiro: Bertrand Brasil, 1993.

GUTHRIE, W. C. *Os sofistas*. São Paulo: Paulus, 1995.

HABERMAS, Jürgen. *A inclusão do outro*: estudos de teoria política. Trad. George Sperber et al. São Paulo: Loyola, 2002.

_____. *Consciência moral e agir comunicativo*. Rio de Janeiro: Tempo Brasileiro, 2003.

_____. *O discurso filosófico da modernidade*: doze lições. São Paulo: Martins Fontes, 2002.

_____. *Pensamento pós-metafísico*. Rio de Janeiro: Tempo Brasileiro, 2002.

HEGEL, Georg Wilhelm Friedrich. *Cursos de Estética*. Trad. Marco Aurélio Werle. São Paulo: Edusp, 2001. (Clássicos).

_____. *Princípios da filosofia do direito*. São Paulo: Ícone, 1997.

HESÍODO. *Teogonia*: a origem dos deuses. Estudo e tradução de José Antônio Alves Torrano. São Paulo: Iluminuras, 1995.

HOBBES, Thomas. *O Leviatã*. Trad. João Paulo Monteiro e Maria Beatriz Nizza da Silva. São Paulo: Nova Cultural, 1999. (Os pensadores).

HUME, David. Do padrão do gosto. In: *Ensaios morais, políticos e literários*. Trad. João Paulo Gomes Monteiro e Armando Mora D'Oliveira. São Paulo: Abril Cultural, 1992. (Os pensadores).

_____. *Investigações sobre o entendimento humano*. Trad. Oscar de A. Marques. São Paulo: Unesp, 1999.

INWOOD, Brad (Org.). *Os estoicos*. São Paulo: Odysseus, 2006.

JAEGER, W. *Paideia*: a formação do homem grego. Trad. Artur M. Parreira. São Paulo: Martins Fontes, 2001.

JAPIASSÚ, Hilton. *A revolução científica moderna*. Rio de Janeiro: Imago, 1985.

_____; MARCONDES, Danilo. *Dicionário básico de filosofia*. Rio de Janeiro: Zahar, 1990.

JASPER, Karl. *Introdução ao pensamento filosófico*. Trad. Leônidas Hegenberg e Octanny S. da Mota. São Paulo: Cultrix, 1993.

KANT, Immanuel. *Crítica da razão pura*. São Paulo: Abril Cultural, 1991. (Os pensadores).

_____. *Fundamentação da metafísica dos costumes*. Trad. Guido Antônio de Almeida. São Paulo: Barcarolla, 2009.

_____. *Manual dos cursos de lógica geral*. Trad. Fausto Castilho. Campinas: Unicamp; Uberlândia: UFU, 2003.

KENNY, Anthony. *Filosofia medieval*. Trad. Edson Bini. São Paulo: Loyola, 2008.

KIERKEGAARD, Soren. Apostila conclusiva não científica. In: MONDIN, Battista. Curso de Filosofia. v. 3. Trad. Benôni Lemos. São Paulo: Paulus, 2014.

KNELLER, George F. *A ciência como atividade humana*. São Paulo: Edusp; Rio de Janeiro: Zahar, 1980.

KOYRÉ, Alexandre. *Do mundo fechado ao Universo infinito*. Trad. Donaldson M. Garschagen. Rio de Janeiro: Forense Universitária, 2006.

_____. *Estudos de história do pensamento científico*. Rio de Janeiro: Forense, 1982.

LAÊRTIOS, Diôgenes. *Vidas e doutrinas dos filósofos ilustres*. Brasília: UnB, 2008.

LEFORT, Claude. *A invenção democrática*: os limites da dominação totalitária. São Paulo: Brasiliense, 1983.

LEGRAND, Gérard. *Os pré-socráticos*. Rio de Janeiro: Jorge Zahar, 1971.

LÉVI-STRAUSS, Claude. *Mito e significado*. Lisboa: Edições 70, 2000.

LOCKE, John. *Segundo tratado sobre o governo*. Trad. Magda Lopes e Marisa Lobo da Costa. Petrópolis: Vozes, 2006.

LYOTARD, François. *Os pós-modernos*. Rio de Janeiro: José Olympio, 1986.

MACINTYRE, Alasdair. *Depois da virtude*: um estudo em teoria moral. Trad. Jussara Simões. Bauru: Edusc, 2001.

MACPHERSON, C. B. *A teoria política do individualismo possessivo*: de Hobbes a Locke. Rio de Janeiro: Paz e Terra, 1979.

MANNHEIM, Karl. *Ideologia e utopia*. Trad. Sergio Magalhães Santeiro. Rio de Janeiro: Zahar, 1976.

MAQUIAVEL, Nicolau. *Discursos sobre a primeira década de Tito Lívio*. São Paulo: Martins Fontes, 2007.

_____. *O príncipe*: com comentários de Napoleão Bonaparte. Trad. Mônica Baña Álvares. Rio de Janeiro: Elsevier, 2003.

MARCONDES, Danilo (Org.). *Textos básicos de linguagem*. De Platão a Foucault. Rio de Janeiro: Jorge Zahar. 2009.

_____. *Textos básicos de ética*. Rio de Janeiro: Jorge Zahar, 2006.

_____. *Textos básicos de filosofia*: dos pré-socráticos a Wittgenstein. Zahar: Rio de Janeiro, 2000.

MARCUSE, Herbert. *Eros e civilização*: uma interpretação filosófica do pensamento de Freud. Trad. Álvaro Cabral. Rio de Janeiro: Zahar, 1975.

_____. *O fim da utopia*. Trad. Carlos Coutinho. Rio de Janeiro: Paz e Terra, 1969.

MARX, Karl; ENGELS, Friedrich. A ideologia alemã. In: *Os filósofos através dos textos*: de Platão a Sartre. Trad. Constança Terezinha M. César. São Paulo: Paulus, 1997.

_____. O trabalho alienado. In: *Os filósofos através dos textos*: de Platão a Sartre. Trad. Constança Terezinha M. César. São Paulo: Paulus, 1997.

MERQUIOR, José Guilherme. *O liberalismo antigo e moderno*. Rio de Janeiro: Nova Fronteira, 1991.

MIRANDOLA, Pico della. *A dignidade humana*. Trad. Luis Feracine. São Paulo: Escala Educacional, 2006.

MONTAIGNE, Michel de. *Ensaios*. Trad. Sérgio Milliet. São Paulo: Nova Cultural, 1991. (Os pensadores).

MONTESQUIEU, Charles. *O espírito das leis*. Trad. Gabriela Barbosa. Rio de Janeiro: Nova Fronteira, 2012.

MORIN, Edgar. *Ciência com consciência*. Rio de Janeiro: Bertrand Brasil, 2002.

MORTARI, Cezar A. *Introdução à lógica*. São Paulo: Unesp, 2001.

MORUS, Thomas. *Utopia*. Trad. Luís de Andrade. São Paulo: Nova Cultural, 1972. (Os pensadores).

MOSSÉ, Claude. *A Grécia Arcaica*: de Homero a Ésquilo. Lisboa: Edições 70, 2008.

NIETZSCHE, Friedrich. *Assim falou Zaratustra*: um livro para todos e para ninguém. Trad. Mário da Silva. Rio de Janeiro: Civilização Brasileira, 2000.

_____. *Obras incompletas*. Trad. Rubens Rodrigues Torres Filho. São Paulo: Nova Cultural, 1999. (Os pensadores).

NOLT, J.; ROHATYN, D. *Lógica*. São Paulo: McGraw-Hill, 1991.

NUNES, Benedito. *A filosofia contemporânea*. São Paulo: Ática, 1991.

OLIVA, Alberto. *Filosofia da ciência*. Rio de Janeiro: Zahar, 2004.

OLIVEIRA, Manfredo A. (Org.). *Correntes fundamentais da ética contemporânea*. Petrópolis: Vozes, 2000.

OMNES, Roland. *Filosofia da ciência contemporânea*. São Paulo: Unesp, 1996.

OS PRÉ-SOCRÁTICOS: vida e obra. Trad. José Cavalcante de Souza. São Paulo: Nova Cultural, 1996. (Os pensadores).

OSTROWER, Fayga. *A sensibilidade do intelecto*. Rio de Janeiro: Campus. 1998.

_____. *Universos da arte*. Rio de Janeiro: Campus, 1991.

PAVIANI, Jaime. *Platão e A República*. Rio de Janeiro: Zahar, 2003.

PECORRARO, Rossano (Org.). *Os filósofos*: clássicos da filosofia. Petrópolis: Vozes, Rio de Janeiro: PUC, 2008.

PERINE, Marcelo. *Quatro lições sobre a ética de Aristóteles*. São Paulo: Loyola, 2006.

PESSINI, L.; BARCHIFONTAINE, C. P. *Problemas atuais de bioética*. São Paulo: Loyola, 2007.

PHILIPPE, Marie Dominique. *Introdução à filosofia de Aristóteles*. São Paulo: Paulus, 2002.

PINTO, Paulo R. Margutti. *Introdução à lógica simbólica*. Belo Horizonte: UFMG, 2001.

PINZANI, Alessandro. *Maquiavel e o príncipe*. Rio de Janeiro: Zahar, 2005.

PLATÃO. *A República*. Trad. Enrico Corvisieri. São Paulo: Nova Cultural, 2000.

_____. *Apologia de Sócrates*. Trad. Jaime Bruna. São Paulo: Nova Cultural, 1996. (Os pensadores).

_____. *Diálogos*. Trad. Jorge Paleikat e João Cruz Costa. São Paulo: Nova Cultural, 1987. (Os pensadores).

POPPER, Karl. *A sociedade aberta e seus inimigos*. Trad. Milton Amado. São Paulo: Itatiaia, 1998.

_____. *Lógica da pesquisa científica*. Trad. Leônidas Hegenberg e Octanny Silveira da Mota. São Paulo: Edusp, 1985.

PORCHAT, Oswaldo. *Rumo ao ceticismo*. São Paulo: Unesp, 2007.

REALE, G.; ANTISERI, D. *História da filosofia*: de Freud à atualidade. Trad. Ivo Storniolo. São Paulo: Paulus, 2006.

_____. *História da filosofia*: do humanismo a Descartes. Trad. Ivo Storniolo. São Paulo: Paulus, 2004.

_____. *História da filosofia*: filosofia pagã antiga. Trad. Ivo Storniolo. São Paulo: Paulus, 2004.

ROSSI, P. *A ciência e a filosofia dos modernos*. São Paulo: Unesp, 1992.

ROUANET, Sérgio Paulo. *As razões do Iluminismo*. São Paulo: Companhia das Letras, 1987.

ROUSSEAU, Jean-Jacques. *Discurso sobre a origem e os fundamentos da desigualdade entre os homens*. Trad. Lourdes Santos Machado. São Paulo: Nova Cultural, 1991.

_____. *O contrato social*. Trad. Lourdes S. Machado. São Paulo: Nova Cultural, 1991. (Os pensadores).

SÁNCHEZ, Adolfo. *Ética*. Rio de Janeiro: Civilização Brasileira, 2000.

SANTOS, Francisco de Araújo. *A emergência da modernidade*. Petrópolis: Vozes, 1990.

SARTRE, Jean-Paul. *O existencialismo é um Humanismo*. Trad. Rita Correia Guedes. São Paulo: Abril Cultural, 1984. (Os pensadores).

SAVATER, Fernando. *As perguntas da vida*. Trad. de Mônica Stahel. São Paulo: Martins Fontes, 2001.

SCHILLER, Friedrich. *A educação estética do homem*. Trad. Roberto Schwarz e Márcio Suzuki. São Paulo: Iluminuras, 1990.

SCHOPENHAUER, Arthur. *O mundo como vontade e como representação*. Trad. Jair Barboza. São Paulo: Unesp, 2005.

SCHULER, Donaldo. *Narciso errante*. Petrópolis: Vozes, 1994.

SELLA, Adriano. *Ética da justiça*. São Paulo: Paulus, 2003.

SÊNECA, Lúcio Aneu. *Da brevidade da vida*. Trad. William Li. São Paulo: Nova Alexandria, 1993.

SINGER, Peter. *Ética prática*. São Paulo: Martins Fontes, 1998.

SKINNER, Quentin. *As fundações do pensamento político moderno*. São Paulo: Companhia das Letras, 1996.

STANGOS, Nikos. *Conceitos de arte moderna*. Rio de Janeiro: Zahar, 1991.

STORCK, Alfredo. *Filosofia medieval*. São Paulo: Jorge Zahar, 2003.

TUGENDHAT, Ernst. *Lições sobre ética*. Petrópolis: Vozes, 1997.

VAZ, Henrique Carlos de Lima. *Escritos de filosofia IV*: ética filosófica. São Paulo: Loyola, 1999.

_____. *Antropologia filosófica I*. São Paulo: Loyola, 1991.

VERNANT, Jean-Pierre. *Mito e pensamento entre os gregos*. Rio de Janeiro: Paz e Terra, 2002.

_____; VIDAL-NAQUET, Pierre. *Mito e tragédia na Grécia Antiga*. São Paulo: Brasiliense, 1988.

VLASTOS, G. *O universo de Platão*. Brasília: UnB, 1975.

WEFORT, Francisco Carlos. *Por que democracia?* São Paulo: Brasiliense, 1984.

XENOFONTE. *Ditos e feitos memoráveis de Sócrates*. Livro I. Trad. Líbero Rangel de Andrade. São Paulo: Nova Cultural, 1987. (Os pensadores).

ZINGANO, Marco. *Platão e Aristóteles*: o fascínio da filosofia. São Paulo: Odysseus, 2005.